普通高等教育精品规划教材

高等学校电子商务专业系列教材

武汉大学“十一五”规划教材

电子商务经济学

余世英　编著

熊　璎　赵雪芹　助编

WUHAN UNIVERSITY PRESS

武汉大学出版社

图书在版编目(CIP)数据

电子商务经济学/余世英编著.—武汉:武汉大学出版社,2011.6
(2018.8 重印)
普通高等教育精品规划教材
高等学校电子商务专业系列教材
ISBN 978-7-307-08705-7

Ⅰ.电… Ⅱ.余… Ⅲ.电子商务—经济学—高等学校—教材
Ⅳ.F713.36

中国版本图书馆 CIP 数据核字(2011)第 072062 号

责任编辑:詹 蜜 责任校对:黄添生 版式设计:詹锦玲

出版发行:**武汉大学出版社** (430072 武昌 珞珈山)
(电子邮件:cbs22@whu.edu.cn 网址:www.wdp.whu.edu.cn)
印刷:北京虎彩文化传播有限公司
开本:720×1000 1/16 印张:22.25 字数:399 千字 插页:1
版次:2011 年 6 月第 1 版 2018 年 8 月第 3 次印刷
ISBN 978-7-307-08705-7/F·1508 定价:36.00 元

前　言

据中国电子商务研究中心《2010年中国电子商务市场数据监测报告》数据显示，截至2010年12月，中国电子商务市场交易额已逾4.5万亿元，同比增长22%。其中，B2B电子商务交易额达到3.8万亿元，同比增长15.8%；网上零售市场交易规模达5 131亿元，同比增长97.3%，较2009年翻了一番，约占全年社会商品零售总额的3%。报告还预计，在未来两年内我国网上零售市场交易规模将会步入全新阶段，全年交易额有望首度突破10 000亿元“大关”，约占全年社会商品零售总额的5%以上。这些数据表明，电子商务已成为我国经济发展新的增长点，以电子商务为代表的新经济正散发着蓬勃的生机。

电子商务作为一种新型的经济活动，它与传统的经济活动有很大的差别。在电子商务经济活动中有许多新的现象和规律需要人们不断地去研究和解释。本书以经济学理论为基础，以电子商务市场或在线市场为研究对象，较为系统地研究了电子商务经济学的基本理论和电子商务领域新的经济问题。本书首先介绍了电子商务经济学产生的背景与发展脉络，并就电子商务经济学需要具备和掌握的相关经济学原理进行了阐述。在此基础上，分别讨论了电子商务市场中的产品、信息、企业、消费者、竞争、金融及融资等内容，最后从宏观方面探讨了电子商务相关的政策法规。全书对电子商务经济学相关内容的描述与分析客观、全面、系统、连贯且独具前瞻性，既注重理论联系实际，又尽量反映国内外最新成果和应用方法。本书不仅可以用作电子商务专业各类学生的教材，而且也可以用作广大从事电子商务理论研究和实际工作人士的参考资料。

本书共分十章。赵雪芹参与了第四、六章的写作，熊璎参与了第五、八、九章的写作，余世英完成第一、二、三、七、十章的写作，并对全书进行了统稿和修改。

在本书付梓之际，感谢武汉大学出版社对本书出版的支持，尤其感谢责任编辑詹蜜女士对本书的出版所付出的辛劳。本书编写过程中，参阅了大量国内外资料。在此，谨向书中提到和参考文献列出的作者表示感谢。

由于作者知识水平有限，本书不足之处，恳请读者批评指正，以便作者在将来的教学研究工作中加以改进。

目　录

1 绪　论

1.1 电子商务概述

20 世纪末，信息技术与互联网的迅猛发展催生了电子商务这一全新的概念。电子商务的兴起改变着社会经济生活的各个方面，改变着企业的经营模式，它代表了未来商务活动的发展方向。本节将简要阐述电子商务的定义与特点、电子商务的兴起过程以及中国电子商务的发展历程。

1.1.1 电子商务的定义与特点

1. 电子商务的定义

对大多数人来说，电子商务就是在互联网上购物。但电子商务的业务并不限于网上购物，它包括很多商业活动。关于电子商务的定义，有广义与狭义之分。

广义的电子商务是指使用各种电子工具进行的商务活动。这些工具包括从初级的电报、电话、广播、电视、传真到计算机、计算机网络，再到 NII（国家信息基础结构——信息高速公路）、GII（全球信息基础结构）和 Internet 等。

狭义的电子商务是指利用互联网（Internet）从事的商务活动。这些活动主要包括：采购、销售、技术及增值服务、售前及售后服务、市场营销展示、客户关系管理、物流及供应链管理等。

本书对电子商务的研究主要侧重于狭义的定义，即只有通过因特网进行的商务活动才是电子商务。例如，人们可以利用自动提款机（ATM）网络，在自动提款机上进行电子金融交易，如提款、存款和转账等。然而，由于

ATM 交易不是在互联网上进行，所以它并不属于电子商务的范畴。相反，如果消费者在计算机上利用 Web 浏览登录银行账户，进行同样的交易，那么这就是电子商务。同理，利用电子借记卡或贷记卡在加油站或商店进行消费，也不是电子商务。但是，同一个消费者如果通过因特网的旅游站点，用信用卡来预订机票或客房，这就是电子商务。

2. 电子商务的特点

电子商务与传统的商务活动方式相比，具有数字化、虚拟化、成本低、效率高、透明化、交互性、方便性、全球性等特点。

(1) 数字化

当商务以及与商务活动相关的各种信息都以数字形式被采集、存储、处理和传输的时候，商务模式就发生了质的变化，数字生活、数字商务、虚拟企业等数字化形式就应运而生了。数字化具有的易于存储、查询、处理、修改信息等优越性，使人类将前进的方向与数字化牢牢地捆绑在一起。正是由于电子商务的数字化特点，它使得商务活动中的商流、资金流和信息流都能够在计算机网络中迅速传输，形成“三流合 e”的商务模式。这使得现代商务活动朝着“无纸”商务、信息商务、快速商务的方向发展。

(2) 虚拟化

通过 Internet 为代表的计算机互联网络进行的贸易，贸易双方从贸易磋商、签订合同到支付等，无需当面进行，均通过计算机互联网络完成，整个交易过程完全虚拟化。对卖方来说，可以到网络管理机构申请域名，制作自己的主页，组织产品信息上网。而虚拟现实、网上聊天等新技术的发展使买方能够根据自己的需求选择广告，并将信息反馈给卖方。通过信息的推拉互动，签订电子合同，完成交易并进行电子支付。整个交易都在网络这个虚拟的环境中进行。

(3) 成本低

电子商务使得买卖双方的交易成本大大降低。如利用网络引擎可以降低信息搜集以及获取成本；利用网络聊天室等工具可以降低洽谈费用和合同签订费用；利用电子商务能够加强价值链上下游企业之间的合作，降低存货的管理成本；利用远程服务和柔性生产等可以降低企业的生产费用；利用网页制作等技术以及建立网络销售联盟等方式可以降低企业的销售费用和客户管理费用。此外，利用网上银行低费、免费转账系统以及自动收款系统可以降低企业的财务费用。

(4) 效率高

由于互联网络将贸易中的商业报文标准化，使商业报文能在世界各地瞬间完成传递与计算机自动处理，将原料采购、产品生产、需求与销售、银行汇兑、保险，货物托运及申报等过程无需人员干预，而在最短的时间内完成。传统贸易方式中，用信件、电话和传真传递信息必须有人的参与，且每个环节都要花不少时间。有时由于人员合作和工作时间的问题，会延误传输时间，失去最佳商机。电子商务克服了传统贸易方式费用高、易出错、处理速度慢等缺点，极大地缩短了交易时间，提高了交易效率。

（5）透明化

在电子商务活动中，买卖双方从交易的洽谈、签约以及货款的支付、交货通知等整个交易过程都在网络上进行。通畅、快捷的信息传输可以保证各种信息之间互相核对，可以防止伪造信息的流通。

（6）交互性

目前许多电子商务网站都设置有交互式服务功能，用户只要利用键盘或鼠标就可以向商家发出自己的需求信息，商家会及时做出反馈，这样可以轻松完成商务信息的双向沟通，实现商务交易主体之间的信息交互。这是电子商务与传统商务相区别的重要方面，它预示着电子商务可以采用网络直复营销、网络软营销、数据库营销、一对一营销等现代营销方式和手段，从而提高营销的效率和效益。

（7）方便性

在电子商务环境中，人们不再受地域和时间的限制，客户能以非常简捷的方式完成过去较为繁杂的商务活动。例如，当用户希望购买一种产品或一项服务时，可以通过互联网来查找，不需要打电话和发传真，不需要邮递资料，不需要到现场观看，通过高分辨率的图像和多媒体，用户就可以了解产品和服务的基本信息，从而做出选择或决定。又如，通过网络银行用户能够全天候地存取资金账户、查询信息等。

（8）全球性

作为电子商务的主要媒体——Internet 是全球开放的，电子商务开展是不受地理位置限制的，它面对的是全球性统一电子虚拟市场。目前，“地球村”的商务理念正在被越来越多的人理解和采纳。面对全球化的电子商务市场，企业的电子商务服务系统应具备高度的弹性，以适应越来越多的消费需求。

1.1.2 电子商务的兴起

1. 早期电子商务的兴起

电子商务并非新兴之物。早在 20 世纪 50—60 年代，美国军方和美国运输部门就开始用电报方式来传递商务文件。当时既没有传真机，又没有 E-mail。各种商务文件（例如：订货单、收货单、发货单、支票、意向书、合同、批文、配额、产地证、许可证等）如果通过人工传送或邮寄都耗时太长，严重影响到贸易效率和企业的经济效益。于是，这种用电报电文方式来传递商务文件的做法在当时很受欢迎。

20 世纪 70 年代人们又普遍采用方便、快捷的传真机来替代电报，但是由于传真文件是通过纸面打印来传递和管理信息的，不能将信息直接转入到信息系统中，因此人们开始采用 EDI（电子数据交换）作为企业间电子商务的应用技术。

EDI（电子数据交换，Electronic Data Interchange）可以说是电子商务的前身，是指有业务往来的公司机构通过计算机网络系统，以电子方式传递标准化与固定格式的商业交易资料。由于 EDI 大大减少了纸张票据，因此，人们也形象地称之为“无纸贸易”或“无纸交易”。EDI 取代了传统贸易单证和文件的手工处理，使得贸易资料处理的效率大大提高，极大地推动了发达国家国内贸易和相关国际贸易的发展。

EDI 以其带来的巨大的比较优势，包括降低购销过程中的成本，更密切的顾客关系和准确的产品区分性，获得迅速发展。这在零售业、汽车制造业和销售业以及加油站等行业尤为普及。但是，早期 EDI 的缺点也是明显的。首先，EDI 是封闭式交易，当事人严格按照相互之间的协议，在按一定标准建立起来的封闭系统中从事交易活动，EDI 的交易伙伴一般都相互熟悉，有过交易历史；其次，EDI 主要集中在采购领域，适用范围有限；再次，EDI 系统设施较为复杂，维护运行成本高，许多中小企业望而却步。因此，以 EDI 为代表的早期电子商务仅仅限于大型企业和封闭的系统内，大大限制了基于 EDI 的电子商务的应用范围，这也是为什么在长达 20 年的时间里，电子商务裹足不前的原因。

2. 现代电子商务的兴起

现代电子商务的兴起与因特网的发展尤其是与其商业应用的实现密切相关。Internet 和 EDI 的结合，不仅为 EDI 的发展带来了生机，而且也促使了现代意义上的电子商务的兴起。

互联网（Internet）是起源于美国而又覆盖全球的一个计算机网络，互联网通过 TCP/IP 协议将独立的网络互联在一起，其实质是由“无数”个独立的网络互联而成的网络，因此，有时也被称为“网络的网络”。

在 1991 年互联网正式对商业活动开放以前，EDI 一直是通过租用专门线路在专用网络上实现，这种专用增值网（VAN）使用费用很高，一般只有跨国公司和大型企业才会使用，限制了其应用范围的扩大。1991 年美国政府宣布互联网（Internet）向社会公众开放，允许在网上开发商业应用系统。

Internet 是世界上最大的计算机网络，Internet 的出现可以大大扩大参与交易的范围；相对于私有网络和传统的增值网来说，Internet 可以实现世界范围的连接，花费很少；Internet 对数据交换提供了许多简单而且易于实现的方法，用户可以使用页面完成交易；ISP（Internet Service Provider）提供了传统 VAN 的类似功能，但是服务费用低。不仅如此，而且基于因特网的 EDI 把电子交换的范围从票证、单据扩大到了全方位的商务信息，这样便产生了现代意义上的电子商务。

基于 Internet 的电子商务具有以下优势：

（1）费用低廉，降低了成本，互联网是国际开放性网络，费用低，不到增值网络的 1/4，尤其对于中小企业而言，可以支付；

（2）覆盖面广，遍及全球，仅用电话线就可以；

（3）功能更全面，可以支持不同类型的用户实现不同层次的商务目标；

（4）使用更灵活，不受特殊数据交换协议的限制；

（5）增加商业机会，24 小时的客户支持和服务，避免世界各地的时差问题。

1.1.3　中国电子商务的发展历程

与世界电子商务发展的历史一样，中国电子商务也是起源于 EDI 的应用，只不过这一时间相对较晚，大约始于 20 世纪 90 年代初，随后互联网在国内迅速普及，电子商务在中国得到了蓬勃发展。纵观中国电子商务的发展历程，大致可以分为以下四个阶段：

第一阶段：1990—1992 年，开展 EDI 的电子商务应用阶段。

自 1990 年开始，国家计划委员会、国家科学技术委员会将 EDI 列入“八五”国家科技攻关项目，如外经贸部国家外贸许可证 EDI 系统、中国对外贸易运输总公司的中国外运海运/空运管理 EDI 系统等。1991 年 9 月由国务院电子信息系统推广应用办公室牵头会同国家计委、科委、外经贸部、国内贸易部、交通部、邮电部、信息产业部等发起成立“中国促进 EDI 应用协调小组”，标志着电子商务已经在我国起步。同年 10 月成立“中国 EDIFACT 委员会”并参加亚洲 EDIFACT 理事会。

第二阶段：1993—1997 年，政府领导组织开展“三金工程”，全面推进信息化建设，为电子商务发展打基础。与此同时，网络公司悄然兴起，电子商务的概念开始进入中国。

为加速我国国民经济信息化进程，提高宏观经济调控和决策水平，推进金融体制改革和信息资源共享，自 1993 年以来，我国政府相继组织了金关、金卡、金桥等“三金工程”。1994 年 4 月，中国科学院负责实施的 NCFC 工程通过美国 Sprint 公司连入 Internet 的 64K 国际专线首次开通，实现了中国与 Internet 的全功能连接，从此，中国被国际上正式承认为有 Internet 的国家。1994 年 9 月，中国公用计算机互联网（CHINANET）建设启动。1995 年，作为中国内地第一家互联网应用服务商，“中国黄页”推出了定位于外向型企业的贸易撮合服务，为国内外企业搭建了全新的贸易桥梁。1996 年 1 月，中国公用计算机互联网（CHINANET）全国骨干网建成并正式开通。同年，中国国际电子商务中心（CIECC）正式成立。1996 年 9 月，中国金桥信息网（CHINAGBN）向社会提供 Internet 接入服务。1997 年，中国公用计算机互联网（CHINANET）、中国科技网（CSTNET）、中国教育和科研计算机网（CERNET）、中国金桥信息网（CHINAGBN）实现了互联互通。1997 年 4 月招商银行开通了第一家网上银行，实现网上支付功能。

1995 年年底，随着互联网开始演变成为一种新潮，网络开始蔓延到社会生活的各个层面，各种基于商务网站的电子商务业务和网络公司开始浮现。1996 年 8 月，留美博士张朝阳在美国 MIT 媒体实验室主任尼葛洛庞帝先生和风险投资专家爱德华·罗伯特先生的风险投资支持下创办搜狐（sohu. com），1997 年 6 月，丁磊先生创办网易，这两个网站目前都是中国最大和最有影响的门户网站。1997 年，各种网站的广告和宣传大量出现，中国商品订货系统（CGOS）等大型电子商务项目陆续推出，电子商务的名词和概念开始在中国传播，拉开了中国互联网电子商务的序幕。

第三阶段：1998—2000 年，随着电子商务由概念向实践的转变，我国迎来了互联网电子商务的快速发展阶段。

1998 年 3 月 6 日，由世纪互连通信技术有限公司和中国银行共同携手，完成了第一笔电子商务交易，标志我国电子商务已进入实用阶段。1998 年 7 月，中国商品交易市场正式宣告成立，被称为“永不闭幕的广交会”。中国商品现货交易市场是我国第一家现货电子交易市场，1999 年现货电子市场电子交易额达到 2 000 亿元人民币。中国银行与电信数据通信局合作在湖南进行中国银行电子商务试点，推出我国第一套基于 SET 的电子商务系统。1998 年 10 月，国家经贸委与信息产业部联合宣布启动以电子贸易为主要内容的“金贸工程”，它是一项推广网络化应用、开发电子商务在经贸流通领域的大型应用试点工程。1998 年北京、上海等城市启动电子商务工程，开展电子商场、电子商厦及电子商城的试点，开展网上购物与网上交易，建立金融与非金融论证中心和有关标准、法规，为今后开展电子商务打下基础。医药电子商务网于1998年投入运营，医疗卫生行业10 000个企事业单位联网，能提供上千种中西药品信息。全国库存商品调节网络、全国建筑在线、房地产网上促销，都已正式开通。

1999年尤其是进入下半年以后，中国的ICP和ISP等网络服务商开始大举进入电子商务领域，新的电子商务网站和新的电子商务项目猛然间急剧增加，令人目不暇接，几乎每天都有各类电子商务信息与咨询网站、网上商店、网上商场、网上商城、网上邮购、网上拍卖等站点诞生，中华网、8848、易趣、阿里巴巴、当当等知名网站建立。

2000年，中国电子商务网站数量、规模都进入了高度膨胀期，商务网站超过2 500家。其中网上购物类（B2C）网站最多，达到1 500家以上。据统计，2000年网民人数成倍增长，北京、上海、广州三大城市的网民参与网上购物的比例达到10%，全年网上消费额超过3亿元。

2000年的上半年，几大门户网站相继海外上市，引起中国电子商务进一步的"虚火上攻"。2000年4月13日，新浪率先登上了纳斯达克，掀起了中国门户网站上市的热潮。同年7月5日，网易也实现了自己的纳斯达克梦想。网易上市一周后搜狐的CEO张朝阳也带着成功登陆纳斯达克的兴奋回到了北京。这些门户网站的海外上市，无疑使企业获得了借助海外资本市场进一步发展的机会。

2000年属于中国电子商务发展高峰期的临界点。2000年4月，美国纳斯达克指数的大跌宣告了全球电子商务的退潮。大潮退却之时，大量".com"纷纷倒下。一度让人们趋之若鹜的电子商务企业举步维艰。从2000年后期开始，我国电子商务进入了漫长的"严冬"。电子商务企业失去了投资人的青睐，不得不承受着沉重的压力和普遍的怀疑。在这段时间里，裁员、破产、转型在电子商务行业中屡见不鲜。

1999—2000年，中国电子商务的"大跃进"暴露出制约中国电子商务发展的诸多问题。"商务为本"观念依然薄弱，重技术，轻商务；电子商务企业炒作之风盛行，以实现资本运作和上市为目标；忽视经济效益，普遍强调网络经济和电子商务的特殊性和神奇力；电子商务模式缺乏创新，还停留在对国外先进的电子商务经营模式（如AMAZON，EBAY，AOL和YAHOO等）的模仿和移植的水平上。

第四阶段：2001年至今，我国电子商务进入了务实发展阶段。

经历了网络公司概念炒作、泡沫洗礼和摸索，2001年以后，我国电子商务企业开始务实地探索赢利模式，并逐渐走出低谷。电子商务服务商正在从虚幻、风险资本市场转向现实市场，并与传统商务企业结合，同时开始出现一些较为成功、开始赢利的电子商务网站。例如，以销售音像制品著名的卓越网在2001年9月份已经实现收支持平并略有盈利。同年，另一家中国最大的网上书店当当也实现了盈利。2002年下半年，三大门户网站（新浪、搜狐、网易）先后宣布盈利，在其利润当中，手机短信服务、在线游戏、收费邮箱、校友录等B2C增值服务的贡献首屈一指，这表明三大门户网站盈利模式有所改观，开始踏上"中国特色"的盈利之路。

进入21世纪以后，中国电子商务的各种外部环境得到进一步改善。首先，互联网用户不断增加，互联网应用水平逐步提高，为电子商务发展奠定了坚实的基础。其次，我国先后颁布了一系列涉及网络管理、电子政务、电子商务等方面的相关法律法规。2005年4月1日起，《中华人民共和国电子签名法》正式实施。2005年1月8日，国务院发布了《国务院办公厅关于加快电子商务发展的若干意见》，从国家战略高度阐明了发展电子商务对我国国民经济和社会发展的重要作用，提出了加快电子商务发展的指导思想。再次，电子商务标准建设得到重视，启动了《电子商务应用标准建设与发展研究》项目。有关电子商务安全认证标准初步形成，全国已建立了约60个电子商务安全认证机构。最后，全国性跨银行支付系统已经建成，一些专门为电子商务服务的物流配送企业也相继出现。

随着现实市场对电子商务的需求日益成熟，电子商务软件和解决方案的"本土化"趋势加快，国内企业开发或着眼于国内应用的电子商务软件和解决方案逐渐在市场上占据主导，电子商务应用在各行各业大面积推进。目前，我国电子商务应用进入的领域包括金融、证券、对外贸易、海关口岸、电力行业、纺织行业、铁路、交通、农业、邮政、旅游业、烟草、房地产等。金融、证券等行业是我国电子商务率先进入的行业，截至2005年年底全国银行卡发卡量为9.6亿张，当年刷卡消费9 000亿元，占社会消费总额的10%。大多数保险公司开通了网上服务网站。

经过近十年的发展，国内第三方电子商务平台的交易与功能日益成熟和完善。第三方交易平台的出现为企业信息化和电子商务提供了一个公共的服务平台。目前，从大型企业到中小企业都在通过自建网站或者利用第三方电子商务平台等方式积极开展商贸活动，使得电子商务对经济发展的推动作用更加明显。

1.2 电子商务经济学的兴起

1.2.1 电子商务经济学的产生与发展

电子商务经济学（Economics of E-commerce）是伴随互联网和电子商务的迅速发展而形成的一门新兴经济学分支，它也是网络经济学或者更确切地说是互联网经济学（Internet Economics）发展到一定阶段的产物。

追溯电子商务经济学的发展历程，它是伴随互联网经济学或网络经济学的研究一路走来的。从1993年起美国的很多学者开始研究基于Internet的网络经济学，政府和大学、专业咨询公司、IT媒体和企业界成为美国三支主要的研究力量。1995年3月，美国麻省理工学院在美国国家科学基金（National Science Foundation）的支持下，举办了Internet经济学研讨会（a Workshop on Internet Economics）。会后，美国学者Lee W. Mcknight和Joseph P. Baley将会上的发言稿编纂而成*Internet Economics*一书，在书中作者将电子商务的经济学研究涵盖在Internet经济学之中。

1996年，美国Soon-Yong Choi、戴尔·O. 斯塔尔（Dale O. Stahl）和安德鲁·B. 温斯顿（Andrew B. Whinston）三位学者出版了《电子商务经济学——在电子市场中经营的基本经济问题》(1997年再版）一书，这是第一本专门研究电子商务经济学的书籍。1997年，麻省理工学院李·W. 麦克奈特（Lee W. McKnight）和约瑟夫·P. 贝利（Joseph P. Bailey）编辑出版论文集《因特网经济学》。同年，T. G. 勒维斯（T. G. Lewis）出版《非摩擦经济：网络时代的经济模式》，均对电子商务的经济模式做了初步探讨。

1998年，德里克·L. 科格伯恩（Derrick L. Cogburn）博士在一次高级研讨会上，作了题为《全球政治与电子商务经济学：对于南非的意义》的专题报告。1999年，卡尔·夏皮罗（Carl Shapiro）和哈尔·瓦里安（Hal Varian）出版《信息规则：网络经济的策略指导》，该书成为电子商务经济学的一本经典通俗读物，被美国和澳大利亚等多所大学列为电子商务经济学课程的教学参考书。

2001年，塞林夫·波伦斯坦恩（Severin Borenstein）和伽斯·莎罗纳（Garth Saloner）从标准的微观经济学角度考察了电子商务如何在经济中创造价值，哪些经济机构最有可能获取这些新创造的价值，以及电子商务如何导致现有经济效益的分配等问题。他们认为，传统经济学的分析方法依然适用于分析电子商务等经济现象。电子商务仅仅是所有商业活动的一种形式，不可能替代所有商务形式，它将与通信、运输、生产过程的电子化及其他技术一起，成为现代经济活动的另外一个支柱。电子商务将强有力地改变企业创造和获取价值的能力，并导致许多市场的重构，这与以往的重大技术变革所导致的结果相类似。

2003 年，美国贝勒大学的 David VanHoose 教授出版了《电子商务经济学》；2004 年，美国费尔菲尔德大学的 Edward J. Deak 教授出版了《电子商务与网络经济学》。这两本书都从经济学的视角来研究电子商务问题，包括电子商务市场、电子商务定价、网络广告、网络银行、数字货币和电子付款、电子商务政策和电子商务的微观经济问题等。

在中国国内，早在 1996 年中国信息经济学会庐山年会中，时任中国信息经济学会理事长、中国著名经济学家乌家培教授率先提出了要重视和加强对网络经济的研究。2002 年，乌家培教授将他在 1999—2001 年 3 年内所写的 40 篇论文、报告和讲话稿整理出版了一本文集，名为《信息社会与网络经济》。该文集对网络经济与经济治理、电子商务与信息经济学的问题进行了深刻的探讨和剖析。1998 年，纪玉山出版了《网络经济学引论》(吉林教育出版社)，并在此基础上出版《网络经济》(长春出版社，2000 年)。2001 年，黄宗捷等编著出版《网络经济学》(中国财政经济出版社)。2002 年 6 月，芮廷先编著出版《电子商务经济学》(电子工业出版社)。2003 年，盛晓白出版《网络经济通论》(东南大学出版社)。2006 年，濮小金等编著《网络经济学》。2007 年，李莉等编著《电子商务经济学》。这些研究均对网络经济与电子商务经济学进行了有益的探索。

目前，无论是国外电子商务经济学研究，还是国内电子商务经济学研究，都还没有形成较为成熟、一致的经济学理论分析框架和透视角度。这主要是因为电子商务本身尚处在发展的初期，有许多经济规律尚未被人们发掘出来。随着电子商务的发展，人们对电子商务经济学的探讨必将逐步深入。

1.2.2 电子商务经济学的研究内容

1. 电子商务经济学的定义

目前普遍认为电子商务经济学是以电子商务的经济现象作为研究对象的经济学。或者说，电子商务经济学是将电子商务市场或在线市场作为研究对象的一门新兴经济学分支学科。

如前所述，由于电子商务经济学的产生及发展一直与 Internet 经济学相伴随，因此人们往往容易将二者的研究对象和研究内容混淆。事实上，Internet 经济学是研究 Internet 相关的经济问题，就像 Internet 不等于电子商务一样，Internet 经济学也不同于电子商务经济学。Internet 经济学主要强调 Internet 作为通信网络基础设施产生的效率和定价问题、公共政策问题。虽然这一领域也研究基于 Internet 的商务问题，但主要关心的不是 Internet 商务活动本身，而是在 Internet 上开展商务活动可能出现的一些与 Internet 发展有关的问题，如信息安全、个人隐私等。此外，Internet 经济学在研究中往往把 Internet 当做一个产业，重点研究该产业的市场结构、产业组织、产业绩效、产业政策等。

电子商务经济学则把电子商务看成一个市场，并围绕电子商务市场效率这一基本的经济学问题而展开。它所研究的是商务活动电子化、数字化相关的经济学问题，而电子化、数字化的生产，交易活动不是其研究内容，最多把电子商务对这些活动的影响包括在内。

当然，电子商务经济学在研究电子商务市场的同时，也会涉及 Internet 经济学的一些研究内容（如 Internet 定价和公共政策问题），但其根本任务还是放在电子商务市场的经济运行上，只是因为电子商务市场的商品交换和通信结构恰好是 Internet，所以二者在研究中难免会有所交集。相比之下，Internet 经济学研究的内容就像是跨省的高速公路系统、电话和邮政网络的运作方式，而电子商务经济学研究的主要内容则是通过通信网络和传输系统而使交易变得更为便捷的市场。后者的研究内容集中于产品选择、市场战略、价格和其他一些影响传统经济学的生产、营销、消费等过程的因素。

总之，电子商务经济学与 Internet 经济学的研究内容既相互交融又各有侧重。正确认识和理解它们的联系和区别，对于把握好各自的发展方向具有重要的意义。

2. 电子商务经济学的基本问题

（1）将电子商务作为一个市场和一种数字服务产品而展开研究。包括电子商务市场的形成、电子商务市场规模的测度与分析、市场构成以及市场的演化和发展等内容。

（2）在线市场与离线市场如何相互影响，即在线市场如何影响离线市场的竞争和发展，或者离线市场的竞争如何影响在线市场的结构。包括在线市场价格离散和灵敏度等内容的分析、数字产品定价与价格歧视、中介作用、垄断与竞争分析、知识产权管理、企业赢利模式与商业模型等。此外，还包括电子商务如何创造市场价值，特别是离线市场价值与在线市场价值之间如何相互转移等问题的研究。电子商务的价值创造和价值转移问题构成电子商务经济学研究的基本问题，甚至可以说这个问题始终贯穿于电子商务经济学研究和发展的全过程。

(3) 电子商务的宏观经济影响问题。包括电子商务对国家福利的短期与长期影响，电子商务对技术进步、市场效率、就业、税收、金融、投资和国际贸易、国际关系等方面的影响等。

1.2.3 电子商务经济学的研究方法

科学研究方法是解决理论问题与实践问题的工具，对任何一门学科都是非常重要的。目前，电子商务经济学的研究中主要是运用普遍适用的一般方法和借鉴其他相关学科的研究方法。

1. 实证分析与规范分析

实证分析是在作出与经济行为有关的假定前提下，来分析和预测人们的经济行为。例如，选取商品的“市场价格”为研究对象，假定市场上完全自由竞争、没有任何人来制定垄断价，根据这个“是”，作出“将是”的假说：商品价格的升降，仅受供应量的影响。预测：供大于求则跌价，求大于供则涨价；价格的升降是可见的现象，预测很容易就通过了检验。这就得出了西方经济学中的“看不见的手”知识。实证分析力求说明和回答这样的问题：经济现象是什么？即经济现象的现状如何？有几种可供选择的方案？如果选择了某方案，后果如何？实证分析要求，一个理论或假说涉及的有关变量之间的因果关系，不仅要能够反映或解释已经观察到的事实，而且要能够对有关现象将来出现的情况作出正确的预测，也就是要能经受将来发生的事件的检验。

规范分析是以一定的价值判断作为出发点和基础，提出行为的标准，并以此作为处理经济问题和制定经济政策的依据，探讨如何才能符合这些标准。规范分析力求回答：应该是什么的问题，即为什么要作这样的选择，而不是另外的选择？它涉及是非善恶、应该与否、合理与否的问题。由于人们的立场、观点、伦理道德标准不同，对同一个经济事物，就会有截然不同的看法。

由上可以看出，实证分析研究经济运行规律，不涉及评价问题，规范分析则是对经济运行进行评价。两者都是研究分析的方法，都有其最能发挥作用的地方。将二者结合起来运用既能发挥各自的功效，又能相互补充，从而提高经济研究的整体效果。

2. 定量分析与定性分析

定性分析方法也就是科学抽象方法、逻辑思维方法，是科学研究中最一般、最常见的方法。定性分析就是对研究对象进行“质”的方面的分析。具体地说是运用归纳和演绎、分析与综合以及抽象与概括等方法，对获得的各种材料进行思维加工，从而能去粗取精、去伪存真、由此及彼、由表及里，达到认识事物本质、揭示内在规律。例如，在电子商务经济学中，我们可以通过典型调查和抽样调查，采用不完全归纳法来分析我国电子商务市场的现状和存在的问题，由少数电子商务市场的实际运行情况和机制来概括出整个电子商务市场运行的一般规律。

定量分析是对社会现象的数量特征、数量关系与数量变化的分析。定量分析是依据统计数据，建立数学模型，并用数学模型计算出分析对象的各项指标及其数值的一种方法。其功能在于揭示和描述社会现象的相互作用和发展趋势。在电子商务经济学研究中，定量分析方法的运用十分普遍。

定性分析与定量分析是统一的、相互补充的。定性分析是定量分析的基本前提，没有定性的定量是一种盲目的、毫无价值的定量；定量分析使定性更加科学、准确，它可以促使定性分析得出广泛而深入的结论。

3. 个量分析与总量分析

个量分析方法是指以单个经济主体的经济行为作为考察对象的经济分析方法，又称为微观经济分析法。它是在假定其他条件不变的前提下研究个体的经济行为和经济活动，其特点是把一些复杂的外在因素排除掉，突出个体经济主体的现状和特征。这种研究方法在实践中主要分析单个企业各种生产要素的投入量、产出量、成本和利润的决定及单个企业有限资源的配置、单个居民收入的使用，以及由此引起的单个市场中商品供求的决定、个别市场的均衡等问题。

总量分析是对宏观经济运行的总量指标的影响因素及其变化规律进行分析。它必须描述社会经济活动的总图景，分析影响就业与经济增长的总量因素及其相互关系。总量分析是以总体经济活动为研究对象，因此属于宏观经济分析方法。

作为经济分析的具体方法，不论是总量研究方法还是个量研究方法都具有重要的科学价值。由于个量与总量的关系不是简单的加和关系，有些经济现象从总体和个体不同的视角来研究，其结果会有所不同。

4. 局部均衡分析与一般均衡分析

在现代经济学中，均衡已成为一个被广泛运用的重要概念。均衡最一般的含义是指经济事物中有关的变量在一定条件的相互作用下所达到的一种相对静止的状态。均衡分析是分析各种经济变量之间的关系，说明均衡的实现及其变动。均衡分析又可分为局部均衡分析与一般均衡分析。

局部均衡是在假定其他条件不变的情况下，来分析某一时间、某一市场的某种商品（或生产要素）的供给与需求达到均衡时的价格如何决定。按照局部均衡分析，当考察一种商品的价格如何由市场供求两股力量的作用而达到均衡时，总是假定“其他条件不变”，即假定该种商品的均衡价格只取决于商品本身的供求状况，从而排除了其他一切经济因素及其变动对该商品的影响。

一般均衡是指一个经济体系中，所有市场的供给和需求同时达到均衡的状态。根据一般均衡分析，某种商品的价格不仅取决于它本身的供给和需求状况，而且还受到其他商品的价格和供求状况的影响。因此，某种商品的价格和供求的均衡，只有在所有商品的价格和供求都同时达到均衡时，才能实现。

5. 静态分析与动态分析

静态分析方法是抽象掉了时间因素和变化过程而静止地分析问题的方法，主要致力于说明什么是均衡状态和均衡状态所要达到的条件，而不管达到均衡的过程和取得均衡所需要的时间。它是一种状态分析。

动态分析指在引进时间变化序列的基础上，研究不同时点上变量的相互作用在均衡状态的形成和变化过程中所起的作用，考察在时间变化过程中均衡状态的实际变化过程。动态分析又被称为过程分析，其中包括分析有关经济变量在一定时间内的变化、经济变量在变动过程中的相互联系和相互制约的关系以及它们在每一时点上变动的速率等。

静态分析和动态分析的基本区别在于，前者不考虑时间因素，而后者考虑时间因素。换句话说，静态分析考察一定时期内各种经济变量之间的相互关系，而动态分析考察各种经济变量在不同时期的变动情况。静态分析主要是一种横截面分析，不涉及时间因素所引起的变动；而动态分析是一种时间序列分析，涉及时间因素所引起的变动。或者说，静态分析研究经济现象的相对静止状态，而动态分析研究经济现象的发展变化过程。

1.3 相关经济学原理

电子商务经济学涉及的相关经济学原理不仅包括微观经济学相关原理，而且包括宏观经济学、产业组织、国际经济学、信息经济学、博弈论、计量经济学和技术经济学等众多领域的知识。本节仅选择消费者行为理论、厂商理论、市场理论以及外部性理论作简要叙述。

1.3.1 消费者行为理论

1. 效用

效用是消费者行为理论中最基本的概念。效用（Utility）在经济学中是指商品或者服务满足人们欲望的能力。按照平狄克和鲁宾费尔德（1995）的定义，效用是一个人从商品的消费或服务中获得的满足程度。经济学家一般将效用按照基数效用和序数效用两种框架来分析。

（1）基数效用与边际分析

基数效用（Cardinal Utility）是指用效用单位来表示的效用，它假定消费者对商品和服务的满足程度可以用具体的数字 1，2，3…来衡量和比较。显然，效用以具体的数值来衡量只是一种理论上的假设。

总效用（Total Utility，TU）是指消费者消费一定数量的商品和服务所得到的效用量的总和。

边际效用（Marginal Utility，MU）是指消费者增加或者减少一单位商品或者服务的消费所感觉到的效用的变化。或者说，消费者从消费一种商品的一个额外的数量中所获得的额外的满足。表 1-1 显示了某消费者消费某种商品的总效用和边际效用。

表 1-1 **某消费者消费某种商品的效用表**

商品数量	总效用	边际效用
0	0	—
1	7	7
2	11	4
3	13	2
4	14	1
5	14	0
6	13	−1

边际效用递减规律是指在一定时间内，在其他商品的消费数量不变的条件下，随着消费者对某种商品消费数量的增加，消费者从该商品连续增加的每一消费单位中所得到的效用逐渐减少。

效用最大化原则是指当消费者预算的分配使其花费在每一种商品或服务上的每一单位货币所带来的边际效用相等时，便实现了效用最大化，也称为边际效用相等原则。用公式表示如下：

$$MU_a/P_a = MU_b/P_b = \cdots = MU_n/P_n$$

公式中 MU_a，MU_b，…，MU_n 分别代表每种商品或服务的边际效用；

P_a，P_b，…，P_n 分别代表每种商品或服务的价格。

【例题 1-1】

消费者李军现有 25 元钱，想买 CD 和汉堡，CD 每张 10 元，汉堡每个 5 元，购买 CD 和汉堡的效用分别见表 1-2 和表 1-3。试问李军应该如何进行消费才能达到总效用最大？

表 1-2　　**购买 CD 效用表**

数量	总效用	边际效用	单位货币边际效用
1	4	4	0.4
2	6	2	0.2
3	8	2	0.2

表 1-3　　**购买汉堡效用表**

数量	总效用	边际效用	单位货币边际效用
1	6	6	1.2
2	10	4	0.8
3	12	2	0.4

由表 1-2 和表 1-3 可知，1 张 CD 和 3 个汉堡的单位货币边际效用相等，都是 0.4 元，根据效用最大化原则，李军用 25 元钱购买 1 张 CD 和 3 个汉堡可以达到总效用最大。

(2) 序数效用与无差异曲线分析

由于效用实际上是不可以用具体数值度量的，因而，基数效用论越来越多地遭到质疑。这样就提出了序数效用的理论。

序数效用（ordinal utility）是指效用大小不可以用具体的数值加以衡量，只能按照满足程度进行排序，如第一、第二、第三……序数效用论分析的基础是无差异曲线。

无差异曲线表示消费者在偏好不变、技术和资源既定的条件下，选择该曲线上任意一个商品组合得到的效用是相等的。假定有 X 和 Y 两种商品，无差异曲线可用图 1-1 表示。

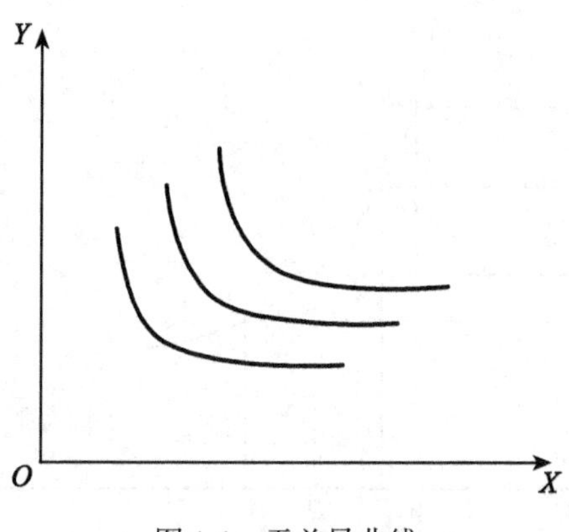

图 1-1　无差异曲线

图 1-1 显示了三条无差异曲线，它们分别代表三个不同的效用水平，且距离原点越近的曲线代表的效用越低，反之越高。

无差异曲线的基本性质可以概括如下：①无差异曲线有无数条，但不同的无差异曲线不能相交；②不同的无差异曲线所代表的效用水平是可以排序的；③一组无差异曲线可以代表一个效用函数；④无差异曲线的斜率是两种商品的边际替代率。

边际替代率（Marginal Rate of Substitution，MRS）是指在维持效用不变的前提下，为了增加一个单位的某种商品的消费而必须放弃另一种商品的消费数量。用公式表示如下：

$$\mathrm{MRS}=-\frac{\Delta Y}{\Delta X}$$

上式中，ΔX 表示商品 X 的变化量；ΔY 表示商品 Y 的变化量。

下面用图 1-2 描述商品的边际替代率。

在图 1-2 中，无差异曲线上的 a 与 b 两点之间，MRS = 4；c 与 d 两点之间，MRS = 1。

对于消费者而言，消费的选择与效用有关，而效用的大小又与消费的数量有关。当消费者消费更多的商品时，其效用也会更大（从图 1-1 中也可以看出这个问题）。然而，消费者的消费数量往往是有限的，这主要是因为他的货币收入是有限的，消费者的消费会受到自身预算的约束。

预算约束线又称消费可能线，是指在一定的货币收入和商品价格条件

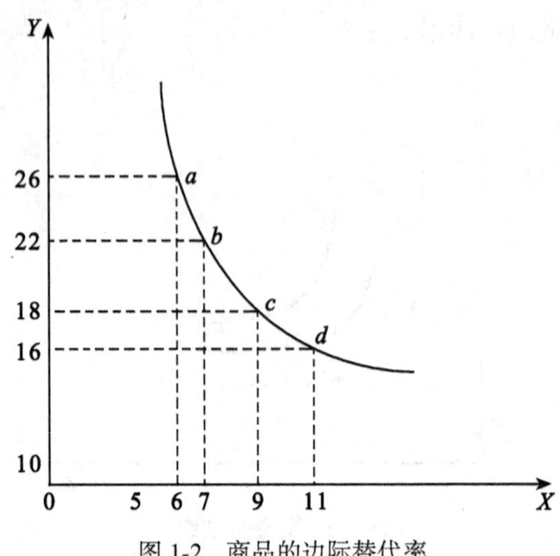

图 1-2　商品的边际替代率

下，消费者可能买到的商品最大数量组合的曲线。

【例题 1-2】

假设某一消费者的预算是 30 元，用于购买 X 和 Y 两种商品，其中 X 商品的价格为 1 元，Y 商品的价格为 2 元。消费者购买 X、Y 两种商品的数量组合如表 1-4 所示。

表 1-4　　**30 元收入购买 X、Y 两种商品数量组合表**

X 和 Y 的组合	X 的数量	Y 的数量
Ⅰ	0	15
Ⅱ	10	10
Ⅲ	20	5
Ⅳ	30	0

将表 1-4 的数据描绘在坐标图上，就会得出如图 1-3 所示的一条预算约束线。

由图 1-3 可知，预算约束线是一条向右下方倾斜的直线，其方程式可以表示为：

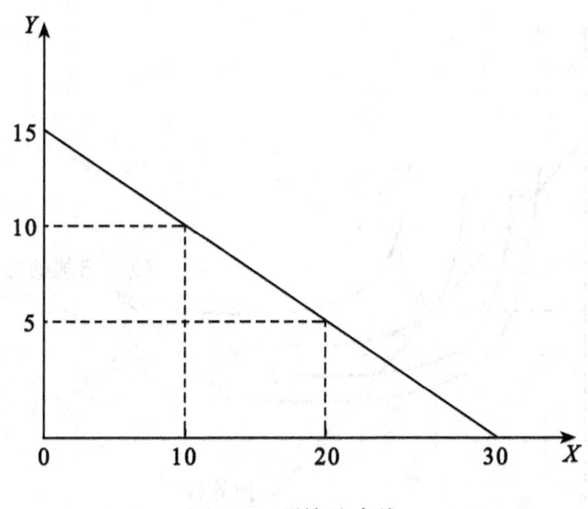

图 1-3 预算约束线

$$P_xX+P_yY=m$$

上式中，m 代表消费者的预算收入；X 和 Y 分别代表两种商品的数量；P_x 和 P_y 分别代表两种商品的价格。预算线的斜率由 X 与 Y 两种商品的价格决定，其数值为$-\frac{P_x}{P_y}$。

那么，在预算约束下，消费者如何选择效用最大的消费数量？

根据效用最大化原则，在预算和商品价格不变的条件下，消费者在无差异曲线和预算线相切的那一点效用达到最大化（见图 1-4）。

图 1-4 显示，在无数条无差异曲线中，必有三条曲线 I_1、I_2、I_3，它们分别通过 a、b、c 三点，并且这三点都在预算线上。通过 a 点的无差异曲线最低即代表的效用也最低，通过 c 点的无差异曲线居中，而通过 b 点的无差异曲线最高即代表的效用也最高。显然，既能符合预算约束，又能得到最大效用的满足无疑是 b 点的消费数量组合。如 I_4 也是一条无差异曲线，虽然它代表的效用比 I_3 高，但由于它与预算线没有任何接触点，这意味着消费者的货币收入所能购买的各种最大数量组合均达不到 I_4 的效用水平。因此，消费者在现有预算下，不能实现高于 b 点商品组合的效用。故 b 点是效用最大的消费数量组合。

b 点是无差异曲线和预算线的切点，此时无差异曲线和预算线的斜率刚好相等。由于无差异曲线的斜率就是两种商品的边际替代率，预算线的斜率就是两种商品的价格之比，故：

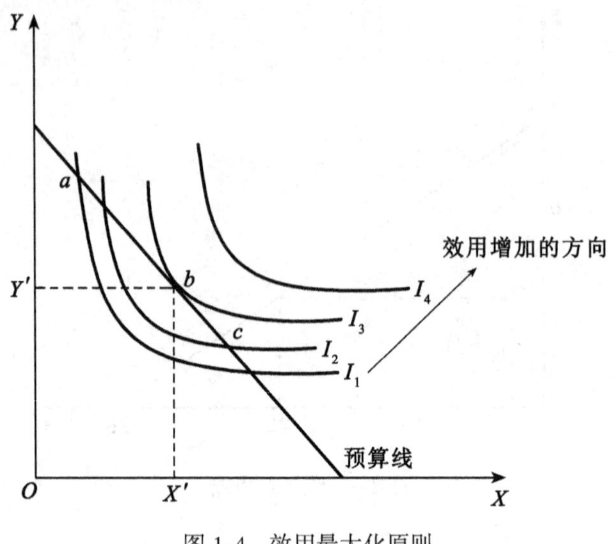

图 1-4　效用最大化原则

$$\mathrm{MRS}=\frac{P_x}{P_y}$$

上式表明，当消费者消费的两种商品的相互替代程度恰好与两种商品的价格之比相等时，该消费者获得最大满足。

2. 消费者剩余

无论是按照基数效用论，还是按照序数效用论进行分析，都可以证明，如果一种商品的价格下降，消费者将会增加对它的消费数量，因为这样做会增加消费者的效用。反过来，如果一种商品的价格上升，消费者将会减少对它的消费数量，而转向其他商品的消费。因此，需求曲线始终是向右下方倾斜的。需求曲线既反映了一定价格下需求数量的变化，也反映了效用和支付意愿的变化。

消费者剩余是指消费者在购买商品时所得到的总效用和实际支出之间的差额，或者说是指消费者愿意为某一商品支付的金额与消费者在购买该商品时实际支付的金额之间的差额。如图 1-5 中三角形的阴影面积。

在图 1-5 中，若提高市场价格，则会减少消费者剩余；反之，则会增加消费者剩余。

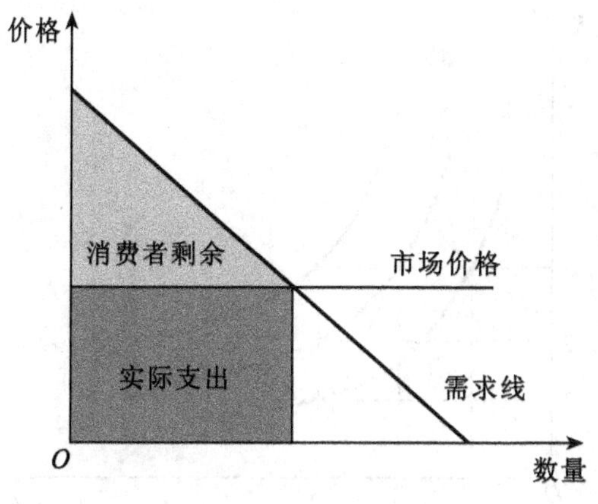

图 1-5 消费者剩余

1.3.2 厂商理论

厂商是产品的生产者和销售者。本节主要研究厂商“合乎理性”的生产和销售行为。

1. 生产函数与等产量线

生产函数是指在一定的技术水平下，产品的产出量与要素投入量之间的关系。生产函数描述的是每一特定的生产要素组合下厂商的产出，可以表示为：

$$Q=F(x_1, x_2, \cdots, x_n)$$

上式中，Q 代表产出，x_1，x_2，…，x_n 代表生产要素投入量。为简单化，假定有劳动 L 和资本 K 两种生产要素，生产函数可以表达为：

$$Q=F(K, L)$$

上式反映了产出与劳动和资本这两种生产要素之间的数量关系。

等产量线是由生产出同一产量的不同生产要素组合形成的曲线，即等产量线上的每一点代表的生产要素组合可以生产出同样的产量，如图 1-6 所示。

图 1-6 中的 A 点与 B 点的生产要素组合不同，但产出相同。等产量线的集合构成等产量图。等产量图中的每一条线表示在各种生产要素组合下所能得到的最大产出。等产量图是生产函数的另外一种描述方式，每一条等产量线与某一产出水平相对应，当等产量线向右上方移动时，厂商的产出水平也相应地从图 1-6 中的 Q_1 上升到 Q_2 再跃升到 Q_3。

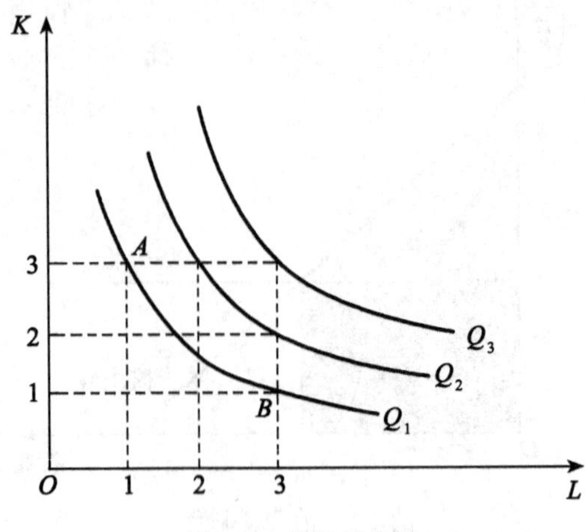

图 1-6　等产量曲线

2. 平均产出和边际产出

平均产出（Average Product，AP）是指平均每一单位生产要素投入所生产的产量。

边际产出（Marginal Product，MP）是指一单位生产要素投入量的变化引起的产出的变化。

以劳动力为例，劳动力的平均产出（AP_L）为总产出 TP 除以劳动力 L。劳动力的边际产出（MP_L）是指多雇佣一个劳动力时产出的增加量，可以记为 $\Delta TP/\Delta L$。下面借助表 1-5 的资料进一步理解总产出、平均产出和边际产出的关系。

表 1-5　　**总产出、平均产出和边际产出三者的关系**

劳动力 L	总产出 TP	平均产出 AP	边际产出 MP
0	0	—	—
1	3	3	3
2	10	5	7
3	18	6	8
4	32	8	14
5	40	8	8
6	42	7	2
7	42	6	0
8	40	5	-2

表 1-5 显示，在劳动力为 4 人之前，平均产出和边际产出都在增加；当劳动力达到 5 人时，平均产出没有变化，而边际产出开始下降。当劳动力达到 6 人时，平均产出才开始下降。总的来看，无论是平均产出还是边际产出，它们都是先升后降。图 1-7 描绘了平均产出与边际产出的一般关系。

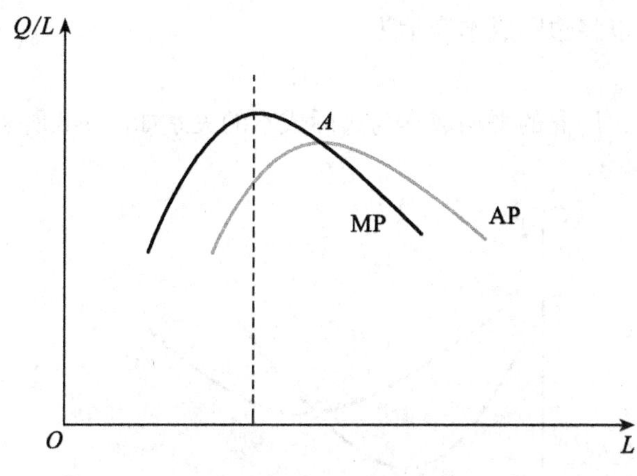

图 1-7 平均产出与边际产出的关系

在图 1-7 中，虚线左侧的区域表示边际产出递增，而右侧的区域表示边际产出递减。平均产出与边际产出高度相关，当边际产出高于平均产出时，平均产出处于上升阶段；当边际产出小于平均产出时，平均产出将下降；当边际产出等于平均产出时，平均产出达到极大值，即图 1-7 中的 *A* 点。

3. 成本

成本是指厂商在生产过程中用于生产要素的支出。成本受生产要素投入的数量和价格的影响。可以表示如下：

$$C=P_L \cdot L+P_K \cdot K$$

总成本（Total Cost，TC）由固定成本（Fixed Cost，FC）和可变成本（Various Cost，VC）组成，即 TC＝TFC+TVC。其中固定成本是指厂商花费在不变投入上的全部成本；可变成本是指厂商花费在可变投入上的全部成本。

平均成本（AC）是指厂商在每一单位产品上平均所花费的成本。平均总成本（ATC）是平均固定成本（AFC）与平均可变成本（AVC）之和。

平均总成本（ATC）＝ TC/Q

或 ATC=（TFC+TVC）/Q

沉淀成本（Sunk Cost）是已经发生而无法收回的费用。由于沉淀成本无法收回，因而不会影响厂商决策。

边际成本（Marginal Cost，MC）也称为增量成本，是由多生产额外一单位产出而引起的成本的增加。由于固定成本不随厂商产出水平的变化而变化，因此，边际成本就是每增加额外一单位产出所引起的可变成本的增加量。这样，可以将边际成本表示为：

$$MC = \Delta VC / \Delta Q$$

在短期中，厂商的平均成本与边际成本的关系如图 1-8 所示。

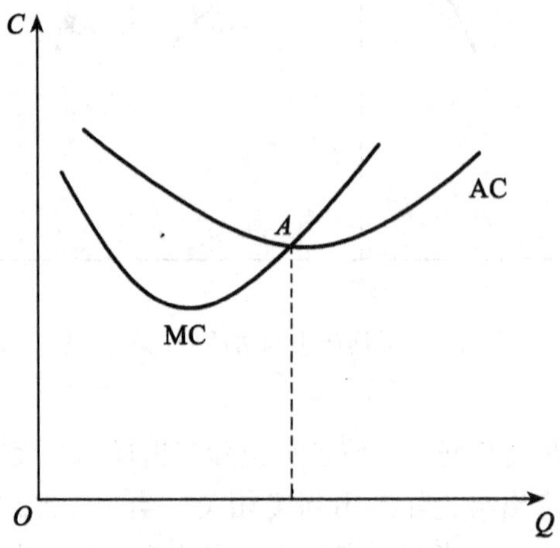

图 1-8　短期边际成本与平均成本的关系

图 1-8 显示：①平均成本曲线和边际成本曲线都是随着产量的增加先递减后增加，即呈现 U 形；②两条曲线相交于平均成本曲线的最低点 A 点。

在长期中，决定厂商长期平均成本曲线和长期边际成本曲线形状的最重要的因素是，是否存在着递增的、不变的或递减的规模经济。与短期平均成本曲线的形状一样，长期平均成本曲线也表现为 U 形，但二者形成的原因不同，前者是由于存在递增和递减的规模经济的缘故，后者是由于某一生产要素的报酬先递增后递减的原因。图 1-9 显示了长期平均成本与长期边际成本的关系。在规模经济作用下，长期边际成本小于长期平均成本，即：LMC <LAC；当生产处于规模不经济时，长期边际成本大于长期平均成本，即：LMC>LAC。

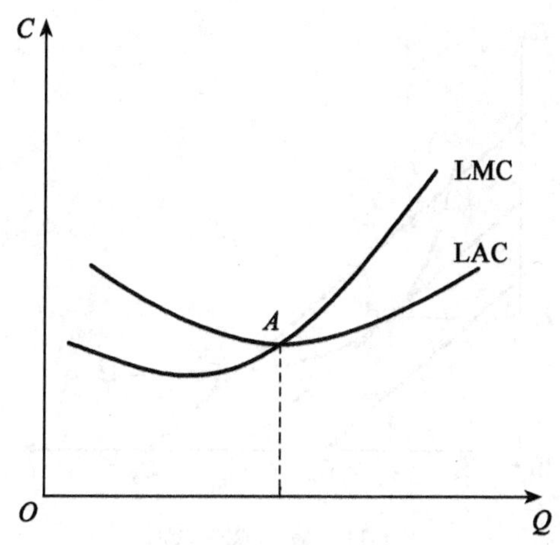

图 1-9 长期边际成本与平均成本的关系

等成本线：表示所有支付相同的生产要素的组合，如图 1-10 所示。

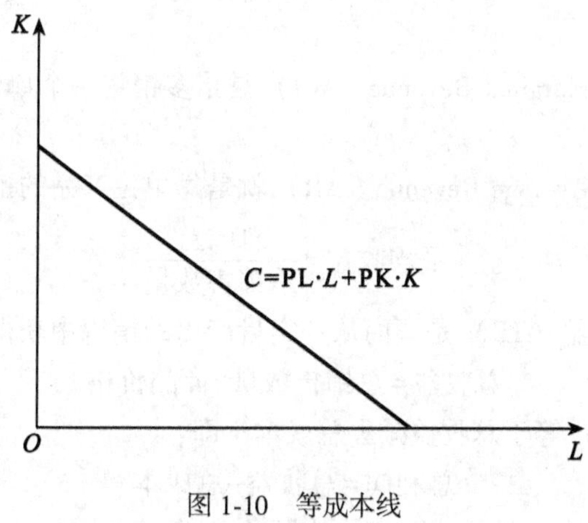

图 1-10 等成本线

最小成本原则是指在产量既定的条件下，等成本线与等产量线相切的那一点的生产要素组合成本最低，如图 1-11 所示。

在图 1-11 中，等成本线 C_1 与等产量线相切于 A 点，表明可以以劳动投入 L_1、资本投入 K_1 的最低成本来生产 Q 的产出。

作为厂商，判定要素组合成本是否最低的标准是：两种生产要素 L 和 K

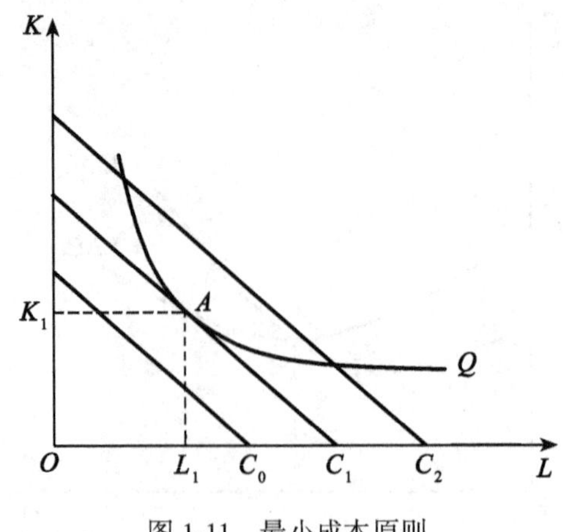

图 1-11　最小成本原则

的边际产出（MP）分别与各自的价格（P）之比相等。即：

$$\frac{MP_L}{P_L}=\frac{MP_K}{P_K}$$

4. 收益

边际收益（Marginal Revenue，MR）是指多销售一个单位的产品所获得的额外收入。

平均收益（Average Revenue，AR）就是每单位产品的销售收入，即：

$$平均收益=\frac{总收益}{总销售数量}$$

其中，总收益（TR）是厂商从一定量产出的销售中获得的总收入，即：

总收益=总销售数量×商品价格

总利润（U）等于总收益减去总成本，即：

总利润=总收益-总成本

在价格不变的情况下，厂商的边际收益等于平均收益，都等于市场价格，即：

$$MR=AR=P$$

在价格变化的情况下，价格随产量的增加而下降，此时厂商的平均收益AR和边际收益MR也随产量的增加而下降，但平均收益仍与价格相等，而边际收益不再等于价格，而是小于价格。表1-6显示了在价格变化的情况下总收益、平均收益、边际收益与产量的关系。

表 1-6　　　　**总收益 TR、平均收益 AR 与边际收益 MR**

销售量 Q	价格 P	TR	AR	MR
1	8	8	8	—
2	7	14	7	6
3	6	18	6	4
4	5	20	5	2
5	4	20	4	0
6	3	18	3	−2
7	2	14	2	−4

平均收益与边际收益的变化也可用图 1-12 表示。

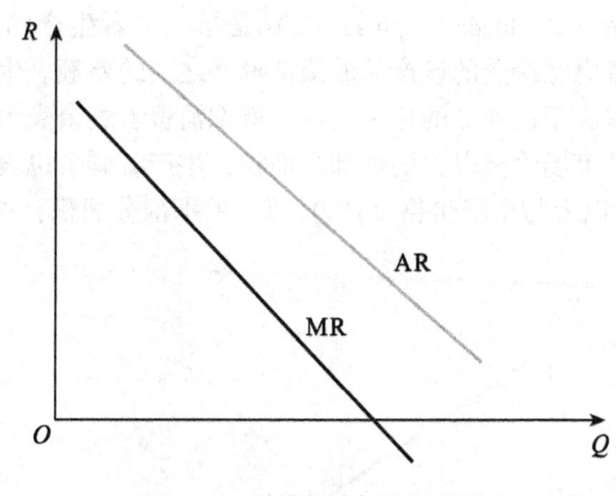

图 1-12　平均收益与边际收益

利润最大化原则是指当边际收益大于边际成本时，厂商增加产量就会增加利润；反之，当边际收益小于边际成本时，厂商减少产量就会增加利润。只有当厂商把产量确定在边际收益等于边际成本时，厂商才能获得最大化的利润，这就是利润最大化原则。反过来，满足利润最大化的条件是：

$$MR = MC$$

图 1-13 显示了边际收益、边际成本以及总利润与产量的关系。图中 Q' 为利润最大化产量。

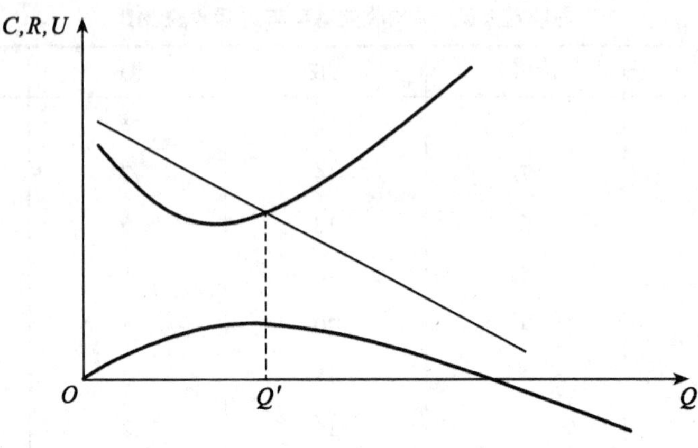

图 1-13　利润最大化产量

5. 生产者剩余

生产者剩余（Producer Surplus，PS）是指生产者生产的某种产品的实际价格与生产者愿意接受的该产品的最低价格之间的差额。生产者愿意接受的最低价格，取决于该产品的边际成本。就像消费者剩余表示消费者个人需求曲线以下产品市场价格以上的那部分面积，生产者剩余也表示某一生产者供给曲线（S）以上与市场价格（P^*）以下的那部分面积，如图 1-14 所示。

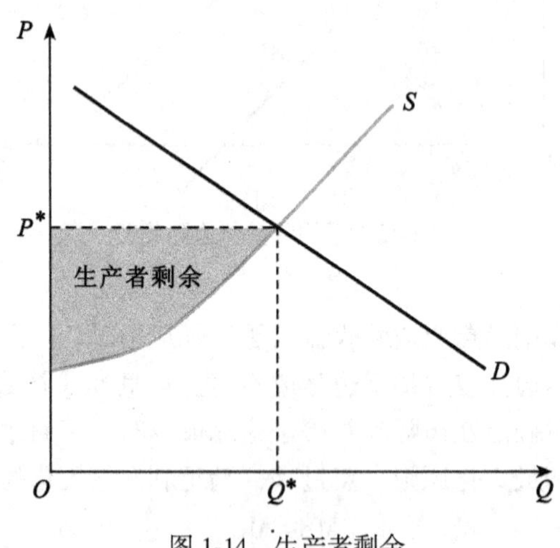

图 1-14　生产者剩余

在图 1-14 中，若提高产品的市场价格，则会增加生产者剩余；反之，则会减少生产者剩余。

厂商的生产者剩余不等于利润，但与利润密切相关。生产者剩余等于收入减去可变成本，利润等于收入减去总成本，因此，生产者剩余大于利润。

1.3.3 市场理论

微观经济学按市场竞争程度的强弱，将市场分为四种类型：完全竞争市场、完全垄断市场、垄断竞争市场和寡头市场。这四种市场类型的特点如表 1-7 所示。

表 1-7 **四种市场类型的特点比较**

市场类型	厂商数目	产品差别程度	对价格控制程度	进出难易程度
完全竞争	很多	完全无差别	没有	很容易
垄断竞争	很多	有差别	有一些	比较容易
寡头垄断	几个	有差别或无差别	相当程度	比较困难
完全垄断	唯一	唯一的产品， 且无替代品	很大程度， 但经常受到管制	很困难， 几乎不可能

1. 完全竞争市场

完全竞争市场是指竞争不受任何阻碍和干扰的市场结构。在完全竞争市场，厂商是价格的接受者。

完全竞争市场的短期均衡条件为：

$$P' = \mathrm{AR} = \mathrm{MR} = \mathrm{MC}$$

在短期中，完全竞争厂商按利润最大化条件 MR = MC，选择产量组织生产，并按市场均衡价格销售产品，有可能获得超额利润，如图 1-15 所示。

图 1-15 中的阴影部分是厂商获得的超额利润，这主要是因为在短期内新的厂商来不及进入所致。

从长期来看，如果完全竞争市场的厂商有超额利润，毫无疑问会吸引大量的新厂商进入（虽然它们在短期内来不及进入），这样市场的均衡价格就会因市场供给的增加而下降，厂商的超额利润会减少，市场的吸引力会降低。但是只要还有超额利润，就仍会有新厂商进入，市场均衡价格将继续下降。这个过程一直持续到价格的下降最终使得超额利润消失为止。因此从长

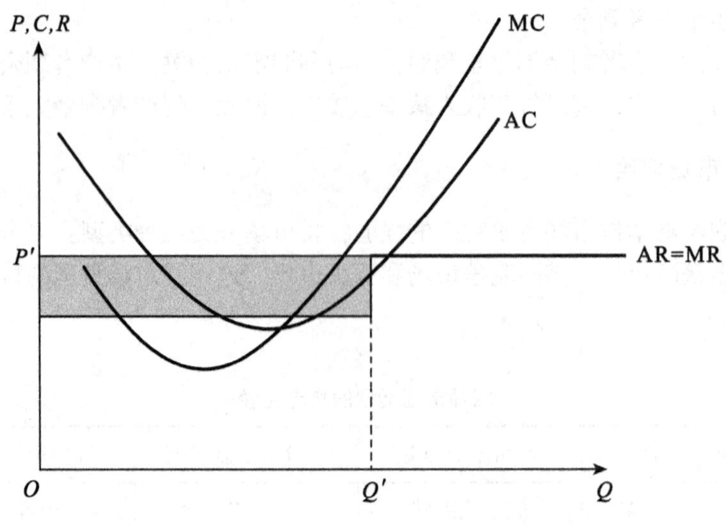

图 1-15　完全竞争厂商的短期均衡

期来看，完全竞争市场中的厂商不可能获得超额利润。

反过来，如果完全竞争市场的厂商不仅没有超额利润，反而亏损，那么市场中的厂商就会想方设法退出，市场的均衡价格就会因此上升，亏损会相应减少。但是，只要厂商仍然有亏损，厂商就会继续退出。这个过程一直持续到因价格的上升最终使得亏损消失为止。

由此可见，完全竞争市场的厂商只有获得正常利润，市场才能处于一种稳定状态。因此，完全竞争市场的长期均衡条件为：

$$P' = AR = MR = LMC = LAC$$

图 1-16 描述了完全竞争厂商的长期均衡状态。

2. 完全垄断市场

完全垄断市场是指整个市场中只有一个厂商的市场结构。在这种市场，厂商可以控制和操纵价格。

在短期中，完全垄断厂商利润最大化的均衡条件是：MR = MC。

图 1-17 描述了完全垄断厂商的短期均衡状态。图中的阴影部分是垄断厂商的超额利润。

从长期来看，由于存在着市场进入障碍，其他厂商无法与垄断厂商竞争，因此不同于完全竞争，完全垄断厂商面临的需求曲线不会因为其他厂商的进入而发生改变。对应于特定的市场需求，垄断厂商依照边际收益等于长

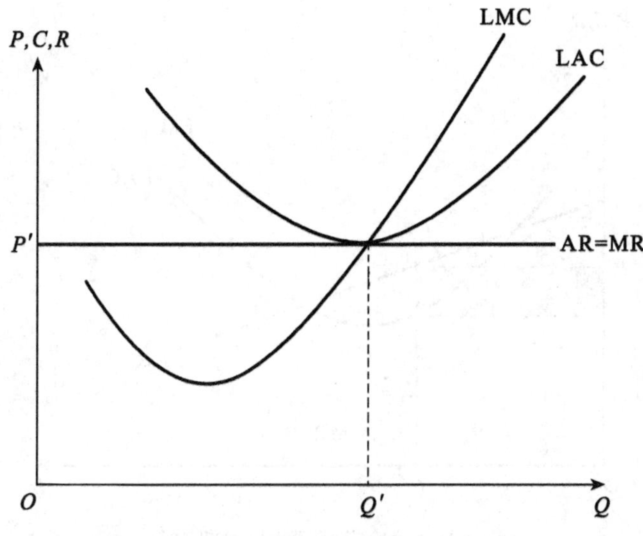

图 1-16 完全竞争厂商的长期均衡

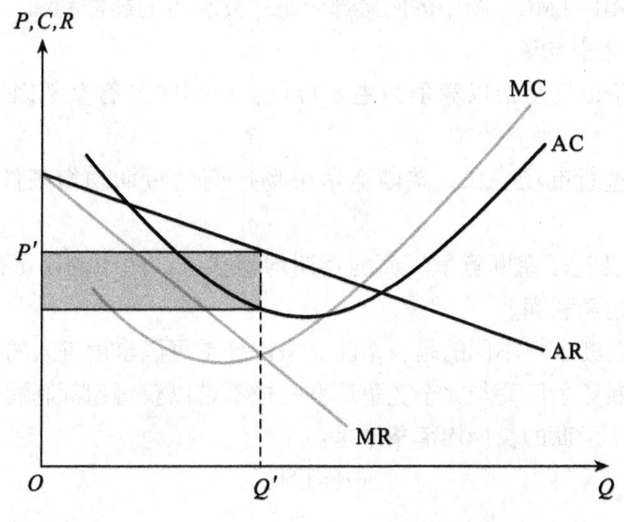

图 1-17 完全垄断厂商的短期均衡

期边际成本的条件选择利润最大化的产量，它仍然可以获得超额利润，如图1-18 所示。

图 1-18 描述了完全垄断厂商的长期均衡状态。完全垄断厂商的长期均

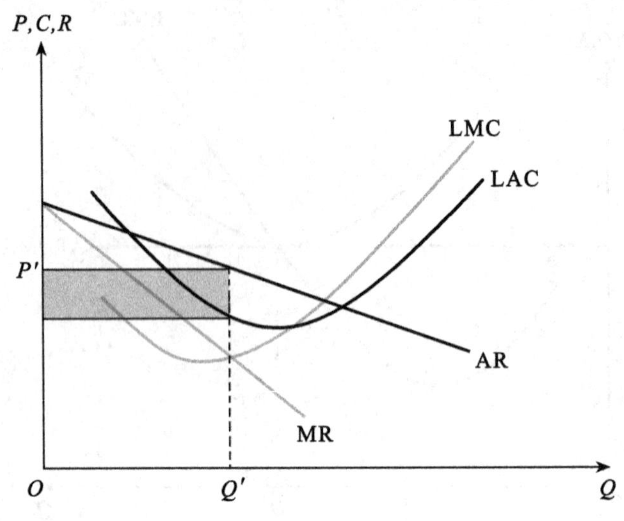

图 1-18　完全垄断厂商的长期均衡

衡条件是：MR＝LMC。图中的阴影部分是厂商获得的超额利润。

3. 垄断竞争市场

垄断竞争市场是指以竞争为主要特点，但同时又有垄断因素的市场结构。

与完全垄断市场一样，垄断竞争市场厂商的短期均衡条件也是 MR＝MC。

图 1-19 描述了垄断竞争厂商的短期均衡状态。图中的阴影部分是垄断竞争厂商的超额利润。

与完全垄断市场不同的是，垄断竞争市场是可以自由进入的。因此从长期来看，垄断竞争厂商与完全竞争厂商一样都难以获得超额利润。

垄断竞争厂商的长期均衡条件是：

$$\mathrm{MR}=\mathrm{LMC}$$

以及

$$P=\mathrm{AR}=\mathrm{LAC}$$

图 1-20 描述了垄断竞争厂商的长期均衡状态。

4. 寡头市场

寡头市场是指市场上只有少数几个厂商的市场结构。寡头市场中的厂商在对待其他厂商的问题上有两种选择：串谋或者竞争。然而，由于串谋往往

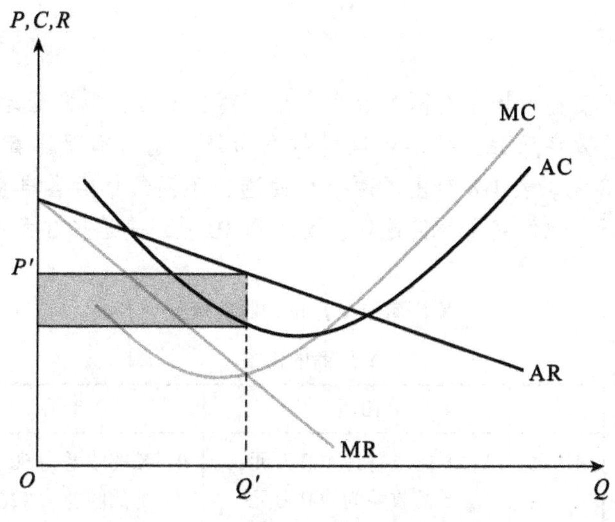

图 1-19 垄断竞争厂商的短期均衡

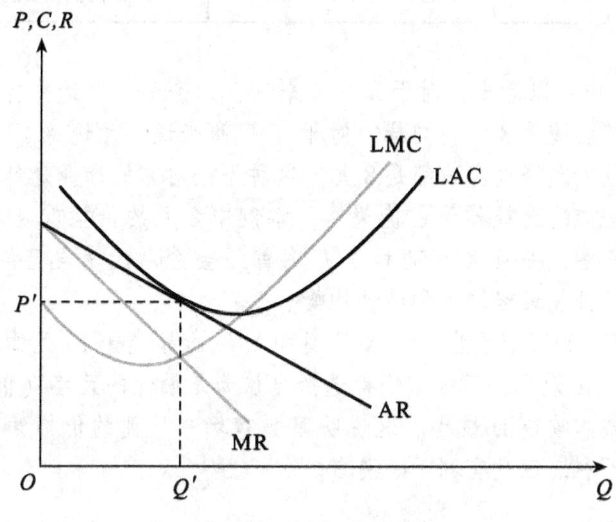

图 1-20 垄断竞争厂商的长期均衡

会受到一些限制，因此，寡头市场中的厂商更容易进行竞争。

在竞争的寡头市场上，厂商很难对价格与产量得出像前三种市场结构那样确切而肯定的答案。这是因为，每个厂商无论是确定自己的产量还是价格，都要考虑竞争对手的反应。每个厂商既不是产量和价格的制定者，也不是产量和价格的接受者，而是寻求者。

【例题 1-3】

假设电子商务市场中有两个数字产品厂商 X 和 Y，他们同时开发出了一种功能相似的数字产品，并准备同时推向市场。他们都面临着两种价格选择：10 元和 8 元。表 1-8 给出了两个厂商选择不同价格后各自获得的收益。在这种情况下，他们究竟如何选择，是选择 10 元还是选择 8 元？

表 1-8　**X 厂商和 Y 厂商的收益矩阵**

Y 厂商的价格

X 厂商的价格	10 元	8 元
10 元	A：X 的收益为 100 万元；Y 的收益为 100 万元	B：X 的收益为 60 万元；Y 的收益为 120 万元
8 元	C：X 的收益为 120 万元；Y 的收益为 60 万元	D：X 的收益为 80 万元；Y 的收益为 80 万元

从表 1-8 中可以看出，对于 X 厂商来说，无论 Y 厂商选择什么价格，它的最优选择都应该是 8 元。同样，对于 Y 厂商来说，无论 X 厂商选择什么价格，它的最优选择也应该都是 8 元。这种不论对方的选择是什么，自己的最优选择都一样的选择称为占优策略。本例中 8 元的价格就是 X 厂商和 Y 厂商的占优策略，并且 X 厂商和 Y 厂商都不会主动改变自己的占优策略，由此就形成了占优策略均衡和纳什均衡。

从表 1-8 中还可以看出，当 X 厂商和 Y 厂商都选择 10 元的价格时，获得的整体收益 A 最大，而当它们都选择自认为是最优的策略（价格为 8 元）时，获得的整体收益 D 最小。这说明寡头市场中厂商的价格竞争也许对厂商和行业都不利，但是有利于消费者。

1.3.4 外部性理论

1. 外部性理论概述

当代西方经济学在研究市场失灵的过程中建立了外部性理论，运用外部性理论对市场失灵的不同情况进行了解释。

外部性（Externality）是指当一个行为人的行为影响了其他人或者公共

的利益，而行为人却没有因该行为得到补偿或做出赔偿。

从不同的角度出发，可以对外部性进行不同的分类。

首先，从外部性的影响效果来看，外部性可以分为正外部性和负外部性。正外部性又称外部经济性，是指行为人给其他人和社会带来了没有得到补偿的好的影响。例如，养蜂人放蜂使果农收成增加，企业的技术发明被其他企业无偿引用等，都会产生正外部性。负外部性又称外部不经济性，是指行为人给其他人和社会带来了没有给予赔偿的坏的影响。例如，化工厂向江河排放污水就会产生负外部性。

其次，从外部性的产生领域来看，外部性也可以分为生产的外部性和消费的外部性。生产的外部性就是由生产活动所导致的外部性，消费的外部性就是由消费行为所带来的外部性。

若将上述两种分类方法结合起来，可以把外部性进一步细分成生产的外部经济性、消费的外部经济性、生产的外部不经济性和消费的外部不经济性四种类型。

再进一步进行细分，外部性又可以分成八种类型：生产者对生产者的外部经济性，如水果园园主与养蜂场场主的关系；生产者对消费者的外部经济性，如花园式厂房对周围居民区居民的影响；消费者对生产者的外部经济性，如居住环境的改善大大增加生产性投资；消费者对消费者的外部经济性，如私人花园对过路人的影响；生产者对生产者的外部不经济性，如上游的化工厂对下游渔场的污染；生产者对消费者的外部不经济性，如建筑施工对夜间休息的居民的影响；消费者对生产者的外部不经济性，如空调的噪声对隔壁牙医的看病带来的影响；消费者对消费者的外部不经济性，如隔壁邻居放声高歌影响自己的休息。

如何限制或利用外部性影响是外部性理论研究的基本问题。福利经济学家庇古指出，在外部性情形下，私人边际成本与社会边际成本以及私人边际收益与社会边际收益相背离，依靠自由竞争是不可能达到社会福利最大的，因此应由政府采取适当的经济政策消除这种背离，即对私人边际成本小于社会边际成本的部门实施征税，对私人边际收益小于社会边际收益的部门实行奖励和津贴。庇古认为，通过这种征税和补贴，就可以实现外部效应的内部化。这种政策建议被称为“庇古税”。

对于存在外部经济效应的企业、行业或部门，政府应考虑采取一定的鼓励措施，以充分发挥这种外部经济效应的影响作用。例如，高新技术企业和R&D 企业存在着非常明显的外部经济效应，这些企业在缺乏知识产权有效保护的情况下往往不能获得由于技术知识外溢所损失掉的全部报酬，因而企业会减少风险投资或不愿意进行技术创新，在这种情况下就需要政府进行知识产权保护和战略干预，对那些高技术企业和从事 R&D 企业进行资金补贴。另外，在一些产业间也存在外部经济效应，即一种产业对于另外一种产业的支撑效应，如半导体产业能够促进计算机、飞机等产业产生更高的生产力。这时就需要政府对能够产生强大外部经济效应的产业给予一定程度的扶持。

2. 网络外部性

网络外部性理论是评价网络价值的有效方法。网络外部性借用了经济学中的外部性概念，它是指由消费或者使用活动产生的一种外部性。网络外部性是用户在消费或使用产品中得到的好处，而这个好处并不是由产品本身价值提供的，而是由于别的用户消费或使用同一产品而产生的。与规模经济是由厂商的规模效益所产生的相类似，网络外部性是由消费者的规模效应所产生的，所以又称作需求方的规模经济。网络外部性的定义是：当一种产品对用户的价值随着采用相同产品或可兼容产品的用户增加而增大时，就出现了网络外部性。即由于用户数量的增加，在网络外部性的作用下，原有的用户得到了产品中所蕴含的新增价值而无需为这一部分的价值提供相应的补偿。在现代社会中，具有网络外部性的产品和服务越来越多，对经济生活的影响也越来越大，如电话、移动通信产品、电子邮件、计算机操作软件或一些网络游戏软件等，都有具有不同程度的网络外部性。

网络外部性也有正有负。虽然人们一般默认网络外部性是正外部性，但实质上也存在负外部性，只是正外部性的情况可能会多一些，而负外部性的情况可能会少一些。例如，拥塞就是一种能够抵消积极的网络外部性的消极外部性。以通信网络 E-mail 或新闻组为例，如果使用的人增多，其价值就会提高，老用户就可以得到额外的效用，这时 E-mail 就体现出正的网络外部性。但是如果人们都在大量地使用这种通信方式，就有可能出现拥塞，E-mail 或新闻组的使用者有可能会因为速度太慢而苦恼，这时就出现了负的网络外部性。

经济学家卡茨（Katz）和夏皮罗（Shapiro）还将网络外部性划分为直接网络外部性和间接网络外部性两种形式。直接网络外部性指同一市场内消费者之间的相互依赖性，如使用同一产品的消费者可以直接增加其他使用者的效用。如电话机、传真机、在线服务、E-mail 等产品的应用，都是体现直接网络外部性的典型实例。因此，在消费者的效用价值函数中，自变量除了包含产品的质量、价格等传统因素外，还包括网络中已有的用户规模。间接网络外部性也称为硬件/软件模式的网络外部性，它是指基础产品与辅助产品之间技术上的互补性，这种互补性导致了在产品需求上的相互依赖，如计算机硬件与软件、CD 音响与 CD 盘等。在存在间接网络外部性的市场上，消费者使用一种产品的价值取决于与该产品互补的产品的数量和质量，如消费者购买硬件时会考虑与硬件相互配套的软件的流行程度和范围。

1.4 电子商务的市场基础

如前所述，电子商务经济学是将电子商务作为一个市场来研究，而不是作为一个技术手段或管理方式来研究。电子商务的市场基础是互联网和个人电脑。从某种意义上讲，电子商务市场发展的速度和市场潜力取决于互联网和个人电脑的普及率。

1.4.1 互联网和个人电脑

从 1995 年互联网大规模社会化开始，互联网和个人电脑的普及迅速发展。根据美国网络研究公司 Comscore 调查数据显示，2008 年 12 月，全球互联网用户已超过 10 亿大关，亚太地区用户所占份额最高，为 41%；其次是欧洲占 28%的份额；然后是北美占 18%的份额；拉丁美洲占 7%份额；中东和非洲占 5%的份额。2008 年 12 月中国在线用户达到 1.8 亿人，成为世界上网络用户最多的国家，占全球互联网用户的 18%；其次是美国占 16.2%；日本占 6%；德国占 3.7%；英国占 3.6%。

中国互联网络信息中心（CNNIC）发布的报告显示，2002—2009 年，中国网民规模逐年增长（见图 1-21），2009 年 12 月达到 3.84 亿人，较 2009 年增长了 28.9%。2005—2009 年，中国互联网普及率稳步增长，分别为 8.5%、10.5%、16%、22.6%，2009 年 12 月达到 28.9%，高于全球 25.6% 的平均水平。图 1-22 是中国和部分国家的互联网普及率对比。

在个人电脑领域，据美国市场调查公司统计，2002—2004 年，世界个人电脑生产量分别为 1.383 亿台、1.545 亿台和 1.761 亿台；世界个人电脑销售量分别为 1.482 亿台、1.643 亿台和 1.827 亿台。该公司预计，到 2010 年年底，全球使用的个人电脑数量将接近 13 亿台。增加的部分大部分销往中国、俄罗斯以及印度等新兴市场，这些国家个人电脑的使用量将增加 5.66 亿台。另据中国科学技术信息研究所预计，2010 年全国家庭电脑普及率将达 16%~20%，城市家庭电脑普及率达 40%~50%；2020 年全国家庭电脑普及率将达 35%~40%，城市家庭电脑普及率达 60%~70%。表 1-9 是 2002—2006 年中国与部分国家的个人电脑普及数据对比。

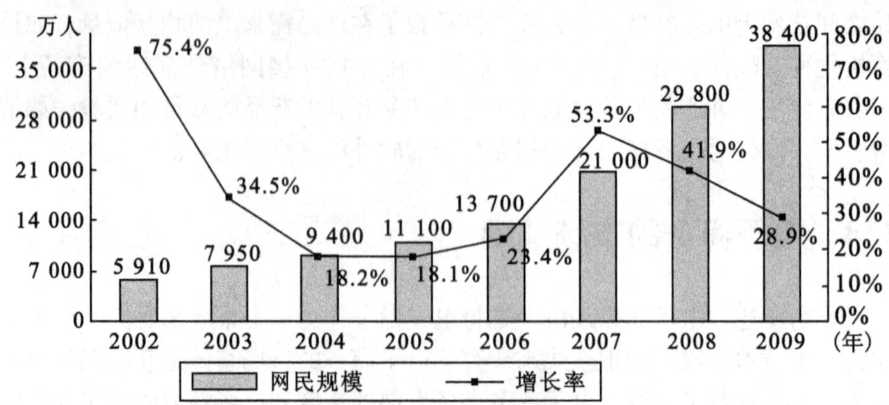

图 1-21 2002—2009 年中国网民规模与增长率

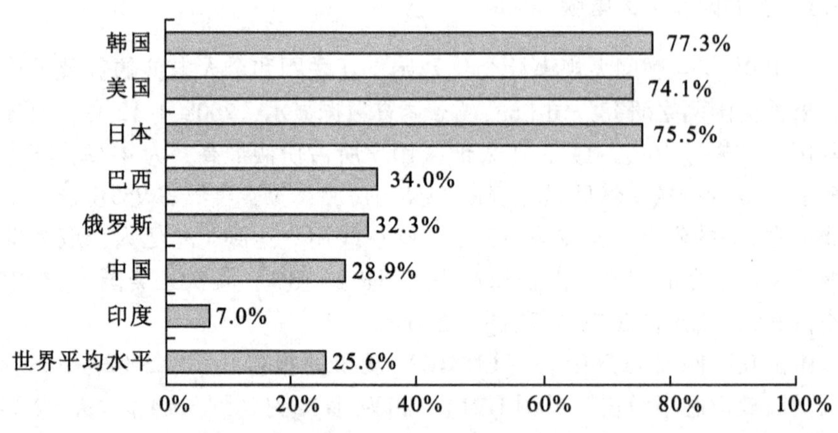

图 1-22 2009 年部分国家的互联网普及率

资料来源：http：/www. internetworldstats. com/

表 1-9 **部分国家个人电脑普及率** 单位：台/千人

年份 国家和地区	2002	2003	2004	2005	2006
世界	71. 19	79. 58	114. 71	127. 46	153. 14
中国	27. 73	39. 13	40. 88	48. 72	56. 53
韩国	493. 58	506. 65	517. 44	533. 57	540. 85
新加坡	620. 91	617. 28	659. 99	693. 89	722. 50
英国	404. 24	438. 50	599. 37	758. 12	801. 92

资料来源：世界银行 WDI 数据库

总的来看，近几年无论是互联网还是个人电脑在我国的发展都很快，但是由于中国的人口基数大，互联网和个人电脑普及率在全球各个国家和地区中排名均较后，与发达国家相比较差距很大。因此，我们必须进一步加强互联网和个人电脑的普及工作，只有把电子商务市场的基础打牢固，才能推动我国电子商务快速健康发展。

1.4.2 电子商务市场的发展概况

1. 全球电子商务市场的发展概况

在互联网和个人电脑普及的推动下，全球电子商务市场得到了快速的发展。据 Global Industry Analysts 统计，世界电子商务在 2003—2008 年的年均增长率高达 69%（详见图 1-23）。以美国为首的发达国家，仍然是电子商务主力军，中国等发展中国家电子商务异军突起，日益成为国际电子商务市场的重要力量。

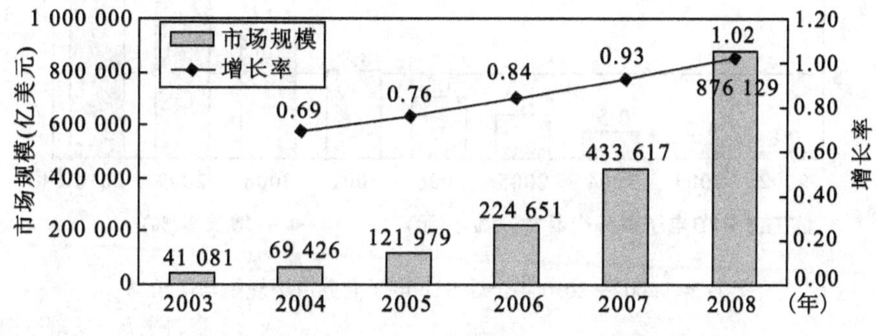

图 1-23　2003—2008 年全球电子商务市场规模与增长率

美国克里夫兰咨询公司的调查报告认为，到 2010 年，涉及网络电视、视频点播、音乐下载、网络游戏、网络博彩等在内的在线业务，总销售收入将由 2004 年的 125 亿美元激增到 600 亿美元。在广告领域，IAB 等机构的调查显示，2006 年全球在线广告市场达 270 亿美元，2011 年将增加至 445 亿美元。在数字音乐领域，尽管全球音乐产业收入保持低迷，但网络音乐市场却增长势头良好，高科技咨询机构 In-Sat 预计在接下来数年，全球网络音乐销售额将从 2005 年的 15 亿美元攀升到 2010 年的 107 亿美元，在短短五年内将增长 7 倍多。在游戏领域，宽带游戏收入增长也显示了较大的潜力，虽然其目前份额较小，但其收入增长最为快速，从 2005 年的 19 亿美元增长到 2010 年的 64 亿美元，Informa Media 集团甚至认为未来五年通过宽带网络和无线上网的方式为客户提供视频游戏和互动娱乐将成为游戏市场的主流。

在全球电子商务市场中，B2B 一直占据主导地位，占全球电子商务市场 80%以上的份额。2006 年全球 B2B 电子商务市场的规模已经达到了 5.8 万亿美元，预计未来几年全球 B2B 的年增长率将会保持在 45%左右，2010 年全球 B2B 电子商务市场的规模将达到 26 万亿美元。图 1-24 给出了 2002—2010 年全球 B2B 电子商务市场交易规模与增长率。

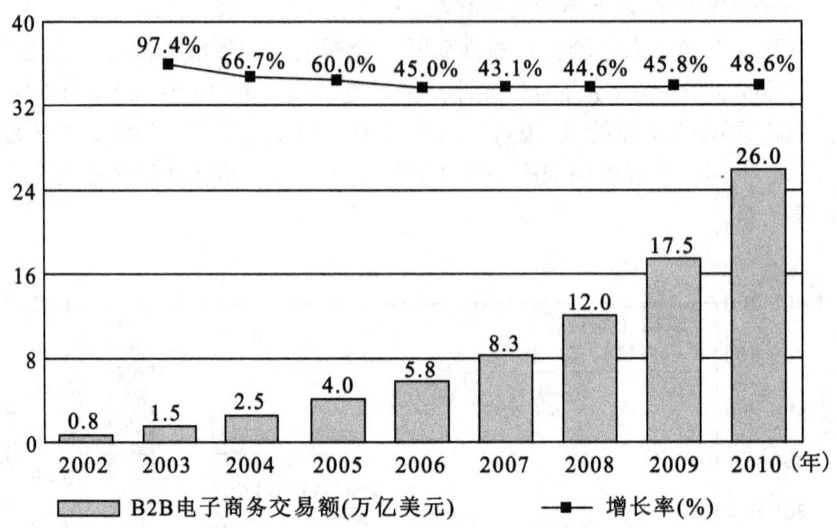

图 1-24　2002—2010 年全球 B2B 电子商务市场规模与增长率

资料来源：艾瑞咨询

2. 我国电子商务市场的发展概况

在中国，近些年来电子商务市场一直以 40%~50%的速度向前发展（见图 1-25）。从电子商务的三种业务模式来看，B2B 依然是主旋律。来自赛迪顾问的数据显示，2008 年 B2B 交易额占中国电子商务总体交易额的 89.5%，达到 21 480 亿元；而 B2C 和 C2C 交易额分别只占整体交易额的 7.4%和 3.1%，交易额分别是 1 776 亿元和 744 亿元。

另据中国互联网络信息中心（CNNIC）发布的调查资料显示，近年来中国电子商务交易类用户规模不断增长，网民中使用网络购物、网上支付、网上银行、网络炒股、旅行预订的比例逐年增加。表 1-10 显示了 2008—2009 年中国网民网络应用行为变化情况。

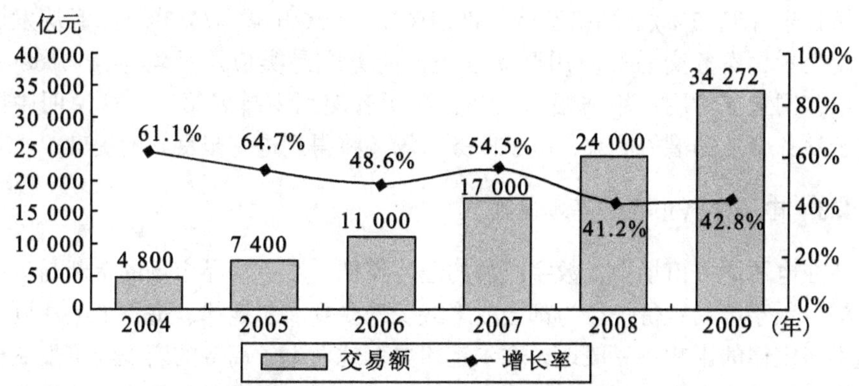

图 1-25 2004—2008 年中国电子商务市场交易额及增长率

数据来源：赛迪顾问［2008-12］

表 1-10 **2008—2009 年中国网民网络应用行为变化情况**

类型	应用	2008 年使用率	2009 年使用率	用户增长率	使用率排名	增长率排名
网络娱乐	网络音乐	83.7%	83.5%	28.8%	1	11
信息获取	网络新闻	78.5%	80.1%	31.5%	2	9
信息获取	搜索引擎	68.0%	73.3%	38.6%	3	7
交流沟通	即时通信	75.3%	70.9%	21.6%	4	13
网络娱乐	网络游戏	62.8%	68.9%	41.5%	5	6
网络娱乐	网络视频	67.7%	62.6%	19.0%	6	14
交流沟通	博客应用	54.3%	57.7%	36.7%	7	8
交流沟通	电子邮件	56.8%	56.8%	29.0%	8	10
交流沟通	社交网站	—	45.8%	—	9	—
网络娱乐	网络文学	—	42.3%	—	10	—
交流沟通	论坛/BBS	30.7%	30.5%	28.6%	11	12
商务交易	网络购物	24.8%	28.1%	45.9%	12	5
商务交易	网上银行	19.3%	24.5%	62.3%	13	4
商务交易	网上支付	17.6%	24.5%	80.9%	14	1
商务交易	网络炒股	11.4%	14.8%	67.0%	15	3
商务交易	旅行预订	5.6%	7.9%	77.9%	16	2

从表 1-10 中可以看出，截至 2009 年 12 月，使用率排名前三甲分别是网络音乐（83.5%），网络新闻（80.1%），搜索引擎（73.3%）。但从发展速度上看，商务交易类应用遥遥领先，商务交易类应用平均年增幅 68%。其中，网上支付用户年增幅 80.9%，在所有应用中排名第一。这说明中国电子商务交易的潜力巨大，电子商务市场还将得到进一步良好的提升。

1.4.3 电子商务市场的基本法则

在电子商务市场中，数字产品的经济特征、数字产品市场的垄断与竞争结构、数字产品定价等行为都会或多或少地受到摩尔定律、梅特卡夫法则和达维多定律的影响。一般地，摩尔定律更多地对电子商务的宏观经济发展构成影响，梅特卡夫法则和达维多定律则更多地对电子商务的微观经济运行构成影响。

1. 摩尔定律

摩尔定律是著名芯片制造厂商美国英特尔公司创始人之一的戈顿·摩尔对集成电路技术发展趋势作出的推断。它描述了特定时期、特定技术及其相关应用的性能或价格以 18 个月为周期的一种增长或下降规律。根据摩尔定律（More's Law），计算机硅芯片的功能每 18 个月翻一番，而价格以减半数下降。计算机性能的不断改进与价格的快速下降导致了人类计算成本的显著下降。例如，1978 年，英特尔公司 8086 芯片的价格是每个晶体管为 1.2 美分，每秒每百万指令价格（MIPS）为 480 美元。1985 年的 386 型每个晶体管价格为 0.11 美分，每秒每百万指令价格为 50 美元。10 年后，多能奔腾引入市场价为每个晶体管仅 0.02 美分，计算成本每秒每百万指令价格下降至 4 美元。

摩尔定律反映了信息技术产品的性能价格比，揭示了信息技术产业高速发展的动力源泉。该定律从 20 世纪 60 年代至今依然发挥作用，并在今后会持续发挥作用。

2. 梅特卡夫法则

根据梅特卡夫法则，网络价值等于网络节点数的平方，或网络价值随着网络用户数量的增加而呈指数增加。信息网络的扩张效应受梅特卡夫法则支配，或者说梅特卡夫法则反映了信息网络扩张效应。夏皮罗和瓦里安（1999）在《信息规则》（中文版，第 162 页）中是这样描述梅特卡夫法则的：

如果一个网络中有 n 个人，那么，网络对每个人的价值与网络中其他人的数量成正比，这样，网络对所有人的总价值与 $n(n-1)=n^2-n$ 成正比。

见表 1-11。如果一个网络对网络中每个人的价值为 1 美元，那么，规模为 10 倍的网络的总价值大约就等于 100 美元。比较之下，规模为 100 倍的网络的总价值大约就是 10 000 美元。网络规模增长 10 倍，其价值就增长 100 倍。

表 1-11 **电话网络中的总效用和用户边际效用**

用户数 n	1	2	3	4	5	6	7	$n \longrightarrow \infty$
总效用 TU	0	2	6	12	20	30	42	$n\ (n-1)$
边际效用 MU	0	2	4	6	8	10	12	$2\ (n-1)$

3. 达维多定律

达维多定律认为进入市场的第一代产品能够自动获得 50%的市场份额。达维多定律是以英特尔公司副总裁达维多的名字命名的。他认为，一个企业要想在市场上总是占据主导地位，那么就要做到第一个开发出新产品，又第一个淘汰自己的老产品。这一定律的基点是着眼于市场开发和利益分割的成效。人们在市场竞争中无时无刻不在抢占先机，只有先进入市场才能更容易获取较大的份额和较高的利润。英特尔公司在产品开发和推广上奉行达维多定律，始终是微处理器的开发者和倡导者。他们的产品不一定是性能最好的和速度最快的，但他们一定做到是最新的。为此，他们不惜淘汰自己哪怕是市场上正卖得好的产品。

达维多定律也可以看成是网络经济中的马太效应，就是说在信息活动中由于人们心理反应和行为惯性，在一定的条件下，优势和劣势一旦出现，就会不断加剧自行强化，出现滚动的累积效应，造成优劣强烈的反差。

达维多定律揭示了以下取得成功的真谛：不断创造新产品，及时淘汰老产品，使新产品尽快进入市场，并以自己成功的产品形成新的市场和产品标准，进而形成大规模生产，取得高额利润。

◎ 复习思考题

1. 什么是电子商务？其特点有哪些？
2. 简述电子商务的兴起过程以及中国电子商务的发展历程。
3. 什么是电子商务经济学？它与网络经济学的区别与联系是什么？
4. 电子商务经济学研究的基本问题有哪些？
5. 简述全球及中国电子商务的发展概况。
6. 电子商务市场的基本法则有哪些？

2 数字产品

美国学者、经济学家 Soon-Yong Choi、Dale O. Stahl、Andrew B. Whinston 在《电子商务经济分析》一书中认为，电子商务的核心是买卖双方利用数字过程交易数字产品。由此可见数字产品在电子商务市场中的重要地位。

在电子商务市场中，许多产品是数字产品，包括计算机操作系统、办公生产性软件、电子图书、音像制品及信息、网络服务等。这些产品具有区别于传统商品与服务的许多特征，这些特征对电子商务市场行为和市场结构有着重要的影响。

2.1 数字产品的相关定义

2.1.1 什么是信息

“信息”一词的释义众说不一。据不完全统计，目前关于信息的定义有 100 多种，它们都从不同的侧面、不同的层次揭示了信息的某些特征和性质。从哲学角度可概述为，信息是物质的一种带有普遍性的关系属性，是物质存在方式及其运动规律、特点的外在表现。从信息传递角度来认识，信息则是关于自然界、生物界和人类社会中一切事物运动状态及关于事物运动状态的报道。总之，信息是自然界、人类社会及人类思维活动中存在和发生的一切宏观和微观现象，大至天体小至细胞、原子、电子、基本粒子等现象，故一切消息、知识、数据、文字、程序和情报等都是信息。信息是事物的运动状态与方式的反映，是生物体或有一定功能的机器通过感觉器官或设备与外界交换的内容。不同的事物有不同的运动状态与方式，因而会产生不同的信息。

按不同的标准或从不同的观察角度出发，可以对信息进行不同的分类。下面主要依据信息的属性将信息分为文字信息、图像信息、数值数据信息和语音信息四种类型。

（1）文字信息。文字是人们为了实现信息交流、通信联系所创造的一种约定的形象符号。广义的文字还包括各种编码，如 ASCII 码、汉字双字节代码、国际电报与单元代码以及计算机中的二进制数字编码等。

（2）图像信息。图像是一种视觉信息，它比文字信息直接，易于理解。人工创造的图像，如一张纸、一幅画、一部电影、大自然的客观景象等都是抽象或间接的图像信息。随着多媒体技术的发展，各类图像信息库将会极大地丰富人类的生活。

（3）数值数据信息。数值数据是“信息的数字形式”或“数字化的信息形式”。狭义的数据是指有一定数字特性的信息，如统计数据、气象数据、测量数据以及计算机中区别于程序的计算数据。广义的数据是指在计算机网络中存储、处理、传输的二进制数字编码。文字信息、图像信息、语音信息以及从自然界直接采集的各种自然信息均可转换为二进制数码，网络中的数据通信、数据处理和数据库等就是广义的数值数据信息。

（4）语音信息。人讲话实际上就是大脑的某种编码形式的信息转换成语音信息的输出，是一种最普遍的信息表现形式。音乐也是一种信息形式，是一种特殊的声音信息，它是通过演奏方式表达出来的丰富多彩的信息内容。

2.1.2 什么是信息产品

关于信息产品的定义，谢康在《电子商务经济学》一书中认为，信息产品就是基于信息的交换物。张守一在《信息经济学》一书中认为，广义地讲，凝结着一定人类劳动的信息都是信息产品。信息产品是由信息及其载体构成的，没有载体，信息就会消失，不能形成产品；反之，载体没有信息，是物质产品，不是信息产品。于清文在《信息市场知识》一书中认为，信息产品是从事信息生产劳动的成果，信息产品包括有形信息物品和信息服务两种，前者是物质物品和负载于某种介质上的信息符号，后者则是无形的，即信息服务。

信息产品作为现代经济活动的一种最重要产出成果，作为现代产品的一个重要组成部分，其本质属性有以下方面：

（1）信息产品是信息含量很高的产品

信息产品是对未经加工的信息资源进行加工，或对已加工的信息资源进行再加工而形成的产品，是开发信息资源的结果。

信息产品以信息为原料，并在其生产过程中加入了人们的信息劳动，这使得信息产品中必然包含着很多的信息，可以说，信息是构成信息产品的主要成分，信息产品中的信息成分远大于物质产品中的信息成分。虽然物质产品中也包含着信息成分，但形成物质产品的原材料是物质，其产出物也是以物质成分为主。

（2）信息产品是信息劳动的结晶

这一本质属性包含着两个方面的内容。一方面，信息产品首先必须是劳动的产物，没有经过劳动加工，其中没有凝结人类劳动的信息资源不是信息产品，自然界的动植物和其他自然现象所发出的信息和人类社会中产生的原始信息都不是信息产品。这是信息产品区别于一般信息的重要标志。另一方面，信息产品还须是以信息劳动为主而形成的产品。信息劳动是一种智力劳动，而智力劳动是对智力要求较高而对体力要求较低的劳动，信息劳动是由知识进步所引起的、为满足人类发展需要的一种智力集约化劳动。在信息产品生产和提供过程中，智力占有相当大的比例。从一般意义上说，信息劳动与信息活动有关，而并非所有的智力劳动都是信息劳动。

（3）信息产品是以满足人们的信息需求为主的产品

任何产品都能满足一定的社会需求，人们的需求可分为物质需求和精神需求两大类，信息需求是人们在工作、生产和生活中对信息、知识和情报等的需求；信息需求的目的可以是满足精神方面的需求，也可以是为了更好地满足人们的物质需要。而信息产品既可以用来直接满足人们的精神需要，也可以用于物质产品和信息产品的生产中，从而生产出质量更高、性能更好的物质产品和信息产品，间接地改善人们的物质生活和丰富人们的精神生活。

2.1.3 什么是数字产品

数字产品是将产品的信息属性以及产品的数字化特点相结合的概念，它是指被数字化的信息产品。由于许多产品包含有数字化格式，因此便有了数字化产品的称谓。例如，以数字格式分布和使用的数据库、软件、音频制品、股票指数、电子邮件以及基于数字技术的数码相机、数字电视机、数码摄像机、MP3 播放器等电子产品。然而数字化产品并不等同于数字产品。在数字化产品的含义中主要强调的是产品是否包含有数字化格式，而不管它是否具有信息属性。数字产品的定义除了强调产品被数字化以外，还强调它的信息属性。因此数字化产品中只有一部分是数字产品，还有一些不是数字产品。如软件、音频制品等既是数字化产品，也是数字产品；数码相机、数字电视机等是数字化产品但不是数字产品。

另外，数字产品也不等同于信息产品。数字产品强调其数字化的存在形式以及因此而导致的一些特性，而信息产品则侧重于讨论产品的信息内容及其特点。一般地，信息产品与数字产品可以指同一类交换物，也可以分别指代存在一定差异的交换物。例如，被数字化的报纸既可以称为数字产品，也可以称为信息产品。但是，纸张形式的报纸只能称为信息产品，而不能称为数字产品。

下面用图 2-1 描述信息、信息产品、数字产品和数字化产品四者的关系。

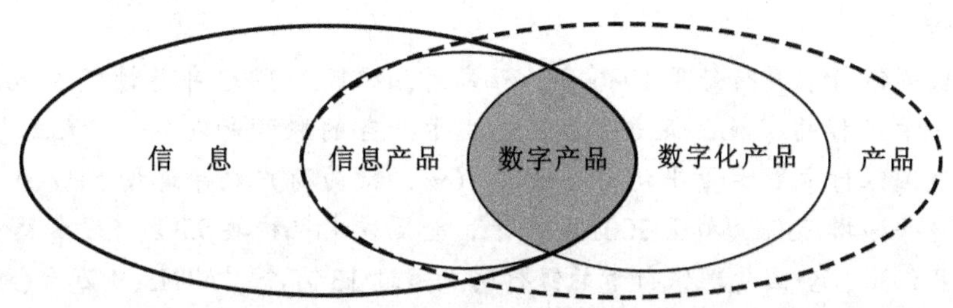

图 2-1　信息与数字产品的关系与边界

资料来源：谢康．电子商务经济学，2004

由图 2-1 可知，凡是数字产品一定是信息产品和数字化产品，凡是信息产品就一定包含有信息。信息与产品的交集构成信息产品，数字化产品与信息产品的交集构成数字产品。

数字产品可以分为内容性数字产品、交换工具、数字过程和服务三种类型。

（1）内容性数字产品。内容性数字产品是指表达一定内容的数字产品，是数字产品的主要组成部分。如被数字化的图书、期刊和报纸；被数字化的照片、卡片、地图和海报；被数字化的音乐唱片和语音产品；被数字化的电影和电视节目以及被数字化的各种产品说明、用户手册等产品信息。

（2）交换工具。交换工具指代表某种契约的数字产品，如网上支付工具、数字门票、数字化预订等身份识别工具。随着因特网、个人电脑和网络银行终端的渗透和普及，数字化交换工具在现代商业社会中的作用越来越突出。从数字化银行卡等金融交换工具到数字化高速公路缴费卡等运输交换工具，从政府公共管理事务活动的交换工具到社区活动交换工具，数字化交换工具极大地提高了社会运行效率，降低了社会交易成本。

【阅读资料】

我国“金卡工程”的启动与发展

1993年6月，我国政府启动了以发展电子货币为目的、以电子货币应用为重点的各类卡基应用系统工程，即我们常说的金卡工程。金卡工程广义是金融电子化工程，狭义上是电子货币工程。它是我国的一项跨系统、跨地区、跨世纪的社会系统工程。它以计算机、通信等现代科技为基础，以银行卡等为介质，通过计算机网络系统，以电子信息转账形式实现货币流通。它的实现必将加速我国金融现代化步伐，从而提高社会运作效率，方便人民工作生活。

我国银行卡发行始于1986年，五家商业银行至1993年总计发卡400万张。金卡工程的实施，促进了我国信用卡业务的联营和发展。“九五”期间，我国银行卡发卡量平均每年递增76%，特约商户每年递增51%，卡交易量每年递增76%。截至2001年年末，全国发卡机构共55家，发卡总量超过3.8亿张，全国受理银行卡的银行网点超过13万个、ATM3.9万台、POS 30万台。

从1994年开始，人民银行会同各商业银行在12个省市进行试点，建设城市银行卡交换中心，这些试点城市分别于1996年至1997年实现了银行卡同城跨行联网。1998年12月，人民银行组织各商业银行在北京成立银行卡信息交换总中心投入试运行，开展异地跨行联网。到2001年年末为止，已有15家全国性商业银行和18个城市的交换中心实现了与总中心的联网。

事实证明：金卡工程的实施，对于我国银行卡业务的发展，提高支付结算效率，加速资金周转，减少现金流通，遏制经济犯罪，加强国家对经济的宏观调控，方便税收征管和信用管理，促进经济和社会发展发挥了重要的作用。

（3）数字过程和服务。任何可以被数字化的交互行为都是一个数字过程。如电子政务与政府服务、信件和传真电子消费、远程教育和远程医疗交互式服务、网络游戏交互式娱乐等。数字过程本身必须由软件来驱动，这是数字过程与内容性产品的一个显著区别。例如，当你与朋友进行在线游戏时，必须首先启动游戏软件。数字过程与内容性产品的第二个区别在于数字过程是交互式的。数字过程往往不能依靠软件来单独完成，软件的作用在于完成一些自动的程序，激发数字过程的发生，完成数字过程需要人的参与。

例如，用软件玩游戏、发电子邮件、填写在线表格，参与在线拍卖、参与远程教育和远程医疗等，都需要人作为主体来参加，软件不过是启动数字过程的工具。

数字过程与内容性产品之间很容易被混淆，这主要是因为现在许多内容性产品的交互性在不断增强。强化内容性产品的交互功能是目前许多数字产品厂商实施个性化服务的一个新的发展方向。

【阅读资料】

亚马逊的“互动式小说”平台

为了与传统书商竞争，亚马逊长年在网站上开辟读者讨论区，鼓励读者在讨论区上就任何一本书发表自己的评论、意见，参与讨论。另外，为了进一步发挥网络的优势，亚马逊还经常性地邀请一些书的作者、出版商上网与读者、网民展开“面对面地对话”交流。此举不但大大地调动了公众参与的积极性，使得网站访问流量大增，而且使得传统图书零售商所搞的那些作者现场签名售书活动相形见绌。

创建“互动式小说”平台是亚马逊又一极好的互动式营销举措。亚马逊曾邀请二度“普利策”奖（被称为新闻和纪实报告创作方面的“诺贝尔奖”）得主——John Updike 为小说《谋杀造就了杂志》撰写开头，并发布于网站上，由网民来自由续写。由于小说开头惊心动魄，一下子调起了公众的胃口。人们都急于想知道下文，纷纷猜测故事的结局。上网看的人和参加续写的人都十分活跃。另外，亚马逊还宣布每天在续写者中评选出一名优秀作者，奖励 1 000 美元。所有上网参加者都有机会获得 1 000 美元的大奖，等等。由于策划得当、宣传有力，致使参加者人潮汹涌，活动开展仅 44 天就有 40 万人踊跃投稿，大获成功。最后，全书由 John Updike 定稿，在亚马逊网站上正式发行。结果是极大地调动了公众参与和创作的热情，同时也获得了极好的销售效果。

2.2 数字产品的特征

2.2.1 数字产品的物理特征

数字产品的物理特征可以概括为不易破坏性、可改变性、可复制性和速度优势四个主要方面。

1. 不易破坏性

虽然数字产品的物理载体可能会损坏，但数字产品本身是不易破坏的。数字产品一经创生，就可以永远存在下去，无论用多久或多频繁，其质量是不会下降的。例如，存储在硬盘上的 MP3 文件，可以被多次反复使用，其质量仍然与第一次使用时一样。而传统的有形产品，如家具、服装、汽车等，它们都会随着使用时间和频率增加慢慢磨损。因此，数字产品本身没有耐用品与非耐用品之分（都是耐用品）。

科斯（Coase）曾对耐用品提出过一个所谓的市场丢失的猜想，即随着耐用品生产商销售的进行，市场规模在缩小。这在数字产品上，表现得更加彻底和淋漓尽致。显然，数字产品成了耐用品对数字产品厂商来说是极为不利的。针对这种情况，数字产品厂商通常会采取频繁升级和许可使用或出租数字产品的办法来扩大和巩固市场销售量，以赚取尽可能多的利润。

频繁升级是数字产品厂商通过不断提高数字产品性能、扩充数字产品信息量等方式对产品进行升级换代，以吸引更多的顾客。频繁升级将加速数字产品淘汰的步伐，促使那些购买了旧版本的老顾客再购买新版本的数字产品。这样，作为耐用品的数字产品仍然有较大的市场需求。

许可使用或出租数字产品是数字产品厂商维护市场的另一种办法。如果是租用耐用品而不是购买，消费者则要定期交费，因此卖方市场始终存在。租用期间，消费者既不必为未来提前支付费用，也不必考虑将来数字产品是否会过时，这样可以提高消费者租用数字产品的积极性，刺激数字产品租用市场。因此，对数字产品厂商而言许可使用或出租数字产品可以取得与频繁升级同样多的利润。

2. 可改变性

数字产品的内容是可以改变的。数字产品的这一特征使得厂商可以对数字产品进行定制化和个性化。例如，一些管理系统的供应商可以根据用户要求，基于系统的基础功能，通过增加部分特殊功能来适应不同用户的具体业务需要。同样的，软件提供商可以通过软件包对现有用户的低版本软件进行升级，利用数字产品的可改变性来克服由不可破坏性带来的问题。另一方面，数字产品的可改变性使得数字产品厂商不能控制其产品的完整性。消费者在购买了数字产品后，可以对其内容进行修改、组合等，从而改变了产品的原样。数字文件一旦在网上被下载，就很难在用户级上控制内容的完整性。针对这种情况，数字产品厂商通常会采取一系列的加密技术、合同约束或者其他措施来控制用户级的修改。但是，由于用户的技能在不断进步，厂商希望完全控制用户级上的修改是困难的。

【阅读资料】

基于硬盘号和 CPU 序列号的软件加密技术

计算机软件是一种特殊的产品，为了防止软件的非法复制、盗版，保护软件开发商的利益，就必须对软件进行加密保护。采用基于硬盘号和 CPU 序列号的软件加密技术，软件会根据微机硬件参数给出该软件的序列号；用户需要把这一序列号用 E-mail、电话或邮寄等方式寄给软件提供商或开发商，软件开发商利用注册机（软件）产生该软件的注册号寄给用户即可。它的注册信息与机器的硬件信息有关，不同于以前的序列号的注册方法，提高了软件的安全性。

通过应用程序取得机器硬盘号和 CPU 号。通过加密程序形成一个注册序列号，用户将这个注册序列号发送到软件注册者，软件注册者按照预定的算法生成注册码，然后将其发给用户，通过注册形成合法用户。软件每次启动时都到注册表或注册文件的相应位置读取注册码并与软件生成的注册码比较，内容一致则是合法用户，否则是非法用户。由于注册码与用户计算机的硬盘号和 CPU 号相关联，故其是唯一的，非法用户即使知道注册序列号与注册码也无法使用。

3. 可复制性

就一般意义而言，数字产品的可复制性并不构成数字产品的物理特征，大量的非数字产品同样具有可复制性。数字产品的可复制性特指数字产品复制的边际成本几乎为零的特征。与高额的初始投资相比，数字产品的复制拷贝的成本微乎其微。数字产品的可复制性在给数字产品生产者带来丰厚利润的同时，也为数字产品的盗版活动提供了边际生产成本低廉的制造基础，从而给数字产品生产者带来巨大的经济损失。

美国商业软件联盟（BSA）公布的报告显示，尽管很多国家的软件盗版率逐步下降，但 2007 年全球盗版软件所带来的损失仍高达 480 亿美元。2007 年全球软件盗版率为 38%，比 2006 年增长了 3 个百分点。在所调查的 108 个国家中，67 个国家的盗版率出现下降，但仍有不少国家的软件盗版率居高不下。

为了应对数字产品被非法复制，数字产品生产者采取了多种措施。例如，厂商对产品实时更新，或者将产品与某些服务捆绑销售，这些被捆绑的服务往往是非法拷贝者无法提供的。此外，数字产品生产者也十分重视通过版权法等知识产权法律制度来限制非法拷贝者侵犯它们的经济利益。同时，厂商采用加密等技术手段来进一步限制非法拷贝行为。

【阅读资料】

网刃数字产品版权保护平台

随着网络和移动存储技术的高速发展，通过网络、光盘、移动硬盘来传递各种数字产品变得越来越容易。怎样才能有效地保护数字产品版权，同时又能利用现有的技术快速、大规模传播销售产品，就成了大家关注的话题。

网刃数字产品版权保护平台（简称网刃平台）是针对目前全球的数字产品盗版猖獗状况而提出的，该平台可针对现行软件、音视频、文档、动画、电子出版物等数字产品进行加密，实际是外置在互联网上的注册机，从根本上杜绝盗版现象。

网刃平台的视频产品保护方案为视频产品版权保护、认证及发布提供整体解决方案。平台的核心是用高强度算法对视频产品进行保护和认证，解决困扰视频产品通过网络等途径安全的、大规模、全方位销售的瓶颈问题。该平台的特点如下：

(1) 坚固的保护：网刃视频加密保护利用认证加密技术，帮助内容提供商保护它们的内容不受非法侵害，同时也提供给消费者方便地获取数字媒体使用权的途径。系统通过许可证密钥来进行内容的加密，无论内容被多么广的传播，每个计算机在播放文件时都需要获取独立的密钥，这将保护您的内容不被用于非法用途。

(2) 授权到每个计算机：版权管理技术为每一个连接到服务器上获取许可证的计算机建立独特的标识，这保证了加密文件不会被那些不被允许的计算机所播放。

(3) 灵活的商业模式：提供多样化的许可证授权控制，这就便于内容提供商使用多样化的商业经营模式。

(4) 实时的内容加密：通过使用该平台，内容所有者可以在互联网上实时的分发经过加密保护的流媒体文件，这可以用于新闻直播、摇滚音乐会、重要体育赛事等，可以防止这些直播节目在直播的同时被非法地保存。

(5) 方便的改变许可证条款：由于许可证和媒体文件被独立的保存，所以许可证条款可以方便地在服务器上进行修改而不需要重新加密媒体文件或重新进行媒体文件的发布。

(6) 革新的租金和订阅模式：内容提供者可以设定许可证生效的起始时间和终止时间，这样可以适合以订阅方式进行付费的用户。

(7) 同时支持网页在线播放及下载之后播放。

(8) 服务统一性：提供统一的在线发布平台，用户不必再建立自己的服务器系统，可以大大降低产品销售和系统维护费用。

4. 速度优势

该特征是虚拟的数字产品所特有的。虚拟的数字产品通过网络可以在极短的时间内、在不同地区、不同的消费者之间进行交换和共享，具有非数字产品无法比拟的速度优势。电子邮件是我们理解数字产品速度优势的最佳例子之一。同时，我们在线购买数字产品时，减少了消费者的搜索成本，并可以短时间内通过网络到达消费者手中，缩短了消费者等待产品的时间成本。

总之，数字产品的物理特征既可能给数字产品厂商带来丰厚的利润，也可能使它们蒙受经济损失；既可能给数字产品厂商带来速度优势，也可能给它们的潜在竞争者提供进入市场的便利条件。在电子商务市场中，关键要看厂商如何把握好数字产品的物理特性，充分利用基于这些物理特征形成的经济特性，为厂商利润最大化服务。

2.2.2 数字产品的经济特征

从经济学的角度来分析，数字产品具有以下 6 个方面的特征：

1. 非排他性

可以借用萧伯纳的名言来说明数字产品的非排他性：你有一个苹果，我有一个苹果，我们互相交换，每人还是只有一个苹果。如果你有一种思想，我也有一种思想，我们相互交流，每人就各有两种思想。数字产品代表的就是一种思想，所以它不会因交易或消费而丧失或减少。数字产品这种不因交易或消费而丧失或减少的特征，称为数字产品的非排他性。数字产品的非排他性具体表现为两个方面：第一，数字产品交易时的非排他性，即同一数字产品可以被无数次交易，并且每次的交易成本很小甚至为零；第二，数字产品消费时的非排他性，即同一数字产品可以分别或同时被不同的人消费，并且该数字产品的使用价值或效用不会因此受到影响。例如，某人拥有的一个游戏软件可能会让多人使用，还有许多网上免费的数字产品，任何人都可以通过下载进行使用。这些说明数字产品的使用本身是没有限制性的。不像有些产品，如一件衣服不可能同时供两个以上的人穿在身上；一瓶牛奶被一人喝完了，别人就不可能喝到。

数字产品的非排他性特征一方面使得数字产品厂商易于形成规模经济效应；另一方面，数字产品使用时的“无限制性”也会给数字产品厂商带来不利的影响。因为如果是没有付费的无限制使用，将会使数字产品厂商的生产成本得不到相应的补偿。

2. 个人偏好依赖性

由于数字产品的核心不在于其物理外壳，而在于其代表的思想和用处，因此其价值往往比传统产品更加依赖于消费者的个人喜好。不同的消费者的偏好是不同的。有的人侧重数字产品的娱乐价值，比如游戏软件；有些人则看重数字产品的商业价值，比如一些商用数据库软件；还有的看重其教育价值，比如一些用于教学的模拟软件等。此外消费者对同一数字产品的价值会持有不同的态度，所以数字产品的价值量化标准不一，因人而异。

数字产品的这一特征使得数字产品的销售更要依赖消费者信息，根据偏好来对消费者进行分类。有必要根据消费者类型或其他身份信息进行产品定制和差别定价，对于差别化的数字产品，应根据消费者的评估意见或边际支付意愿而不是边际成本来制定产品价格。

3. 特殊的成本结构

数字产品特殊的成本结构表现在生产第一个产品的成本非常高，但是用于拷贝生产的成本则极其低廉。如耗资上亿美元的好莱坞巨片只需几分钟就可以拷贝到硬盘上，并且成本极低（几乎为零）。这也说明数字产品的固定成本很高，但变动成本却很低。而且数字产品的固定成本大多属于沉没成本，即若停止生产，前期投入的人力、物力、财力等固定成本将无法收回，不像传统产品那样，停止生产后可以通过折旧等方式挽回部分成本。比如投资兴建一幢办公楼中途决定放弃的话，可将其转卖出去收回部分成本。如果正在拍的一部电影突然停下来，可能根本卖不出去电影脚本，自然不可能收回本钱。

对于数字产品的可变成本，也有不同于传统产品的独特性。譬如，如果市场上对 Intel 的 CPU 需求增加，而且超出了 Intel 的生产能力，这时，为了满足更大的需求和获取更多的利润，Intel 就需要组织各种资源建立新的工厂。即当传统商品制造商达到其现有的能力时，生产的边际成本将增加。与此相反，数字产品的生产没有容量限制，即无论生产多少个复本，其成本也不会增加。更有甚者，是将数字化产品放到自己的网站上，供消费者有偿下载，就像许多数字化专业期刊一样。此时，由于生产没有物理形式，制造没有成本，不需要包装，也无须运输，可变成本几乎趋近于零。

数字产品特殊的成本结构一方面为数字产品厂商提供了巨大的规模经

济，即生产得越多，产品的平均生产成本越低。这正是 Microsoft 获得 92% 边际毛利润的原因。另一方面，这种成本结构也使得传统的边际成本定价策略不再适用于数字产品，而应采取其他形式的定价策略。

【例题 2-1】数字产品的边际成本定价

在完全竞争的市场中，传统产品制造商按边际成本制定产品价格可以获得利润，而数字产品制造商按边际成本定价不仅没有利润，甚至会亏损。

假设某出版商支付 4.5 万元的预付费给一位作者以取得其新小说的电子版版权。同时，出版商支付给电子责任编辑 5 000 元来对作品进行电子编辑和加工以利于读者在互联网上下载。这样，电子图书的总固定成本为 5 万元。又假设出版商销售每本电子图书的销售成本为 0.5 元。因此，读者下载每一本电子图书，出版商承担的边际成本为固定的 0.5 元。

如果出版商将小说的价格按边际成本定价，那么，每本电子图书的价格为 0.5 元。

假设出版商可以销售 2 万册电子图书，收入为 1 万元。由于 2 万册图书的平均固定成本为 5 万元/2 万本=2.5 元，再加上固定的 0.5 元的平均可变成本，销售 2 万册的平均总成本为 3 元。这样，在边际成本定价下，出版商销售 2 万册图书每本平均损失 2.5 元，总共损失 5 万元（2.5×2）。

假设出版商可以销售 10 万册电子图书，收入为 5 万元。由于 10 万册图书的平均固定成本为 5 万元/10 万本=0.5 元，再加上固定的 0.5 元的平均可变成本，销售 10 万册的平均总成本为 1 元。这样，在边际成本定价下，出版商销售 10 万册图书每本平均损失 0.5 元，总共损失 5 万元（0.5×10）。

进一步假设出版商可以销售 100 万册电子图书，收入为 50 万元。由于 100 万册图书的平均固定成本为 5 万元/100 万本=0.05 元，再加上固定的 0.5 元的平均可变成本，销售 100 万册的平均总成本为 0.55 元。这样，在边际成本定价下，出版商销售 100 万册图书每本平均损失 0.05 元，总共损失 5 万元（0.05×100）。

由此可见，在任何销售量下，出版商按边际成本定价都会损失 5 万元。这说明在电子商务市场和数字产品市场中按边际成本定价是不可行的。

4. 高附加值

附加值是附加价值的简称，是在产品原有价值的基础上，通过生产过程中的有效劳动新创造的价值，即附加在产品原有价值上的新价值。数字产品的附加值指的是数字产品通过技术创新而创造的附加值。数字产品的技术知识密集性正是高附加值产品的特征，并且随着网络宽带的普及，数字产品应用也趋于多元化。比如一首《老鼠爱大米》的彩铃，消费者在支付一定费用后，能够以在线形式方便地把其下载到自己的手机上，服务商一个月能有几百万元的收入。数字产品的这种高附加值特性，使得许多数字产品厂商的收入主要不是来自于产品本身，而是来源于产品服务或附件的附加值。比尔·盖茨认为，今后微软 80%的利润将来自产品销售后的各种升级换代和维修咨询等服务，只有 20%的利润来自产品销售本身。如今也有越来越多的网络游戏，提供给玩家免费使用，真正的卖点是买卖道具。

【阅读资料】

太乐鱼的“1+N”模式

新的数字音乐销售模式不仅通过便捷的购买渠道为消费者提供了及时新颖的数字化音乐娱乐产品，更重要的是同时为消费者提供了丰富的围绕产品的服务。中国首家数字音乐店太乐鱼提倡的“1+N”模式（即 1 个产品+N 种服务）就是围绕一首单曲定制出一整套让用户愿意消费的服务，包括滚动歌词、单曲封面、MV、花絮、卡拉 OK 伴奏、电子贺卡等。以歌手李宇春演唱的《冬天快乐》为例，用户花几元钱订购后，首先可以得到这支单曲在两台电脑上使用的权限，其次可以有两次机会转到便携播放设备上(如 MP3)，并收到歌词、李宇春 MV 做成的电子贺卡、亲笔签名专辑、限量 mini 海报、单曲彩铃、给朋友的收听机会，以及到太乐网录制并保存自己演唱单曲的权限等。太乐鱼的这种高附加值服务使用户愿意继续不停地为之花钱消费，而这种花费相对于网络音乐市场长期以来习惯于免费而言并不低廉。

5. 时效性

数字产品的时效性是指数字产品的使用价值会随着时间的变化而变化，即时间越短的数字产品使用价值越高，反之越低。数字产品作为信息产品，时效性是其重要的经济特征。首先部分内容性产品具有很强的时效性，如新闻、证券、外汇、股票信息等。许多在线游戏在一段时间内很受消费者欢迎，但不久就会有更受欢迎的游戏将它们替代。通常网络上的某些实时信息，需要消费者通过付费来获取，而相对滞后的相应信息，则只需支付较低的费用，甚至免费就可获取。例如，PAWWS 金融网络公司提供证券信息组合服务，消费者每月支付 50 美元就可以使用即时指数，而对有 20 分钟延迟的指数的服务只索取每月 8.95 美元的费用。由此可见，数字产品的时效性就成了影响数字产品定价的一个重要因素。

6. 网络外部性

数字产品的网络外部性是指数字产品对某个消费者的价值部分取决于其他消费者对该产品的消费。或者说，消费者使用数字产品的价值部分取决于数字网络中数字产品的用户数量。

数字产品的网络外部性具有相互矛盾的两种情况。首先，使用数字产品的人越多，数字产品的价值就越大，这就是数字产品正的外部性。其次，使用数字产品的人越多，数字产品的价值就越小，这就是数字产品负的外部性。

图 2-2 描述了数字产品的网络外部性特征。

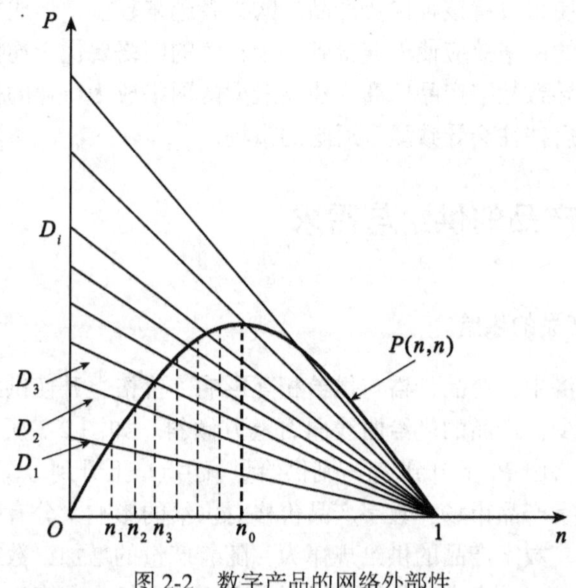

图 2-2 数字产品的网络外部性

在图 2-2 中，曲线 D_i（$i=1$，2，…）分别表示在不同的预期销售量 n_e 下消费者对第 n 个产品支付意愿的变化。这里，可以将 n 和 n_e 标准化，令 $0\leqslant n_e\leqslant 1$，$0\leqslant n\leqslant 1$。就一条曲线 D_i 而言，消费者支付意愿随数量 n 的增加而下降。但是，从所有的曲线 D_i 来看，消费者支付意愿随预期销售量 n_e 的增加而提高，即当预期销售量 n_e 增加时，曲线 D_i 会逐渐向上移动。在各个预期销售量下，消费者对最后一个产品的支付意愿都是 0。因此，每一条曲

线 D_i 递减并相交于 $n=1$ 处。

曲线 $P(n, n)$ 表示各个预期销售量实现时（即 $n_e=n=n_1, n_2, \cdots$）消费者支付意愿的变化。从图中可以看出，在用户规模小于 n_0 时，消费者支付意愿随用户规模的扩大而上升，在 n_0 时达到最大，这主要由数字产品的正外部性决定的；在用户规模大于 n_0 时，消费者支付意愿随用户规模的扩大而下降，这是数字产品负外部性作用的结果，造成这种负外部性的原因可能是由于在 n_0 以后的用户对产品评价都相当低（对某种产品评价较高的用户通常在 n_0 以前就已经成为该产品的用户了），还有可能是因为产品逐渐过时或网络道路堵塞等。

数字产品的网络外部性直接影响数字产品厂商的定价及其他经营决策。数字产品的网络外部性使得消费者在选择数字产品时往往会考虑该种产品是否会和大多数人使用的软件兼容和互联，会不会出现与其他人无法交流的问题。这样就会使得具有该种优势产品的购买者越来越多，形成需求方规模经济。由此产生的网络效应使得连接到一个较大的网络要优于连接到一个较小的网络，直接导致数字产品厂商为建立最大的网络成为行业的标准而展开激烈的竞争，最后往往会导致赢家通吃的市场。

2.3 数字产品的供给与需求

2.3.1 数字产品的供给

在传统经济中，产品价格与供给相互影响，价格上升使供给增加，价格下降使供给减少，产品的供给曲线向右上方倾斜。如图 2-3 所示，S 为供给曲线，如果价格由 P_1 上升到 P_2，则供给量就由 Q_1 上升到 Q_2。

但是在数字产品市场，数字产品价格对供给的影响十分有限，反过来是供给影响价格。数字产品的供给规律为：随着产量的增加，数字产品的售价越来越低。因此，数字产品供给曲线下滑而不是上扬。数字产品的供给曲线如图 2-4 所示。

在图 2-4 中，S 为供给曲线，如果供给量由 Q_1 上升到 Q_2，价格则由 P_1 下降到 P_2。

数字产品的上述供给规律主要是由数字产品的成本特征和网络外部性特征决定的。

从成本特征看，数字产品的边际成本几乎为 0，平均成本随产量增加而下降。因此，数字产品价格就可以随产量增加而下降。

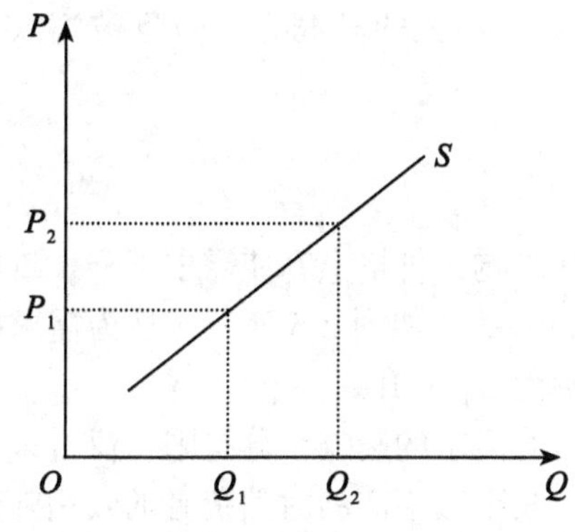

图 2-3　传统产品的供给曲线

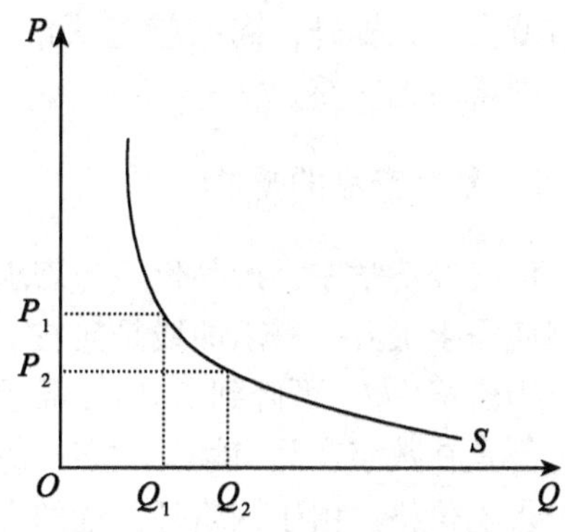

图 2-4　数字产品的供给曲线

以软件产品为例。在经过巨大的人力、物力和财力投入后，就可以生产出第一份软件产品。若商家只打算出售一份软件产品，其价格就应该是前期的总投入。如果商家打算再出售一份软件产品，此时因为几乎不需要增加任何投入，所以价格可以降到前期总投入的一半。以此类推，随着商家出售该软件产品数量的增加，价格就会越来越低。当然，现实中软件产品的销售价格既不是由生产出的第一份软件产品的价格决定的，也不是由第二份软件产品的价格决定的，而是由预期生产或销售的全部软件产品的价格决定的。在其他因素一定的情况下，某种软件产品预期生产或销售的数量越多，价格越低；反之，价格越高。

数字产品供给决定价格的另一个原因是其网络外部性特征的作用。数字产品的网络外部性表现在如果有更多的人使用某种数字产品，该数字产品的价值就会增大，价格就会提高。反过来，消费者对低市场规模的数字产品只愿意出较低的价格。因此，数字产品的价值取决于市场规模，生产商的市场占有规模决定产品的价值。

当然，在其他条件相同的情况下，消费者总是愿意选择消费价格低的产品，即如果厂商要价过高，消费者就会转向消费其他厂商的同类数字产品，这样其市场规模就会下降，反过来又会影响其产品价格。因此，厂商在获得最大市场规模以前，为了增加数字产品对消费者的吸引力，往往不得不低价销售数字产品。

以网站经营为例。目前，许多网站为了吸引顾客，采取最多的办法是免费，如免费邮件、免费主页、免费下载等。之所以有如此多的免费，其中最主要的原因就是为了迅速地扩大市场规模，提高市场占有率，因为商家深知数字产品市场“赢家通吃”的法则。一旦成为市场的赢家，产品或服务的价值就会得到提升，商家就能从市场中获得最大的利润。而一旦被淘汰出局，则将一无所获。

2.3.2 数字产品的需求

传统经济学中，产品价格与需求相互影响，价格上升使需求下降，价格下降使需求上升，需求曲线是向右下方倾斜的，如图2-5所示，D为需求曲线，当价格由P_1下降到P_2时，需求量则由Q_1上升到Q_2。

但是在数字产品市场，数字产品价格对需求的影响十分有限，反过来是需求影响价格。由于网络外部性的存在，某个数字产品对消费者的效用随着该产品的其他使用者数量的增加而增加，即使用相同数字产品的消费者越多，消费者得到的效用就会越大。

图2-6描述了数字产品的需求曲线。在未达到一定的规模之前，由于网络效应尚无法实现，消费者通常不愿意购买，要使消费者购买，就必须降价，直至使用规模达到一定量（Q_0），产品的边际效用开始上升，价格也开始上升，进入正循环。

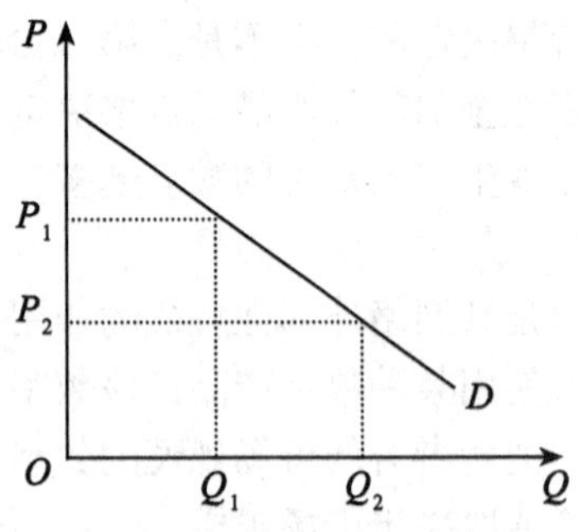

图2-5 传统产品的需求曲线

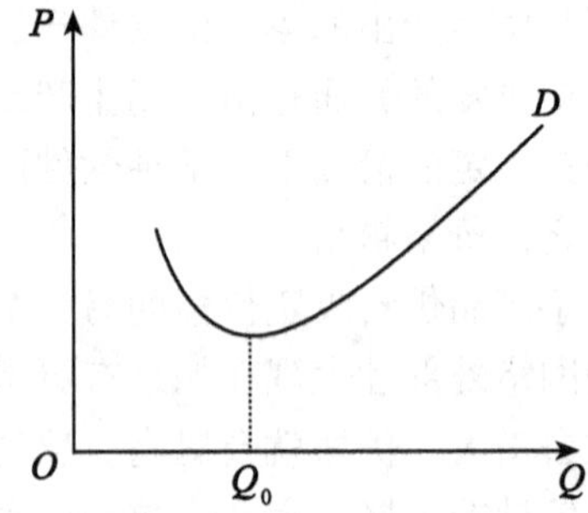

图2-6 数字产品的需求曲线

2.3.3 数字产品市场的均衡分析

1. 传统产品市场的均衡与负反馈

均衡理论是传统经济学最基本的理论，经济学的各个领域都离不开均衡思想。传统产品市场上价格的决定就是供求均衡分析的一种结果。由于边际效用递减规律的作用，所以需求曲线向右下方倾斜，而边际成本递增效应又使供给曲线向右上方倾斜。市场均衡点是唯一的、确定的，它就是需求曲线和供给曲线的交点，任何对均衡状态的偏离都会自动回归均衡状态。可见均衡原理产生的实质是消费者的边际效用递减和厂商的边际成本递增，它产生的是一种负反馈机制，使产品的市场移动和市场份额最终能达到一种可以预见的均衡。

采用马歇尔的均衡分析，如图 2-7 所示，E 为均衡点，即当价格为 $P=P_E$，$Q=Q_E$ 时，供给量和需求量相等，市场出清。如果市场出现偏离 E 的情况（扰动），就会有一种自发的力量使市场回复到 E 的状态。例如，当价格为 P_1 时，$Q_{S1}<Q_{D1}$，价格过低，供给小于需求，产品供不应求，会推动价格上升，向均衡价格 P_E 靠拢；当价格为 P_2 时，$Q_{S2}>Q_{D2}$，价格过高，供给大于需求，又会推动价格下降，向均衡价格 P_E 靠拢。从系统控制理论角度，E 点就是负反馈点，市场为典型的负反馈系统。在负反馈系统中，任何对均衡的偏离都会产生一种将其拉回均衡点的力量。

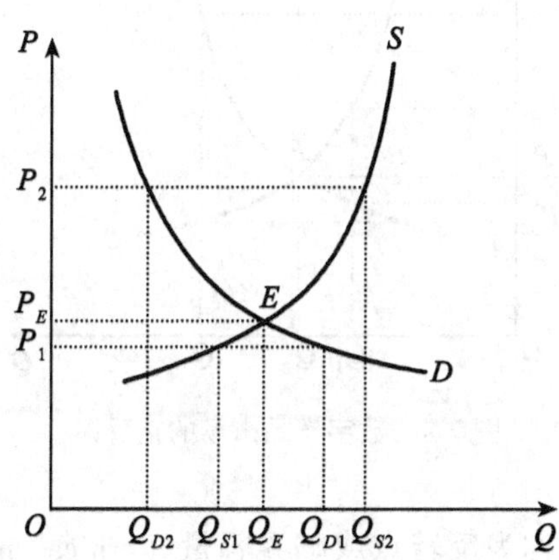

图 2-7　传统市场的均衡与负反馈

2. 数字产品市场的均衡与正反馈

如前所述，在数字产品市场中，不是价格影响供求，而是供求对价格有更强大的影响力。数字产品的供给曲线和需求曲线出现了倒置。当数字产品向下倾斜的供给曲线与需求曲线的上扬部分相交时，均衡将不再稳定。如图 2-8 所示，当市场规模 $Q_1<Q_E$ 时，消费者愿意支付的价格 P_{D1} 小于厂商愿意接受的价格 P_{S1}，厂商为了将产品销售出去，只能按 P_{D1} 定价，此时，厂商处于亏损状态。显然，任何在 Q_E 以下的市场规模都不可能长期存在。随着 Q 的增加，消费者的效用也增加了，而厂商的平均成本逐步下降，消费者愿意支付的价格与厂商愿意接受的价格之间的差距越来越小，直到不存在差

距，达到 E 点，产生均衡。随着 Q 的进一步增加，当 $Q_2>Q_E$ 时，消费者愿意支付的价格 P_{D2} 大于厂商愿意接受的价格 P_{S2}，如果不存在竞争，厂商仍然以 P_{D2} 定价，它将提供越来越多的产品，并获得巨大的超额利润。显然，如果市场出现偏离 E 点的情况（扰动），市场的自发力量将会导致越来越远离 E 点，而不会再回到 E 点，这样 E 点就不是传统经济学意义上的均衡点，而是一个临界点，任何对该点的偏离，都将产生更大的偏离，不存在纠正偏离的反向作用。根据系统控制理论的解释，E 点为正反馈点。所谓正反馈，指的是物体之间的相互作用，存在着一种相互助长的力量，它会强化和放大原有的发展趋势，形成无法逆转的必然性。

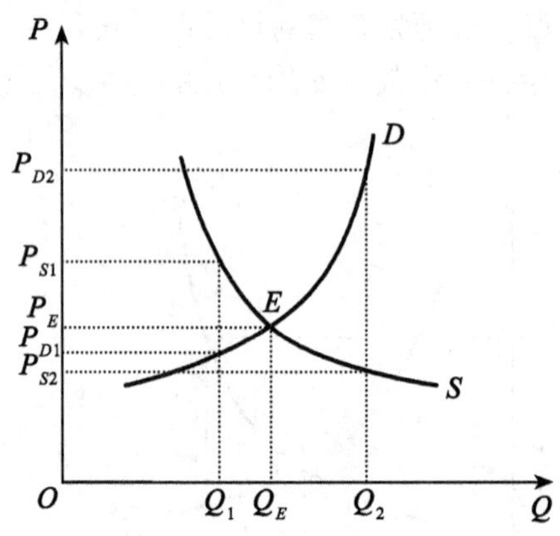

图 2-8　数字产品市场的正反馈

也有学者将 E 点称为反转点或临界容量（critical mass）。阿瑟（1989）将反转点定义为“反转点是这样一种市场状态：高于反转点的市场规模将自我强化，并导致市场规模的增加；而当市场规模低于反转点的时候，则将自我弱化直到失去市场。”经济学家 Nicholas Economides 和 Charles Himmelberg（1995）将临界容量定义为“可以维持均衡的最小网络规模”。他们把临界容量解释为“鸡和鸡蛋”的悖论：预期的网络规模过小，以至无法吸引消费者进入该网络。反过来，因为没有消费者愿意加入这个网络，这个预期的网络规模将会更小。无论哪一个定义都表达了同样的含义：一旦某种产品的市场规模已达到临界容量时，由于消费者预期其他消费者也会选择该产品，导致最终所有的消费者都选择该种产品。但是，如果该产品没有达到市场所需要的临界容量，由于消费者预期其他消费者也不会选择该种产品，导致所有的消费者都选择另外的产品，该产品最终将退出市场。临界容量问题的存在使得新进入市场的数字产品通常会面临市场启动问题，即厂商要么获得不低于临界容量的安装基础，要么退出市场。显然，临界容量往往是决定厂商盈亏及成败的关键，迅速突破临界容量将是数字产品厂商至关重要的经营策略。

总之，数字产品的正反馈机制使得强者更强、弱者更弱。一个公司在网络中的影响是以指数形式迅速扩张的，比如说，消费者在购买电脑操作系统软件时，是在选择一个用户网络，而不仅仅是一种产品，他要考虑软、硬件与其他用户兼容的问题。苹果公司的 Macintosh 操作系统也相当优良，但最终却彻底输给了微软的 Windows 系统，仅仅是由于最初价格上略微偏高。但随着 Windows 系统在 PC 市场上份额增长，用户发现其越来越具有吸引力；而 Macintosh 系统市场份额继续下跌，用户开始担心其随着软件开发商的减少而被孤立，于是越发不愿购买。微软的优势被网络中的正反馈机制放大，最终成为胜利者。成功引发更大的成功，失败产生更大的失败，这就是正反馈机制的本质。

2.4 数字产品的垄断分析

2.4.1 关于垄断的一般描述

“垄断”一词的原意是“独占”，即一个企业在一个市场或者一个经济部门占百分之百的份额，或者市场上只剩下一家生产厂商提供产品。实际上，无论是经济理论还是现实中的垄断并非完全是独占性的，也有非独占性的垄断，而独占性的垄断是垄断的极端表现形式。因此，垄断的定义可以这样表述：垄断是指一个或少数几个企业对相应产业或市场的产品生产和销售的独占或联合控制。

垄断有两种主要的表现：垄断结构和垄断行为。垄断结构是指市场上只有一个或几个企业独占或共同占有绝大部分市场份额的状态。在市场竞争的条件下，如果企业通过不断扩大规模和技术创新，凭技术、成本优势独占或占有绝大部分市场份额，从而处于垄断地位，这是竞争的结果，也是资源配置优化的结果，这样的垄断结构本身是有效率的。因此，反垄断针对的不是垄断结构，而是垄断行为。垄断行为是指市场竞争主体排斥、限制竞争的行为，如限制交易的合同、限价和限产串谋、指定购买或搭售、掠夺性低价倾销、明显倾向于垄断的企业间并购、基于强垄断势力的价格歧视以及限制零售商经销竞争者之商品等。

垄断结构和垄断行为之间有一定的联系，但却没有必然的联系。我们通常所说的垄断指的是垄断结构，而垄断所带来的一些不良后果则是由垄断行为所导致的。垄断结构不一定会导致垄断行为，没有垄断结构也不一定不产生垄断行为。有些处于垄断地位的企业在国家的管制之下或者是由于国家反垄断法等方面的法律制度比较健全，它们虽然处于垄断地位，但是却没有制定垄断价格牟取垄断利润，所以就没有垄断行为的产生。有些市场虽然竞争者数目很多，但有些企业利用其特有的优势和力量或者是某些企业串通合谋制定一个垄断的价格，获取垄断利润，这种行为就是垄断行为。

2.4.2 数字产品垄断形成的原因

在传统经济中，形成垄断的原因主要有以下几个方面：

第一，资源的独占性。这是指独家厂商控制了生产某种商品的全部资源或基本资源的供给，使其他厂商无法生产同种产品而形成的垄断。例如，澳大利亚哈默斯利公司、必和必拓公司以及巴西淡水河谷公司因把持了全球80%的铁矿石资源，故造成了在铁矿石市场的垄断。

第二，拥有并垄断了生产某种产品的专利权。这使得独家厂商获得在一定时期内垄断该产品的生产而排除其他厂商生产相同产品的权利。例如，20世纪60年代和70年代，施乐公司因其著名的干纸复印机专利而垄断了复印机市场。

第三，政府的特许。政府出于国家经济安全的考虑，往往在某些行业实行垄断的政策，由此促成这些行业垄断厂商的形成。

第四，自然垄断。有些行业具有这样的特点：其生产具有规模效益，而这种效应需要巨大的资本和设备投资才能得到充分体现，但具有这种投资能力的厂商不多，当有一两家具备这种能力，并最先扩充生产规模时就形成了自然垄断，而且只要发挥企业在这一生产规模上的生产能力，就可以满足整个市场对产品的需求，从而垄断了整个行业的生产和销售。

在数字产品市场，形成垄断的原因除了以上几方面外，还有其更内在的原因。下面分别从数字产品供给和需求的角度进行分析。

1. 从供给角度分析

从供给角度看，造成数字产品市场垄断的原因主要有技术优势、产品标准化和供给方规模经济等。

(1) 技术优势。技术优势是数字产品市场垄断形成的最根本原因。数字产品是技术含量较高的产品，因此谁拥有技术优势，谁就有可能在数字产品市场中获得垄断地位。技术优势之所以会造成对数字产品市场的垄断主要是由于数字产品市场技术的不相容性，即一定时期内，特定数字产品市场只能容忍一种技术存在。在传统产业里，某些传统产品可以由不同层面的技术来生产，从而可以满足不同层次的消费需求。例如用不同的技术生产的鞋子在市场上都会有需求。这说明传统产品市场技术是相容的。但是，对于数字产品来说，情况就完全不同了。以个人电脑的操作系统为例，微软在 1981 年成功推出第一代操作系统 MS-DOS，一个小小的软件几乎改写了整个信息产业的发展史，很快就替代了其他软件，成为人们使用最多的平台。可是，视窗 95、视窗 98、视窗 2000 的相继问世，弥补了 MS-DOS 软件在同一时间只能运行一个程序的缺陷，突破了 DOS 常规内存 640K 的限制，支持了多程序同时运行的高速度。这样，MS-DOS 软件就很快从市场上消失，完全被技术更先进的视窗操作系统替代。根据摩尔定律，新技术产品不仅不会比旧技术产品的价格高，而且还可能降低。这样，质优价廉的新技术产品往往一出现，就会很快占领市场，落后的技术产品也就很快被淘汰。由此可见，数字产品市场上技术的不相容性决定了谁掌握了为市场所接受的先进技术，谁就将占据“胜者全得”的市场垄断地位。

（2）产品标准化。数字产品不仅技术含量高，而且标准化要求也非常高。某种数字产品一旦成为市场上的标准产品，其在市场上就确立了一定程度的垄断地位，因为竞争企业都必须遵从该标准提供产品。微软、英特尔之所以能够雄视天下，正是因为它们的技术已成为市场的标准。

数字产品的标准化与技术优势及技术垄断密切相关，技术优势是数字产品标准化的支撑，标准化的产品是技术优势转化为生产力最有效的鉴证。标准化产品的形成不仅有助于厂商迅速扩大市场规模，而且也在一定程度上增加了其他后来进入者的竞争难度，这些都会造成数字产品市场的进一步垄断。

（3）供给方规模经济。数字产品本身具有规模经济性的特征，在数字产品生产的初期成本较高，随着数字产品生产数量的不断增多，成本也逐渐降低，规模特征为数字产品垄断打下了基础。因为成功者的产品价格会随着生产成本的下降越来越低，在市场上获得更大的份额，实现供给方规模经济，其他竞争者则会一步一步失去市场，这就巩固和加强了成功的数字产品市场的垄断趋势。

2. 从需求角度分析

从需求角度看，造成数字产品市场垄断的原因主要有锁定效应和需求方规模经济等。

（1）锁定效应。由于数字产品技术含量较高，消费者从一种数字产品的技术转移到另一种数字产品的技术的成本也会较高，这样就会使消费者难以像使用传统产品那样轻易地去更换所谓更好的产品，即消费者会被锁定在对某种数字产品消费上。被锁定的消费者具有无弹性的需求，厂商可以在一定程度上控制消费者，由此而成为技术性垄断者。显然，数字产品的锁定效应使其垄断形成的可能性大大高于传统产品。

（2）需求方规模经济。数字产品的网络外部性产生了需求方规模经济，使用某种数字产品的人数越多，使用者所获得的效益就越大，这样又会导致使用的人数更多。需求方规模经济可以阻止新竞争者进入市场，因为它会降低客户从新进入企业购买产品的意愿。这在客观上为数字产品的垄断推波助澜。

2.4.3 数字产品垄断的效率

1. 传统垄断及其效率分析

在传统经济中，企业处于垄断地位，就不会再像完全竞争条件下的企业那样只是单纯的价格接受者，而会通过垄断势力操纵市场价格、控制产量，从而使均衡产量较低，均衡价格较高，垄断企业由此获得超额利润，而消费者福利降低。图 2-9 描述了传统垄断厂商的经济行为对消费者福利的影响。

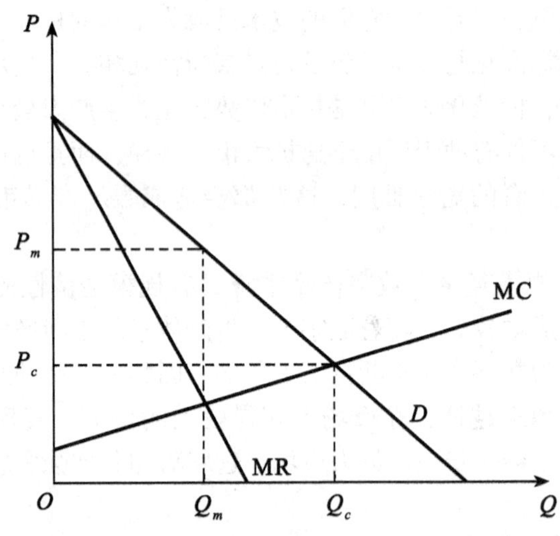

图 2-9 传统垄断对消费者福利的影响

在图 2-9 中，当垄断厂商将产量从 Q_c 下降到 Q_m 时，市场价格从 P_c 上

升到 P_m，这时，消费者福利下降，垄断给消费者带来福利的净损失。

对于垄断厂商而言，超额利润的长期存在也会使其缺乏使成本尽可能降低的动力，从而导致管理松懈以及研究与开发的减缩。此外，垄断企业为了长期保持垄断地位，会将资源花费在非生产性活动上，如一些国家授予某家企业生产某种产品的垄断特权，而且不允许从国外进口这种产品。在这种情况下，企业会向说客和政治家捐赠，以便维持这种限制竞争的规定，从而维持高额利润，这种做法在经济学上通常称为寻租（rent seeking）行为。限制产量、管理松懈、研发减缩、寻租是导致垄断企业低效率的根源。

由此可见，垄断的产生会在一定程度上限制了市场机制的作用，使资源无法得到最优配置，从而导致市场失灵。

【阅读资料】

中国垄断行业的低效率

中国垄断行业经过多年的改革，生产效率有了一定程度的提高，但从总体上而言，这些垄断行业的生产效率还较低，这必然导致较高的生产成本。同时，在以成本加成为主导的价格机制下，垄断行业的产品或服务价格普遍较高，消费者要支付较高的价格。更为严重的是，一些垄断行业或垄断性业务凭借其垄断力量，获取高额垄断利润。以中国电信行业的手机漫游费为例，手机用户在外地拨打或接听电话就会产生漫游费。电信移动公司收取漫游费的主要依据是，手机异地漫游导致运营商增加对手机用户的管理费用；同时，手机漫游后造成运营商之间复杂的网间费用结算。有关电信专家认为，手机漫游的全过程，事实上只是网络传送几个由计算机自动生成的数据信息，其边际成本接近于零。从国际比较看，美国、澳大利亚等国，早已取消了漫游费；日本电信企业虽然收取漫游费，但收费标准很低；欧洲国家普遍较小，不但从未收过国内漫游费，连国际漫游结算费也正在被强制性取消。众所周知，从 20 世纪 90 年代以来，中国的移动通信业务主要是由中国移动和中国联通两家公司垄断经营的，在这两家移动运营商的各项业务收入中，漫游费一直是利润最为丰厚的一块，与极低的漫游成本相比简直是暴利，而暴利源于垄断，由于这两家移动运营商具有垄断力量（特别是中国移动一家独大），它们不会自动降低、更不会取消漫游费。

中国垄断行业的低效率的另一个方面是社会分配的低效率，表现为垄断行业职工的收入偏高。有关资料表明，中国垄断行业职工的平均收入大多高于全国平均水平。据《中国统计年鉴 2006》相关数据，2005 年全国职工平均工资为18 364元，而电力、燃气及水的生产和供应业职工平均工资为25 073元，超出平均水平37%；电信和其他信息传输服务业职工平均工资高达36 941元，超出平均水平101%。这里，垄断行业职工的高收入并不取决于其经营管理的高效率，而是由其行政垄断地位所产生。一个明显的例子便是，全行业亏损的邮政业，其职工平均工资也有22 321元，超出平均水平22%。

资料来源：http：//news. 9ask. cn/fagui/jingjifa/201006/702092. html［2010-12-09］

2. 数字产品垄断及其效率分析

与传统经济中的垄断主要是依靠压缩产量、提高价格以攫取源自价格水平的垄断利润不同，数字产品垄断主要是依靠扩大销量、降低价格、形成网络外部性来锁定消费者偏好和市场发展路径，从中攫取源自市场规模的垄断利润。

数字产品市场垄断的效率可以分别通过静态分析和动态分析两种方法来讨论。

(1) 数字产品市场垄断效率的静态分析

静态分析是基于某种数字产品性能不变进行的分析。以微软Windows操作软件为例。目前微软Windows操作软件市场占有率高达90%以上，作为一个垄断者，理论上它可以将软件的价格定得较高，而实际上微软却没有这样做，这主要是由于数字产品不同于传统产品。一方面，数字产品市场垄断地位的不确定性很大，垄断企业时刻都面临着竞争者的进入威胁，因而它们不敢抬高价格；另一方面，数字产品市场的正反馈机制迫使厂商必须牺牲价格以换取数量的迅速增长，而这样做最终对消费者和厂商都是有利的。

图2-10给出了数字产品垄断厂商的经济行为对消费者福利的影响。

从图2-10中可以看出，当垄断厂商摒弃较高的垄断价格P_m而将价格定为P_c时，消费者福利会相应增加。此外，随着消费者预期的增加及市场规模的扩大，市场需求曲线不断向外推移，由D_0外移到D_1，再外移到D_2，价格也由P_c降至P_1，再降到P_2，消费者福利将进一步增加，而厂商也会因此获得足够多的利润。

【阅读资料】

微软打出温柔拳：XP降价至全球最低

微软中国公司2008年12月8日下午宣布大幅降低Windows XP家庭版

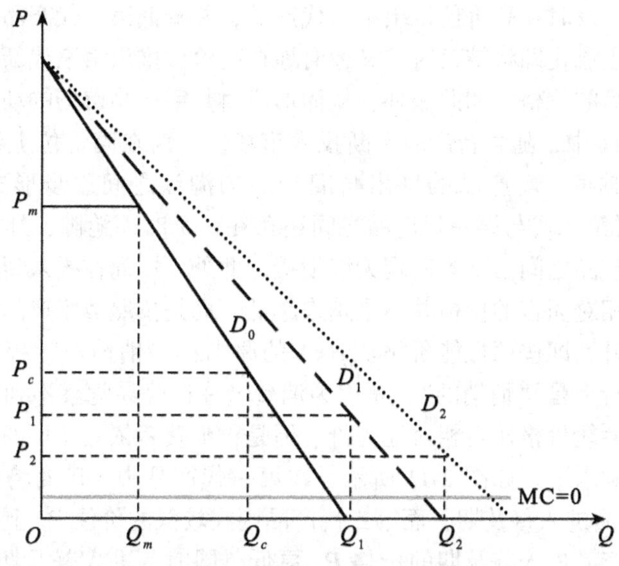

图 2-10 数字产品垄断效率的静态分析

及 Office 家庭及学生版的售价，Windows XP 简体中文家庭版的建议零售价格将由 960 元下调至 399 元，降价幅度达到了近六成（58.4%）。

除了 Windows XP 操作系统外，199 元的 Office 中文家庭和学生版 2007 国庆促销延长至春节，可同时安装三台电脑的 Office 中文家庭和学生版彩盒包装产品售价由 699 元降至 398 元。微软同时还将从即日起至 2009 年 3 月 31 日期间，推出无限量的正版用户免费电话支持服务。

微软中国一位内部人士说，399 元的 Windows XP 已经基本上是同类产品的全球最低价。微软中国公司一位相关负责人强调说，此次降价是为中国市场争取到的特别价格。美国亚马逊网站上的价格显示，Office 家庭及学生版彩盒包装的价格为 84.99 美元（约合人民币 580 元），Windows XP 家庭版的价格为 98.99 美元（约合人民币 680 元）。仅仅从价格上对比，不考虑中美消费者购买力的差距，微软产品在中国市场的定价比美国要低。

（2）数字产品市场垄断效率的动态分析

动态分析是基于某种数字产品性能不断变化进行的分析。对于数字产品厂商而言，往往不会满足于借助单一产品的简单降价来扩大市场规模，而会寻求持续的产品创新来确立和保持垄断地位。图 2-11 描述了数字产品厂商寻求垄断地位的简单的动态过程。在图 2-11 中，厂商在第一代产品主流化即将结束时，及时在高价位推出第二代产品，并降低第一代产品的价格；待第二代产品主流化即将结束时，又适时地在高价位推出第三代新产品，并降低第二代产品的价格。如此循环，从而形成对数字产品市场的动态垄断。

在图 2-11 中，随着新产品不断投入市场，厂商在高价位上维持的“等待期”越来越短，新产品的推出与旧产品的淘汰之间逐步形成“无缝链接”。如果说第二代与第一代产品之间还存在一个时间缝隙，那么，在第三代与第二代产品之间已基本实现无缝衔接。此外，厂商在投入新产品时，其确定的初始相对而言的价格并不是越来越低，而是按照数字产品的性能价格比在逐步上升，即按照性能价格比 $\beta<1$ 的原则在“悄悄地”提价，之所以称这种提价行为是“悄悄的”，是因为消费者往往轻易觉察不到厂商在利用数字产品的性能价格比在相对地提价。但是，消费者依然从厂商的这种提价中提高了福利水平。如图 2-11 所示，在第一代产品中，厂商将价格维持在 P_A 时才使产品进入普及期，而第二代产品则在较低的价位 P_B 上就进入普及期，第三代产品进入普及期的价格 P_C 更低。同时，进入普及期的“等待”时间越来越短，从 t_A 缩短到 $t_B-t_B^*$ 再缩短到 $t_c-t_c^*$。这样，消费者从厂商的创新垄断中也获得了不断提高的福利水平，从而实现了厂商与消费者的双赢局面。

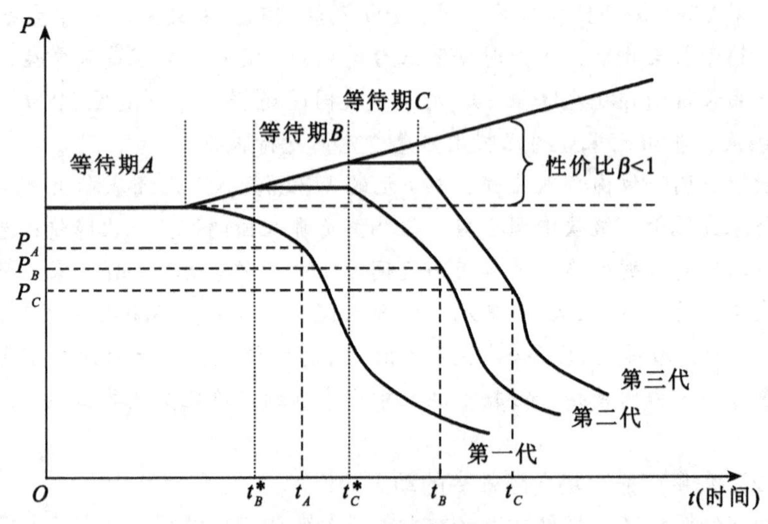

图 2-11　数字产品垄断效率的动态分析

资料来源：谢康．电子商务经济学，2004

由静态和动态分析可知，数字产品的垄断不仅没有像传统垄断厂商那样损害消费者福利，而且还为消费者提供了更低价格的产品，并促进了社会的创新活动。例如，在微软公司从 1981 年推出第一代操作系统 MS-DOS 1.0，到 1993 年推出 MS-DOS 6.0，更新了 11 个版本。1990 年推出 Windows 3.0，1992 年推出 Windows 3.1，1993 年推出 Windows NT，接着是 Windows 95，Windows 98，Windows 2000，Windows XP，2007 年是 Windows Vista，现在是 Windows 7。微软公司就是这样通过“淘汰自己产品”的技术创新策略来保持竞争优势和垄断地位。

由此可见，数字产品市场的垄断在一定程度上可视为有效垄断，它促进了竞争和技术进步，使消费者享受着不断降低的价格与不断提高的质量。

2.4.4 数字产品垄断的特点

如前所述，数字产品垄断的形成有其独特的原因，这使得数字产品的垄断出现了许多不同于传统垄断的新特点。

1. 数字产品的垄断是以技术为主导的垄断

在传统经济中，影响竞争的决定性因素是资本，竞争的过程主要是资本积累的竞争，垄断基本上是通过资本的优势排斥竞争而形成的，垄断的企业都是资本实力雄厚的大企业。而数字产品市场的竞争主要是技术创新的竞争，技术对企业在市场中的地位具有决定性的作用。在数字产品市场，谁拥有创新的技术，谁就有可能取得市场的垄断地位。因此，技术创新是数字产品企业发展的核心和灵魂。比尔·盖茨说过：“微软过去成功的基础是发明创新，未来成功同样要依赖于在飞速发展的市场中保持创新能力。”也可以这样说：如果微软没有技术创新，它就不可能产生并保持长期的垄断，因为其他的竞争者会以更好的产品取而代之。

2. 数字产品市场垄断地位的不确定性

根据熊彼特的观点，任何一种垄断地位都不是可以高枕无忧的。由于数字产品市场的垄断是以技术为主导的垄断，技术创新一浪高过一浪，发展的速度越来越快，这导致信息技术产品的生命周期越来越短，因而其垄断地位的不确定性更加明显。从摩尔定律中可以看到，对于信息技术而言，自主创新很快会被模仿并推广，垄断者凭借核心技术获得的垄断地位稍纵即逝。因此，垄断者为了保持垄断地位，必须不断研发新的技术，加快创新步伐。

【阅读资料】

Linux 对微软的挑战

在软件市场上，微软一直受到来自 Linux 的挑战，越来越多微软的反对者和盟友加入到 Linux 的阵营中。难怪比尔·盖茨一再警告员工，微软离破产只有 18 个月。美国著名经济学家保罗·克鲁格曼认为："垄断本身在科技领域是无罪的。相反，至少得存在主导未来市场的希望，整个企业才具有发展的推动力。高科技的竞争本身是也必然是一场接一场胜者通吃的游戏。通吃只是暂时的垄断，一旦别的好东西降临，它就会消失。"由于软件行业进入壁垒低，同行很容易加入竞争，如果某一天同行开发出更好的新产品，微软的垄断会自然消失。

3. 数字产品市场垄断与竞争的并存性

数字产品的特征和高度的技术竞争导致数字产品市场出现了竞争和垄断双双被强化的态势。市场的开放度越高（进出无障碍），竞争就越激烈，引发技术创新的速度也就越快，所形成的行业垄断性就越强，集中度也就越高。而垄断性越强、集中度越高的市场，竞争反而越激烈。显然，数字产品市场的垄断不同于传统产品市场的垄断。数字产品市场竞争和垄断这种二律背反的共生现象，演化出一种新的市场结构，这种市场结构被称为竞争性垄断。

竞争性垄断是高度竞争与高度垄断的奇妙结合，因而也是目前最有效率的一种市场结构，它能保持着市场上高度的竞争。竞争是为了垄断，垄断又是竞争的起点，而自始至终伴随着垄断与竞争的，其实就是技术的不断创新，也是社会的不断进步。

2.4.5 对微软公司垄断案的分析

1. 案件回顾

微软公司自 1975 年成立以来，随着其在个人电脑操作系统市场的份额迅速提高，涉嫌不正当竞争和垄断的行为也日益增多。

1990 年 6 月，美国联邦贸易委员会就开始对微软公司将应用软件与 MS-DOS 操作系统捆绑销售是否有碍市场公平竞争的问题展开了调查。1993 年 8 月，该项调查转由司法部接管。

1994 年 7 月，美国司法部向哥伦比亚特区联邦地区法院对微软提起了民事诉讼，要求法院防止和限制微软公司以排他性的和反竞争性的合同销售其个人计算机操作系统。这项起诉双方最终达成了和解协议：微软公司不能以“视窗（Windows）95”许可证威胁计算机制造商，以附带其他应用软件，但微软公司保留开发“集成产品”的权利。

1995年11月微软开发出了自己的网络“探索者”浏览器（Internet Explorer），并在产品销售活动中实际上把它作为个人计算机制造商申请“视窗95”使用许可证的条件，配备在操作系统软件中推出。微软的这一行动很快使互联网浏览器市场的主要竞争对手网景公司开发的“导航者”（Navigator）浏览器的市场份额从1996年的80%下降为62%，而微软的“探索者”浏览器市场份额则从0上升到36%。

1997年10月，联邦司法部再次向哥伦比亚特区联邦地区法院提起民事诉讼，指控微软公司利用其视窗操作系统的垄断地位保护并扩展这种垄断，不正当地要求个人电脑制造商安装微软公司的“探索者”浏览器，同时剥夺用户的选择权。

在法庭审理期间，微软公司辩称：“探索者”浏览器与视窗操作系统是技术上不能分离的集成产品，是视窗操作系统的一种升级，而不是“捆绑销售”。到底两者是集成还是捆绑，这个问题涉及复杂的技术层面，法庭一时无法裁定。鉴于联邦司法部尚未掌握足够的有关微软滥用垄断权力的直接证据，法庭于当年12月17日以“证据不足”的理由驳回了对微软处以罚款的请求，这样，微软终于赢得了这场官司。

但后来的事态发展表明，微软的这场胜利是短命的，而且也是代价高昂的。1998年5月，联邦司法部与20个州（南卡罗莱纳州后来退出）联合向哥伦比亚特区联邦地区法院正式以违反联邦“反托拉斯法”的罪名起诉微软，要求微软公司终止在“视窗98”中强行搭配“探索者”浏览器的做法、允许个人计算机制造商在其产品中安装其他的浏览器和开机后的首屏、允许微软产品支持的因特网连接服务商和在线服务商销售其他公司的竞争性产品。

2000年6月，哥伦比亚特区联邦地区法院作出了对微软垄断案的正式判决：命令微软公司一分为二，其中一个负责生产和销售视窗操作系统软件，另一个生产和销售应用软件等其他产品。对于该项判决，微软公司表示不服，并随后向哥伦比亚特区联邦上诉法院提起上诉。

2001年6月，哥伦比亚特区联邦上诉法院驳回了地区法院分割微软的判决，但维持了微软是一家违法垄断公司的判决。9月6日，司法部宣布不再寻求通过分割的方式来处罚微软公司，并且撤销了有关微软公司非法将其网络浏览器和“视窗”操作系统捆绑在一起的指控。11 月上旬，微软和美国司法部达成妥协，条件是：微软同意 PC 制造商可以自由选择视窗桌面，微软公开视窗软件部分源代码，使微软竞争者能够在操作系统上编写应用程序。

2002 年 11 月，哥伦比亚特区联邦上诉法院同意了微软公司和司法部达成的和解协议。随后，微软公司陆续与哥伦比亚特区和各州也达成了和解，和解费用总计约 18 亿美元。

至此，持续了十余年的微软垄断案在美国本土的较量终于告一段落。

2. 案件分析

微软垄断案的一波三折表明：在信息时代里，市场、法制和企业众多元素之间复杂多变的关系，促使人们必须重新思考越来越突出的新问题。究竟应该如何对待信息时代的垄断，这是反垄断法必须回应的一个新的挑战。

微软作为新经济的代表，其垄断与传统垄断存在着较大差别。首先，微软基本上是靠自我发展成长起来的垄断公司。而许多传统企业往往是通过政策保护或通过吞并竞争对手而成为垄断企业。其次，微软的发展是以知识产权和知识创新为基础的。如果“视窗”软件多年一贯制，可能早就被市场淘汰了。再次，微软虽然对个人电脑操作系统市场拥有绝对垄断权，但这种垄断地位并非坚不可摧，其垄断地位随时都有可能被潜在的竞争者所替代。

显然，如果完全按照传统的反垄断的观点来对待微软的垄断问题肯定不妥。这不仅是因为两种垄断本身的差别，还因为在新经济时代反垄断的政策目标也会有所变化。从微软一案可以看出，在新经济时代，美国的反垄断政策重点在于：通过促进竞争推动技术创新。可以说，能否保持创新的活力是美国经济能否继续领先于世界的关键，因此美国反垄断政策的重点逐步地从维护价格竞争转向促进创新也就不足为奇了。

从上述案情中可以看出，微软公司最终被判违法垄断并非由于它在个人计算机操作系统市场上所享有的垄断地位，而是因为它对这种垄断权力的滥用，即采取了不公平竞争手段对付竞争对手。这种判决充分体现了国际反垄断的趋势由结构主义规章制度向行为主义规章制度的转变。这种转变对于保护和促进企业技术创新、提高规模效率都是极为有利的。

◎ 复习思考题

1. 什么是数字产品？它与信息产品有何区别与联系？
2. 数字产品的物理特征与经济特征有哪些？
3. 数字产品的供给与需求与传统产品有何不同？
4. 数字产品的垄断有哪些新特点？

3 电子商务环境中的市场

互联网的发展催生了一个全新的电子商务市场，这个市场有着与传统市场不同的许多特征，如虚拟性、全球性和便捷性等。除此之外，电子商务市场的运行规则和市场结构等也会发生较大的改变。

3.1 定价规则与在线市场价格

任何市场都有其自身的组织规则，在传统市场上包括一些约定俗成的非正式规则和政府制定的为使市场正常运作的规定，如有时政府可能针对某种产品价格规定上限和下限，以及规定市场准入的条件和税收标准等。电子商务市场的运行规则包括众多的方面，本节主要从价格的角度探讨电子商务市场的运行规则。

3.1.1 电子商务市场价格形成规则

在电子商务市场中，商品价格的形成规则从形式上看基本上是延续传统的做法，如讨价还价、标签价格、拍卖、物物交换等，从内容上讲则有所创新。

1. 标签价格

标签价格（posted price）也就是一口价，或者说是菜单价格，这是人们最熟悉的定价方式。在传统的市场上这种定价方式占据了主导，一般来说无论是大型的商场还是小型的超市，通常都是通过标签标出商品的价格。一般消费者都是通过标签来获取价格信息，若是觉得价格不合适，便会放弃购买，或者转向其他的商场或超市进一步了解。

标签价格具有一定的信息价值，一般来说消费者只要在商场中随意一瞥就可以了解到商品的价格信息，可以省去消费者的很多询价的时间成本。当然标签价格也不是完全不可以改变的，有时可能是一个供买卖双方讨价还价的起始价格，有时可能是一个计算折扣的基准价格，但大多数时候在线销售中的标签价格就是一口价，是无法还价的，标签价格就是成交价格。如图3-1，一口价就是其标签价格。

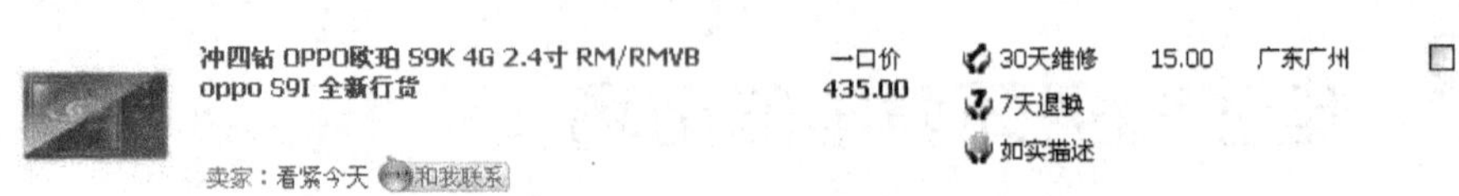

图 3-1　来自淘宝的 oppo 播放器的商品详情

想要修改标签价格需要一定的修改成本，因此标签价格一旦设定，往往较难改变。由于消费者可以通过标签获得关于商品的所有价格信息，商家为了留住消费者，增强自己的竞争力，他们有充分的动机将产品的价格不定太高，当消费者获得更多的消费者剩余时，自然对产品评价高，继而给商家带来了声誉，也带来了潜在的利润，这样的交易对于商家来说当然价值会更大。

虽然说标签价格一旦确定很难改变，但商家还是有很多办法，包括通过电子商务工具，可以了解客户的详情，并对客户进行分类，进行价格歧视，确定不同的标签价格，实现利润最大化。但由于商家在选择价格歧视时会受到许多因素的限制，会影响消费者选择标签价格还是讨价还价。一般来说，在竞争程度不高、买卖双方数量较少、消费者转换成本高、产品差别化程度高的情况下，买主一般不愿意选择标签价格。但在客户在意时间成本，并对商家较为放心的情况下会选择标签价格。

2. 讨价还价

讨价还价（bargaining）是一种最古老的价格决定方式，但是，这种定价规则仍然普遍存在于高度发达的市场经济中。在讨价还价过程中，先由一方出价，然后双方进入讨价还价，最终达成一个共同的价格。倘若无法达成一致，讨价还价即告破裂。一般来说，在讨价还价过程中，每一方都会显示出自己已做了最大的让步了，以期许对方的心理价格有所上升或有所降低，来获得最大的交易利益。讨价还价过程就是一个谈判的过程，谈判达成一致就可以结束。在电子商务中，这种讨价还价一般是通过实时通信工具完成的，一般的网店通过 QQ、MSN 等，还例如淘宝有自己的通信工具——淘宝旺旺等，方式是不定的。

对于卖主来说，通过讨价还价，可以了解关于买家的若干信息或偏好，从而有可能对买家进行价格歧视。因为讨价还价可以显示出买家对交易品的爱好程度，并根据对方的态度来判断交易的可能性和价格决定的弹性程度，并可以获取买家对价格的可接受程度。但买方有时也可能释放假的信息，例如无所谓、可买可不买的心态来考验卖家的价格信念，从而在这场价格博弈中获得最大消费者剩余。

对于买主来说，有一部分的买主会在这种讨价还价过程中体会到乐趣，或许还会有成就感，因此会喜欢这种定价方式。而对于有些买家来说，并不喜欢谈判，特别是时间价值高的买家，这种讨价还价会带来时间成本和心理成本等，交易的完成不仅耗费时间还弄坏心情。因此无论是标签价格还是讨价还价都是因人而异进行选择的。

3. 拍卖

拍卖（auction）在人类历史上有着悠久的历史，从古希腊罗马时代的奴隶买卖到现代荷兰花市、政府国债出售等，已创造出不同文化的拍卖制度。目前关于拍卖的定义有不同的表述。例如，在《中华人民共和国拍卖法》中定义：拍卖是以公开竞价方式，将特定的物品或财产权利转让给最高应价者的买卖方式。美国经济学家麦卡菲认为：拍卖是一种市场状态，此市场状态在市场参入者标价基础上具有决定资源配置和资源价格的明确规则。而经济学界一般认为：拍卖是一个群体（拍卖群体）决定价格及其分配的过程。

拍卖作为一种价格的决定方式，它在电子商务市场中有着广泛的应用。图 3-2 和图 3-3 呈现了淘宝网上某个商品的拍卖详情和出价记录。

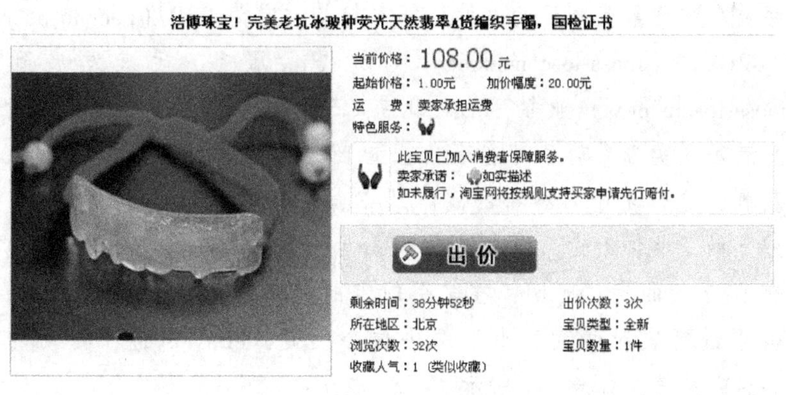

图 3-2　淘宝网上某翡翠的拍卖详情

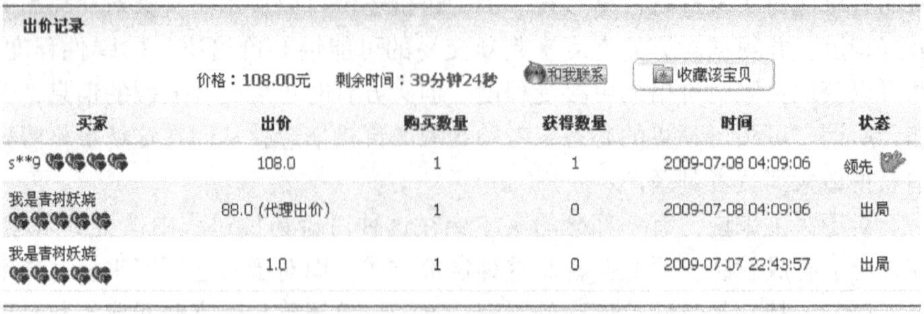

出价记录

价格：108.00元　剩余时间：39分钟24秒　和我联系　收藏该宝贝

买家	出价	购买数量	获得数量	时间	状态
s**9	108.0	1	1	2009-07-08 04:09:06	领先
我是青树妖娆	88.0 (代理出价)	1	0	2009-07-08 04:09:06	出局
我是青树妖娆	1.0	1	0	2009-07-07 22:43:57	出局

图 3-3　淘宝网上该翡翠的出价记录

拍卖的最大好处是可以使交易的价值最大化，最终获胜的买主自然是对交易品评价最高的那个人，从而使交易给买卖双方带来的剩余更多。

拍卖的方式有很多，下面主要介绍英式拍卖、荷式拍卖、反向拍卖。

(1) 英式拍卖

英式拍卖也称为增价拍卖或低估价拍卖，是指在拍卖过程中，拍卖人宣布拍卖标的的起叫价及最低增幅，竞买人以起叫价为起点，由低至高竞相应价，当拍卖商不能再诱出高于这个既定价格之后，标的物即被最高竞价者获得。

【例题 3-1】eBay 拍卖定价

eBay 成立于 1995 年，曾经宣传自己是“美国车库大卖场”。如今，它已经发展成为最受欢迎的网站之一。起初，它为 P2P（peer-to-peer）交易和 B2C（business-to-consumer）交易提供服务，后来发展到 B2B（business-to-business）业务。eBay 既满足了买方想以低于成本价购物的心理，又满足了卖方希望尽可能高价出售商品的心理。eBay 自开业之日就开始获利，这归功于其独特的战略。eBay 一般是以英式拍卖为主，并在此基础上做了些许改进。首先，在 eBay 拍卖中，卖方陈列出的拍卖品通常留有 1~7 天的竞拍时间，在某个规定的时日终止。不过这种限制使竞拍者很难进行实时拍卖。为了解决这个问题，eBay 引进了自动的离拍（left bids）系统，如表 3-1 所示。

表 3-1 **eBay 改进的英式拍卖系统**

eBay 拍卖顺序		瑞德克·吉特 1993 年 Topps 公司新人棒球卡的价格
拍卖者的底价（最低价格）		25.00 美元
1 竞价开始	当前最高出价：竞拍人 1——没有达到底价	20.00 美元
	下一个略高的出价：竞拍人 2	22.00 美元
	当前最高出价：竞拍人 1——没有达到底价 系统以竞拍人 1 的离拍价为限自动产生的出价最大值=24.5 美元	22.00 美元
2 竞价跟进	下一个略高的出价：竞拍人 2 竞拍人 2 是别人看不到的最高价格	30.00 美元
	当前最高出价：竞拍人 2——超过底价 超出竞拍人 1 的最高出价 2 美元	26.50 美元
3 价格确定	如果需要系统以竞拍人 2 的最高价为限自动产生的出价	30.00 美元
	在没有其他竞拍者的情况下的最终拍卖价格	26.50 美元

在表 3-1 中，eBay 拍卖瑞德克·吉特（Derek Jeter，美国职业棒球明星，纽约洋基队的王牌强打者）1993 年的 Topps 公司新人棒球卡。竞拍者看到的当前最高竞拍价格是 20 美元，也知道这个价格尚未达到拍卖者的底价，但他并不知道拍卖者的底价是 25 美元。每次新的出价都被视为当前最高竞价，但这个竞价至少要比目前最高竞价高出一个预定的增额，在此次拍卖中每次加价至少是 2 美元。竞拍人 2 是一位美国球迷，输入 22 美元的竞价，但却发现别人比他出价更高。竞拍人 1 的离拍价格最高是 24.5 美元，该离拍价格被 eBay 软件拍卖系统自动激活，第 1 位竞拍人的出价就被视为当前最高竞价。

这时，竞拍人 2 有两个选择：第一，放弃该物品竞拍，转向其他拍卖品；第二，出一个更高价。这时竞拍人 2 意识到，与自己竞价的竞拍人 1 输入的最高离拍价是未知的，而且卖方设定的底价也是未知的。下一步，他可以逐步加价，直至最高竞价刚好超过竞拍人 1 的最高出价，或者他也可以输入他购买此物所愿意出的最高价 30 美元。30 美元的竞价已经超过了竞拍人 1 的最高出价，这时竞拍人 2 就以 26.5 美元的竞拍价成为最新的最高价竞拍人，该价格比当前最高出价（24.5 美元）高出 2 美元，比底价高出 1.5 美元。大家注意，他的最高价 30 美元别人是看不到的，而且只有在另外一位竞拍人输入的报价至少高于 26.5 美元的 2 美元时它才有效。如果拍卖以竞拍人 2 的 30 美元最高出价结束，但是最高拍卖价却是 26.5 美元，中标人只需支付 26.5 美元。

eBay 拍卖系统对传统英式拍卖稍做了一些改进，最高竞拍出价只是决定了谁是赢家，却不是最终的成交价格，成交价格等于第二高的竞拍出价加上设定的增量。eBay 改进的英式拍卖方式，拍卖机制相当透明，在竞拍过程中提供了大量的信息，只是最高竞价和底价以及竞拍人的真实身份被隐藏起来了。

网上英式拍卖与传统英式拍卖有所区别。传统拍卖对每件拍卖品来说，不需要事先确定拍卖时间，一般数分钟即可结束拍卖；而对于网上拍卖来说，则需要事先确定拍卖的起止时间，一般是数天或数周。例如，在 eBay 拍卖站点，拍卖的持续时间一般是 7 天。由于网上拍卖的持续时间较长，这使得许多网上竞买人具有“狙击”(Sniping) 情况，即直到拍卖结束前的最后数分钟才开始出价，试图提交一个能击败所有其他竞买人的出价，并使得其他竞买人没有时间进行反击。

解决在拍卖的最后时刻出价的一种方式是在固定的时期内增加“扩展期”。例如，扩展期设定为五分钟，这意味着如果在最后五分钟内有出价，则拍卖的关闭时间自动延长五分钟。这一过程一直持续下去，直到五分钟以内没有出价，拍卖才终止。这种方式有效地解决了“狙击”现象。另一种方式是实施“代理竞价”机制。eBay 解释它的代理系统为“每一个竞买人都有一个代理帮助出价，竞买人只需告诉代理希望为该物品支付的最高价格，代理会自动出价，直到达到最高价格”。

英式拍卖的缺点是：既然获胜的竞买人的出价只需比前一个最高价高一点，那么每个竞买人都不愿马上按照其预估价出价。另外，竞买人要冒一定的风险，他可能会被令人兴奋的竞价过程吸引，出价超出了预估价，这种心理现象称为“赢者诅咒”(Winner's Curse)。

（2）荷式拍卖

荷式拍卖称为降价拍卖或高估价拍卖，和英式拍卖相反，是指在拍卖过程中，拍卖人宣布拍卖标的的起叫价（一般起叫价高于任何竞价者愿意支付的价格）及降幅，在拍卖过程中价格会随时间的变动自动向下浮动，如果在浮动到某个价格时有竞拍者愿意出价，则该次拍卖即成交。因此荷式拍卖的竞价是一次性竞价，即在拍卖中第一个出价的人成为中拍者。网上荷式拍卖一般用于拍卖周期较短（如几个小时）的拍卖。

国外有一个叫 pricefalls 的电子商务拍卖网站，这是一个让卖家设定最高卖价而不是最低卖价的拍卖网站。简而言之就是产品从高价开始跌，按照预先设定的下跌周期与下跌幅度，第一个竞价者获得购买产品。这种竞价模式不需要很多次的竞价，只要谁最先出价，那商品就是谁了。这无疑是挑战消费者的心理底线的拍卖方式。

【阅读资料】

武汉某房地产网站推出的婚房拍卖活动

荆楚网消息（2008 年 8 月 9 日）：楼市低迷已久，连时髦的网络拍卖，现在也被武汉的开发商“请”了出来。昨日，武汉一家房地产网站和开发商联合，推出网络婚房拍卖活动，152 名网友报名参拍。当天，位于南湖地区的一套 89.19 平方米的特价房，以低于起始价 7 万元成交，成交价约 5000 元/平方米。

拍卖方采用了时下流行的“荷式拍卖法”。主办方设定起始价为 51.5 万元，拍卖开始后每 3 分钟降价 1 万元，直到有人出手为止。开拍后第 21 分钟，网友 ever 出手，以 44.5 万元的价格拍下。

记者了解到，多家开发商参加了这家网站组织的“一拍即合”婚房拍卖联盟。以优惠提供婚房的名义，推出了多套 90 平方米左右的特价房。

不过，也有人对这种拍卖的公平性表示怀疑，认为拍卖方式应该更透明。网友 happy 发帖说，拍卖没有公证机构参与，卖方暗中参与，在价格较低时出手“救市”，也不是没有可能。

更多网友显得比较宽容，表示引入网络拍卖方式，迎合了年轻人时尚求新的心理，只要购房人能得到真正的实惠，也不失为一种尝试。

资料来源：http：//news. sohu. com/20080809/n258710919. shtml［2010-10-01］

荷式拍卖最大的优点在于：成交过程特别迅速，如上例，从拍卖开始到结束仅只用了 21 分钟。但是，荷式拍卖的叫价递减过程往往导致竞买人坐等观望，企盼价格不断降低，因而现场竞争气氛不够热烈。

(3) 反向拍卖

反向拍卖也叫拍卖，常用于政府采购、工程采购等，由采购方提供希望得到的产品信息、需求服务的要求和可以承受的价格定位，由卖家之间以竞争方式决定最终产品提供商和服务提供商，从而使采购方以最优的性能价格比实现购买。

网上反向竞价自2000年以来逐渐在欧美开始流行，它把反向竞价过程放到网上执行，可以充分发挥互联网的优势，同传统的谈判方式相比，这种做法能给采购方平均节省11%~12%的成本。在这方面，通用电气公司称得上是佼佼者：2000年，它组织了1万多次反向竞价，这为它省下了大约10亿美元。

通过互联网实现的反向拍卖大体可以采用如下流程（参考国内第一家反向拍卖网站——3655网）：

①采购者准备招标信息，该信息的内容与传统招标没有太大差异，仍旧围绕待采购产品的各类要求，这里强调一点的是采购者可以明确发布他们希望的采购价，并以此约束竞标者的竞标方案。

②通过电子商务网站建立竞标专区，并发布完整的招标信息，包括他们的目标采购价格。在这里每一次采购都会专门开辟一个区域用于整个竞标过程，电子商务运营商需要在功能上保证这个专区的实现。

③电子商务网站对外发布竞标专区，有条件的网站还可以通过站内E-mail系统将信息发送给所有的潜在供应商，或者将一些大型采购专区推送至网站流量最大的位置上，以便让更多的用户了解到采购信息。

④供应商下载招标信息，并准备竞标方案。

⑤供应商通过竞标专区发送竞标方案给采购者，这种发送方式可以通过竞标专区的专门通道实现也可以通过E-mail实现，但为了把更多的交易过程留在网站内，电子商务运营商更应考虑为参与竞标的供应商开辟发送通道。

⑥采购者对比竞标方案。

⑦采购者与最符合要求的供应商签订协议，在签订协议之前采购者也可能会和几个优秀的竞标者进行更进一步的沟通以保证交易的安全，这种沟通包括看货、资质评估等。

通常线上采购专区可以设定一个非常短暂的时间便得出结果，也可以提前预告供应商或延长竞标周期，以帮助采购者获得更理想的性价比。

在上述流程中，采购者作为招标信息的发布者有着更多的主动权，一方面他可以限定招标范围，包括供应商类别、供应商资质、招标产品规格、技术标准以及目标价格范围等，另一方面他们可以查看所有供应商的竞标信息。在这种情况下很可能出现卖方也就是供应商利益受损的可能：买家如果通过反向拍卖压价，那么卖方将无力还击。为了有效降低这种模式对卖家利益的损害，作为交易平台的搭建者——电子商务服务运营商有必要设定一些保护供应商权利的机制，包括实施暗标管理，也就是不让供应商之间查看到对方信息，以及惩罚采购商发布虚假招标信息等措施。

【例题 3-2】Priceline. com 的反向拍卖定价

Priceline. com 公司将其反向拍卖模式申请了专利，以此来防止其他竞争者模仿。它是将定价的主动权放在了买方手中而不是卖方手中。潜在客户可以通过 Priceline. com 系统对各种旅游产品及机票“自己定价”。客户可以选择出发点、目的地的一对城市的组合，也可以选择旅游日期，然后输入一个他或她愿意支付的机票价格，这个价格是一个附有信用卡卡号的有约束力的要约价格。Priceline. com 随后凭此要约价格向其合作航空公司购票，航空公司有权接受或拒绝该要约，也有权决定起飞和到达时间、飞行路线、经停地点和次数以及服务于该对城市的机场。与 eBay、Hotwire. com 和 Orbitz. com 的透明拍卖相反，这个竞拍过程是不透明的，也就是说对竞价者是模糊的。在要约价格被接受之前，包括航空公司在内的许多信息都是隐而不见的，作为回报，购买者可以得到一个低于价目表价格的票价，获得部分生产者剩余。

假如航空公司因为价格太低而拒绝了要约价格，情况会怎样呢？潜在客户是否会开出一个略高一点的价格？再次报价会将反向拍卖机制改变为议价定价模式吗？事实并非如此，因为 Priceline. com 禁止在同一天内就同一次旅行提交两次报价。这一规定对航空公司是有利的，因为潜在买方只有报出最合理的价格才有可能买到机票。这一规定还可以使航空公司的计算机免于受理大量琐碎的重复报价，其中每个报价也许只比前一个报价高出几个美分而已。毕竟，反向拍卖机制只是计算机与计算机之间的价格匹配，有事业心的软件工程师花不了多久就可以编写出一套报价程序。如果首次报价被拒，该程序就会自动做出反应，小幅加价后重新报价，这就是电子商务中的市场。

在电子化市场中，反向拍卖机制是有效率的，个体购买者能迅速而廉价地表达其需求偏好。一般在大额票务市场中，网络反向拍卖是最有效的，价格让步能给购买者省去一笔不菲的开支，但逆向拍卖也是有一定的局限性的，而且如果逆向拍卖用得不好也会损害顾客的品牌忠诚度。

(4) 物物交换

物物交换是最原始的一种定价方式，在现在发达的经济社会中，它也以一定的方式存在着。物物交换就是以自己不需要或者说是剩余的物品交换自己所需要的物品，简而言之就是各取所需。在电子商务市场，物物交换存在于一些社区或者是一些电子商务网站，如易物网。

易物网是基于一个真实的“易物”故事的灵感，主人公经历了近一年在全美各地奔波交换物品后，最终用一枚红色的曲别针为自己换来了一套双层公寓一年的使用权，实现了自己的梦想。通过这个故事，不仅让我们看到了换物的趣味和魅力，也让我们看到了换物市场的巨大潜力。易物网为网站确立了“想得到，换得到”的口号，并且力求推广一种全新的需求决定价值的换物理念。

正是“需求决定价值”这种特殊的定价方式才支撑起了物物交换模式的发展，而易物网的主要技术支持模式是通过论坛的模式进行，在这里易物的双方可以了解相互的意愿，愿意交换什么样的物品，或者通过发帖子贴出自己想交换的东西或想换回的东西。

这种定价方式的存在一般不是为了方便或者利润最大化之类，大部分是由于兴趣引发的，在电子商务市场中，通过电子商务工具，使得信息交流更加便利，物物交换也有了新的发展特点，它不仅满足了部分人的一些需求，想在换物的过程中体会乐趣，而且会发掘易物的巨大潜力，可以调节资源的有效配置，减少资源的浪费。

3.1.2 在线市场价格及其成本构成

经常上网进行网上购物等活动的人都知道，网上物品的价格和实体店面中的价格大部分是不同的。如富士相机 Z30 这一款，店面报价一般为 1 200~1 300 元不等，而在淘宝网上的报价低至 800 元多。像数码产品、书籍、CD、鲜花、蛋糕、服装饰物等，都和传统的实体店面有不同的价格。

在线价格最大的竞争优势在于能够实实在在地帮助消费者节省开支。对于网上书店而言，其价格优势主要体现在折扣上，图书折扣率通常在 20%~40%，有时更低，且特价书多。如亚马逊网上书店一般的图书折扣率为 70%，特价图书（二手教材）折扣率为 50%~70%，巴诺网上书店的 5 万种库存书折扣率为 20%~50%。表 3-2 展现了国内部分网上书店的价格折扣。

表 3-2 国内部分网上书店折扣率比较

书店	网址	折扣	说明
大洋网书城	http://bookcity. dayoo. com/books/index. asp	7.5~8 折	会员优惠
当当书店	http://www. dangdang. com	5~8 折	不同图书
旌旗网上书店	http://www. jingqi. com	3~8 折	旧版书等
东宇网上书店	http://www. dongyubooks. com	7.5~8.5 折	新书

注：本表给予的折扣率不能简单相比。

资料来源：谢康. 电子商务经济学，2004

在旅游市场上，在线商家的价格招数更是层出不穷。例如，2010 年 3 月 10 日，携程旅行网在上海发布《携程酒店最低价协议书》，即"双重低价保证，三倍赔付承诺"，即在网络预订条件下，携程保证境内酒店价格市场最低，否则赔付三倍现金差价。对此，艺龙网宣布每周将主动排查并公布价格高于携程网的酒店名单和差价，对于在艺龙网上成功预订并入住酒店的消费者，艺龙网都将主动按照 3 倍差价原则进行现金返还。与此同时，游易网宣布以返还佣金的形式保证酒店的最低价。至此，一场没有硝烟的价格大战开始蔓延于在线旅游市场。

在线市场不仅可以给类似图书和 CD 这样的小商品以及旅游等服务提供不同类型的折扣优惠，而且也可以给类似汽车和房地产这样的不动产或耐用消费品提供不同等级的折扣优惠。美国学者沃德·汉森通过调查发现了在线销售汽车给美国汽车消费者带来的实惠（见表 3-3）。网站通过撮合汽车分销商与消费者的交易，对每销售一辆汽车都抽取一小笔佣金来赢利。这样，一方面通过在线经纪人市场销售汽车可以降低价格，为消费者节省数百美元的开支，另一方面又提高了分销商的边际利润率。

表 3-3 美国离线与在线汽车的价格比较 单位：美元

项目	离线市场销售	在线经纪人销售
销售价格	21 000*	20 316
交易商发票价格	20 216	20 216
扣除总边际额后	1 346	662
各种销售和市场营销开支**	1 108	114
利润	238	548

注：* 表示经协商要比 MSRP 价格低；** 表示包括销售代表时间和广告费用。

资料来源：沃德·汉森. 网络营销原理，2001

总之，在线市场只有在价格上具有竞争性才有可能吸引到更多的消费者从离线市场转向在线市场。然而，与离线厂商一样，在线厂商要创造价格优势必然受到成本的约束。一般来说，在线价格的成本主要包含以下几个部分：商品或服务的成本、配送成本、电子支付服务的成本、安全成本、通信成本、员工成本以及设置配置和维护成本等。

（1）商品或服务成本

商品或服务是电子商务交易的核心，是电子商务市场中的交易对象。正因为买方对商品或服务有需求，卖方才会提供相关产品或服务。它是在线价格成本构成的最主要的组成部分。

（2）物流配送成本

物流配送是交易能够成功完成的最后一个重要环节。物流配送需要有配送网点，要增加运输和配送人员的开支，由此而引起的费用开支即为配送成本。

（3）电子支付成本

在电子交易活动中，商家要支付给商业银行、电子银行或者信用卡公司服务费用或手续费，当然电子钱包管理和电子钱包软件等通常都是免费提供的。还有一些会用到第三方支付，会支付相关的手续费。

（4）法律成本

法律成本，对于在线商家来说，最大的法律成本是商家需要缴纳一些相关税额，如增值税、营业税、进出口关税等。

（5）安全成本

在电子商务活动中，安全是人们关心的首要问题，是电子商务推广的关键所在，需要借助于一系列的技术措施来保证，如：数字加密、数字签名、数字认证等。在使用这些技术时就要产生相关费用。

（6）通信成本、员工成本以及设置配置和维护成本

这些成本都是商家运营时必须考虑的。通信成本指商家和消费者之间的信息传输费用，如网络入网费和网络服务费。员工成本一般指员工的培训成本。而设备配置和维护成本指各种硬件措施和软件的投资与维护。这些都是商家运营时的投资成本，也是影响在线价格的重要因素。

（7）时间成本

虽然对于商家来说在线价格的确定不用考虑时间成本，但是消费者会在选购产品的时候把时间成本自行加上去。时间成本就是指顾客用于网络购物

所花费的时间。确定时间成本的价值没有具体和统一的标尺，它往往因人而异。虽然时间成本不列入商家的运营成本，但作为用户成本，却是影响电子商务成交的重要因素。

3.1.3 在线市场价格特征

对在线市场或电子商务市场中的价格特征进行分析我们可以遵循约翰·贝利、埃里克·布赖约夫逊和迈克尔·斯密斯（Michael D. Smith）的研究框架，考虑价格水平、价格调整、价格离散和价格灵敏度四个方面的问题。其中，讨论的对象主要是在线零售市场中的标签价格。

1. 价格水平

有了方便的网络设备，在电子商务市场中的消费者，其搜寻成本被大大降低了，消费者可以利用各种资源，搜索到价格与质量合适的产品。同样，对于商家，更低的经营成本使得有更多的商家可以方便地参与竞争，从而加剧了商家间的竞争程度。显然，在线竞争和传统竞争是不同的。那么，在线价格水平与离线价格水平究竟有怎样的差异呢？

在1999年之前的研究中，以贝利为代表，通过对在线销售汽车、书籍、CD和软件的价格的研究，得出了在线销售价格高于离线销售价格的结论。

而1999年布赖约夫逊和斯密斯的研究否定了贝利等人的结论，他们认为贝利得出这样的结论是因为贝利研究时Internet还没有很好的发展，在线市场并不成熟，销售商较少，并且在线买主通常是高收入群体，且在线销售的商品可能是高档货或新款式，从而导致了这一新兴市场的价格水平高于传统市场的售价。

布赖约夫逊和斯密斯通过比较1998年2月至1999年5月的20本书籍和20盘CD的在线和离线价格，发现这两种产品的在线销售平均价格比离线销售价格均有不同程度的下降，其中，书籍的在线价格比离线市场低2.16美元（15.5%），CD的在线市场价格比离线市场低2.58美元（16.1%），如表3-4。

由于埃里克·布赖约夫逊和迈克尔·斯密斯的方法得当，他们的研究结论得到了学术界的广泛认同，并作为一般结论获得推广。这项研究的结论主要包括四个方面的观点：

表 3-4　　　　在线与离线市场价格均值的比较　　　　单位：美元

产　品	离线市场的价格均值	在线市场的价格均值
书　籍	13.90	11.74
CD	16.07	13.49

资料来源：Brynjolfsson and Smith（1999）

第一，在考虑在线零售市场份额的条件下，无论是标签价格还是支付价格，在线市场的平均价格水平都要比离线市场低，在不考虑市场份额时也有同样的结果；

第二，在线市场的最低价格低于离线市场的最低价格；

第三，价格水平具有上述特征的可能原因一是消费者的在线搜寻比离线搜寻具有更低的搜寻成本，二是在线厂商的运营成本更低；

第四，结论一和结论二表明，在线市场的充分发展有可能蚕食离线市场，或者更广泛地说，电子商务的发展可能会蚕食传统市场。

2. 价格调整

无论是在线厂商还是离线厂商往往都会用调价的方式来转变它们的市场竞争策略。调价有时是依据进入市场的厂商数量。一般情况下，随着进入市场的厂商数量逐渐增加，商品价格就会逐渐降低。当然调价有时也可能是因为别的原因，如不同的消费者对价格的敏感程度不一样或者销售时间上的原因等。

在标签价格的前提下，无论是哪种情形的调价都会有成本，这构成了菜单成本。菜单成本的存在阻碍了厂商调整价格。菜单成本指调整价格时所花费的成本，它包括：研究和确定新价格的成本、重新编印价目表的成本、通知销售点更换价格标签的成本等。由于在线厂商获取价格相关信息上的优势，使其研究和确定新价格的成本相对较低。此外，对于在线厂商而言，也不存在重新编印价目表以及通知销售点更换价格标签等事项。因此，一般认为，在线厂商改变价格的菜单成本比传统厂商要小得多。

那么，这是否意味着在线厂商比传统厂商有着更加频繁和更大程度的价格调整呢？

对于这一问题，贝利的研究结论给予了肯定的答复。而布赖约夫逊和斯密斯则相反，他们认为，在线销售产品的价格要比传统方式销售产品的价格变化小得多，在线市场上价格调整的最小变动幅度为 0.01 美元，而离线市场价格调整的最小变动幅度为 0.35 美元，即在线零售商价格调整的幅度比离线零售商所做的最小调整幅度更小（见表 3-5）。

表 3-5　　**20 种书籍和 20 种 CD 的价格调整**　　单位：美元

统计特征	书　籍		CD	
	离线价格	在线价格	离线价格	在线价格
范　围	0. 35 ~ 8. 00	0. 05 ~ 7. 50	1. 00 ~ 7. 00	0. 01 ~ 10. 00
平均浮动价格	2. 37	1. 84	2. 98	1. 47

资料来源：Brynjolfsson and Smith（1999）

在线价格调整的特征可以概括为：第一，在线市场的平均价格调整幅度小于离线市场的价格调整幅度；第二，在线市场的最低价格调整幅度远远小于离线市场的最低价格调整幅度；第三，在线市场的价格调整标准差低于离线市场的价格调整标准差（见表 3-6）。

表 3-6　　**20 种书籍和 20 种 CD 的价格调整标准差**　　单位：美元

项　目	在线市场	离线市场
书　籍	0. 7539	0. 9792
CD	0. 7374	1. 2356

资料来源：Brynjolfsson and Smith（1999）

3. 价格离散

价格离散是指同一时间不同卖家的同种商品在价格上的差异。价格离散主要与信息不对称有关。在传统的销售中，信息的获取需要耗费一定的成本，因而在传统销售中同种产品的价格具有离散性是十分常见的现象。在电子商务环境中，信息更容易被获取并且获取信息的成本比离线市场有所降低。从直观上判断，这种情况应该降低在线销售产品的价格离散程度。然而实际情况究竟怎样呢？

贝利、布赖约夫逊和斯密斯等人的研究均认为，在线销售具有强而持久的价格水平离散，这个结论与人们直观的推测正好相反。布赖约夫逊和斯密斯认为，产品的可观察差别并不能完全解释在线销售的价格差别，决定在线价格差别的另外一些重要因素是信誉、品牌和消费者比较不同网站的意识。

像亚马逊这样的大型网站就没有必要对某种产品采取与最低价卖主相同或者更低的价格。这种大型网站除了信誉好以外，还能够提供一系列丰富的信息和时间服务的组合，可以为在它们网站上购物的消费者带来购物之外的其他收获。即使它们的价格比其他的网站高，它们依然是许多消费者购物时的首选场所和理想场所。另外，这些大型网站对于书籍、CD 等产品提供较少相关链接，使已经进入它们网站的消费者不能方便快捷地进入到与其提供相似产品的其他网站，这些因素无疑会增强在线市场的价格离散程度。

近年来，国内也有学者开始关注在线市场的价格离散问题，研究结果与国外大体一致。例如，王明明（2006）实证研究表明，由于在线市场的交易行为与离线市场相比更加复杂，价格并不是消费者关注的唯一或最主要的变量，因此在线市场的价格离散依然持续存在。赵冬梅（2008）针对北京地区的 93 家电子商务零售网站、9 大类 535 款商品、6 313 个价格样本进行的实证研究结果显示，电子商务市场的价格离散程度并没有收敛，价格离散不是电子商务市场不成熟的暂时现象，它将普遍而且持续存在；只要消费者存在品牌敏感性或者不是所有的消费者关注到所有的零售商，关注程度不同的零售商间的价格就会存在差异。

综合国内外的研究结论不难发现，造成在线市场价格离散的主要原因有以下几点：第一，消费者之间的信息不对称，拥有足够信息的消费者将购买价格低廉的产品，没有足够信息的消费者将随机购买。第二，网站的品牌。品牌大、信誉好、服务周全的网站的价格一般会高于那些不知名的小网站。第三，消费者的搜寻习惯与忠诚。如习惯了到亚马逊的人就会很少到其他的销售网站，即使其他的网站有了更低价客户也不会知晓。

当然，在线市场的价格离散性究竟是在线市场的不成熟的表现，还是在线市场中将永恒存在的一种现象，目前尚无定论，还有待今后进一步研究。随着在线市场的进一步发展，在线价格的离散现象将会出现新的变化。

4. *价格灵敏度*

价格灵敏度是指消费者对价格变化的反应程度。一般来说，如果是相同的产品，买主则会对价格的变化非常在意，任何一个卖主稍微降价都会吸引到相当数量的买主。如果在线信息透明度高，且买主可以在卖主之间任意转换，那么在线购买中买主的价格灵敏度将更高，从而进一步提高价格竞争的水平。

一般可以用以下方法来计算在线市场的价格灵敏度。令 P^* 为厂商利润最大化的价格，C 代表增加生产一单位的边际成本，Q 代表销售水平，可以得到：

$$(P^*-C)/P^*=-1/\eta(P^*)\text{，其中 }\eta(P^*)=(\Delta Q/\Delta P^*)(P^*/Q)$$

这里，价格弹性 $\eta(P*)$ 被用来计算价格变化所导致的需求反应。为简单化，一般将价格灵敏度定义为价格弹性的负数，有：

市场的价格灵敏度 = 1/CMR*

这里，CMR*表示产品售价与其可变成本之间的最佳收益边际比。这样，如果一个市场的价格越灵敏，那么，利润最大化的价格就越低。与离线市场相比，在线市场具有更高的价格灵敏度，因而在线市场上利润最大化的价格水平比离线市场低。

奥古斯汀·古斯比尔（Augustine Goolsbee，1999）发现，那些居住在美国高消费税州的消费者更愿意在线购物，因为这样可以避免交税。另一项模拟白酒电子交易的研究表明，消费者在拥有较少关于产品信息时具有更高的价格灵敏度，而在拥有较多产品信息时却显示出较低的价格灵敏度。还有研究表明，在在线商店购物的消费者具有更低的价格灵敏度，因为他们的时间成本一般较高。

在线价格灵敏度的特征可以概括为：第一，在线市场总是提高消费者的价格灵敏度；第二，在线销售的价格竞争增强了离线市场的竞争水平；第三，虽然消费者在线购买的搜寻成本降低了，但却不为零；第四，在线销售时关于质量的信息更多了，但这些信息同样需要鉴别和评价。

3.1.4 在线市场价格体系

电子商务对价格形成、价格竞争和价格运行都产生了重要的影响。在电子商务环境下，价格体系出现了一些新特点。

1. 多重价格体系

传统价格体系包括商品、服务和生产要素等价格客体之间的各种价格关系。而在网络经济时代，由于数字产品的大量出现，价格客体的内涵得到了前所未有的扩展。凡在网络经济中交易的可以被编码的，并可以用网络来传播的事物均可成为数字商品和价格客体，如 MP3 音乐等，甚至包括注意力——一些网络广告就通过付费形式来购买用户的关注。可以说，网络经济已将人类带入了一个数字化的信息时代。

数字产品的出现，使传统的定价方式面临着巨大的挑战。因为这类商品在成本构成上具有高固定成本和低变动成本的显著特征。鉴于数字产品的这种成本构成，为避免造成社会效率的损失，就不能依据传统经济学理论采用 $MR = MC = P$ 的边际成本定价方法，而应采用多重价格的定价模式，即对同一数字产品或者相似数字产品制定不同的价格来出售给消费者。对数字产品采用的多重价格实际上是一种价格歧视，但这种价格歧视是泰勒尔所认为的“更为有利”的价格歧视，由此所形成的多重价格体系能够提高产品的社会总产量，减少单一定价时的效率损失。

可见，多重价格体系是价值规律指导下价格体系的一个新发展，它不仅使较低支付意愿的消费者需求得到满足，而且使数字产品生产商获得充分激励。更重要的是，多重价格体系的形成使现有价格体系能够建立在更尊重效率的基础之上。

2. 动态价格体系

第一，电子商务中价格变动的低菜单成本为价格体系的动态化提供了条件。在电子商务环境下，价格变动通过数据处理程序即可完成，菜单成本已减至最低，这为动态价格体系的建立提供了条件。第二，动态价格体系中的价格由交易双方通过双向互动决定。电子商务不仅提供了一个快捷高效的交易磋商平台，而且它还极大增强了消费者的议价能力，通过“逆行拍卖”，可以由消费者出价来购买商品和服务。第三，这种动态价格体系的变动频率较高。这是由于网上商品交易相对于传统市场而言更为分散和频繁，从而导致网上的商品价格体系变动频率较高。以易趣网站为例，平均每 10 秒就有 1 个买家出价，而每 60 秒就有 1 件商品成功卖出。大量频繁的交易最终导致了价格体系的动态化。

3. 非对称比价体系

在电子商务市场上，标准在竞争中越来越具有重要的地位，使市场选择往往会收敛于成为产业标准的技术和产品，市场竞争也突出表现为以产业技术标准为核心的标准竞争。标准的存在要求产品之间，尤其是互补产品之间、替代品之间必须实现互联互通和系统兼容，从而使得各种产品之间的关联程度大大地增加，不同产品之间趋于相互成为互补品、共同构成一个系统，并在系统内形成比价与比值不正向相关的非对称比价体系。

具体而言，形成系统的核心产品和配套产品之间存在非对称比价体系。高价值的核心产品价格很低，反而一些相对低价值的互补产品价格却较高。这是由于在标准竞争中，为率先确立标准，企业往往向用户低价提供甚至免费赠送具有自主知识产权的核心产品，使之成为主流产品，然后再以较高的价格销售配套的互补产品、后续升级产品及相关服务来获得持续收益。由此形成了系统内产品的非对称比价关系，也形成了网络经济著名的免费现象：网景和微软争先派送浏览器，各大网站纷纷提供免费邮件服务。此外，在适用不同标准的替代品之间，成为主流的产品与非主流产品之间的比价也具有非对称性。主流产品形成了对用户的锁定，高价格并不会使用户转移；相反，非主流产品由于存在转移成本，即使很低的价格也难以吸引顾客。而对同一标准下的替代品而言，其比价体系则突出表现为性能主导的非对称特征，升级产品和老化产品之间的比价关系仍然不反映产品比值。摩尔定律证实了这种非对称的比价关系：芯片的速度每18个月翻一番，而价格下降一半。

4. 个别化均衡价格体系

首先，电子商务实现了交易模式的多元交互，由传统的一对多的主导模式（一个厂商向多个消费者售卖商品），发展为一对一的定制模式、多对一的竞卖模式，以及多对多的混合竞拍模式，如Dell公司推出的网上电脑定制销售，Priceline公司创建的由消费者定价的机票“逆行拍卖”，以及eBay网站的个人间网上竞拍等。各种新型交易关系的出现形成了多元交互的交易模式。

其次，多元交互的交易模式导致了商品价格的高度离散。在多元交互的交易模式下，交易双方的个体差别很大，议价能力存在较大差异，从而导致在价格博弈中形成了不同的成交价格。

再次，高离散度的价格形成了个别化均衡价格体系。在电子商务市场上，个性消费得到充分的张扬，产品定制、网上拍卖等交易方式实际上是将同一产品市场划分为众多的由单个消费者形成的细分市场。在这些细分市场中，一个消费者、一种商品就是一个市场，而一次交易价格也就是一种均衡价格。因此，在电子商务市场上均衡价格趋于个别化，同一商品的价格体系也由此发展为一个由高离散度价格所构成的个别化均衡价格体系。

3.2 在线市场的集中度与市场结构

市场集中度与市场结构相互联系和相互影响，它们都与市场中各个个体在总体中所占的份额有关。通过了解各个个体所占的份额或分布情况，便可以采用一定的方法测量市场集中度，在此基础上又可以进一步了解市场的分布特征以及市场的垄断或竞争情况。

3.2.1 市场集中度的测量方法

1. 行业集中率

在产业经济学中，市场集中度有不同的衡量方法。其中，最常用的方法是用行业集中率CR_m表示，即最大的m家企业的市场份额之和。例如，CR_4是指四个最大的企业占有该相关市场份额。同样，五个企业集中率（CR_5）、八个企业集中率（CR_8）均可以计算出来。集中率计算公式如下：

$$CR_m = \sum_{i=1}^{m} S_i$$

其中，S_i代表厂商i的市场份额，厂商按市场份额的大小依次排序。

CR_m 的值在 0 与 1 之间变化。数值越大，说明市场越集中，市场竞争程度越低或垄断程度越高；反之，则说明市场越分散，市场竞争程度越高或垄断程度越低。

集中率的优点是计算简单、直观，缺点是它没有指出这个行业相关市场中正在运营和竞争的企业的总数。例如，具有同样高达 75%的 CR_4 在两个行业份额却可能是不相同的，因为一个行业可能仅有几个企业而另一个行业则可能有许多企业。

根据行业集中率 CR_4，可以将市场分为高度集中的市场、中度集中的市场和低度集中的市场，它们对应的行业集中率分别为 0.6 以上、0.4~0.6 之间和 0.4 以下。

2. 赫芬达尔—赫希曼指数

另外一种衡量市场集中度的方法是赫芬达尔—赫希曼指数（Herfindahl-Hirschman Index，HHI），它是指一个行业中各市场竞争主体所占行业总收入或总资产百分比的平方和，用来计量市场份额的变化，即市场中厂商规模的离散度。计算公式如下：

$$HHI = \sum_{i=1}^{n} S_i^2$$

其中，n 代表市场上所有厂商的个数。HHI 的值在 $1/n$~1 变动，数值越大，表明企业规模分布的不均匀度越高以及市场集中程度和垄断程度越高。并且，产业内企业的规模越是接近，且企业数越多，HHI 的值就越接近于 0。因此，HHI 指数还可以在一定程度上反映市场结构状况。

赫芬达尔—赫希曼指数是依据某特定市场上所有企业的市场份额来计算的，它不仅能反映市场内大企业的市场份额，而且能反映大企业之外的市场结构，因此，能更准确地反映大企业对市场的影响程度。

赫芬达尔—赫希曼指数是产业市场集中度测量指标中较好的一个，它对规模较大的上位企业的市场份额反映比较敏感，而对众多小企业的市场份额小幅度的变化反映很小。此外，它也不受企业数量和规模分布的影响，因而能较好地测量产业的集中度变化情况。

从赫芬达尔—赫希曼指数的计算公式中也不难发现，只要厂商合并，该指数值就会增加；只要厂商分解，该指数值就会减少。而这种情况在行业集中率指标的计算中则不会体现。所以说，赫芬达尔—赫希曼指数能够反映出行业集中率所无法反映的集中度的差别，它对市场竞争及垄断程度的测量会更加准确一些。

HHI 指数的缺陷是：对数据的要求较高，而且含义不直观。

一般而言，HHI 值应界于 0 与 1 之间，但由于实际计算这一数值时通常要将其值乘上 10 000 而予以放大，故 HHI 值应界于 0 至 10 000 之间。美国司法部利用 HHI 作为评估某一产业集中度的指标，并且订出下列标准（见表 3-7），以此作为政府审查企业并购的一个重要行政性标准。

表 3-7　　**美国司法部以 HHI 值为基准的市场结构分类**

市场结构		HHI 值 0～10 000
寡占型	高寡占Ⅰ型	HHI≥3 000
	高寡占Ⅱ型	1 800≤HHI<3 000
	低寡占Ⅰ型	1 400≤HHI<1 800
	低寡占Ⅱ型	1 000≤HHI<1 400
竞争型	竞争Ⅰ型	500≤HHI<1 000
	竞争Ⅱ型	HHI<500

3.2.2　我国在线市场的集中度与市场结构

在线市场可以分为 B2B、B2C 和 C2C 三种情况。从我国目前的情况来看，B2B 和 C2C 市场的集中度较高，而 B2C 市场的集中度较低。

在 B2B 电子商务市场上，阿里巴巴一直占据市场霸主地位。图 3-4 给出了 2008 年中国 B2B 电子商务服务市场结构。

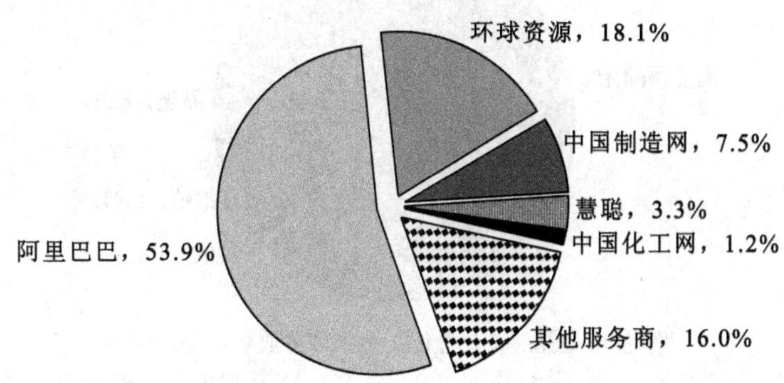

图 3-4　2008 年中国 B2B 电子商务服务市场结构

数据来源：赛迪顾问［2009-01］

与市场集中度较高的B2B电子商务市场相反，中国B2C电子商务市场属于百花齐放的状态，市场没有公认的绝对领先者。图3-5给出了2008年中国B2C网上销售平台市场结构。

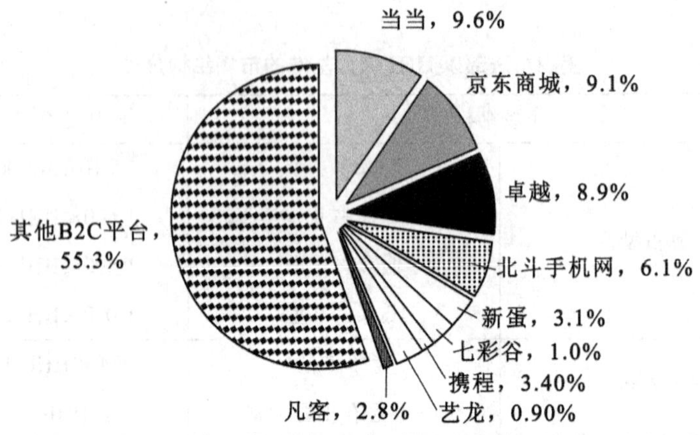

图3-5　2008年中国B2C网上销售平台市场结构

数据来源：赛迪顾问［2009-01］

中国C2C电子商务市场格局与B2B相似，近年来一直是淘宝一家独大。图3-6给出了2008年中国C2C电子商务服务市场结构。

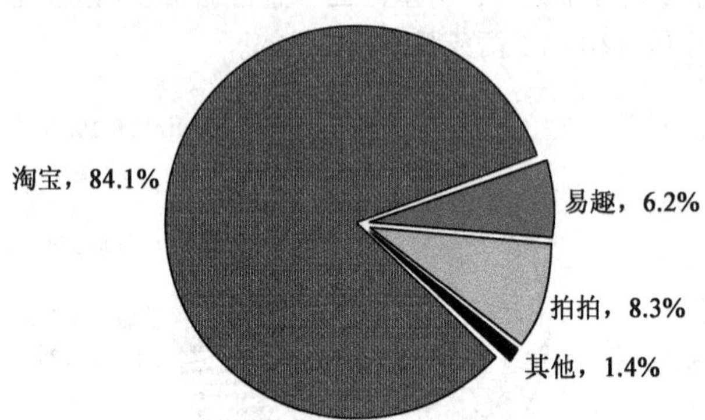

图3-6　2008年中国C2C电子商务服务市场结构

数据来源：赛迪顾问［2009-01］

从整个互联网细分市场领域来看，由中国互联网协会、DCCI互联网数据中心（www.dcci.com.cn）联合发布的《INTERNET GUIDE 2007中国互联网调查报告》显示，2006 年中国 50 个互联网细分领域中网络安全的市场集中度最高为 86.48%，其次是 C2C 电子商务为 83.60%，分类信息的市场集中度最低，为 19.38%，详见表 3-8。

表 3-8　**2006 年中国 50 个互联网细分领域的市场集中度（CR_4）**

序号	50 细分领域	市场集中度	类别
33	网络安全	86.48%	市场集中度高
22	C2C 电子商务	83.60%	市场集中度高
3	即时通信	79.67%	市场集中度高
45	IP 电话服务	77.70%	市场集中度高
2	搜索引擎	76.45%	市场集中度高
19	音频/音乐搜索	73.61%	市场集中度高
47	网络接入	70.42%	市场集中度高
1	综合门户	68.98%	市场集中度高
24	网上银行	63.93%	市场集中度高
50	下载工具	61.37%	市场集中度高
49	软件下载	59.33%	市场集中度中等
44	电子邮件	59.27%	市场集中度中等
46	网址导航	59.19%	市场集中度中等
31	人才招聘	56.88%	市场集中度中等
17	游戏资讯	55.44%	市场集中度中等
36	体育运动	54.70%	市场集中度中等
21	B2C 电子商务	54.08%	市场集中度中等
23	电子支付	53.61%	市场集中度中等
5	博客	53.52%	市场集中度中等
38	地图服务	53.37%	市场集中度中等
12	视频搜索	52.95%	市场集中度中等
7	社区/BBS	49.98%	市场集中度中等
4	新闻	49.96%	市场集中度中等

续表

序号	50 细分领域	市场集中度	类别
14	图片/摄影/相册	49. 68%	市场集中度中等
16	网络游戏	49. 62%	市场集中度中等
9	交友	49. 61%	市场集中度中等
35	娱乐	46. 68%	市场集中度中等
8	威客	46. 23%	市场集中度中等
32	信息科技	45. 16%	市场集中度中等
15	动漫卡通	43. 40%	市场集中度中等
6	个人门户/空间	43. 00%	市场集中度中等
11	视频点播/直播	42. 16%	市场集中度中等
20	B2B 综合电子商务	42. 13%	市场集中度中等
18	音乐	42. 04%	市场集中度中等
25	财经	40. 12%	市场集中度中等
37	文学	38. 40%	市场集中度低
42	网上黄页	37. 59%	市场集中度低
27	房地产	36. 74%	市场集中度低
30	教育培训	35. 99%	市场集中度低
29	健康	35. 83%	市场集中度低
28	旅行预订	34. 63%	市场集中度低
48	域名主机服务	34. 19%	市场集中度低
34	女性	34. 12%	市场集中度低
26	汽车	32. 40%	市场集中度低
13	数字杂志	30. 82%	市场集中度低
39	生活服务	28. 45%	市场集中度低
10	播客/视频分享	26. 04%	市场集中度低
43	网络广告	25. 05%	市场集中度低
40	本地门户	24. 49%	市场集中度低
41	分类信息	19. 38%	市场集中度低

3.3 在线市场的价值创造与价值转移

国际互联网在商业领域内的广泛应用为广大企业和消费者带来了一个新型的市场空间：虚拟市场。企业在虚拟市场所展开的竞争已经使商业运作方式发生了实质性的变化。在虚拟市场，企业采用电子商务模式的目的就是通过电子商务创造价值和实现价值。可以说，企业开展电子商务的过程就是价值创造的过程。

3.3.1 在线市场价值创造的一般描述

1. 价值创造的含义分析

关于价值创造，可以这样理解：企业所从事的商务活动在为客户创造价值的同时，使得企业有所回报。这些回报主要表现为以下几个方面：①企业获得的收益可以抵消成本开支，并有盈余；②企业的经营行为可以减少成本开支；③可以提高运作效率，包括节省时间和简化不必要的程序等；④增加商业上多种可能的机会。而企业价值的创造过程并不是单一的经营活动本身就可以完成的，还要依托于其他的价值创造活动，借助辅助的经营活动以及其他条件和手段。

詹姆斯·布里克利（James A. Brickley）等（2001）从微观经济学角度给出了价值创造的简明分析。图 3-7 描述了一个厂商在不同情形下的供给与需求曲线。最上面的虚线表示当市场不存在交易成本时的潜在需求，上面的实线表示当存在既定的消费者交易成本 a 时实际的需求曲线。同样，下面的虚线表示当市场上不存在生产者交易成本时的潜在供给，下面的实线表示当存在既定的生产者交易成本 b 时实际的供给曲线。为了解释的方便，假定供给成本可以划分为生产成本和交易成本两部分。这样，在需求曲线的虚线以下，需求发生交易成本之前的区域与供给曲线的虚线之上，供给发生交易成本之前的区域直到 Q^* 为止，可以划分为四个部分：①生产者承担的交易成本；②消费者承担的交易成本；③生产者剩余；④消费者剩余。其中，该产业总的价值创造为生产者剩余和消费者剩余之和。

厂商实现赢利的最重要的一步就是发现价值创造的途径并具有获得和管理这种途径的能力。图 3-7 表明，厂商至少可以借助以下四种途径来持续提升产品和服务价值：第一，降低生产成本或生产者交易成本，使实际供给曲线向右下方移动；第二，降低消费者交易成本，使实际需求曲线向右上方移动；第三，通过降低消费者交易成本来刺激需求，使潜在的和实际的需求曲

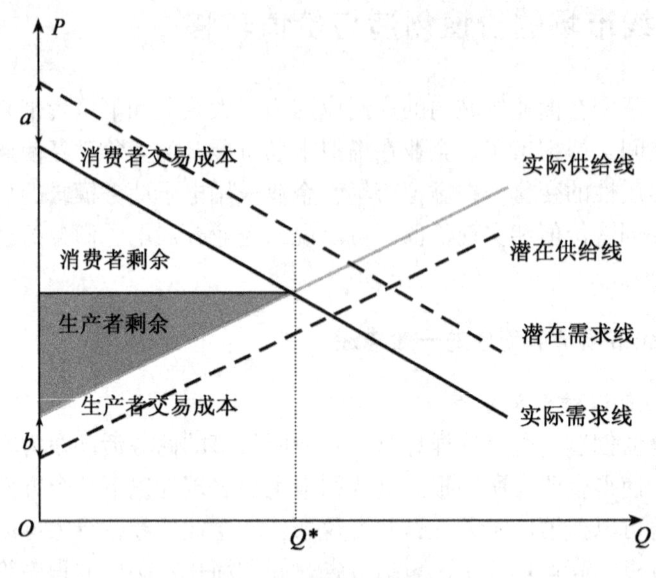

图 3-7　厂商的价值创造

线都向右上方移动；第四，厂商创造新的产品和服务，新产品与旧产品、新服务与旧服务的有机结合创造出高于彼此竞争带来的价值。

2. 在线市场价值创造的思路

图 3-7 也为我们分析在线市场或电子商务的价值创造提供了一个基本框架。厂商借助在线市场来提升产品和服务价值除了可以利用上述四种途径外，还可以借助在线市场的低成本个性化定制与产品高度差别化途径来创造价值。在图 3-8 中，在线市场降低了生产者的交易成本而使厂商的实际供给曲线从 S_1 向右下方移动到 S_2，扩大的生产者剩余为在线市场的价值创造之一，即图 3-8 中三角形 P_5BP_3 减去 P_4AP_3 得到的 ΔS。同时，在线市场也可以降低消费者的交易成本而刺激需求曲线从 D_1 向右上方移动到 D_2，扩大的消费者剩余构成在线市场的另一部分价值创造，即图 3-8 中的三角形 P_1BP_3 减去 P_2AP_3 得到的 ΔD。

在这里，原有的消费者剩余和生产者剩余不属于在线市场的价值创造（可以理解为离线市场的价值创造），只有 ΔS 和 ΔD 表示的剩余才属于在线市场的价值创造。在线市场的价值创造总和（TVC）为：

$$\text{TVC} = \Delta S + \Delta D$$

必须指出的是，上述分析仅仅给出了电子商务或在线市场价值创造的基本概念或思路，在不同的背景下，电子商务或在线市场的价值创造具有多样性特征。

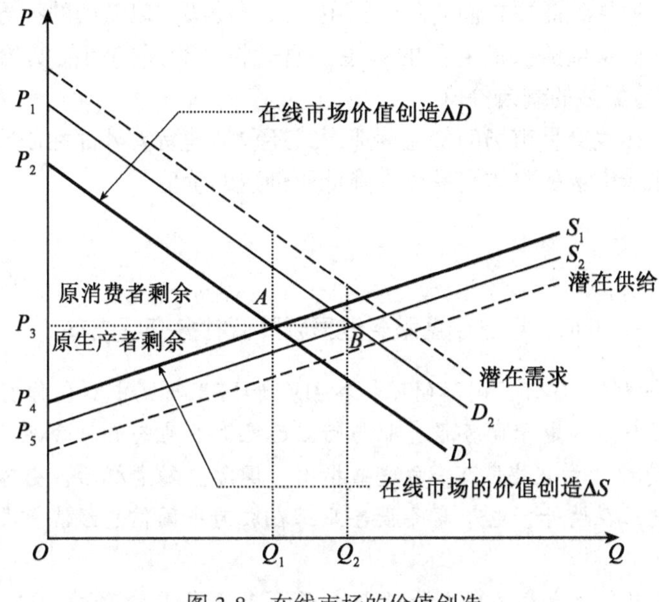

图 3-8 在线市场的价值创造

3. 在线市场的增值机制

塞夫林·波伦斯坦恩（Severin Borenstein）和伽斯·莎罗纳（Garth Saloner）（2001）认为，电子商务改变了传统的需求模式，通过使现有的商品找到最合适的买主从而创造价值。电子商务促进了商品和服务的信息流动，改进了购买商品的渠道，为满足消费者个性化消费偏好提供了手段和服务能力。Raphael Amit 和 Christoph Zott（2001）通过价值链、基于资源的企业能力、基于战略的企业竞争能力和交易成本理论等研究，认为电子商务价值创造主要来自四个方面：新颖（novelty）、锁定（lock-in）、效率（efficiency）、互补（complementarities）。G. T. Lumpkin 和 Gregory Dess（2004）认为企业可以利用网络搜索活动、评估活动、解决问题活动和交易活动产生价值。这些研究均表明，新技术的应用可以带来新的市场、新的交易伙伴和新的交易内容，在新技术的应用达到临界规模后可以带来经济活动的正向外部效应，从而创造新的价值。

无论是 B2B、B2C 交易还是 C2C 交易，它们一般都可以从以下两个方面来获得市场增值：一是聚合（aggregation）买卖双方，二是为买卖双方进行交易匹配（matching）。在线交易的聚合机制能够将大量的买主和卖主聚集在一个共同的交易平台上或集市中，通过大量的随机购买形成的规模经济效应来降低整体上的交易成本。在线交易的匹配机制能够使交易平台中的卖主低成本地搜寻到需要它们商品的买主，或者使买主以低廉的搜寻成本找到能够提供它们希望购买的商品的卖主，通过将“合适的商品卖给合适的买主”，来创造更多的剩余价值。

此外，在线交易市场的价值创造形式还包括消费者外部性创造的市场价值，以及在线市场的整体交易成本降低所创造的价值。

【阅读资料】

IDC：电子商务服务业显著降低社会交易成本

2011 年 1 月 20 日，国际研究机构 IDC 和阿里研究中心合作发布了《为信息经济筑基——电子商务服务业与阿里巴巴商业生态的社会经济影响白皮书》(以下简称“白皮书”)。白皮书指出，国际金融危机后，全球新一轮基础设施建设正在展开，电子商务服务业正在成为中国信息经济重要的基础设施。

IDC 发现，社会交易成本降低是电子商务服务业带来的一项关键价值。除了传统意义上的信息成本、营销成本及渠道成本之外，电子商务服务业在信用成本、物流成本与交易时间成本的降低上也具有显著作用。

首先是信用成本的降低。商业信用在商品经济中发挥润滑和流通的作用，完善的信用体系可以节省资金，提高产品的生产力水平和商品流通速度。IDC 通过对电子商务服务平台的深入研究，发现网商与电子商务平台间的相互适应，推动了诚信体系的不断完善和成熟。在阿里巴巴 B2B 平台上，阿里巴巴为每个加入诚信通服务的小企业建立企业信用档案，目前已经积累起超过 50 万小企业信用档案，并且设立了 10 亿元人民币的诚信保障金，来保障买家因为诚信而受到的相应损失。为推进小企业商业信用体系在全社会的覆盖，阿里巴巴诚保计划除保障线上贸易外，如果线下交易在阿里巴巴备案，也可以享受诚保计划对交易的保障。

其次是物流成本的降低。通过淘宝物流平台，企业无需因维护物流体系而支付成本，只需要根据业务使用量支付实际使用成本，同时拥有专业物流能力。企业组织更具弹性，能适应业务快速变化。既有轻资产的灵活，又有重资产的能量。长途配送变为短途配送，运输成本下降。可以为商家节省约 20%~30%物流成本，而对于买家消费者，不但可以跨店铺购买产品一次发货，而且也只需付一次运费。同时，交易时间成本也大幅降低。淘宝网4亿多件商品为消费者提供了海量的选择，从服装到家具，从玩具到钻石，从保健套餐到旅行方案，消费者都能在短时间内搜索到满足自身个性化需求的产品。支付宝平台日均400万笔交易，其中80%来自网银。如果通过线下进行，需要2万个银行柜台和每年100亿元支出。

最后是渠道成本的降低。IDC调研发现，相当多的淘宝卖家绕过分销商，直接向厂商下订单；而企业也可以建立网络直营店，直接抵达海量的用户。传统的多级销售渠道正被缩短为“生产商—网络零售商/网络直营店—海量消费者”的新型渠道体系，简化了产品从生产商到最终消费者之间的层级，提高了渠道效率。

资料来源：http：//smb.chinabyte.com/419/11790419.shtml [2010-0-11-02]

总之，在线交易市场的价值创造主要来自四个方面，一是聚集机制，二是匹配机制，三是来自于消费者的外部性，四是来源于整体交易成本的降低。这四个方面相辅相成，相互影响。

3.3.2 在线B2B价值创造与价值转移

1. 在线B2B市场概述

在线B2B是电子商务市场的主力军。根据买卖双方的数量和参与B2B电子商务的具体形式不同，可以将B2B市场分为卖方市场、买方市场和电子交易市场。

卖方市场是指一个卖家对应多个买家的B2B市场。在一个B2B卖方市场里，一家企业通常通过外部网向其他企业销售商品或服务。如Intel公司通过自己的B2B交易平台集中了全世界几乎所有的大型计算机生产厂商和CPU中间商，通过互联网数据交换进行网上的订购。

买方市场是指一个买家对应多个卖家的B2B市场。比如沃尔玛公司通过自己的B2B交易平台将供应商集中到一起进行采购。

电子交易市场是指多个卖家对应多个买家的B2B市场。电子交易市场使用公共的技术平台，通常由第三方团体或者行业中的公司联盟进行管理。第三方市场是一种既非买方也非卖方投资，由第三方团体自行建立起来的中立网上市场交易中枢。从利益上讲，它既不偏向卖方，也不偏向买方。还有一种电子交易市场是由公司创建并经营的。这种电子交易市场的主要目的是提供行业范围内的交易服务，它包括采购门户网站和销售门户网站。采购门户网站一般由几个买家共同构建的用来联合采购的网站，投资者希望通过联合买家的议价力量得到价格上的优惠。例如，Woed Wide Retail Exchange（零售业交换市场）就是由大约 27 家零售商联合创办的；又如，由通用、福特和克莱斯勒三大汽车制造公司联合其他中小汽车制造商组建的 B2B 电子商务中心 Covisint。销售门户网站以供应商为中心，集合几家大型的供应商面对多个买家。例如，位于芝加哥的 Grainger 是一家工程设备供应商，但它并不是什么都有，所以它就与其他的供应商联合起来供应产品，形成一站式购买。这类网站的显著特征是比较偏向于为供应商提供服务，而不会更多兼顾到买家的利益。

B2B 电子交易市场既有开放的交易平台，也有封闭或半封闭的交易平台，后者称为电子集市或电子交易联盟。如上面提到的 Covisint 就属于电子交易联盟；又如国内的“中国超市联合采购联席会议”也是一个巨大的电子交易联盟。电子交易联盟通常以两重密码的方式替代电子商务公开市场中的身份认证（CA）功能，企业以会员公共密码进入电子交易联盟交易门户，再以会员私人密码进入个体交易系统，从而形成完整的密码式“非对称加密系统”，确保交易身份的唯一性、真实性和不可抵赖性。

2. B2B 价值创造与转移

B2B 电子商务的价值创造集中体现在厂商供应链管理、采购和库存管理三个领域中。其中，在厂商采购领域，B2B 电子商务的价值创造最直观地体现在削减产业或厂商的采购成本上。在供应链管理和库存管理中，B2B 电子商务的价值创造一方面体现在节省相应的管理成本上，另一方面体现在提高管理效率并促进生产率的提高上。

在 B2B 电子商务价值创造分析中，人们较为关注电子交易联盟的价值创造问题。下面借助图 3-9 分析供应商加入电子交易联盟的价值创造与转移。

在图 3-9 中，P_0 是信息对称条件下的市场价格，D_0 是市场需求曲线，A 点是信息对称条件下的市场均衡点，此时，市场交易量为 M_0。P_1 是信息非对称条件下的市场价格，B 点是信息非对称条件下的市场均衡点，此时，市场交易量为 M_1。

当供应商加入到电子交易联盟后，由于买家搜寻的专业化和便利化使供应商的交易价格从 P_1 下降到 P_2。同时，由于电子交易联盟的形成扩大了市场范围，从而使市场需求曲线 D_0 向右移动到 D_1，因此，电子交易联盟条件下的市场均衡点不是 C 点，而是 E 点，此时，市场交易量为 M_2'。

从图 3-9 中可以看出，$M_2 \sim M_1$ 是由于价格下降而导致的交易量的增加，$M_2' \sim M_2$ 是由于电子交易联盟扩大了市场范围而引起需求增加所导致的交易

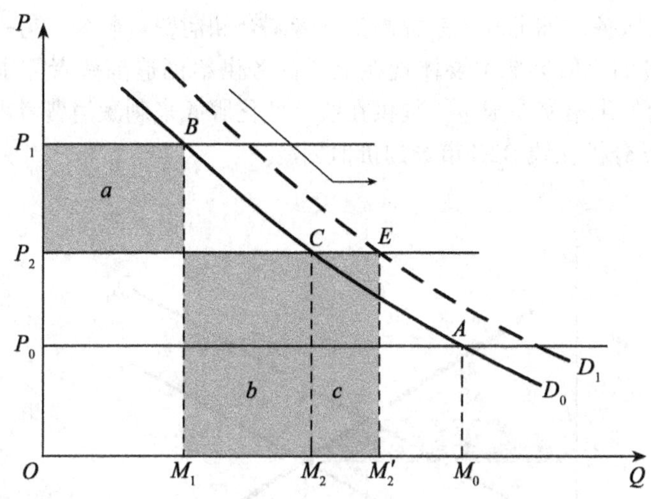

图 3-9 电子交易联盟的价值创造与转移

量的增加。这样，可以将图中阴影区域 a 看成是供应商因加入电子交易联盟的交易转移（价值损失），将阴影区域 b 和 c 看成是供应商因加入电子交易联盟而获得的价值创造。$(b+c)-a$ 就是供应商加入电子交易联盟创造的净价值。

3.3.3 在线 B2C 价值创造与价值转移

1. 在线 B2C 市场概述

在线 B2C 市场是我国最早产生的电子商务市场，它以 8848 网上商城正式运营为标志。B2C 市场是企业通过互联网为消费者提供一个新型的购物环境——网上商店，消费者通过网络在网上购物并进行在线支付。目前，我国著名的网上商店有当当网、卓越亚马逊、北斗手机网、京东商城、麦网等。

按照网上商店所经营的商品种类，可将其分为综合类网上商店和专门类网上商店。综合类的网上商店销售多种商品，如美国的 Sears、Wal-Mart、JC-Penny、Macy。这种综合类网上商店通常是由经营离线商店的企业和目录零售商建立的。专门类网上商店只销售适合网上销售的某类商品，例如，网上书店、光盘店、鲜花店/礼品店等。这种专门类网上商店风险较小，通常是由一些没有离线商店的虚拟商家建立的。

2. B2C 价值创造与转移

在线 B2C 市场的价值创造与价值转移的具体形式与在线 B2B 市场存在

着一定的差别。一方面，在线 B2C 交易通过降低消费者搜寻成本，提供产品、时间与服务的捆绑服务来提高生产者剩余和消费者剩余；另一方面，在线 B2C 市场的价值创造主要体现在电子商务供给创造消费者需求方面，通过降低厂商的供给交易成本，提供在线个性化服务来刺激消费者需求。下面借助图 3-10 分析在线 B2C 市场的价值创造。

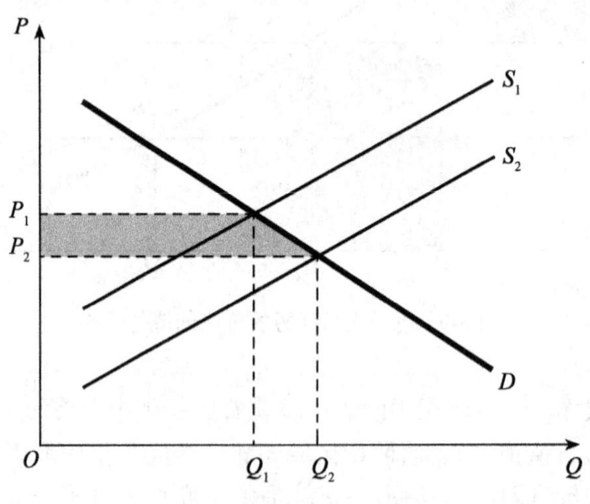

图 3-10　在线 B2C 的价值创造

在图 3-10 中，假设 S_1、S_2 分别为商家采取传统零售方式和在线零售方式的供给曲线（在线交易商家的交易成本的下降会导致供给曲线下移），P_1、P_2 分别为商家采取传统零售方式和在线零售方式的销售价格（在线交易商家的交易成本的下降会导致商家的销售价格降低）。很显然，在线 B2C 交易价格的下降（由 P_1 下降到 P_2）使交易量由 Q_1 增加到 Q_2。这样，$Q_2 \sim Q_1$ 为在线 B2C 市场的交易创造或价值创造，$P_2 \sim P_1$ 可以理解为在线市场给予消费者的价格折扣，由此提高了消费者的剩余（图 3-10 中的阴影部分）。

3.3.4　在线 C2C 价值创造与价值转移

1. 在线 C2C 市场概述

C2C 电子商务是消费者个人对个人的网上交易。我国在线 C2C 市场的产生以 1998 年易趣成立为标志。目前 C2C 市场上著名的商家有淘宝、易趣、拍拍等。

C2C 市场上采用的主要运作模式是由第三方为买卖双方搭建网上拍卖平

台，按比例收取交易费用；或者提供平台方便个人在上面开店铺，以会员制的方式收费。前一种方式是出售商品的个人在网上发布消息，由多个买者竞价，或与买者讨价还价，最终完成交易。后一种方式卖家（个人）只需要登录交易平台，按照要求注册成为用户，然后登录填写建店信息，即可完成建店。并可以使用平台工具，实施店铺“装修”设计。这种方式不受时间、地域的限制，个人只需要一台计算机就可以天天上网管理店铺并销售商品。

2. C2C 价值创造与转移

在线 C2C 市场的价值创造与价值转移的具体形式既不同于 B2B，也有别于 B2C。下面主要结合在线拍卖分析 C2C 市场的价值创造与价值转移。

在线拍卖是 C2C 交易市场的集中体现，在线拍卖平台提供商获得在线 C2C 市场的价值创造增量中的主要份额。或者说，虽然拍卖参与方可能获得价值创造中的部分利润，但搭建在线拍卖平台的提供商才是 C2C 市场中的主要获益者。当然，这个交易平台提供商只有将平台的交易群体扩展到足够大时才有可能做到这一点。

一般来讲，卖主在在线拍卖中获得的交易价格可能会高出标签价格很多，因此，类似电子港湾的拍卖网站不仅可以使潜在的买卖双方获得交易机会，而且可以为买卖双方创造更多的剩余。在线拍卖的自动化程序进一步降低了交易成本，这也进一步提高了在线拍卖的价值。

下面也可以借助图 3-11 和图 3-12 分析。

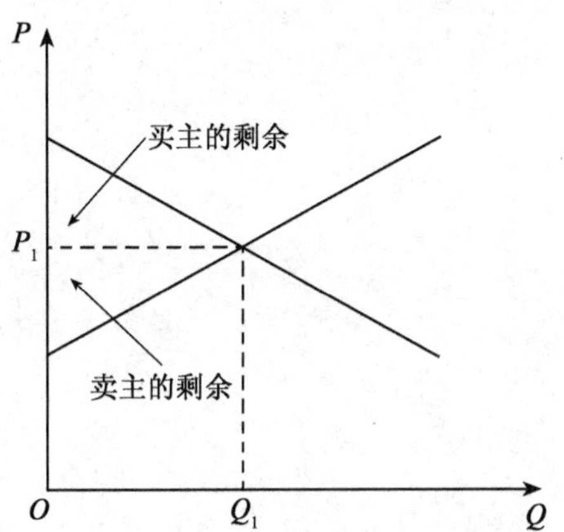

图 3-11　某商品不通过拍卖的供给与需求

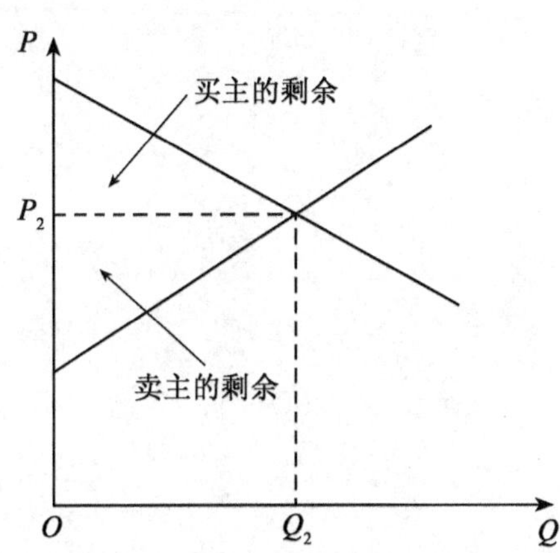

图 3-12　某商品通过拍卖的供给与需求

对比图 3-11 和图 3-12 可以清楚地看出，某商品通过拍卖带来的买主剩余和卖主剩余更多。这主要是因为，一方面，在在线拍卖中随着买主对商品的评价提高，需求曲线会逐渐向上移动，从而导致买主剩余扩大。另一方面，在线拍卖降低了卖主的交易成本，供给曲线会逐渐向下移动，从而导致卖主剩余扩大。当然，也可能是因为拍卖的交易价格提高及交易数量增加（直观上看 $P_2>P_1$，$Q_2>Q_1$），所以卖主剩余得到增加。

◎ 复习思考题

1. 试论述电子商务市场价格的形成方式有哪些？各有什么特点？
2. 拍卖有哪些种类？各有什么特点？试举例说明。
3. 登录国内外比较知名的拍卖网站（如 eBay，Priceline 等），熟悉它们的拍卖程序和规则，比较不同拍卖网站的特点。
4. 电子商务市场中的价格特征可以从哪几个方面进行分析？各有什么特点？
5. 了解市场集中度的测量方法，并结合市场集中度分析我国电子商务市场的结构与特点。
6. 试借助简单的几何图形分析和比较在线 B2B、B2C 和 C2C 的价值创造与价值转移有什么异同。

4 电子商务市场中的信息不对称

古典经济学在对市场经济进行研究时，有一个重要的假设前提，就是完全信息，如果没有完全信息这一假设，市场这一“看不见的手”就无法将经济资源配置到帕累托最优状态。然而，现实中的市场往往是一种信息不对称的市场。特别是当信息经济学逐渐成为新的市场经济理论的主流，人们打破了自由市场在完全信息情况下的假设，发现了信息不对称的存在和研究的必要。

电子商务市场信息不对称的加剧将导致市场的不规范、市场资源的严重浪费、消费者利益受损害、触发消费者逆向选择和经营者道德风险等问题，最终导致市场的失灵。因此，有必要分析目前电子商务交易中出现的信息不对称现象以及如何减少电子商务交易中的信息不对称问题。本章将从电子商务交易中“信息不对称”现象入手，运用信息经济学中的信息不对称理论，分析电子商务市场中产品提供商和消费者之间的“逆向选择”问题和“道德风险”问题，并探讨相应的解决办法。

4.1 电子商务市场与信息不对称

随着网络时代的到来，电子商务市场在人们的生活中扮演的角色越来越重要，信息的含义和传递形式也发生了革命性的变化，信息不对称问题更加突出，这将对市场、消费者和企业产生重要的影响。

4.1.1 电子商务市场信息的分类

在电子商务市场，信息是最活跃的因素。由于计算机强大的处理和存储信息能力以及网络的广泛分布、高速的采集、传递信息的能力，信息和计算机及网络的结合，可谓如鱼得水，计算机和网络成为信息的最佳拍档。尽管在电子商务市场上信息的发布和获得比传统市场要容易得多，成本也要低很多，但是电子商务市场自身和自身以外的特点，也导致买卖双方信息沟通不对称、不和谐，影响了电子商务市场的效率发挥，阻碍了电子商务市场的发展。

（1）完全信息

所谓完全信息，就是市场参与者对于某种经济环境状态的全部知识。很显然，在实际的经济生活当中，没有人能够完全获得经济环境的所有知识，因此，完全信息只是一种理想状况。某些新古典经济学家认为掌握完全信息没有必要，因为价格体系已经集中了我们所需的全部信息。显然，这种认识存在不足：市场机制并不能集中所有的经济代理人的所有信息，价格信息只是反映了部分市场信息。完全信息的理想状况在现实中不可能出现，完全信息受到了后来的众多经济学派的批判，如新凯恩斯学派、信息经济学派等。

（2）不完全信息

传统经济理论认为，市场上每个经济行为者都拥有关于市场的全部信息，例如，用户完全了解商品的质量、效用以及市场上全部相关商品的价格行情，而生产厂商则完全掌握市场动态以及用户的消费偏好和守信誉程度等。于是全部决策都是在完全确定的条件下进行的最优决策，不存在决策失误和投资风险问题。显然，这只是一种理想的假定。由于人们对现实中的经济信息难以完全了解，并且某些经济行为人故意隐瞒事实、掩盖真实信息，使得现实经济生活中具有完全信息的市场是不可能存在的，不同市场不同程度地存在着不完全信息。

不完全信息的存在使各经济行为人在认识市场环境状态上存在差距，并导致每个经济行为人所进行的市场活动及其结果无法及时通过价格体系得到有效传递。例如，在完全信息条件下，价格是由供给与需求的总体水平共同决定的，任何生产商擅自提价都会付出失去全部客户的代价。但如果客户总是在不完全信息条件下决定其购买行为，价格的波动就不会使企业失去全部的客户，某一特定的商品价格可能高于或低于市场价格。但是，由于价格不能灵敏地反映市场的供求状况，使得市场供求状况不能灵敏地随价格的指导而发生变化，传统经济理论中反映市场一切信息的价格机制出现失灵，市场中“看不见的手”因此失去作用，出现失灵现象。电子商务市场中的不完全信息问题是广泛存在的。例如，消费者在不知道书籍质量的前提下买了该书；在不知道律师的服务是否有价值的情况下接受了律师服务；而软件提供者在向用户提供商品的时候也无法确定用户是否会守信誉，是否会在将软件安装到自己的硬盘之后再编造种种理由将原商品退回来。可以说，电子商务市场对这类问题很敏感，由于信息商品消费的非物质性以及间接性，使得电子商务市场中不完全信息的存在更加典型。

(3) 非对称信息

非对称信息是不完全信息的一种典型表现形式。如果市场的一方比另一方掌握更多的信息，不完全信息问题就变得更加明显，我们称此时的市场信息为非对称信息。非对称信息也是广泛存在的。

4.1.2 信息不对称及理论基础

1996 年和 2001 年的诺贝尔经济学奖都颁发给了研究信息经济学的经济学家，1996 年度诺贝尔经济学奖授予了英国剑桥大学的詹姆斯·米尔利斯和美国哥伦比亚大学的威廉·维克里教授，以表彰他们对信息不对称条件下激励理论做出的基础性贡献。2001 年，又有三位美国经济学家乔治·阿克尔洛夫、迈克尔·斯彭斯和约瑟夫·斯蒂格利茨，因其对不对称信息市场理论的研究而荣获诺贝尔经济学奖，这充分肯定了信息不对称理论的学术地位和现实意义。

所谓信息不对称，指的就是在市场中经济关系各方对与标的物相关的信息，一方知情（私有信息），而另一方不知情。在此非对称信息环境中，占据信息优势的一方（称为代理人）可能会以此谋求在交易中获取最大收益，而信息劣势的一方（称为委托人）则可能因此受损。对应的经济个体之间信息呈现出不均匀、不对称的经济状态。

按照信息不对称发生的时间，可以分为事前不对称与事后不对称两个阶段。

个人还没有办理信用卡，买主还没有购买卖主的产品，投资者还没有购买企业的股票在这个阶段已经存在的信息不对称就称为事前信息不对称。事前发生的情况称为逆向选择（adverse selection）。

事后发生的情况称为道德风险（moral hazard）。事后信息不对称就是交易已经发生，合约已经签订之后发生的信息不对称。例如，投资者已经购买了企业的股票，但此后经理人是不是努力为公司工作，投资者不知道，并且经理人知道投资者不知道自己努力工作的程度。车主买了保险以后，保险公司不知道车主是否小心开车，车的丢失可能是因为没锁车，如此等等。

在各种市场中，不对称信息的形式和表现多种多样，基本形式可以分为以下三类：第一，买方与卖方由于信息差异所产生的信息不对称，具体表现为：①买方具有相对完全信息而卖方处于零信息状态；②买卖双方都只具有不完全信息，而其中一方比另一方拥有更多的信息；③卖方具有相对信息而买方处于零信息状态。第二，买方和买方之间的信息差别而产生的信息不对称。第三，卖方与卖方之间的信息差别而产生的信息不对称。其中第一类最为常见，其对市场机制的影响也多在该类市场中出现，因此本书主要对这一类信息不对称进行研究。

传统市场中信息不对称产生的原因可归结为以下几个方面：

(1) 社会分工和专业化

随着社会分工的发展和专业化程度的提高，行业专业人员与非专业人员之间的信息差别越来越大，交易者之间的信息分布将越来越不对称。社会分工越来越细，对每一项分工来说，专家和非专家所具有的知识差距越来越大，同一行业的两位专家都完全有可能无法理解对方的专业知识，而在市场这个大熔炉中，专家和非专家都必须加入其中，市场的一方是专家，另一方是非专家，他们之间在信息和知识上的差距越来越大，从而形成信息不对称。

(2) 交易者的知识有限性

交易者知识的有限性是由其所掌握和能支配的资源的有限性所决定的，其中最重要的是交易者所拥有的时间资源的有限性。市场交易是由人所形成的，而人的时间都是有限的，人们所从事的经济活动或其他活动在时间上是具有竞争性和排斥性的，这就造成市场交易中一个普遍的现象：经营者所拥有的信息要多于消费者。因为消费者可经常接触到的只是一种产品或少数几种产品，对于大多数产品和交易内容则完全无知或只拥有少量知识。

(3) 信息搜寻的成本原因

要了解某一方面的信息或知识是必须花费成本的，这包括人力、物力、财力等经济资源的投入。例如，要知道交易对方的资信状况，就必须进行调查或委托中介机构进行调查，这都需要花费高昂的成本，这就构成了市场交易者搜寻信息的障碍。一些人没有能力搜寻信息，因为付不起搜寻信息的费用；一些人不愿意搜寻信息，因为信息搜寻成本可能会超过其所能获得的收益，从而使搜寻信息变得无利可图。这样，在市场交易中，许多的交易者便不可能具有和对方同样多的信息。

(4) 信息的优势方对信息的隐藏

在市场交易中，交易者拥有的信息越多越有利。因此，信息的优势方为获取最大化的经济利益，就会隐藏信息或者向市场提供虚假的信息，这样交易对方就无法获取影响其经济利益的有关信息。在现实中，很多信息是在交易达成之后，消费者或信息的弱势方才能了解真实的信息。同时由于私人信息的存在，使得关于人自身的一些信息具有隐蔽性，如身体状况、情感波动以及消费偏好等，都成为隐蔽的个人信息。

由于上述原因，市场交易中经营者和消费者之间的信息不对称是长期存在的。

4.1.3 电子商务市场信息不对称的原因分析

电子商务市场内涵更加丰富，具有和传统市场不同的特点和表现。传统市场中的信息不对称问题在电子商务市场中同样存在。一方面，在网络环境下进行交易时，交易双方多把网络看成一种信息传播媒介，这个媒介可以快速地传播交易产品的信息，但产品实物与售卖网站的分离使得产品的质量好坏很难传播；另一方面，在网络经济中，由于电子商务市场中的产品有很多与传统产品不同的特点，使得传统的定价方法对于电子商务不再适用。这些特点都进一步决定了消费者对电子商务市场中产品的质量测度和价格判断方面的困难。因此，在电子商务交易中信息不对称问题不仅没有消失，反而更加严重。

经营者通过在网络上发布有效信息吸引买家，消费者在网络上搜寻值得购买的产品信息。经营者很容易通过网络制造虚假信息、盗用他人图片说明、片面夸大产品功能等手段改变产品在消费者心目中的价值，又因为在网络上发布信息基本没有边际成本，因此，市场上将充斥大量低质量信息，由于在电子商务市场上销售需要获取消费者的注意力，而消费者的注意力往往集中在按价格排序的更低价位上，因此市场上低质量信息越来越获得消费者关注，而需求量将呈现不升反降的趋势。

电子商务市场中信息不对称问题的产生，可归结为以下几个方面的原因：

1. 交易的虚拟性

交易的虚拟性是指在电子商务市场中，发生交易的双方从表现形式上来看就是网络上的两个节点，不同于传统市场中面对面的交易。双方很难在网络中确认对方的身份及交易内容的真实性，因此商品的质量无法保证，这是影响当前电子商务市场成功交易的最大制约因素。卖方有了更大的空间来欺骗消费者，特别是对异地交易来说，消费者很难有办法获得商品的真实质量信息。消费者一旦上当受骗后又难以追究当事人的责任，从这一角度来讲，买卖双方在电子商务市场上存在严重的产品质量信息不对称。另外，产品信息通过图片、文字的形式发布，与现实世界中看到的产品在颜色、感觉上会有差距，因此会出现网络上看起来满意的产品，到了消费者手中却大相径庭，消费者对产品质量难以把握。

2. 产品的因素

在电子商务市场，产品分为有形产品和无形产品。有形产品指物理世界中的产品以数字信息的方式呈现在网络上供人们了解和选购，它最终要通过现实世界的物流运输的方式送到消费者的手中，这类产品的展示是通过图片、声音、文字说明等多媒体信息放在网络上。无形产品是指无需通过物流公司运送，仅通过网络的传递就可以送到消费者手中的数字产品或娱乐和服务，这类产品如计算机软件、在网络上可以直接下载的数字化资料、音乐、电影、信息咨询服务、电脑娱乐及游戏等。由于网上的交易常常具有异地性，甚至会跨越国界，如果发生产品质量问题，对于有形产品来讲，运输成本会比较高，因此常常导致卖方不能兑现当初的承诺；对于无形产品来讲，可以方便、低廉地通过网络传送来实现产品从商家到消费者的转移，但是有些产品，消费者必须要事先体验，才会决定购买，如计算机软件、音乐、电影产品、游戏等。但如果商家免费给消费者体验，消费者得到这种产品之后，可以方便地复制或掌握相关信息后又不愿购买该类产品。为避免出现这种情况，所以商家在提供体验产品时，必然会减少体验产品的功能，降低体验产品的质量。因此商家难以通过合适的方法在保证产品质量的同时，又让消费者购买产品。

3. 买方的有限理性

尽管电子商务市场为交易者提供了强大的信息搜索功能，买方可以在极短的时间内获得成千上万甚至更多的产品信息，但是赫伯持·西蒙认为人的信息处理能力是有限的，现实中不存在完全理性。因此有限理性的买方在电子商务市场进行购买决策的过程中，不可能遍历所有的信息和决策备选方案。事实上，电子商务市场中象征质量信息的超载也使买方无力对商品质量的市场结构做出完全确定的判断，从而更加增强了买方感知质量的不确定性。

4. 监管的缺位

电子商务市场是一个新兴的市场，在法律、法规上还很不健全，行政管理上又缺乏经验，无论是政府、企业和个人在这一方面都有太多的东西需要学习，因此目前尚未建立足够的制度来对电子商务市场进行有效监管。同时电子商务市场的监管和信息技术有关，对监管者本身又提出了较高的素质要求，需要一支既懂业务又懂技术的复合型人才队伍才可能管理好这个市场。

4.1.4 电子商务市场中信息不对称带来的影响

电子商务是利用信息技术在虚拟空间中进行的商务交易，在电子商务中由身份、产品和信息技术会引起的信息不对称，信息不对称的存在，势必会给电子商务的正常交易带来一定的影响。

1. 对市场的影响

与传统市场比较，电子商务市场所存在的由于产品的质量不确定引发的信息不对称不仅存在，而且更加严重。因为数字产品多为经验产品，它们的质量只有在消费者使用之后才能被了解，而许多信息商品只会被购买一次，这一特点使得厂家没有一个好的方式来使消费者相信他们产品的质量。同时，因为经验产品只有通过消费者的实际使用来了解其质量，所以即使是大量的广告和产品信息并不足以使消费者相信其质量，消费者也不会购买。如果了解质量有利于将来的购买，顾客可能会冒险一试，但若对某种产品只会使用一次，这种冒险的可能性非常小。另一方面，在电子商务市场上销售商的身份也很难辨认，由于这种不确定性的存在，市场运作的效率将十分低下，甚至根本就无法运作。

信息不对称还会使市场中产生不公平交易和不公平竞争。公平交易和公平竞争的前提条件是信息对称。在市场交易中，如果交易双方的信息不对称，信息优势方就会利用其信息优势欺诈对方，施行不公平交易行为，损害对方的经济利益。而信息的弱势方，则会因信息弱势做出不合理的经济决策。在信息不对称的经济中，交易者之间是不可能有公平竞争的。如在产品市场上，在消费者对所有产品采取拒买或少买的行为时，真货、高质量产品的提供者在竞争中明显处于不利地位。信息不对称会导致不公平交易和不公平竞争，从而使经济资源不能得到最优配置。

2. 对消费者的影响

在信息对称的经济中，生产者和消费者完全能够做出最优的生产和消费决策。但在信息不对称的情况下，消费者可能因为信息的缺乏而害怕买到劣质产品。消费者的购买决策是否能够最大限度地增加自己的利益，在很多情况下处于难以决定的状态。如果消费者在电子商务市场上有了失败购买经历，那么他将很有可能不再进入。另外，电子商务市场的可选择性非常强，如果消费者一次购买不满意，他就很有可能转向另一个可替代的商品市场。电子商务市场的上述特性以及电子商务市场中的商品特性使得客户购买的忠诚度降低，将客户保留在一个市场上的难度加大。电子商务的发展是以广阔的消费群为基础的，如果一个电子商务市场上的消费者甚少，那么这个市场也失去存在的必要性。

3. 对商家的影响

从商家的角度来说，在电子商务市场上，拥有优质产品的卖者不能像传统企业那样简单通过扩大规模来提高竞争力，同时电子商务市场上的商家与产品的生命周期比传统市场上短得多，商家建立品牌信誉的可能性降低，品牌信誉无法发挥效力，商家面临着更大的压力。这些让拥有优质产品的商家更容易退出电子商务市场，“柠檬问题”对电子商务市场的正常运行和深入发展有极大的破坏作用，市场要正常发展，解决信息不对称所引起的“柠檬问题”是当务之急。

4. 对网络支付的影响

网络支付是以电子手段完成电子货币从买方转向卖方的过程，是电子商务活动中的重要一环。由于信息不对称问题的存在，交易者无法对交易信息做出正确的判断，特别是对支付是否安全、可靠持怀疑态度。

总的来说，电子商务信息不对称会导致市场的失效，因为市场有效(即帕累托效率状态）的条件是完全信息。经济主体的销售决策、消费决策等经济决策的正确性依赖于信息的对称性，如果交易者的信息不对称，决策者就会做出错误的决策，经济资源的配置就不可能达到最优。

4.2 电子商务市场中的逆向选择

4.2.1 逆向选择的形成及原因

逆向选择（adverse selection）是指信息不对称的状态下，接受合约的人一般拥有私人信息并且利用另一方信息缺乏的特点而使对方不利，从而使市场交易的过程偏离信息缺乏者的愿望。

与传统市场比较起来，电子商务市场的优势在于其较低的进入障碍、较低的管理成本和市场信息获取的容易性。之所以具有较低的进入障碍，是因为 Internet 为所有的市场参加者提供了平等的机会，在这里大公司并不比小公司具有先天优势。在实物市场上，规模大是非常有效的市场信号，但在电子商务市场中，规模大小和产品质量并没有必然的联系，这就降低了市场进入的障碍。电子商务市场的另一个特点是可以全面搜索，以低代价或无代价获得信息，因为自动搜索和分类技术解决了这个问题，可以借助搜索服务大量有效地搜索信息，因此，与传统市场比较，获取市场信息的方式更多、效率更高、成本更低，也就意味着信息获取的完全性更高；同时这种网上的信息搜索由于低代价甚至无代价，因此还意味着比较低的交易成本。虽然电子商务市场有这样的优势，尤其是有很高的信息效率，但并不意味着就有很高的市场效率。事实上，与传统市场比较起来，电子商务市场存在的由于产品质量信息的不对称所造成的逆向选择问题不仅存在，而且更加严重，其主要原因在于以下四点：

1. 产品质量的不易检验性

因为数字产品多为经验产品（experience goods），其质量只有在使用之后才能被了解，然而一旦消费者掌握数字产品的信息内容以后，就不再愿意购买。这一特点使得产品提供商没有一个好的方式来使消费者相信其产品的质量。同时，因为经验产品只有经实际的使用才能了解其质量，因此，电子商务市场中众多商家为其销售的数字产品提供试用和免费产品。

2. 厂商身份的不易识别性

在电子商务市场中销售商的身份也很难识别，一家网上商店可以在一天内建立起来，也可以在第二天就消失。由于这种不确定性的存在，市场运作的效率将十分低下，甚至根本就无法运作。由于厂商身份的不易识别性，买方对产品的质量就更难以把握。

3. 产品质量评价的主观性

数字产品不只是纸上产品的数字版，还包含了电子媒介的特点。比如，网上的报纸被个性化（personalized）和定制化（customized），可以随时更新等，因此质量的评估将越来越主观和个性化，也就更具有不确定性。

4. 生产者的多样性

与实物产品不同，数字产品是由网上的虚拟人制造和销售的，市场销售者的销售时间短而且数量多。通过今天的个人主页和将来可能在任何一台个人计算机上运行的Web服务器，每个用户都是生产者和潜在的销售者。所以，传统的质量传送信号，如信誉和品牌，在电子商务市场中可能不太起作用，因而质量信息的不对称性更大，逆向选择会更严重。

4.2.2 逆向选择引发的“柠檬问题”

“柠檬”（lemon）一词在美国俚语中表示次品、旧货、不中用的东西，该词首先由美国经济学家乔治·阿克洛夫（George A. Akerlof）引入经济学的研究中。1970年，阿克洛夫在其发表的《柠檬市场：品质不确定性与市场机制》一文中对这一问题进行了科学的论述，因为他在经济学领域的信息不对称问题研究上的卓越成就，荣获了1991年诺贝尔经济学奖。

阿克洛夫在20世纪60年代末对二手车市场进行研究发现，由于二手车的卖主和二手车的买主对车的质量信息掌握完全不对称，结果导致市场效率低下，市场机制失灵，甚至市场崩溃。因为二手车的卖主了解车的质量，而买主处在信息的劣势，并不太了解二手车的质量，所以买主只愿意按照当时市场的平均价格购买。这样就会导致质量好的二手车因为卖价低，卖主不肯卖而退出市场，整个市场的质量进一步下降。因为市场的质量进一步下降，又调低了消费者对整个市场平均价格的预期，因此质量好的产品不断地被挤出市场，剩下的是质量差的产品，在极端情况下，没有顾客愿意购买，整个市场崩溃。

所谓“柠檬市场”是指这样一种现象：买方不知道卖方的产品的真实质量，只愿按该市场产品质量的平均水平出价；产品质量高于市场平均水平的卖方只得退出市场，使得该市场所有产品的平均质量下降，买方则相应调低其出价；拥有较高质量产品的卖方不断地退出，买方的出价不断地调低，如此循环往复，该市场最终有可能沦为充斥着“柠檬”的“柠檬市场”。“柠檬问题”的实质在于市场中由于买卖双方对商品质量信息的掌握处在不对称的地位，这种不对称影响了市场效率的发挥，使优胜劣汰的市场机制失灵。如果这种不对称现象超过了市场承受的极限，那么这个市场就无法维持。

以旧汽车市场为例。假设旧汽车有两种质量，高质量和低质量。高质量旧汽车占所有车的比例是 λ，低质量的旧汽车占所有车的比例为 $1-\lambda$。卖主了解每辆所卖旧汽车的质量水平，他们对低质量车的评价是 V^L元，对高质量车的评价是 V^H元（其中，$V^H>V^L$）。买主不了解每辆车的具体质量水平，每辆低质量车值 W^L元，高质量车值 W^H 元（其中，$W^H>W^L$），且买主是风险中性者。假设 $W^L>V^L$，$W^H>V^H$，因为只有满足这个条件才能使交易双方从交易中获利。否则，交易双方没有交易的动机。

如果市场中的信息是对称的，即买主能够有效区分每辆车的质量，那么，高质量车的成交价格处于 W^H 和 V^H 之间，低质量车的成交价格处于 W^L 和 V^L 之间。如果市场信息是不对称的，即买主不能够区分每辆旧汽车的具体质量，只能推测出市场上每辆旧汽车的平均质量，并对所有旧汽车作出一个平均的评价 $\overline{W}$（$\overline{W}<V^H$）。这里，$\overline{W}=\lambda W^H+(1-\lambda)W^L$。在购买旧汽车时，买主愿意出价将不超过 $\overline{W}$。此时，对于高质量旧汽车的卖主，由于 $\overline{W}<V^H$，如果卖出自己拥有的旧汽车则不能弥补其效用损失，因而他会选择退出市场。结果，只剩下低质量车在市场上交易。

【例题 4-1】

假设存在这样一个二手货市场，有 100 人希望出售他们的旧汽车，同时又有 100 人想购买旧汽车，旧汽车中高质量与低质量的汽车各占 50%，并且拥有高质量和低质量旧汽车的卖主的预期售价分别为 2 000 美元和 1 000 美元，而高质量和低质量旧汽车的潜在买主的预期支付价格分别为 2 400 美元和 1 200 美元。

在信息对称的情况下，买主了解每辆旧汽车的质量，这样介于 2 000～2 400美元的每一个价格都能使高质量旧汽车成交，介于 1 000～1 200 美元的每一个价格都能使低质量旧汽车成交。

在信息不对称的情况下，买主不得不对每辆旧汽车的质量进行推测，他们对每辆旧汽车愿意支付的预期价格为：

$$(1\ 200\times0.5)+(2\ 400\times0.5)=1\ 800\ (\text{美元})$$

此时，只有那些低质量旧汽车的卖主愿意并且能够出售自己的旧汽车。而高质量旧汽车的卖主却不能忍受这个交易价格，他们当中立即会有部分人选择将其旧汽车撤出市场（这些人也可能是高质量旧汽车中质量最高的那些卖主），还有部分人则会留下来继续观望。

进一步假设最高质量的旧汽车被撤出市场后，旧汽车市场上高质量车与低质量车的比例分别为 40%和 60%，此时，买主也会感觉到旧汽车市场质量分布的变化，因此，他们对每辆旧汽车愿意支付的预期价格将不再是 1 800美元，而是 $(1\ 200\times0.6)+(2\ 400\times0.4)=1\ 680$ 美元。结果，又有部分次高质量的旧汽车撤出市场。随着这一过程的不断重复，旧汽车市场最终将会瓦解。

4.2.3 电子商务市场的逆向选择模型

在电子商务市场中，假定只有产品提供商能够观察到产品质量，即提供商对产品质量具有完全信息；并且提供商单方面提供的产品信息不足以使消费者了解并相信产品的质量，而消费者在购买前至多只能观察到商品质量的分布。在电子商务市场中，商品的销售价格与质量、品牌等多种因素相关，如果在电子商务的细分市场上，没有占领先地位的提供商，不妨假设价格 P_s 仅与质量 Q 完全相关，进而假设 $P_s=kQ+b$，其中 k，b 为参数。假设消费者愿意购买的劣质产品质量为 Q_1 并愿意出价 P_{s1}，$P_{s1}=kQ_1+b$，消费者愿意购买的优质产品质量为 Q_2 并愿意出价 P_{s2}，$P_{s2}=kQ_2+b$，，显然有 $Q_1<Q_2$，$P_{s1}<P_{s2}$。假定产品质量 Q 连续，且服从正态分布，设方差为 σ^2，数学期望为$\frac{Q_1+Q_2}{2}$，则其密度函数为：

$$f(Q)=\frac{1}{\sqrt{2\pi\sigma}}e^{\frac{\left(Q\frac{Q_1+Q_2}{2}\right)^2}{2\sigma^2}},\ Q\in(-\infty,+\infty)$$

又因为市场销售价格 P_s 仅与质量 Q 完全线性相关，由数理统计可以证明，$EP_s=kEQ+b=\frac{k(Q_1+Q_2)}{2}+b$、$DP_s=DQ=\sigma^2$ 则市场销售价格 P 的密度函数为：

$$g(P_s)=\frac{1}{\sqrt{2\pi\sigma}}e^{\frac{\left(P-\frac{k(Q_1+Q_2)}{2}-b\right)^2}{2\sigma^2}},\ P_s\in(-\infty,+\infty)$$

如图 4-1 所示，质量 Q 服从关于 $\frac{Q_1+Q_2}{2}$ 对称的正态分布，市场价格 P_s 服从关于 $\frac{k(Q_1+Q_2)}{2}+b$ 对称的正态分布。市场中大多数商品的质量都分布于 $[Q_1, Q_2]$ 区间内，并集中在平均值 $\frac{Q_1+Q_2}{2}$ 附近，而 $[0, Q_1]$ 表示质量低于买方愿意出价购买的商品质量分布区间，$(-\infty, 0)$ 表示支付买方报酬才愿意使用的劣质商品质量分布区间，如市场上存在的一些假冒伪劣商品，买方购买使用后，可能不仅要求卖方赔偿商品买价，而且还可能要求对买方在使用过程中造成的侵害进行赔偿；$(Q_2, +\infty)$ 表示质量高于买方愿意出价购买的商品质量分布区间。从以上对质量分布假定的描述中可以看出，商品质量的正态分布比 $[Q_1, Q_2]$ 区间内的均匀分布更为符合现实生活中市场商品的质量分布。

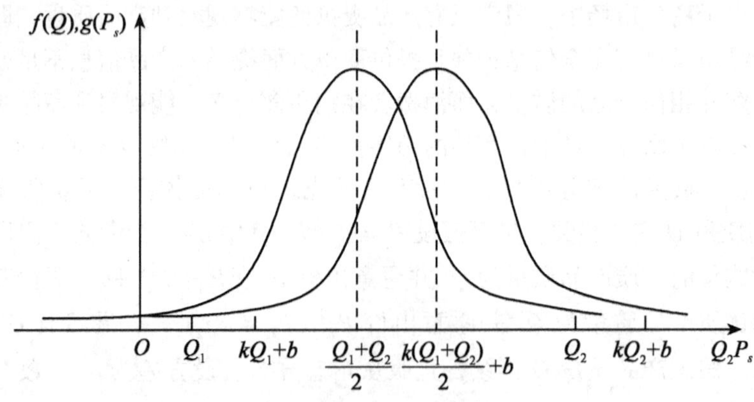

图 4-1 商品质量与市场价格的分布密度

这里，由于买方只知道商品质量的分布，无法判断某一具体商品的质量，因而其愿意支付的价格不可能高于平均价格，市场中只有低于平均价格的商品才可能成交，设买方愿意支付的价格为 P_b，$P_b \leqslant EP_s$

$$EP = \int_{-\infty}^{+\infty} P_s g(P_s)\,\mathrm{d}P_s = \int_{-\infty}^{+\infty} P_s \cdot \frac{1}{\sqrt{2\pi\sigma}} \mathrm{e}^{\frac{\left(P_s - \frac{k(Q_1+Q_2)}{2} - b\right)^2}{2\sigma^2}} \mathrm{d}P_s = \frac{k(Q_1+Q_2)}{2} + b$$

因而期望价格即为$\frac{k\ (Q_1+Q_2)}{2}+b$。由于电子商务市场中只有低于期望价格的商品才能够完成交易，所有 $P_s > \frac{k\ (Q_1+Q_2)}{2}+b\left(\text{即质量高于}\frac{Q_1+Q_2}{2}\right)$的卖方将会逐步退出市场，市场上高质量的商品逐步减少。因此，其后市场上的商品质量 Q 将集中分布于$\left[Q_1,\ \frac{Q_1+Q_2}{2}\right]$区间内，则期望质量进一步下降，商品的平均价格也将进一步下降。

如前所述，电子商务市场中有关商品象征信息的传递功能较强，因而价格的“透明度”就较高，交易者能够在对市场交易的很少几次观测中获得有关过去交易的价格信息。任何一项交易实质上对于其他买方具有示范效应，其他买方据此可以推断市场上的商品质量不会高于$\frac{Q_1+Q_2}{2}$，则买方就能得出期望质量下降的结论。这一过程可以进一步递推下去，由于 Q 连续，最终会使得 $Q \to Q_1$，整个市场只剩下劣质商品。

逆向选择造成商品质量逐步下降，说明在均衡的情况下只有低质量的商品才能成交；在极端情况下，市场可能根本不存在，交易的帕累托改进不能实现，因此，电子商务市场中，在质量信息不对称的状况下，商品质量依赖于价格，较低的价格诱导出较低的质量。

4.2.4 规避逆向选择的方式——信号传递

为规避电子商务市场的逆向选择风险，需要降低电子商务市场买卖双方的质量信息不对称程度，提高市场交易效率，因而有必要针对电子商务市场的特点，探讨有助于改进其交易效率的逆向选择风险规避机制。

逆向选择风险的规避存在两种机制，即信号传递（signaling）与信号甄别（screening）。信号传递是信息优势方主动向信息劣势方传递其所需要的信息，信号甄别是信息劣势方主动搜集和筛选信息。这两种机制说明，为了交易的有效进行，交易的一方必须支付一定的信息成本，获取有关交易的信息，目的是通过降低相互间的信息不对称程度来规避逆向选择风险。在电子商务市场中，信息优势方即为交易中的卖方，信息劣势方即为交易中的买方与第三方。

信号理论的开创者斯彭斯（A. Michael Spence）(1973）在《劳动力市场中的信号问题》一文中，以教育作为劳动力市场上生产效率的信号，研究了市场中具有信息优势的个体，为避免与逆向选择相关的一些问题发生，如何将其“信号”可信地传递给具有信息劣势的个体，得出经济主体应该采取观察得到且具有代价的措施，来使其他经济主体相信他们产品的价值或质量。在随后的应用性研究中，他拓展了这一理论，并对大量经济现象进行分析，证实了不同市场信号的重要性。如作为生产率信号的广告宣传和质量担保、作为市场力信号的主动降价、作为谈判力信号的延缓工资报价策略、作为赢利能力信号的非发行新股的债务融资方式等。

电子商务市场中，在产品提供商同消费者建立委托—代理关系之前，有关数字产品的信息只有他们自己知道，而消费者则不知道。在这种情况下，高质量的产品提供商虽然处于信息优势，但由于逆向选择的原因往往使他们处于竞争劣势，即消费者因处于信息劣势而处于不利选择的境地。要解决逆向选择，减少信息不对称，只能通过高质量的电子商务提供商和消费者的努力来设计有效防范逆向选择的机制，通过各种传播手段让消费者知道并相信产品质量，达到降低信息不对称的目的。

1. 信号传递理论

信息不对称引发了柠檬市场和逆向选择问题，如何解决“柠檬市场”和逆向选择问题产生了信号传递理论。

按照阿克洛夫模型，质量越高的旧汽车越先被逐出市场，最终只有质量最差的旧汽车才能成交。结果，在极端情况下市场消失，没有任何成交产生。该结论是在买卖双方不能传递信息的前提下作出的。现实中，拥有信息的一方可以向无信息的一方发送信息，卖主可以向买主发送商品的质量信息，或以恰当方式让买主了解这些信息。这样，市场均衡依然是存在的。高质量商品的卖主具有向买主传递信号的强烈动机，低质量商品的卖主则有动机模仿这种信号。美国经济学家迈克尔·斯彭斯（A. Michael Spence）在阿克洛夫模型基础上提出了解释这种现象的信号传递理论。

信号传递理论的基本思想是：

(1) 传递市场信号是市场中的行为主体降低“逆向选择”的重要方式之一；

(2) 由于信息的非对称，市场上会存在真假信号；

(3) 只有当真假信号对于发送者的成本差异足够大时，真实信号才能

发挥作用;

(4) 只有当信号发送的预期收益大于信号成本时，市场中的行为主体才会选择发送信号。

以劳动力市场为例，假设劳动力市场中存在两类个人：低生产率个人 L_1 与高生产率个人 L_2。其中低生产率个人的边际产量是 a_1，高生产率个人的边际产量是 a_2，且 $a_1<a_2$。高生产率个人所占比例为 b，低生产率个人所占比例则为 $1-b$。

在完全信息条件下，雇主很容易观察到个人的实际生产率，那么，将向高生产率个人提供工资 $W_2=a_2$，向低生产率个人提供工资 $W_1=a_1$。

在不完全信息条件下，雇主不能观察个人的生产率类别，他的最优选择是提供平均工资 $W=(1-b)a_1+ba_2$。只要两类个人都接受这个工资水平，劳动市场将不会出现逆向选择，然而现实情况则一定会出现逆向选择。

假设个人拥有能够使雇主区分个人生产率高低的信号，如受教育水平。令 e_1 表示 L_1 类型的个人接受的教育水平，e_2 表示 L_2 类型的个人接受的教育水平。假定个人接受教育的成本不相等，低生产率个人接受教育的总成本为 c_1e_1，高生产率个人接受教育的总成本为 c_2e_2。现在的问题是：个人必须对接受多少教育进行决策，而雇主则需要对支付多少报酬给不同教育水平的个人进行决策。

为简单化，假设教育对个人生产率没有任何影响（这在实际中是不真实的），可以证明，劳动力市场均衡的性质主要依赖于个人接受教育的成本。假定 $c_1>c_2$，即低生产率个人的教育成本高于高生产率个人的教育成本。令 e^* 表示满足下列不等式的受教育水平，即：

$$\frac{a_2-a_1}{c_1}<e^*<\frac{a_2-a_1}{c_2}$$

由于有 $a_2>a_1$，$c_2<c_1$，因此必然存在一个这样的 e^*。

下面考虑另一种情况：高生产率个人受教育水平是 e^*，低生产率个人受教育水平是零（这里可假设教育水平是指高等教育），雇主支付受教育水平为 e^* 的个人的工资等于 a_2，而对受教育水平低于 e^* 的个人支付的工资等于 a_1。低生产率个人接受教育的效益将是工资增量 a_2-a_1，成本是 c_1e^*。如果

$$a_2-a_1<c_1e^*$$

那么，效益小于成本，选择 e^* 将使该条件成立。因此，低生产率个人将发现不受教育水平（即维持现状）是最优选择。

然而，接受教育水平 e^* 确实对高生产率个人有利吗？由上面的不等式可知，效益超过成本的条件是：

$$a_2-a_1>c_2e^*$$

由于选择 e^*，故该条件也成立。

这种工资模式产生如下均衡：如果每个高生产率个人都选择受教育水平 e^*，每个低生产率个人都选择不接受教育水平，那么，个人将没有理由改变各自的行为。由于每个人接受教育的成本不同，因此，在均衡状态下，个人的受教育水平可以作为不同生产率信号而发挥作用。我们将这种类型的信号均衡称为分离均衡，因为每个类别的个人都可以做出使其与其他类别的个人相分离的抉择。

与分离均衡相对应的是混同均衡。在混同均衡中，每一类别的个人都做出相同的选择（即发送相同的信号），这样雇主无法根据信号区分个人生产率的高低，只能按照平均生产率来提供工资。在混同均衡下，低生产率个人的境况得到了改善，而高生产率个人的境况变差了。

2. 信号传递的方式

下面借助图 4-2 介绍电子商务市场中企业与个人的信号显示途径。对于电子商务市场中的网络营销企业与在网上售卖的个人来说，都有两条信号显示途径，可以直接显示商品的象征质量信息或者通过诸如价格等信号来显示商品质量信息，也可以间接地借助于第三方的信誉来显示商品质量信息，使得信息更为可信。一般而言，在网上售卖的个人通常难以在较大的范围内建立信誉，不通过任何第三方的直接信号显示的作用是有限的。因而大多数在网上售卖的个人通常借助于第三方组织的 C2C 平台显示信息并进行交易。

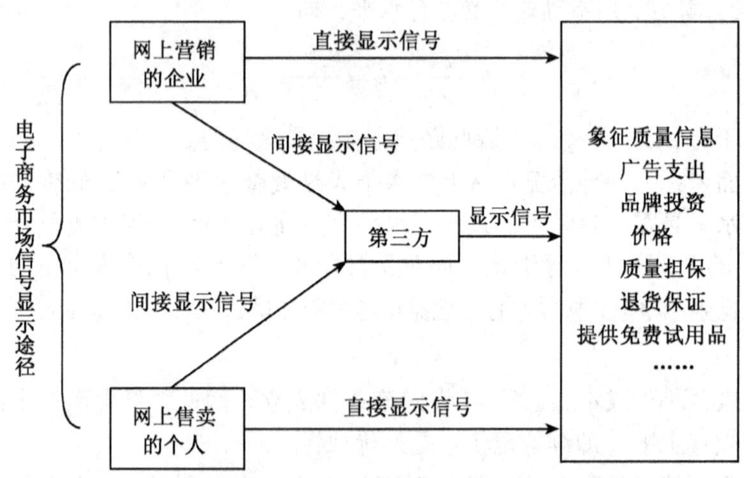

图 4-2 电子商务市场中企业与个人的信号显示途径

这里，第三方可以是政府、民间消费者组织、网络中介等。政府与民间消费者组织作为非营利组织不参与交易，具能够覆盖的交易范围较为有限，因而质量信息传递作用也有限，本书对其信息显示乃至甄别的作用不做进一步的研究。在电子商务市场中，网络中介已经普遍存在，诸如垂直化交易网站、拍卖网站等多种类型的交易网站，作为第三方组织和参与电子商务市场的交易，其重要的职能之一就是为交易者提供有关交易的信息服务。从信誉和信息扩散有效性两个方面来看，网络中介都可以有效地辅助网络营销企业与网上售卖的个人显示与传递质量信息。

某些行业组织、政府部门或者消费者协会的检验鉴定和荣誉奖励，也能起到向消费者发送信号的作用。此外，消费者也可以通过第三方独立评价来得到某一企业或某种产品的相关信息。

电子商务提供商向消费者传递信号的方式有以下几种。

(1) 提供免费产品、试用产品

由于电子商务市场中多是经验产品，产品提供商为了使消费者了解产品的真正价值，应允许消费者在购买之前试一试，免费产品为那些对电子商务比较感兴趣，但只有当他们对产品有了一定的了解才会购买的消费者提供了“浏览机会”。这有利于增强消费者对产品质量的信心，提高消费者对产品的购买力。常见的免费软件、试用软件就是软件开发商免费提供的。测试版软件是供喜欢该产品的消费者在决定购买之前的某一段时期内免费试用的软件。如微软（中国）公司为了使 Window 98 中文版尽快在我国产生轰动效应，成功地组织了国内首次午夜软件免费赠送活动。不过通常情况下，商品软件商总是把已去掉了关键部分的演示版本免费提供给用户使用。通过免费和试用软件的使用，使消费者对想要购买的软件有了更深入的了解，无疑会增强消费者的购买欲。电子商务商品质量的好坏同样也可以通过提供免费产品、试用产品或其他服务方式来向消费者传递相关信息，使消费者可以理性地做出选择。

(2) 加强广告推广

供应商可以采用广告、媒体或自己的网站等媒介积极宣传有关自己产品质量的信息。这是解决信息不对称问题的传统方法，在网络交易中依然适用。虽然，劣质产品或服务的供应商也会宣传虚假信息，但若高质量产品或服务的供应商不宣传自己，潜在消费者如何知道他经营商品的质量。顾客在做购买决定时总是先挑选自己了解或知道的商品，因此大力宣传就是要抓住顾客“求熟”这一心理。在网络环境下，交易者都有自己的网站，可以提供 24 小时服务，这无疑是个宣传的好机会。同时网上商品供应者一定要建立客户反馈机制，这样可以按照客户需求改善产品性能，赢得更多的客户。

【阅读资料】

广告的信号作用

广告是卖主向买主发送信号的重要方式之一。

广告能对消费者在购买商品时做出选择产生明确的或潜在的刺激，因此，厂商为了使消费者对广告的需求更为敏感，将会对市场广告宣传投入更多资本，当消费者更加需要信息进行合理决策时，他们对广告的需求也会更为敏感。

消费者对其熟悉的某些产品（如啤酒、洗发水、饮料等）的广告往往会有更敏感的反应，尽管这类广告可能并不含有任何质量或价格内容。因此，厂商都对同一产品大做广告，以期消费者对这些产品的广告更为敏感，并在此基础上改变或影响消费者的消费偏好和消费水平。

一般而言，不是每种产品做广告都是经济的，低质量产品做广告就不经济，而高质量产品做广告才是经济的，因为广告的目的在于让消费者能长期、持续地购买企业的产品，而低质量产品很难做到这一点。

只有当广告带来的收益大于广告的信号成本时，企业才会选择做广告。低质量产品的信号成本要大于高质量产品的信号成本，因此，低质量产品通常不会做广告。

(3) 树立品牌，提高信号显示度

电子商务的经验性特点，使它更需要借助于良好的市场信号来向消费者证明自己的质量。在传统的交易中，只有当产品提供商觉得通过发送虚假市场信号（如对低质量的产品索取高价格）来“欺骗”消费者不会赢利时，他们才会发送可靠的质量信号。而当提供商发送虚假信号不会赢利，并且当高质量和低质量的产品提供商必须采用不同的战略才能获取利润时，消费者可以通过识别信号来区分具有不同质量的产品。然而，在现实社会中，不同产品质量的产品提供商可能没有足够的动机去选择不同的信息传递方法，而消费者也就不能通过像广告、价格、质量担保等这些市场信号来区分具有不同质量产品的企业。因为无论低质量产品还是高质量产品的提供商，都会通过广告来宣传他们的产品是高质量的，而虚假广告的宣传，会导致市场中更大程度的关于电子商务商品质量的信息不对称。

由于信息不对称性的存在，消费者往往会选择自己比较熟悉的电子商务市场购物。品牌就在这个过程中诞生了。可以说在信息不对称的条件下，品牌成了承载多种信息的一个比较可靠的载体。品牌不仅可以显示产品的质量，而且可以在产品质量与预期不符时向消费者提供一种保护的手段，即消费者可以削减未来的消费。因此建立一个具有较高知名度、较高美誉度和较高忠诚度的品牌是解决逆向选择问题的重要手段。

【阅读资料】

亚马逊的品牌影响

亚马逊（www. amazon. com）在 1995 年，开放了它的互联网“虚拟门户”。在此之前，它们通过大量的公司运作来扩大品牌的影响。它们使用因特网传递购书订单，让人们体验到网上购物的快捷、简单和神奇。从出售书籍和玩具到音像制品，亚马逊拥有的因特网消费群体在不断壮大，亚马逊坚持以提供充足的货源和丰富的种类来维护消费者的信任。亚马逊公司的品牌建设策略中甚至还包括与消费者建立一种人性化的买卖关系。通过友好的问候，或者了解消费者的个人偏爱，亚马逊将网上购物变得极具人情味。为了继续扩大亚马逊的影响力，它们将品牌的触角伸向各个角落。比如在亚马逊网站家族中有网上电影资料库（www. imbd. com），它是一个容量很大的电影库，在这里你甚至可以发现 19 世纪的娱乐节目；Livebid. com 则是一个现场拍卖网站；Planetall. com 会为用户提供一个日程表、一个通讯录和一些日常的提醒服务。亚马逊拥有非常有名的会员制程序，它利用因特网的全球性特点，通过与一些流行网站进行链接，让世界各地的访问者都可以轻松访问亚马逊站点。亚马逊将大量资金投入在线零售业，以此巩固它的龙头地位，同时希望其他在线零售商能够树立信心，共同扩大在线销售的影响。亚马逊为了扶持 Drugstore. com 和 Gear. com 这样的零售网站，也为它们用户提供亚马逊的服务，这对建设一个成功的品牌极为重要。亚马逊为自己的销售业绩感到自豪。它在 2000 年第一季度的收入要比 1999 年同期高出 95%，销售额从 29. 4 亿美元增加到 57. 4 亿美元。亚马逊的下一步是如何打算的呢？那就是：除了保留原有的特色，还要不断完善自己的品牌形象，让它的在线用户可以各取所需。随着亚马逊在网上的销售种类的不断增加，服务范围不断拓展，它独特的个性化服务理念已深入人心。亚马逊正在成长为实力强大的国际名牌，它的成功在因特网世界里展示了品牌的力量。

4.2.5 规避逆向选择的方式——信息甄别

电子商务市场中信息劣势方的信号甄别可以由交易中的买方也可以由第三方来实施。由于互联网提供了强大的信息检索功能，极大地降低了买方获取信息的成本，因而买方在线搜索已经成为降低交易双方信息不对称程度的重要途径。但是买方通过信息搜索过滤所获得的大多是诸如价格等象征质量信息，对商品质量感知不确定性的降低并没有显著的帮助，因而买方的信号甄别不能够成为逆向选择风险的主要规避机制。实施信号甄别的主体——第三方同样包括政府、民间消费者组织、网络中介等，由于存在前述原因，政府与民间消费者组织的信号甄别作用也较为有限，此处着重研究网络中介的信号甄别作用。

网络中介作为一个营利性组织，其经营的根本目的是为了追求自身利益的最大化。但作为独立于买方和卖方的第三方，其收益则取决于组织的电子商务交易平台内的交易量，因而网络中介必须对交易实施一定的管理，降低交易风险，以构建自身信誉。信誉越高的网络中介，其交易平台中的交易量也越高。网络中介对交易的管理主要是对交易信息进行甄别，为交易方提供信息服务，以提高信息效率。我们不妨对买方的两条信息获取途径进行比较，电子商务市场中，买方的信息获取存在如图 4-3 所示的两条途径。

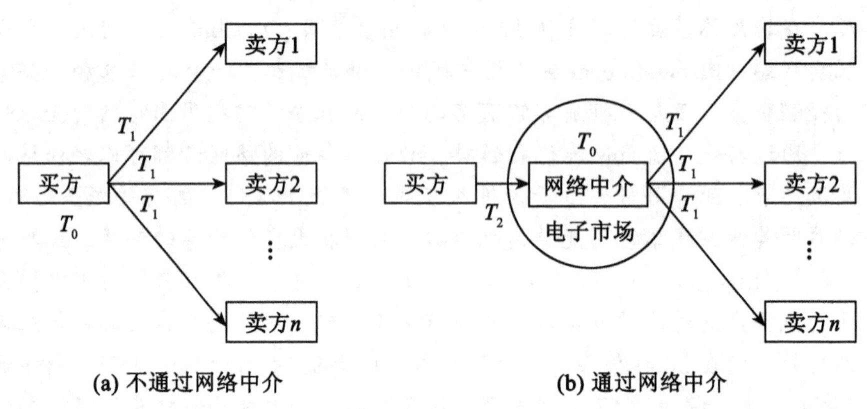

图 4-3 交易方信息获取

从图 4-3 可以看出，网络中介扮演着信息过滤代理人的角色，直观来看，网络中介的参与提高了整个市场的交易成本，但是网络中介却可能是消除电子商务市场信息不对称的有效途径。比如，要了解商品的客观质量，可能要求有一定的专业技术知识，获取专业技术知识需要花费时间和精力，需要投资；另外，可能需要试用市场上出售的各种商品。事实上，无论是获取专业技术知识，还是获取商品使用的经验，都需要投入成本，这对于一个有限理性的买方来说显然是不经济的。这里，我们不妨假设买方和中介获取专业技术知识的成本均为 T_0，买方和中介获取一种商品使用经验的成本为 T_1，买方通过中介获取信息的费用 T_2。这样，买方不通过中介获取信息的总费用为 T_0+nT_1，对于复杂的商品，其 T_0 很大；且当卖方较多，特别是当卖方个数 $n\to\infty$ 时，必然有 $T_0+nT_1>T_2$。这说明目前许多 B2B、B2C 和 C2C 交易平台的网络中介提供信息服务、进行信号甄别可以有效地提高电子商务市场的信息效率。

网络中介在规避电子商务市场的逆向选择中的作用主要表现在以下三个方面：

首先，中介能够增强消费者和产品提供商之间的信任度。中介在市场交易的主要功能之一就是通过增强提供商和消费者之间的信誉、降低交易风险，从而使得市场规模得以扩展。从本质而言，网站访问者的增加并不意味着实际交易量的同比增加，交易的完成同时取决于消费者所掌握的信息量以及其对这些信息的信赖度。作为一种虚拟的交易方式，电子商务中的信用问题尤为突出。因此，中介在培育市场信用方面的作用显得更为重要。中介存在和交易介入有利于市场交易制度、交易规则的建立，中介增强了消费者的产品安全信任度和消费隐私、降低产品质量的不确定性。

其次，中介能够为消费者提供专家服务。产品提供商之所以比消费者掌握更多的商品信息，原因在于与消费者相比产品提供商永远是专业化分工的专家。对某些产品，要了解产品各方面的详细信息需要一定的技术知识，就需要一定技术的人员来提供客观的测试信息。作为对产品的客观评价，还常常包括各种产品之间的对比，如提供商的个性化定制是否只是增加了消费者根本没有需要的多余功能等信息。这时中介方所提供的信息通常比产品提供商的信息更受欢迎。

最后，中介的出现可以降低交易成本。尽管网络的发展使得消费者可以很容易获得交易信息，然而他们却难以理解、利用包含了大量专业技术、知识在内的市场信息。电子商务市场中信息中介通过信息的收集、过滤、加工与分类来为消费者提供更多的专家咨询意见，降低了消费者的交易成本。

从对电子商务市场逆向选择风险规避机制——信号传递与信号甄别的分析来看，网络中介通过其实施的各种交易管理与交易风险控制措施，可以达到信誉转移、传递经验质量信息、增强信息扩散有效性、提高信息效率的作用。

【阅读资料】

淘宝推出“一淘网”以解决信息不对称问题

随着网络购物的普及，购物网站和商品种类越来越多，对于消费者而言，如何快速搜索到所需的商品信息变得愈发重要。专业的购物搜索因而成为不少企业竞争的重点，谷歌、有道早就有购物搜索推出。淘宝网也推出了专业的购物搜索“一淘网”(http://www.etao.com) 以帮助消费者从成千上万的商品中挑对商品，挑对卖家，消除信息不对称带来的负面影响。

“一淘网”的首页是搜索框，列有综合、商品、淘吧、问答、网页五个搜索标签，“综合”标签是“一淘网”默认的搜索，输入一件商品之后，将展示包括商品、资讯、问答、图片等全方位的信息，其他标签则只展示某一类特定的信息，比如如果选择在“商品”标签下搜索，就只会展示淘宝商品搜索的结果。

“一淘网”首页除了搜索框之外，还有特色关键词、数码关注榜、服饰关注榜、母婴关注榜 4 个榜单，以及一个“实时搜索成交”的栏目，方便用户了解相关领域的购物风向。

“一淘网”的单品搜索能够让用户只需要一次点击就可以全面、彻底地了解该商品信息。一定程度上缓解了信息不对称问题。但是“一淘网”目前在商品搜索结果中仅局限在淘宝网，应该也尽可能地收录更多的电子商务服务商的销售信息。

4.3 电子商务市场中的道德风险

4.3.1 道德风险的产生及原因

道德风险指交易合同达成以后，从事经济活动的一方在最大限度增进自身效用的同时做出不利于另一方的行为。道德风险会引起市场交易各方的效用冲突，最终导致市场失效。

在合同实施中，由于信息不对称，一方可能隐瞒了行动信息从而造成了另一方的损失，这就是道德风险产生的一个简单事件。在电子商务市场上，社会诚信缺失和信用基础薄弱，使交易双方在电子商务市场中面临更大的风险。从信用的角度来分析，同传统的市场相比，增加了交易双方是否真实、产品提供商发布的信息是否真实和完整、消费者发出的订单是否真实、产品是否按要求送达、交易一方对电子合同的否认等风险。由于产品提供商处于信息优势地位，而且是规则的制定者，比较容易回避风险，但消费者不能有效地回避这些风险，如果产品提供商缺乏传递电子商务真实信息的信用，这就造成了电子商务市场上产品提供商的道德风险。

在电子商务市场上，交易者双方决策是相互影响的，交易的一方对另一方的交易行为都会做出积极的反应，消费者的选择往往决定产品提供商的选择。具有信息优势的产品提供商，当他们清楚自己的行动对传递产品信息的作用时，就会有意识地选择某些行动来揭示或者掩饰真实的面目。比如，在电子商务市场中，销售商的行动大部分表现为对电子商务质量和性能的宣传，消费者通过参考广告内容，播放的媒体，重复的次数等来判断该产品或服务的优劣，而产品提供商的目的就是“通过制造信息优势，获得自身利益最大化”。这样一来，产品提供商就会人为地制造信息优势，也就是故意隐瞒一些对己不利的信息，隐瞒商品缺点，夸大商品优点。网络市场的虚拟性使交易双方不能深入沟通，为了追求自身利益的最大化，产品提供商更可能选择放弃诚信，发布产品的虚假信息，并且有可能采取诈骗行为，增加了信息不对称的程度。

电子商务市场上的道德风险的产生原因有：

1. 交易双方信息的不对称

在电子商务市场中，由于交易是通过网络发生的，交易双方处在不同的信息储备中，互相之间在交易发生前没有任何的关联，不存在彼此互相公开的成本和收益，使得网络交易者之间建立的互信机制很容易就被打破。在交易之后，不管是买方还是卖方都很容易发生失败的行为，如卖方产品质量的缺失、买方拖延交款时间或者是对卖方的服务提出各种要求，以借此摆脱自己的购买行为。归根到底，电子商务市场中，交易双方的信息不对称是产生道德风险的根本原因。

2. 电子商务市场交易中的信用的缺失

电子商务市场中的信息不对称导致了交易中信用的缺失，从而导致交易双方在发生交易时隐蔽自己的行为，以求获得最大的利益。为什么信息不对称会引起信用缺失呢？这是因为信用是建立在授信人对受信人偿付承诺的信任基础上而使后者无须付现即可获取商品、资金或服务的能力，这种信任是以授权人和受权人双方信息对称作为前提的。但是往往由于各种条件的限制和变化，授信人和受信人双方的信息是不对称的。在这种情况下，受“自利动机”和“机会主义”行为的驱使，处于信息优势的一方就可以（采用欺骗手段等）借此获益，而处于信息劣势的一方则会吃亏，造成信用的缺失。例如：在信贷市场，现在企业普遍抱怨贷款难，而银行又抱怨找不到好的客户，由于信息不对称的存在，银行不能准确地判断哪家企业信用好，哪家信用不良。为了规避风险，银行要求企业贷款必须提供足额的抵押品或者是有效担保。

3. 电子商务市场中的惩罚激励机制不够

电子商务市场的发展还不是很完善，对于电子商务交易中出现的各种欺诈行为的约束和激励不够，没有建立完善的失信惩罚机制。失信行为一般是指尚未达到的诈骗等刑事犯罪程度的经济活动不守信行为。目前我国信用立法亟须做到：一是修改和完善现行的相关法律法规，为信用数据的开放和实施提供法律依据，对提供不真实数据的人进行惩罚；二是要对企业和个人的失信行为进行界定。最后，可以对电子商务中的交易当事人进行分级，根据调查和平时的交易记录，评定交易者的道德等级，根据等级来确定所能够交易的商品的种类和数量，以此降低由于信息不对称带来的道德风险。

4.3.2 基于买方机会主义行为的道德风险

电子商务市场中的买方道德风险发生的情况并不是很多，买方在合同达成后出现的道德风险主要有：

1. 不按时结算剩余的资金

电子商务的交易契约生效后，消费者通常会预先存入部分资金，或者通过中介来履行契约（如支付宝）。在货物到达之后，有时部分消费者不能按时结算剩余资金，出现卖方因为不能收到买方的结算确认，无法按时收到全部货款的情况，增加了卖方的时间成本，造成了不必要的损失。

这种情况下，需要采取的解决办法有：加强买方的信用管理，对买方的时间延长进行累积，根据累积数量的多少对买方的个人购买行为进行约束，当然，这需要建立完善的系统标准。

2. 货到之后否认自己的购买行为

在货物到达之后，会出现所购物品超出消费者认可范围的情况，因为电子商务是一种基于网络的交易方式，对很多的商品不可能进行实际的感触。消费者的拒绝行为会给卖方带来巨大的损失。当然，也可能给消费者带来损失，在买方拒绝成本小于接受成本时这种情况就会变成现实。

针对这种情况的解决办法有：一是优化网络市场的平台、提高交易中商品的可测性和可感知性，使买方在购买前就对商品有详尽的了解；二是加大对个人失信行为的惩罚。

3. 物流环节的问题

电子商务物流配送环节中，货物要通过邮局或者物流公司才能送到消费者手中。卖方的责任和义务是按时发货，遇到物流问题时协助对方查询。但是如果邮局或者物流公司的工作效率存在问题，不向客户作出承诺，那么其行为就属于“隐藏行为”。电子商务网站往往处于信息不对称的劣势一方，最终的结果是消费者因为配送中出现延迟而拒绝收货。

4.3.3 基于卖方机会主义行为的道德风险

社会诚信缺失和信用基础薄弱使买卖双方在电子商务中面临更大的风险。从信用角度分析，同传统市场相比，电子商务市场增加了以下几种风险：买卖双方是否真实；电子商务卖方发布的信息是否真实和完整；买方发出的订单是否真实；商品是否能按要求发送；交易一方对电子合同是否否认。由于卖方处于信息优势地位，而且是规则的制定者，比较容易规避风险，但是买方却不能有效地规避这些风险，造成买方对整个电子商务模式的回避。由于买方风险的存在，缺少了购买的内在动机，是电子商务发展的主要障碍。

买方作为市场主体是可信的，诚信卖方将信号发送给买方，依靠电子商务市场的特点驱除不可信卖方，降低买方风险，建立双方的信任关系。

第一，卖方制定交易的规则绝大部分。买方在信息和权利方面都处于劣势，在规则中处于比较被动的地位，使得买方的失信行为在很大程度上并不能获得经济利益，因而买方没有失信的动机。

第二，卖方构建了交易体系的绝大部分，并控制着体制的运行，而买方只是简单地参与到极少的环节，失信行为会被及时发现，因此卖方比较容易控制所面对的买方，维持买方群体较高的信用水平，买方没有失信的空间。

第三，社会诚信现状表明，失信行为的主体仍是卖方，消费者利益被侵害的事实屡见不鲜，买方失信的事件比较少。

电子商务市场中，大部分的付款模式是先付款后交货，如果缺乏有力的监管，就可能出现卖方的道德行为。卖方在合同达成之后出现的道德风险形式主要有：

1. 质量的不确定性

卖方可能会以次充好，给买方质量较低的商品。卖方由于占有较大的信息优势，在契约达成后，可能用较低质量的同类产品代替原来买方所选择的商品。由于消费者无法感知，出现这种情况的可能性就更大。

2. 时间的不确定性

不能按时交货。时间往往是网络交易的一个非常重要的问题，很多人之所以选择网络就是因为网络交易可以节省很多时间。由于卖方的疏忽或者和物流方的沟通存在问题，出现交货滞后的现象。

3. 网络商业欺诈行为的产生

由于网络是虚拟的，网络交易中双方无法获得对方的信息。对于消费者来说，商家的信息只能通过网络搜索来获得，由于其知识量本身就比较有限，而且也不能排除虚假信息存在的可能。于是经常会出现：今天还在经营某些商品的网站在第二天可能就已经倒闭，或者是在获得消费者部分资金后卖方消失，给消费者带来巨大损失。

4.3.4 防范道德风险的机制设计

为了解决在契约中难以明确规定的道德风险问题，不知情者总是诱使知情者基于利己“不偷懒”，选择对不知情者最有利的行为，使知情者在追求自身利益最大化的同时，也使不知情者的利益最大化，这在经济学上称为机制设计。

机制设计可以分为激励机制和约束机制。激励是不知情者设计一种契约，使知情者有利可图，积极参与；约束则指建立一种契约，使知情者的利己行为有利于不知情者。仅有约束而无激励，知情者缺乏参与的利己动力；仅有激励而无约束，则知情者可能因利己而损害不知情者利益，因此，约束与激励两者缺一不可。机制设计理论将前者称为参与约束（participation constraint），后者称为激励相容约束（incentive compatibility constraint），只有满足参与约束和激励相容约束这两个条件，才能构成有助于解决道德风险问题的机制设计。这里的机制设计主要是针对基于卖方机会主义行为的道德风险。

电子商务市场中的道德风险规避机制主要有以下几种形式：

1. 建立有效的委托：代理机制

我们可以通过有法律约束力的契约进一步明确交易双方的权利和义务，规定从交易发生到结束时的各项工作，使交易发生后双方都能够了解自己的下一步工作。同时要规定出现问题后双方的责任。电子商务市场上的许多网络内容提供商（ICP）、网络服务提供商（ISP）以代理的方式负责商品的销售宣传。比如，利用产品比较服务，向消费者提供更全面更客观的信息服务；利用搜索引擎服务，为消费者提供便利的信息搜索服务等。信息中介机制对于卖者来说是一个激励，也是一个威胁。它激励生产高质量产品的卖者进一步提高产品质量，同时也对生产劣质产品的卖者进行打击，从而限制劣质品生产厂商的发展，直至其消失。对于信息中介来说，由于并不仅仅代理一个产品，如果代理了一个劣质产品，则很有可能买者就不会再向其购买产品，因此，代理劣质产品存在风险。可见，通过这种方式可以避免单个产品代理商与生产厂商勾结，共同隐瞒信息。这种对策的实质就是委托—代理理论，它将消费者的购买选择与代理人的信誉结合起来，即消费者将购买选择建立在对信息中介信任的基础上，而信息中介获得的激励是代理品种的增多和单一品种销售量的增长。建立这种机制需要解决的关键问题，首先是委托人如何将自身利益的最大化（购买到货真价实的产品）与代理人利益的最大化（代理的产品更多和单一品种销售量的增长）结合起来，进行利益捆绑；其次是代理人必须具备充当代理人的条件，即对每一种需要代理的产品的完全信息充分把握，否则，即便代理人的主观愿望是好的，但由于信息的不完备也会误导消费者的购买行为。代理商要掌握充分完全的信息，必须具备信息甄别的能力，甄别的重点是关于产品性能和性价比的信息。

通过对现有信息中介采取的策略进行分析，对建立完善的信息中介机制提出以下建议：由公证机构搜集各企业的资料编辑成档案，信息评估机构对其进行评价，信用评级机构对企业进行排名，最后将各数据库模块进行整合，以供买者查询分析，从而使买者的购买决策趋于理性，减少因对企业或产品不了解而错误购买的可能性。这种方式能够很有效地避免道德风险和逆向选择，可以作为应对电子商务市场中信息不对称问题的主要对策。

2. 建立信誉机制

在防范产品提供商的道德风险方面，可以选择信誉机制。信誉机制又称为隐性激励，是指在进行交易的双方当中，信息优势方对信息劣势方做出的一种保证和承诺。如果一方信誉程度很高，即使信息是不完全或者是不对称的，信息劣势方也会相信信息优势方所提供的信息是真实的、有保证的，因此信息不对称引发道德问题的概率就会降低。如果电子商务提供商的信誉程度很高，消费者会认为该经营者提供的产品和服务的质量较好，从而削弱了信息不对称对产品交易活动的影响，减少了逆向选择行为的发生。那些信誉度不高的电子商务提供商就会逐渐被迫退出市场，提供虚假产品和服务的公司更是无法立足。因此，建立信誉机制，可以减少道德风险的发生，提高市场交易效率。

电子商务信誉机制的建立，就是对消费者利益的承诺与保证。电子商务提供商通过市场交换来实现自身的承诺与信誉，这是实行电子商务经营的组织特征之一。即强调以电子商务企业信誉、形象、消费利益承诺作为自身与市场的中介或担保，以换取、透支数字市场信任的经营行为。在诱发购买消费行为发生后，产品提供商再以自身的品质，满足消费者预期的消费期望值，如图 4-4 所示。

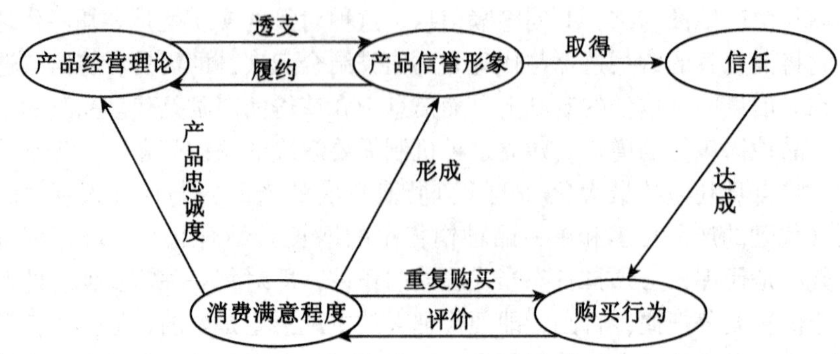

图 4-4　数字产品信誉机制形成过程

在图 4-4 所示的环节中，信誉机制的形成，建立在消费者的消费满意度水平状况上，消费满意度是影响信誉的决定性因素，而信誉是产品经营的核心。但消费者要对一个产品做出评价，他（她）必须具备一个条件，那就是消费使用该产品的直接或间接经验（如来自亲朋的信息），产品提供商要赢得市场对它的认知，但在很多时候又不能实现其产品或服务的无偿分享，而产品经营的客观规律要求它必须以其对无形资产的经营，来实现产品价值的提升和持续经营。所以，电子商务提供者必须实行对电子商务市场的信任透支战略。这种信任的透支，就是电子商务品牌精神文化系统进行的市场推广、传播行为。而这种行为实质是对电子商务信誉的透支，从购买产品到消费满意度、产品忠诚度的形成与建立，可以看做是电子商务及其信誉的自我践约过程。这就决定了电子商务企业要实现持续经营并发展壮大，就必须保障消费者的利益，以维系、提升产品的信誉。

3. 完善信用制度

改变观念、建立完善的社会信用制度也很重要。从观念上来讲，消费者需要有理性购买的思维，还要搜集多种信息进行有效分析，借助信用资料了解实际情况，从而做出理性的效用最大化决策的意识。同时消费者还应学会用法律手段维护权利，使信用制度能够正常地发挥作用，从而起到对信息不对称市场的约束作用。在建立完善的信用制度的过程中，政府应该起到非常重要的作用。信用制度的建立，需要由政府带头，创造良好的竞争环境和良好的诚信氛围，使人们自觉遵守交易准则，具有诚信意识。另外，政府还需制定完善的法律法规用以规范新生的电子商务市场。总之，在目前电子商务市场发展的初级阶段，政府有义务积极采取有效的措施使市场上的产品质量与价值的对应关系透明化，即探索性地寻找新的渠道传递产品质量信息，消除市场上的信息不对称。

4. 关系营销

由于电子商务市场具有不同于传统市场的特征，传统的营销手段在电子商务市场中不是总有效的。一方面是由于电子商务自身的一些特殊性，另一方面是由于电子商务消费者具有明显的特征。首先，不同的消费者因所处的环境不同，而产生不同的需求具有差异性。其次，各个层次的消费者具有紧密的联系，需求之间存在广泛的交叉现象而具有交叉性。最后，由于电子商务的消费者多以年轻人居多，需求具有超前性和可诱导性。因此，产品提供商应当通过不断营销创新，来减少产品交易中的信息不对称。这里要提到的是一种新的营销方式：关系营销。

关系营销的关键在于理解“关系”的内涵，关系作为一种非正式制度和正式制度造成特定经济结果时是相互补充的，并起着辅助或制约正式制度行使功能的作用。关系营销的实质是在双方交易关系的基础上建立非交易关系，以保证交易关系能够持续不断地确立和发生。因此，可以说关系营销对预防与规避道德风险能起到一定的作用。

关系营销的本质是关系。关系，从制度经济学的角度来讲，被看做是一份没有辅助于文字但却早已被人们所默认的非正式契约。它实质上是一种心理契约，与一般的契约不同，它的独特之处在于关系可以被看做能够带来长期收益的产品。通过它，交易双方可以建立起对彼此行为的稳定预期。在建立和发展关系的过程中，由于社会舆论、道德等压力的存在，以及对违约的制裁，关系承诺的存在可以减少发展关系过程中一方违约给另一方带来的损失。而如果交易双方之间存在着关系，那么由于关系这种非正式契约的存在，就可以使信息交流更加流畅，信息的不对称降低，交易双方可以对彼此行为形成稳定的预期，从而带来一定程度的可预见性，降低人们交往中的不安全感，降低交易的风险。

对于电子商务的关系营销建立关系的过程实际上就是一个对人力资本进行投资的过程。对关系进行投资的最终目的是建立关系和发展关系，并利用这些关系为自己服务。当一个社会普遍对关系进行投资时，投资越大则违约成本越大，双方越不愿意脱离固有的稳定的关系，进而机会主义行为就越少。同时为了构建长期稳定的关系结构，关系双方需要在共同的价值认知基础上，强化共同的合作意愿并进行积极的沟通。一旦关系结构建立起来，以交易者双方的共同利益为基础的专用资产投资与双边关系规划链接，也会降低双方的不确定性，并限制机会主义行为。在现实的交易中，交易双方之间都存在不同程度的信息不完全和信息不对称。如果社会普遍缺乏信任基础，在信息不完全和不对称的情况下，关系就能够起到间接传递信息的作用，很显然同自己有关系的人进行交易，可以有效地约束机会主义行为，降低交易的不确定性，这也是解决道德风险问题的基本目标。

【阅读资料】

虚拟社区对于道德风险问题的作用

在网络时代，虚拟社区对企业的重要性不言而喻，企业需要将虚拟社区的功能与营销管理有机结合。虚拟社区拥有成员的大量数据和信息，包括成员注册的私人信息和成员在虚拟社区中公开交流的信息。透过这些数据和信息分析，有助于准确了解社区成员的消费心理、购买行为和价值取向，把握消费者的真实需求。虚拟社区不仅为企业提供了一种细分到个人的有力工具，使企业能够实施一对一营销策略。而且虚拟社区降低了企业与消费者之间的信息不对称。根据《第 26 次中国互联网络发展状况统计报告》的调查结果，互联网已经成为网民的主要信息渠道，而且还是多数网民首选的信息渠道。互联网中的虚拟社区更是网民重要的信息来源渠道。虚拟社区给消费者提供了一个分享信息的空间和张扬个性的交流平台，是网络时代消费者活跃和聚集的中心舞台。虚拟社区作为一个社会和商业信息传播平台，成员可以来自世界各地，一则信息几乎可以无成本同时传遍互联网触及的世界每个角落，大大减少了消费者的信息搜寻成本。由于网民成为互联网中信息的创造者、发布者和传播者，网民由被动变为主动，拥有了更多的话语权。消费者之间的充分交流能够使他们获得更多的信息，有效降低他们与企业之间的信息不对称。

◎ 复习思考题

1. 什么是信息不对称？
2. 如何规避逆向选择带来的不利影响？
3. 道德风险产生的原因是什么？
4. 试析电子商务市场中信息不对称的影响。

5 电子商务市场中的企业

5.1 电子商务企业概述

在市场经济体系中，企业是生产经营活动的基本单位，是整个经济发展的承载体。企业的产生及其组织形态的演化是适应一定阶段社会经济发展要求的体现。而随着 Internet 的出现，电子商务的发展，整个市场竞争环境发生了重大变化，随之使得企业的组织形式相应发生变化，改变了其在市场上的行为方式。

5.1.1 环境变化对企业的影响

信息技术革新和信息化建设从根本上改变了企业的运作方式，为企业带来了巨大的商业发展契机。在电子商务环境下，信息革命改变了传统的营销方式，改进和强化了企业物流、资金流、人员流和信息流的集成管理。最突出的特点就是信息的即时传递和快速交流，从而提高了企业的经营运作效率，降低了生产经营成本，增加了企业的经济效益。

(1) 信息时代可以更快速地获取信息和知识。随着市场竞争的日趋白热化，信息社会中的知识信息是巨大的资源，企业只有及时地得到信息和知识才能获取市场先机，信息资源的争夺成为电子商务企业竞争的焦点。面对浩瀚的知识海洋但个人掌握知识有限的情况，知识共享可以更快地实现团队内部的协作和企业的应变能力，促使企业实现可持续发展，建立竞争优势。互联网络的兴起，使得信息传播的速度和传递的流量达到了惊人的地步。企业可以借助它实现企业内部与企业间的信息即时传递和沟通，并可以即时地进行知识共享，完成外部信息收集。由于信息的快速收集传递，企业的经营运转周期变短，同时对即时的信息进行分析和总结，还可以促进企业内部的学习交流，企业可以及时根据环境调节生产经营方案，快速响应。无可厚非，信息的掌控已经成为企业的生命线，成为决定企业生死存亡的关键。

(2) 降低企业经营成本。在电子商务环境下，企业成本的降低是多方面的，主要在于企业的营销成本和管理成本。

电子商务环境下的营销，大部分营销活动都在网上进行，尽管建立和维护网站或者投放广告需要一定的成本，但和其他营销渠道相比已经大大降低了。比如在广告投放的费用方面，电视广告、街头广告牌等都比网站广告、视频广告的成本花费大得多。有研究表明，进行网上广告促销，在销售量增加 10 倍的同时花费却只需要传统广告预算的 1/10。在寻找目标消费者方面，由于可以方便、迅速、低成本地获取消费者的需求信息，因而可以低成本地找到目标消费者并提供合适的方案满足消费需求。

企业到达一定规模后，各分公司子公司之间的合作甚至是部门的合作都可能出现问题，信息沟通滞后，合作不协调导致效率低下等。在电子商务环境下，通过内部局域网或远程网络，企业管理层可以随时了解各部门的运作情况，及时调节内部生产经营活动，调整经营策略，充分体现了现代企业管理的灵活性。由于企业的网络化和电子化，也使得企业管理的成本降低，在提高管理效率的同时降低管理成本，进一步增强了企业的竞争力。

(3) 提高服务质量，留住客户。电子商务环境最大的特点就是信息化和电子化的运营方式，由于信息的及时获取和沟通，使得产品和服务的提供质量得到保证。消费者的需求总是多种多样的，在电子商务环境下，生产者和消费者的距离缩短。面对新客户时，可以依托网络进行客户信息的搜集和分析，找出客户的关注点，从而有针对性地进行一对一的生产销售，给客户更多的个性化选择，满足顾客的消费需求。在客户获得产品或服务后，可以及时方便地对客户进行追踪，对产品和服务进行反馈，在获得客户满意度和忠诚度的同时对产品和服务进行考察反馈，根据反馈结果改进产品或服务，动态地满足客户需求，提供优质服务，留住客户。

5.1.2 电子商务企业的含义及特点

信息技术革命和互联网的发展带来了电子商务，也革新了企业的经营运作方式，使其有了电子商务的特征，因而新型电子商务企业出现了，而传统企业也不断向电子商务企业迈进，都不甘愿被这股时代潮流抛下，被全新特点的竞争市场淘汰。

1. 电子商务企业的含义

电子商务企业是电子商务在世界范围内全面发展的情况下出现的，电子商务企业也就是通过网络（互联网等）或电子化的方式来提供产品和服务，实现经营运作的企业。电子商务企业的涵盖非常广泛，如信息门户类网站(雅虎、搜狐、网易等)、提供各种免费资源的网站（中国共享软件网、极限下载网等)、虚拟社区类（各大高校 BBS、天涯、豆瓣等)、各类网络游戏企业（盛大、第九城市、巨人网络等)、电子商务平台（阿里巴巴、淘宝、当当网等)，等等，都是电子商务企业，而传统的企业也逐步像电子商务方向发展，电子商务企业必然是未来企业的方向。

2. 电子商务企业的分类

一般来说，对传统企业的分类有四种常用的方法，即：按产品和行业分类；按行业结构分类；按战略行为分类；按所处价值链环节的位置分类。按产品和行业分类就是主要依据企业生产什么产品或提供什么服务，或者依据企业其所在行业对企业进行分类。按行业结构分类就是分别从进入限制和产品两个角度对厂商进行分类，可自由进入退出的同质产品企业可划分为完全竞争，而异质的划分为垄断竞争，有进入障碍的都划分为寡头垄断情况。按战略行为分类指根据企业是寻求低成本的领导优势还是通过产品差别化来获取和创造价值的战略行为来分类，主要是由于产品的性质决定的。而按所处价值链环节的位置进行分类其实也就是根据企业所处在整个产业价值链的上游、中游或下游的位置，甚至是处于什么样的生产环节而进行的分类。

对传统企业进行分类的方法同样适用于电子商务企业的分类。除此之外，还有两种方法适合于电子商务企业的分类。一是根据企业对互联网的依存度不同，可以将电子商务企业分为电子商务专业企业和电子商务非专业企业。前者是指企业的所有业务和服务全部依赖于网络和电子商务形式进行，对互联网的依存度很高，如网络信息服务提供商；后者是指企业只有部分业务和服务依赖于网络，而还有部分业务和服务必须在传统的商务环境下进行，如亚马逊、当当等网上书店。二是根据厂商为客户提供的时间和信息组合服务类型进行分类，或者说，按照厂商的信息流、实物产品和服务流，节省时间的不同为标准进行分类。按照这种方法，可以将电子商务企业分为六个类别。

①信息服务型企业。这种企业的典型代表是雅虎、Google、百度等搜索

引擎类的服务提供商。除了提供日益繁杂的搜索规则和使用人工控制的目录来复制自动引擎之外，还提供针对特定群体和特定内容的专门搜索引擎(如百度地图)、组合搜索引擎和自然语言搜索服务。

②在线销售型企业。在线销售型企业致力于提供一种实物项目、时间服务和信息服务相互结合的产品，它通过提供在线目录和更新在线目录来将产品或服务的信息传递给消费者，较之传统的传单式销售来说成本更低。而且从另一个方面看，在线销售企业可以根据产品或服务的特点使产品或服务个性化，同时可以根据消费者的喜好进行个性化定制和个性化营销，可以更加准确方便地进行销售。

③交易所型企业。其实也就是第三方电子商务交易平台，它可以提供在线拍卖服务、零售服务、批发服务等。拍卖型的比如 eBay，Priceline 等，批发零售相对应的就是 B2B、B2C、C2C 的业务，比如阿里巴巴和淘宝网等。这样的企业主要提供一个交易平台，负责制定关于提供和获得信息的规则，以及其中参与者所应遵循的准则，如何达成协议并完成协议等。它提供了一个虚拟的电子市场，可供买卖双方选择、谈判和贸易等。

④电子社区型企业。电子社区就是指基于 Internet 和具有共同兴趣或利益而形成的虚拟群体，从这个意义上说，电子社区是一个就共同关心话题相互交流信息的场所，或者说是基于供应链等共同商业利益而相互结合起来形成的场所。它所提供的不仅仅是相同兴趣的人或群体的相互交流，而且可以为具有共同兴趣的个人或企业提供商机，为各种贸易活动的开展提供机遇。

⑤门户网站型企业。门户网站大多是由搜索引擎发展而来的，门户网站为消费者提供一系列基于信息的服务，可以获取信息提供的规模经济，或者是通过向使用者提供多种服务来获得范围经济，如新浪、搜狐等。门户网站主要依靠规模经济和范围经济来建立自己的赢利基础，在信息服务领域常常与搜索引擎企业相重叠。

⑥信息中介型企业。这里的信息中介是狭义的定义，仅仅指消费者的代理人，它们承担着将自己拥有的信息与其他消费者的信息结合在一起，形成一定市场力量并与卖方讨价还价的职能。与信息服务型厂商相比，信息中介型厂商更专注于市场信息；与内容提供商相比，信息中介不提供新闻、娱乐或其他类似内容，而是提供潜在的市场机会信息。同时信息中介型厂商也不像在线交易所那样直接参与市场交易，而只是向分散的消费者提供有关卖主及其商品的信息。

【阅读资料】

电子交易市场——阿里巴巴网站

阿里巴巴是中国最著名的B2B电子商务网站，是全球国际贸易领域内最大、最活跃的网上交易市场和商人社区，它是全球首家拥有超过3 000万名注册商家的电子商务网站，遍布240个国家和地区，每日向全球各地企业及商家提供上千万条商业供求信息，被商人们评为“最受欢迎的B2B电子商务网站”。它提供27个行业700多个产品分类的商业机会供查阅，通常提供大约50万条供求信息。它还提供了包括商业机会、产品展示、公司全库、行业资讯、价格行情、以商会友和商务服务的功能部件，网站的服务涵盖航运、外币转换、信用调查、保险税务等方面，还提供其他的收费服务比如信贷报告等。基于如此多的信息服务，很大程度上方便和促成了企业之间的贸易。

3. 电子商务企业的特点

电子商务时代的基本特征是共享信息资源，因而作为信息时代市场经济运作承载体的电子商务企业，也有着不同于传统企业的特征，主要体现在以下几个方面：

（1）以先进技术为基础

电子商务企业是随网络技术和信息技术的出现而发展的，因此电子商务企业的一个最重要的特征就是以先进的技术手段作为其实现的基础，如果没有技术支持，所谓的电子商务只能是一种空想。由于计算机和网络技术的发展带动了信息产业的腾飞，并引发了整个商务市场的地震，企业贸易的方式和管理的方法都有了很大的改变，企业只有跟上潮流才不至于被市场抛下，因而企业需要新的管理理念和运营模式。新的管理理念的指导和运营模式的重组，都涉及要将整个企业的业务流程纳入考虑规划范围。在进行重组变革的过程中，技术的参与特别是计算机和网络技术的支持尤为重要，企业的信息处理、产品设计、业务联系、管理决策等各个方面都离不开这些技术的支持，它们也演化为电子商务环境中企业日常工作中的常用工具和必要手段。同时，其他的信息技术也支持了企业的运营变革，并推动着企业的进一步发展和竞争力的增强。

（2）以协作分工为形式

电子商务企业的一个最显著特征在于其业务和管理的网络化，传统企业通常作为一个单一的节点，独自经营管理，而电子商务企业则更多的是扩展了企业的业务边界，通过和其他企业的业务联系来共同完成任务。在这个网络当中单个企业可以看成是一个节点，当与其他节点没有业务联系时，企业单个节点完成任务，相当于一个简单的企业单元；当与其他企业节点产生联系的情况下，不同节点分担不同的任务，通过网络进行协同工作，完成一个共同的任务目标，从而打破了各节点的独立性，组成了一个有机整体。单个节点是一个有机整体，而各个节点之间也可以进行信息交流和数据交换，通过这些交流获得更多的竞争优势，作为一个整体立足市场。

(3) 以自适应性为目标

电子商务环境是复杂多变的，环境中存在海量信息，垃圾信息、错误信息等都包含其中，因此信息获取具有高度的不确定性和不完全性。瞬间万变的市场环境可能会给企业带来机遇，也可能让企业遭受重大的打击，因此企业必须能够及时地捕捉到市场变化，并对其进行分析处理，从而根据分析结果进行相对的调整以适应市场环境的变化。

另一方面，企业还需具有敏锐的市场预测能力，通过历史资料和现有的市场信息综合分析对未来的发展做出预测。通过敏锐的嗅觉和观察能力，提前对市场的变化做出预测，并做好提前准备以适应环境的变化，实现企业的自适应机制。

5.2 电子商务企业成本效益分析

在电子商务环境中，随着企业的经营方式和经营理念的变化，电子商务企业的经营成本和效益也发生了很大的变化。在成本方面，无论是生产成本、管理成本还是交易成本、沉没成本，其成本结构和数量都发生了很大的改变；在效益方面，无论是在成本方面还是在其他方面也都带来了很大的效益，而本节主要针对电子商务的成本变化和效益变化做出分析讨论。

5.2.1 电子商务企业成本分析

任何企业，无论是真实存在的企业还是基于虚拟网站的企业，都有生产经营过程，在生产经营过程中都会产生成本花费。电子商务企业的成本主要表现为生产成本、管理成本、交易成本和沉没成本。

(1) 电子商务企业的生产成本

电子商务企业的生产成本是指其为了生产一定数量和种类、有形或无形的产品或服务时，发生的各种人力、物力和财力等的消耗。生产是企业存在的必经过程，生产的背后离不开成本。电子商务企业的生产成本由固定成本和可变成本两部分组成，固定成本不随产出的变化而相应变化，如办公室的租金、入网费、硬件购置费、网络维护费、软件购买费、人员工资等；而可变成本是随着企业产出水平的变化而变化的成本，如磁盘光盘等辅助材料、通信费、产品和信息制作费等，电子商务企业的可变成本一般占总成本的比例很小，甚至可能为零。

电子商务企业的生产成本一般较低，除了因其特殊的信息产品和软件产品具有很低的生产成本外，还在于信息技术带来的企业高效率运作。由于在信息时代的电子商务企业可以采用更多信息技术，如一些企业的计算机辅助设计（CAD）等，可以大大提高企业的劳动生产率（即单位劳动的产出），以此降低单位产品的生产成本。

通过现代信息技术不仅可以使企业的生产周期大大缩短，还能做到即时生产和“零库存”，当然，这往往需要企业所有部门通力合作。通过依托信息技术和互联网，即时生产有效地浓缩了时间和空间的差距，并可以依据所需要的量来销售产品，在生产和销售的一切环节消除不必要的浪费。做到即时生产和“零库存”意味着企业在节省了不必要花费的同时其生产经营效率也得到了提高，从而企业的单位生产成本也就降低了。

（2）电子商务企业的管理成本

信息技术对生产成本的减少作用是显而易见的，同时它也使得企业的管理成本出现减少的现象。其实也就是因为信息技术和电子商务导致企业在库存、财务、人力资源、市场营销等各项管理中的成本得以下降，从而整体管理成本相对下降。

以库存管理为例，柔性制造技术对于库存管理具有替代效应，同样的机械设备可以生产出更多种类的零部件、材料和产品，客观上对企业库存形成了即时替代作用。简单地说就是由于柔性制造技术的出现，使得即时和高效的生产成为可能，因而电子商务环境下安全的库存量较之前没有使用柔性制造技术时是有所降低的，可通过减少库存量来节省一部分的库存管理费用。图 5-1 描述了柔性制造技术对库存的替代。

在图 5-1 中，Q_0和 Q_1分别代表企业采用柔性制造技术前后的产出曲线。当企业采用柔性制造技术后，意味着某个既定的库存量可以用柔性制造技术来替代，最优库存比率点从投资柔性制造技术前的 A 点移动到企业信息化后的 B 点。由于 B 点对库存数量的需求小于 A 点，因而出现节约库存成本的技术进步反应。

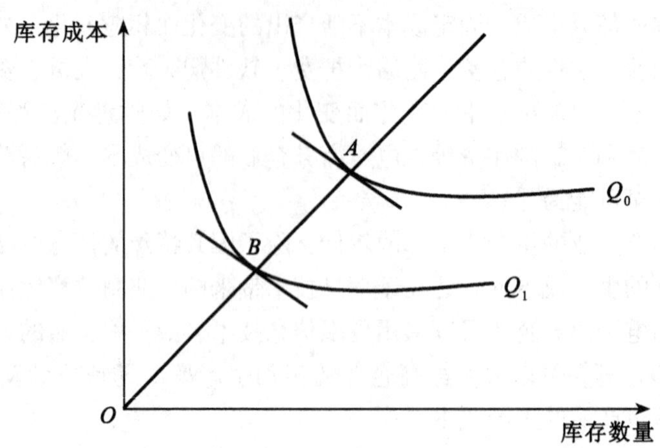

图 5-1　柔性制造技术对库存的替代

资料来源：谢康．电子商务经济学，2006

(3) 电子商务企业的交易成本

交易成本是指人们为了保证市场交易活动的顺利开展而进行的搜索、协调和监督的成本。在电子商务环境下，信息技术使得企业交易成本发生了显著的变化。

一方面，信息技术减少企业与消费者之间的环节，缩短路径距离而降低企业的交易成本。由于在互联网上信息的交换效率和传递速度都很高，从而使得电子商务企业的信息收集和传递成本减少。同时电子化手段可以使得双方通过视频会议等形式进行“面对面”交谈，在降低合同谈判、履行成本的同时可以高效地保证产品和服务的质量，通过低成本来实现点对点的交易。由于电子化和信息化的技术辅助，运输成本方面也大大降低了。因此从企业本身来说，企业的交易成本从内部到外部都是大大降低了的，通过获得廉价的交易成本来取得企业的成本优势。

另一方面，信息技术也提高了企业产品和服务分销商改变供货方时的交易成本，因为分销商要改变供货方将可能面临不得不更换现有信息系统的巨大机会成本，这一般是与信息标准和信息化工具相关。此时，信息技术无形中成为企业竞争的壁垒，也构成对新竞争者进入市场的壁垒。对于已采用某种信息技术的企业来说信息技术是其一个竞争优势，而对于没有采用某种信息技术的企业来说，不仅被提高交易费用甚至还有可能被列入不交易的范围。

(4) 电子商务企业的沉没成本

在电子商务企业的生产成本、管理成本和交易成本都大幅度降低的同时，企业的沉没成本却由于电子商务的一些特性会大幅度地上升。

沉没成本，是指如果一笔已经付出的开支无论做出何种选择都不能收回，具有理性的人只能忽略它，这种成本称为沉没成本。美国经济学家斯蒂格利茨曾经用一个生活化的例子来解释沉没成本。他说：如果你花7美元买了一张电影票，在你看了开始半个小时后发现影片糟透了。你应该离开电影院吗？在做这个决定时，你应当忽视那7美元，因为它是沉没成本，无论选择如何，那7美元都不会回来。沉没成本既可以是固定成本也可以是可变成本，既可以是部分成本也可以是整体成本。

对于电子商务企业来说，企业中的资产可分为有形资产和无形资产两种，电子商务企业的沉没成本较高的原因在于其有形资产和无形资产都很容易变成沉没资本。对于有形资产来说，电子商务企业在购买有形资产的时候就包含了很大部分的沉没成本，因为信息时代的快速发展，导致很多信息工具或信息技术的载体都在快速地更新同时也在快速地贬值，由于这些有形资产生产周期短、更新速度快，导致了其原有价值会快速缩水。对于无形资产来说，其不变成本大多是沉没成本，因为知识和信息都具有一定的时效性和相对性，错过了一定的时间和机遇，知识和信息可能就一文不值，从而不具有任何价值。

5.2.2 电子商务企业效益分析

我们知道电子商务不仅仅是贸易的电子化，还是一种新的企业管理经营方式的变革，它带给企业的利益不仅仅是可以通过货币的方式直接体现，如各种成本费用的降低和生产效率的提高等，还可以从一个更广阔的范围上获益，如企业形象、企业文化、客户关系、供应商关系等都可以通过电子商务的方式来获得收益或者使其不利因素较少。下面主要从企业生产率、信息价值以及其他潜在效益等方面进行分析。

1. 电子商务企业经营效率的提高

随着市场需求的多样性和不确定性增强，企业的生产经营也都面临着很大的风险，电子商务环境下的企业可以通过信息化的手段和经营理念来提高自身的生产效率、生产力水平和更好地适应市场，因此电子商务企业更能适应当前市场发展的要求。

(1) 电子商务企业整体劳动生产率的提高

电子商务时代最突出的特点就是信息化，信息技术等要素作用于企业生产时，可以提高企业生产的效率；作用于决策群体时，可以帮助实现生产要素的最佳组合从而提高生产力；作用于生产中的管理者时，可以提高生产系统的有序度和效率。由于信息技术的辅助，电子商务要求更高的劳动技能和工作效率，电子商务的出现，直接促进了企业生产的改进，以及从管理和经营方面提供有效的生产环境和生产解决方案，刺激了经济的全面发展和企业劳动生产率的提高。

（2）电子商务企业生产力水平的提高

按照生产力要素理论，决定生产力水平的要素除劳动者、劳动工具、劳动对象等三个“硬要素”外，还有科技、教育、管理、信息等四个“软要素”。电子商务要求高素质的劳动者，通过增强劳动者的信息意识和信息活动能力来提高劳动者素质，通过劳动工具的智能化来提高劳动工具的质量，通过扩大劳动对象的范围来增加新的劳动对象，通过优化生产力的素质、引导生产要素的合理配置、促进生产力系统运行的有序度、改善上层建筑的协调性等来充分发挥生产力功能。同时，它还通过促进科技、完善教育、提高管理水平、强化信息作用等来使这些“软要素”在生产力发展中做出更大的贡献。电子商务的社会作用，将有利于优化生产关系以及上层建筑的运行，促进生产力水平的提高。

（3）电子商务企业可以更好地适应市场变化

电子商务给无论是大企业还是小企业都带来了机会、提供了同样的平台。在电子商务环境中，无论大小企业都可以在网络上建立站点、宣传产品和服务，同时可以有效地获得客户需求信息。而信息化的手段可以促进企业生产敏捷性和适应性、服务全面性和准确性的提高，它改变了企业的竞争态势，给予企业灵活机动的竞争优势，也给予企业营销经营的统一平台，使它们可以更好地宣传和竞争，以获得竞争优势和市场份额。

同时，电子商务对于信息流的掌控，可以为企业创造新的效益，由于信息时代的信息流对于企业来说是非常关键的，因此通过以信息流控制物流和资金流从而有效地配置资源，方便快捷地与用户沟通，同时可以对企业的业务流程进行规划和重组。信息流有利于企业更好地了解自己、了解客户、了解市场，从而快速获得商务信息，加快决策速度，提高企业运作的质量和效率，并在激烈的市场竞争中快速发展，获得竞争优势。

2. 信息所体现的价值

信息是电子商务最显著的特征，在电子商务环境下，信息的有效利用可以极大地帮助企业获得竞争优势，而信息所体现的价值不仅表现在跨越时间空间的阻碍，还表现在企业经营的多样性和满足客户个性化需求方面。

（1）增加提高企业经济效益的途径

传统企业获得经济效益的方法通常都是通过一定数量的生产和销售来获得收益，大多数使用规模经济的方式来获取收益。而电子商务环境下，则是在规模经济和范围经济的相互作用下获得最大的经济收益。规模经济是通过单一品种的大量生产销售降低生产成本从而获得收益；而范围经济是对多个品种的小批量生产来降低生产成本满足客户需求从而获得收益。由于传统环境下的信息交流不方便，对于客户的需求更是很难进行个性化的掌握，因而范围经济很难准确地实现。电子商务环境下的信息流通和交互十分方便和迅捷，可以准确地获取客户需求和对产品进行分析，因此可以方便地进行规模经济和范围经济的组合。决定采用规模经营还是范围经营的关键在于产品的特点和客户需求是否具有多样性的分析，因而电子商务可以有效地利用有限的资源节省时间、降低成本，并可以通过有效地资源进行准确的分析，增加了产品规模经营或范围经营等经营方案的可能性和多样化。

另一方面，由于计算机网络的存在，不仅可以沟通商家和消费者，还可以把众多买家进行互联，通过与其他不同的企业进行联合或协助，为了相同的战略目标共同奋斗，从而在瞬息万变的市场中，获取竞争优势。

（2）时间价值效益

电子商务的时间价值效益是显而易见的，无论是在收款方面、传输文件方面还是在企业管理、经营销售方面都可以及时迅速地进行，缩短了企业经营的周期，加快资金流转，提高企业的经营效率。

电子商务可以适时收款，和传统企业的收款相比，减少了大量的收账费用和资金占用成本，可以提前回笼资金，加快了资金流转从而获得很大的时间价值效益；无纸化的办公和文件的实时传输处理，不仅代替大量纸质文件降低了文件处理成本，还提高了文件的传输处理效率，从而增加企业的经营运作效率；信息的及时传递和有效流通可以降低企业的管理成本和增加企业的管理效率，可以迅速地把市场需求信息传递给企业，也可以把企业需求信息传递给供应商，通过内部网络和外部网络的有效信息交流，了解企业内外的经营总体状况和市场变化，从而可以及时对市场反馈做出反应，还可以及时对企业内部进行有针对性的管理；电子商务平台是信息交流的主要场所，可以快速提供各种信息，同时可以及时和消费者交互，因此电子商务给企业和消费者提供了更多消费选择和开拓市场的机会，增加了商机，打破了时间空间的限制，拓展了商务活动的范围。

（3）提高交易效率

利用电子商务采购系统，企业可以加强与供应商之间的合作，将原材料采购与产品制造有机地结合起来，形成一体化信息传递和处理系统，从而降低了采购成本。其次，合理的安排原材料进货和按订单生产，从而减少库存加快资金周转。电子商务将传统商业活动中物流、资金流、信息流的传递方式利用网络技术加以系统整合，将贸易中的商业报文标准化，使其实现自动化处理和瞬间传输，从而避免了传统商务费用高、误差大、速度慢等缺点，极大地缩短了交易成本与时间，提高交易效率。

电子商务利用网络或计算机技术加强上下游厂商的联系，改善供应链管理，通过改变采购销售的互动模式，降低供应链运营成本，提高供应链运营效率。依靠规范化的事务处理流程，将电子化的自动处理和人工操作有效地结合起来，不仅提高了系统运行的严密性、准确性，也提高了资源的有效配置，将程序化和非程序化的操作结合起来，通过系统来与客户进行双向沟通，分析处理数据获得准确的客户需求和反馈，从而改进产品和服务。这样可以极大地提高资源配置优化和经济运行效率，还可以保持很高的客户忠诚度，提高交易效率。

(4) 强化差异性

电子商务环境下的企业较传统企业最擅长的就是可以实时和客户进行交流沟通，可以迅速了解客户的偏好和购买行为，同时可以迅速将消费者需求反映到决策层。

消费者需求的多样性决定了企业的多元化生产和经营，消费者的需求就是企业进行生产的原动力，电子商务环境下的企业掌握着全新的信息技术和开发新产品的能力，通过交流反馈和对消费者数据的分析来获得准确的消费者需求从而安排产品和服务的生产销售。它可以极大地满足消费者的个性化需求，主要表现在两个方面：一方面企业可以通过电子商务平台或者新的信息技术和消费者进行实时沟通，在售前和售后都及时听取消费者意见，从而对产品和服务进行改进；另一方面，通过消费者的浏览数据，和针对消费者无意识购物行为的分析研究，获得消费者的购物行为模式和其市场需求，从而做出相应的决策。

3. 其他潜在效益

(1) 方便树立良好的企业形象

企业的形象构成了企业资产中企业品牌的一部分，良好的企业形象是企业巨大的无形资产，可以为企业带来不可估量的利益。电子商务为企业提供了一种可以全面展示其产品和服务的虚拟平台，在这个平台上所展示的企业形象更加立体，起到了提高企业知名度和信誉的作用。同时，企业可以通过网络宣传树立企业形象，发布广告来传递产品信息，使消费者对企业形成的注意力带来注意力经济，通过友好界面、可靠的安全性和齐全的品种来将一个信誉良好、产品服务优良的企业形象烙在消费者脑中，从而为企业树立良好的企业形象。

（2）方便进行客户关系管理

由于信息可以快速准确的传递，为个体交流提供了很大的便利，使得消费者的需求信息可以快速地传递给企业，从而可以方便地量体裁衣，满足客户的个性化需求。电子商务带来的互动性克服了许多由网络的虚拟感觉而带来的虚幻和不真实，让客户真正体会到电子商务的超强功能，比如客户服务方面互动性使电子商务比传统的售后服务要更有亲和力。电子商务时代强大的信息技术可以存储大量的客户信息，通过对这些信息的搜索分析，可以获得消费者的真实需求和关注点，从而可以有针对性地进行营销、销售和售后，从不同时段全方位地提供个性化的客户服务，对客户关系进行有效的管理。

（3）容易获悉竞争对手及其产品信息，方便做出正确的决策

知己知彼方能百战不殆，在当前的竞争环境中更是如此。由于信息的快速流通和实时交互，竞争对手的信息较以前来看更为容易获得，因而可以根据竞争对手的竞争策略来调整企业自身的经营方式，从而做出正确的决策。

（4）使得企业转向科学的管理理念和经营模式

开展电子商务不只是贸易方式的电子化，更主要的在于经营方式和经营理念的科学化，以更为科学的方式来进行企业经营和管理。在科学的经营管理理念指导下，以及先进计算机信息技术的支持下，对传统的商业结构模式进行再造，使企业的运作架构最终可以符合电子商务的特征，从而直接和市场接轨，提高员工知识和综合素质等。

5.3 电子商务企业组织结构

组织就是由两个或两个以上的个人为了实现共同目标而结合起来协调行动的有机整体。组织结构是表面组织各部分排列顺序、空间位置、聚散状态、联系方式，以及要素间相互联系的一种模式。它是执行管理和经济模式的体制，是为实现既定的经营目标和战略目标而确立的一种内部权力、责任、控制和协调关系的形式。而企业的组织结构是和一定的生产力水平相关的，当前在电子商务环境下，信息技术的支撑，各种全新管理理念的贯彻，企业的经营管理已经有了新的特点，企业的组织结构也因为要适应市场不断地进行着自身的改造和创新。

5.3.1 传统企业组织结构及特点

传统组织结构设计理论正式产生于19世纪初，主要代表人物有泰罗、法约尔、韦伯等，在这些理论的指导下，产生了U型、M型、H型和矩阵型等传统的企业组织结构模式。

1. U型企业组织结构

U型企业组织结构，也称职能部门型组织结构，即公司内部划分生产、销售、开发、财会等职能部门。该结构是以直线制为基础，公司总部从事业务的策划和运筹，并设置相应的管理职能部门，直接领导和指挥各部门的业务活动和经营管理。职能部门拟定的计划、方案以及有关指令，由生产行政领导者批准下达，职能部门对下级领导者和下级机构无权直接下达命令或进行指挥，只起业务指导作用。

U型组织结构的优点是集中统一，各部门之间的协调性好，可以发挥专业管理作用的长处，从而有利于提高企业组织管理的效率。但在电子商务环境下并随着企业规模的扩大，信息化要求提高伴随着组织环境的复杂性和交易性程度的明显提高，对专业分工的职能部门和横向联系也提出了新的要求。高层领导们陷入了日常生产经营活动，缺乏精力考虑长远的战略发展，而且行政机构越来越庞大，各部门的协调越来越难，造成信息和管理成本上升。

2. M型企业组织结构

M型企业组织结构又称事业部门型组织结构，它是在企业统一领导下，根据产品、地区或市场而划分的，统一进行产品设计、采购、生产和销售活动的相对独立的经营单位。在这种结构中，公司总部授予事业部门很大的经营自主权，使其内部类似一个个独立的企业，根据市场情况自主经营、独立核算、自负盈亏。事业部是企业的利润中心，具有利润生产、核算和管理的职能，有自己的产品责任单位或市场责任单位，并有自己的产品和独立的市场（如图5-2所示）。

M型企业组织结构的优点在于便于灵活地根据市场做出相应的对策，取得竞争的主动权，有利于企业高层从繁重的日常经营业务中解脱出来，集中精力致力于企业的战略决策和长期规划，有利于调动部门积极性，并监督、协调各事业部的活动和评价各部门的绩效。但网络环境的存在压缩了企业的组织层次，事业部的不足主要体现在其作用的利润中心容易产生本位主义，树立信息交流壁垒。而且，各事业部设立的职能部门容易造成管理机构垂直，管理人员浪费，增加交易成本，不利于事业部合作和各自

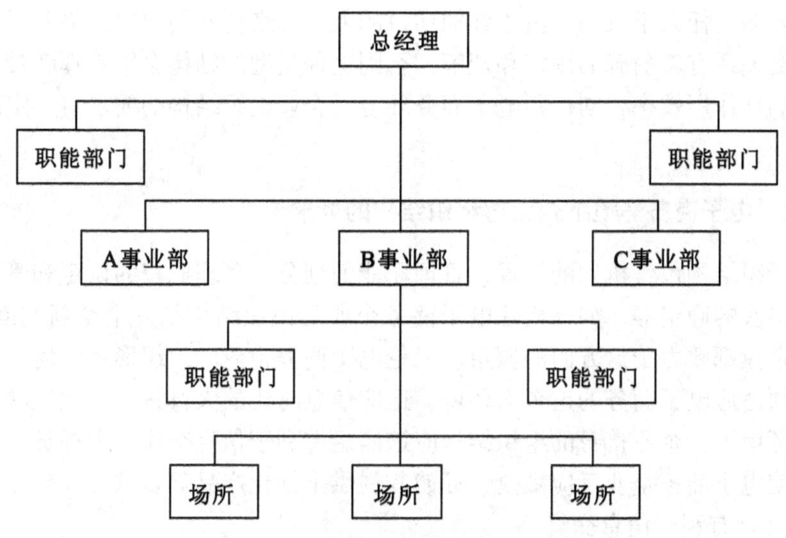

图 5-2　M 型企业组织结构图

资料来源：刘培刚，郑亚琴．网络经济学，2007

目标的实现。

3. H 型企业组织结构

H 型组织结构，亦称控股公司型组织结构。H 型组织结构较多地出现在由横向合并而形成的企业之中，这种结构使合并后的各子公司保持了较大的独立性。子公司可分布在完全不同的行业中，如生产和销售、不同产品的制造、为不同的市场区域服务等，而总公司则通过各种委员会和职能部门来协调和控制子公司的目标和行为。这种结构的公司往往独立性过强，缺乏必要的战略联系和协调，因此，公司整体资源战略运用存在一定难度。

4. 矩阵型企业组织结构

矩阵型企业组织结构把按职能划分的部门和按产品、服务项目的划分小组结合起来组成一个矩阵，同一名职能成员既同职能部门保持组织与业务上的联系又参加产品或项目小组的工作。它在组织结构上，既有按职能划分的垂直领导系统，又有按产品（项目）划分的横向领导关系结构。这种组织结构形式是固定的，人员却是变动的，需要谁谁就来，任务完成后就可以离开，项目负责人也是临时组织和委任的。矩阵型组织结构的优点是使企业组织管理中的纵向联系和横向联系较好地结合起来，加强了职能部门之间的协调配合，激发了成员的积极性，提高了技术水平并有良好的适应性和稳定性。但正因为这种突破也容易在组织内部引起工作矛盾，它的缺点在于项目负责人的责任大于权利，由于参加项目的人员都来自不同部门，除非对职权和职责关系有着明确的规定和理解，否则这种类型的结构会给管理者带来问题并牺牲作用效率，同样距电子商务环境对企业组织结构的要求有一定的距离。

5.3.2 电子商务环境下企业对组织结构的要求

组织结构包含机构的设置、管理职能的划分、管理职权的认定和管理幅度、层次的确定等。如何构建电子商务企业的组织结构是一个全新的问题，很多企业都致力于这方面的探索。无论电子商务企业的组织形式如何，它们都必须适应电子商务的这个大环境，适应信息时代的大背景。因此在电子商务的环境下，企业自身的组织结构应该满足有利于信息交流、发挥员工创造力、使电子商务企业反应敏捷、促使其提供个性化产品等要求。

(1) 有利于信息交流

信息资源在当前的信息时代背景下，是电子商务企业生存的立足之本，信息资源的争夺是企业竞争的焦点。电子商务企业对于信息交流的要求分为两方面：一方面是企业对外部信息的获取；另一方面是企业内部的信息交流和沟通。在电子商务环境中，信息的获取必须及时准确，而一个人的力量是有限的，企业必须充分利用整体优势及时获得足够的信息。一般情况下，直面产品、市场和消费者的是基层的员工，但他们并不进行决策，而直接进行决策的企业高层并不能直接获得这些有效的信息。因此，无论企业外部和内部之间充分的信息交流和沟通都是必要的。因此电子商务企业的组织结构设计必须要满足这种需要，无论是外部的信息沟通还是内部信息的上下传递，都必须保持信息的真实性、完整性和及时性。

(2) 能发挥员工的创造力

传统市场中提供的产品大多是单一品种的大批量生产，其典型的生产方式是生产线生产，因此企业对员工的要求大多是专业化的机械性工作，强调纪律性、稳定性和精确性。而在电子商务环境下，消费者的需求日益多样化，并不仅限于一种或几种产品或服务，因而企业想要在白热化的竞争状况下保持竞争优势就必须要进行创新。电子商务企业的竞争焦点也转为企业的创新能力、学习能力以及反应能力。因此，电子商务企业应该要充分发挥每位员工的创造力，使其可以自觉地发挥所有的思想和知识为企业服务。企业在进行组织结构设计时必须要考虑到如何鼓励员工进行创新，允许员工提不同的意见。

(3) 能使电子商务企业反应敏捷

电子商务时代，企业所处的信息经济环境瞬息万变、不可预测，如当前变幻莫测的股市。复杂多变的外部环境要求企业能够快速捕捉市场的细微变化，针对变化迅速完成必要的自身调整。这不但要求企业的高层决策人员具有敏锐的市场观察力和迅速调整企业经营战略的能力，还要求企业的员工有独立处理事务的能力和权力。因此，电子商务环境下的企业组织结构就应该避免面对复杂多变的实际情况时，事事需层层请示才能决策，错过绝好的获利时机或克服危机的时刻。

(4) 能使电子商务企业提供个性化产品

信息时代下，消费者的需求是多样化的，无论是对于新闻资讯的需求还是对于电脑软件的需求，不同的消费者对于产品和服务的期望总是不同的。企业要立于不败之地的根本也在于抓住消费者的需求，根据消费者不同的需求进行个性化生产。在信息技术的协助下，电子商务企业可以直面消费者，根据消费者的需求下订单，从而根据其要求进行个性化生产，这样的经营方式对企业组织结构的要求很高，要求其不仅能为消费者提供多种选择，还要能快速地对消费者的需求进行相应的生产。因此，当前的企业组织结构应当满足这种要求，超越传统市场中流水线的组织管理形式。

(5) 能满足员工的多种需求

员工是企业的根本创造力，员工也支撑了整个企业的架构。马斯洛(A. H. Masluo) 认为人的需求分为生理的需求、安定或安全的需求、社交和爱情的需求、自尊与受人尊重的需求以及自我实现的需求5个层次。电子商务时代是个个性化和需求多样化的时代，许多员工并不在乎物质利益，而更重视精神收益，比如成就感和满足感。因此，企业不但应满足员工的低层次需求，还应满足其高层次的需求。企业在进行组织结构设计时也必须要考虑到员工的多样需求，才能促进员工创造力的提高。

5.3.3 电子商务环境下企业组织结构的特点

电子商务环境中信息交流的快速性、交易的复杂性等都要求了企业必须要建立一个较为发达并有效的层级结构，与传统的U型、M型、H型和矩阵型组织结构的企业相比，电子商务企业的组织结构有如组织管理虚拟化、柔性化，组织结构扁平化、组织决策分散化和网络化等特点，也是企业适应当前电子商务环境的体现。

(1) 虚拟化

电子商务企业的一大特点是虚拟化，虚拟化并不意味着将所有的企业组织结构虚拟，没有实体存在的形式，而是只保留规模较小而具有核心竞争力的部门，主要是对不同组织的核心能力进行动态组合。由于当前处于信息的知识经济时代，经营的主导力将从经营力、资本力过渡到信息力和知识力，主要通过计算机网络把处于不同地方的个人或组织、设备工具、软件等联合起来进行密切的合作而非空间上的聚集。电子商务环境下的企业具有无可比拟的合作关系，它们更多地依靠高度发达的信息技术和通信技术进行分散但互利的合作。

虚拟化的组织结构具有三大特点：一是用特殊的市场手段取代传统组织中行政管理来联合各个经营单位之间及其与公司总部之间的关系；二是从纵向一体化管理到横向一体化管理，虚拟企业打破了传统组织的金字塔式的纵向管理模式，取消了从价值产生到价值确认过程中的许多中间环节，而采取了价值产生与价值确认直接对应的横向模式；三是以信息流支配物质流，虚拟企业采用发散的信息技术，从而使企业的信息流动支配企业的物质流动成为可能。

（2）柔性化

基于 Internet 和电子化手段的电子商务企业在企业组织管理方面也不再是刚性的、难以随便调整的，而是柔性的、可以快速地随着市场的变化不断做出调整，以求最大限度地适应市场的发展。电子商务企业能快速有效地围绕临时的或快速变化的任务目标来合理配置并充分利用各种资源，并增强对环境动态变化的适应能力。电子商务企业中的柔性化部分体现在其完成临时性任务方面，柔性化组织最为流行的组建形式是使用团队结构，在多变的市场竞争环境当中，团队可以快速地组合、重组、解散等，比传统部门结构更灵活，反应更迅速。

在信息时代，市场竞争环境的白热化使得企业在经营运作时会出现各种各样的可能，因而企业要保证可以快速地应对市场。同时网络技术和信息技术的不断发展革新，促使个人、企业等社会团体可以依靠网络，根据自身任务目标建立起合适的团队，发挥优势共同达成目标，促进企业更好地应对市场的快速变化。柔性化的特点既可以使企业的组织结构模式更为灵活又可以较为成功地、快速地完成任务目标。

（3）扁平化

组织结构扁平化就是通过破除公司自上而下的垂直高耸结构，通过减少管理层次、增加管理幅度来建立一种紧缩的横向组织，将组织结构形态由原来的金字塔式向网络化转换，使企业灵活敏捷、富有弹性和创造性。

传统的企业组织结构是“金字塔”形的，具有庞大的中层管理部门，中层管理部门的职能：一是在信息处理能力有限的情况下，起到“中继站”的作用，负责信息的收集和传递；另一方面是因为“金字塔”形的管理跨度较大，中层管理层负责对操作层进行监督控制。随着电子商务技术的发展使得信息处理效率快速提高，通过应用计算机辅助管理手段同时也提高了管理效率，此时信息可以快速传递、直线管理，沟通的障碍被消除，因此就没有必要再维持一个庞大的中间管理层，企业就转变成为高新的扁平化组织。

（4）组织决策分散化

在工业经济时代，组织高层几乎拥有所有的决策权。在这种单一的决策模式下容易产生官僚主义、低效率、结构僵化、沟通壁垒等问题。网络经济的发展，要求企业组织由过去高度集中的决策中心模式改变为分散的多中心决策模式，组织的决策由基于流程的工作团队来制定。决策的分散化能够增强组织员工的参与感和责任感，从而大大提高决策的科学性和可操作性。

（5）网络化

网络化组织以其扁平、灵活、高效、柔性等特点，将成为传统企业在电子商务发展阶段组织结构变革的方向和目标。企业组织结构的网络化主要体现在四个方面：一是企业形式集团化。随着经济全球化的趋势，企业集团、企业战略合作伙伴、企业联盟大量涌现，这使得众多企业之间的联系日益紧密起来，构成了企业组织形式的网络化。二是企业经营方式连锁化。很多企业通过发展连锁经营和商务代理等业务，形成了一个庞大的销售网络体系，使得企业的营销组成网络化。三是企业内部组织网状化。由于企业组织架构日趋扁平，管理层次减少。跨度加大，组织内的横向联络不断增多，内部组织机构网络化正在形成。四是信息传递网络化。随着网络技术的飞速发展和计算机的广泛应用，企业信息传递和人际沟通已经逐渐数字化、网络化。不同部门、员工之间通过先进的通信技术进行信息沟通和及时有效的交流，可增进员工之间的了解，提高其学习能力，并增强部门之间的协同能力，有利于企业处理复杂的项目，形成竞争优势。

5.4 电子商务企业的商业模式

电子商务环境使得信息可以完全脱离实物产品而单独传递，同时电子商务环境具有传统市场竞争环境所不能比拟的特点和优势，因而产生了很多新兴的市场活动，随之也产生了与传统企业不同的商业模式。

5.4.1 电子商务商业模式的内涵

商业模式是一个企业赖以生存的基础，也是其为企业带来收益的方式，商业模式刻画了市场交换要素组合和结构化的方法。电子商务模式是网络企业生存和发展的核心，关于电子商务商业模式的定义有很多种。

(1) Rappa认为电子商务模式是企业借助互联网获得收入的方式，这种方式可以使企业可持续发展。

(2) Timmers认为电子商务模式是通过电子市场反映产品流、服务流、信息流及其价值创造过程的运作机制。

(3) Osterwalder等人认为电子商务模式是电子商务战略的体现，是对企业通过电子手段实现其商务战略在结构层面的概括，是电子商务系统流程的基础。

(4) Amit和Zott认为电子商务模式是电子交易处理组成的架构，该交易处理的组成包括特定的信息、服务、产品，以及从事交易的各方。

(5) Peterovic等人认为电子商务模式就是对电子商务系统创造价值的实际流程背后逻辑的描述，是对企业通过电子手段实现其商务战略在概念层面和结构层面的概括，并且是企业实施电子商务流程的基础。

(6) Weill和Vitale认为电子商务模式包括对决定企业产品、信息以及资金流的消费者、客户、同盟和供应商各自的角色以及相互间关系的描述，还包括各方获得的主要利益的描述。

虽然，以上的描述和定义各不相同，但它们也都有一个相同点，也就是电子商务模式的本质——企业通过互联网获取利润的方式。本书认为，电子商务的商业模式其实也就是在网络环境中基于一定技术基础的商业运作方式和赢利模式。对于电子商务商业模式的讨论包括：客户价值、商业范围、定价、收入来源、核心能力、关键成功因素、关联活动、实现和持久性等。

5.4.2 电子商务商业模式的类型

电子商务以其独特的运营模式提供商务交易、新闻、网上社区、电子信箱等服务，同时新的电子商务模式不断推陈出新。研究和分析电子商务商业模式的类型，有助于挖掘新的电子商务商业模式，为电子商务商业模式的创新提供依据。下面通过几种主要的电子商务模式理论，来了解不同类型的电子商务商业模式。

1. 基于收入的电子商务模式理论

Rappa和Afuah认为电子商务模式是企业通过互联网获得收入的方式，

这种方式可以使企业可持续发展。按照收入方式的不同，将电子商务模式分为9种。

①经纪人模式，指作为联系买方与卖方的市场创造者，通过促成交易收取一定费用。

②广告模式，指企业在自己的网站上通过提供一些内容或者服务来吸引访问者，向在网站上进行宣传的企业收取广告费。

③信息中介模式，指收集网上消费者、网上企业的信息，经过加工处理，提供或出售给企业和网上消费者。

④销售商模式，指批发商和零售商通过网络出售货物。

⑤制造商模式，指制造商绕过批发商和零售商等环节将产品直接出售给消费者。

⑥联合营销模式，指访问网站的浏览者通过本网站提供的链接点击进入一些批发商或者零售商的网站并完成一些交易后，本企业就会从批发商或零售商处得到提成。

⑦社区模式，指企业通过建立网上社区，吸引一定数量的参与者，企业依赖建立起来的社区忠诚宣传并销售自己的产品和服务。

⑧订阅模式，指按月、季、年收取访问者的订购费，提供有价值的内容和服务。

⑨使用量模式，指按访问者的使用量收取使用费。

2. 基于创新程度高低的电子商务模式理论

Timmers根据商务模式创新程度的高低和功能整合能力的多寡、商务模式构建的系统化方法——价值链分解和价值链重构以及交互模式（即一对一、一对多、多对一和多对多），提出了11种电子商务模式，即电子商店、电子采购、电子商城、电子拍卖、虚拟社区、协作平台、第三方市场、价值链整合商、价值链服务供应链、信息中介和信用服务。

每种模式包括三个要素的描述，即：商务参与者的状态及其作用，企业在商务运作中获得的利益与收入来源和企业在商务模式中创造与体现的价值。

3. 原子模式理论

Weill等人认为，电子商务模式通过描述企业与其客户、供应商、合作伙伴之间的产品流、信息流、资金流以及各自的利益，从而阐述它们之间的关系和作用。该理论认为企业的电子商务模式都是由8种原子模式之一或其中的几个组合而成的。8种原子模式如下：

①直销模式，指买卖双方直接接触，面对面非定点的销售方式，直接绕

过传统的批发商和零售商。如果买卖达成，买方向卖方支付货款，卖方向买方交付商品，而货款的支付和商品的交付既可以通过电子方式也可以通过传统方式。

②全面服务提供商模式，指企业通过与客户之间的单一联系点为客户提供某一领域的各项服务或者说是全面服务，这种领域可以是为满足客户需求提供多种产品或者服务的任一主要领域，如金融服务、零售以及健康保健领域等。全面服务提供商从自己企业内部和外部获取各种产品或服务资源，通过客户选择的渠道将它们加以合并，并向客户提供，从而实现价值增值，适合于采用 B2B 和 B2C 电子商务的传统公司。

③中介模式，指中介企业通过为买卖双方提供信息，将买卖双方聚到一起，在他们进行交易的基础之上获取收益。中介可以降低买卖双方的搜寻成本和交易成本，而且还创造了价值增值和市场机会。中介包括专业拍卖（如 Manheim）、电子交易市场（如 NASDAQ）、购物代理（如 Jango）、电子拍卖（如 eBay）、电子商城（如 iMall）、门户网站（如雅虎）等。

④企业整体服务模式，指具有多个业务单元的多元化经营的大企业通过为用户提供一个单一的联系点，帮助用户在众多的业务单元中明确其所需的产品或服务。它使企业客户可以同时使用一个企业的多种产品和服务并同时与企业内部多个业务单元发生联系，如花旗银行。

⑤共享基础设施模式，指多个竞争对手通过共享 IT 基础设施，将分散的信息进行集成，弱化彼此间的竞争，对于其他的潜在竞争者可以构筑坚固的进入壁垒，有效地抵抗潜在的垄断者。它通过电子交易联盟等方式来获取合作和收益，它可以提高企业的竞争力，为企业赢得商业价值和经营利润等。例如美国汽车行业电子交易联盟，典型的电子交易联盟是 2000 年三大汽车公司——通用、福特、克莱斯勒公司联合组建的美国汽车业交易平台，这个平台连接着超过 3 万家供应商，它们可以共享信息资源，每年可以实现巨大数额的在线交易。

⑥虚拟社区模式，虚拟社区指由有共同兴趣的人们聚合在一起所形成的团体，可以在里面分享知识和信息，是具有潜在社区价值的商业网站。比较著名的有 The WELL、Edmunds，国内的天涯、豆瓣等。由于信息技术的进步和显卡性能的大幅提升，虚拟社区已经逐步从 2D 演化到了 3D，目前国外比较著名的有 Second life，而国内的代表虚拟社区有 HiPiHi（海皮士）、Mworld 等。

⑦增值网络集成商模式，为实际价值链中的委托人收集、综合和传递信息来控制行业中的虚拟价值链，并通过协调信息的方法来提高价值链的利用

效率，从而使其价值得到增加。典型的企业代表包括美国思科、澳大利亚零售商 Coles Myer 和日本的 Seven-Eleven 等。

⑧内容提供商模式，指通过第三方制造和提供数字化形式内容的企业，主要提供软件、音乐、电影等数字产品，以数字产品为内容提供服务。典型的企业代表有美国在线—时代华纳公司、美国有线新闻网和英国路透社等。

5.4.3 电子商务商业模式的比较

下面结合原子模式理论，并分别从不同商业模式的客户关系与客户交易、战略目标与收入来源、关键成功因素与核心能力等方面对八种类型的商业模式进行比较。

1. 从客户关系、数据和交易上进行比较

无论哪种商业模式，都会涉及谁拥有客户关系、谁拥有客户数据和谁拥有客户交易等客户关系管理问题（参见表 5-1）。Weill 等人认为，商业模式中拥有客户资产越多，潜在赢利能力就越强，只拥有客户关系比只拥有其他两项资产中的任何一项所产生的效果都要好。其中，直销、全面服务提供商模式具有最强的潜在赢利能力，其次是企业整体服务模式，中介和共享基础设施模式位于第三级，虚拟社区和增值网络集成商模式的潜在赢利能力较弱，内容提供商模式的潜在赢利能力最差。然而，近年来不同的商业模式的发展结果似乎并不能完全印证上述的分析，现实中企业电子商务的商业模式是否赢利和潜在赢利能力也许更加复杂。

表 5-1　不同商业模式对客户关系、客户数据和客户交易的拥有情况

商业模式	客户关系	客户数据	客户交易
内容提供商	×	×	×
直销	✓	✓	✓
全面服务提供商	✓	✓	✓
中介	✓	✓	×
共享基础设施	×	✓	✓
增值网络集成商	×	✓	×
虚拟社区	✓	×	×
企业整体服务	✓	✓	✓

注释：表中×表示未拥有，✓表示拥有。

2. 从战略目标和收入来源上进行比较

不同商业模式具有不同的战略目标和收入来源，详见表5-2。

表5-2　　不同商业模式的战略目标和收入来源

商业模式	战略目标	收入来源
直销	• 提供更低的价格 • 拥有更加密切的客户关系 • 绕过其他的价值链参与者 • 不需要实际的基础设施和销售力量就能拓宽地域范围 • 促进以实际措施（如价格或独立评定质量）为基础的竞争	• 直接销售的收入 • 较低的分销渠道成本 • 绕过第三方而获得的利润
中介	• 提供将买方与卖方联系到一起的单一访问点服务 • 通过集中信息来拓展市场	• 交易费用 • 列表费用 • 以点击为基础的介绍费 • 销售佣金
全面服务提供商	• 拥有重要的客户关系 • 在某个领域满足细分客户全部需求 • 集成自身的产品和服务与第三方的产品和服务	• 年度会费 • 资产管理费用 • 交易费用 • 内部产品的利润 • 出售第三方产品的佣金 • 广告费或排名费 • 出售综合的客户数据和线索的费用
企业整体服务	• 在具有多个业务单元的企业里为特定客户群提供单一的联系点 • 通过有效组织使客户能方便地获取所需的产品或服务信息 • 作为联系各个业务单元的向导 • 帮助客户在众多的业务单元中明确其所需的产品或服务	• 企业向客户提供产品或服务获取利润 • 收取年度费用或会员费

续表

商业模式	战略目标	收入来源
共享基础设施	• 多家供应商在某些领域相互合作，以便有效竞争 • 在某些共享基础设施和系统内的综合行业信息领域内放弃竞争 • 通过实行规模经济来降低成本 • 对于潜在垄断者可进行有效抵抗 • 对其他供应商可构建进入壁垒	• 共享基础设施的会员费 • 结盟者和客户的交易费 • 销售客户和合作伙伴行为的概括性数据的收入 • 设备租赁费用 • 物流服务费
虚拟社区	• 为某一共同的兴趣建立一个社区 • 当社区不断扩大时，获得不断增长的回报	• 会员费 • 想进入该社区的第三方支付的广告费 • 链接费或会员因购买支付的佣金 • 销售会员的综合数据或某一方面数据的收入 • 直接销售商品和服务的收入
增值网络集成商	• 通过搜集、综合和传递信息来协调价值网（链） • 拥有获取信息的良好途径，占据某一行业价值网（链）的中心位置 • 与其他参与者一起提高价值网（链）的有效性	• 通过控制虚拟价值链来与其他价值网参与者分享利润或收入分成，或者收取特许使用费 • 与价值网其他成员分享增长的收入或降低的成本
内容提供商	• 通过结盟者开发和提供信息或数字产品 • 专业知识在本领域处于世界一流水平	• 每月收取的内容使用费 • 终端客户访问内容或网页所支付的费用

3. 从关键成功因素和核心能力上进行比较

不同商业模式，其关键成功因素和核心能力也不一样，详见表 5-3。

表 5-3 **不同商业模式的关键成功因素和核心能力**

商业模式	关键成功因素	核心能力
直销	• 吸引大量客户的关注并且想方设法加以维持 • 降低获得客户成本 • 拥有客户关系并且理解客户的独特需求 • 增加重复购买的次数并且扩大平均交易规模 • 快速有效的交易处理、履行和支付机制 • 确保组织及其客户的足够安全 • 使用方便并且体验丰富的界面 • 多种渠道集成 • 处理好潜在的渠道冲突	• 建立并且管理好与供应商、支付处理商以及供应链上的其他各参与方之间的战略合作伙伴关系 • 充分利用拥有客户信息的优势把握客户的需求，并且由此增加收入和利润 • 通过旗帜广告、电子邮件等电子方式进行营销、调查并且销售商品 • 管理并且集成在线和离线的业务流程以确保客户价值的实现 • 通过创建独特的内容以减少价格竞争的影响
中介	• 吸引并且维持相当数量的客户 • 有能力迅速扩大基础设施的规模以满足需求的增加 • 拥有客户关系，客户高度忠诚 • 拥有客户数据 • 不断扩大服务的范围并且提高服务的质量	• 能够对产品、价格以及客户需求等信息进行收集、综合并加以应用 • 能够对客户信息进行分析和分类，能洞察客户偏好以及客户群规模的变化和发展趋势 • 能够达到服务完整性

续表

商业模式	关键成功因素	核心能力
全面服务提供商	• 成为所在领域的领导者，能够提供客户所需的这一领域的很多产品或服务 • 必须具备良好的品牌和信誉，才能使客户乐于在这里解决其全部的需求 • 仅仅向第三方提供完成交易所需的最少量的信息，以防止客户关系为第三方所攫取 • 拥有比其他任何方都更多的客户数据 • 实施适当的方案保护内部和外部供应商以及客户的利益	• 关系管理。有能力组织并且管理好与客户以及价值链上的其他主要参与方之间的关系 • 客户和产品信息管理。对客户群及其需求的相关信息进行收集、综合和分析，并且与当前可以提供的产品或服务匹配，同时明确产品创新的机会 • 信息技术基础。集成交易处理、客户数据库、与供应商的电子链接以及安全保障系统 • 品牌管理和发展。建立值得信赖的品牌，客户可以期望从这个品牌获取高质量和可靠的产品及服务以满足自己的需求
企业整体服务	• 改变客户的行为习惯以利用这种商务模式 • 降低每个业务单元的成本管理和转移价格 • 从企业整体的角度对产品、培训、交叉销售以及激励措施等给予关注 • 对客户访问企业相关信息的行动进行有效组织 • 重组企业的业务流程，使前台的信息与后端的流程和系统运作保持一致	• 明确对客户有意义的渠道及事件 • 使企业从关注每个业务单元转向关注企业整体 • 管理好各种复杂的系统 • 使不同业务单元的管理者达成一致

续表

商业模式	关键成功因素	核心能力
共享基础设施	• 在各个参与方之间平均分配收益 • 提供客观的产品和服务信息 • 拥有相当数量的联盟伙伴和客户 • 管理好联盟伙伴之间的渠道冲突 • 将服务和收益情况及时准确地传达给每一个成员 • 创建并维持系统的协同工作能力	• 提供建立联盟所需的基础设施服务 • 管理好存在竞争关系的联盟成员 • 有效地运作复杂的基础设施
虚拟社区	• 发现并维持具有共同兴趣的人 • 通过提供有吸引力的内容建立成员对社区的忠诚 • 保持社区成员信息的隐私与安全 • 平衡商业利益和成员的兴趣 • 利用成员的信息提供服务	• 发现客户需求并理解满足客户需求的价值所在 • 营造一种持久的社区感觉 • 挖掘有吸引力的内容
增值网络集成商	• 减少对物理资产的拥有，但拥有客户数据资产 • 拥有或者可以进入整个行业的价值链 • 建立被价值链中各个参与方所公认的值得信赖的品牌 • 在信息可以带来很大增值的市场中运作 • 将信息以简捷并且创新的方式提供给客户、联盟、伙伴以及供应商 • 帮助供应链上的其他参与方将信息转化为资本	• 能够管理与客户以及价值链中其他所有参与方之间的关系 • 能够管理信息资产 • 能够将信息技术与战略目标紧密联系 • 能够创建并管理品牌 • 能够对多个不同来源的信息进行分析和解释 • 能够施加影响，而不是直接控制 • 能够评价各类信息的成本和客户收益

续表

商业模式	关键成功因素	核心能力
内容提供商	• 以正确的形式和适当的价格提供及时、可信的内容 • 创建品牌以获取客户认同 • 被认为是某一领域中最好的 • 建立一个联盟网络，以发布内容	• 在这一领域中是领导和专家 • 维持相当数量的专业内容创作者 • 以适当的成本处理内容 • 理解所提供内容的市场价值和定价

5.4.4 案例分析：戴尔的直销模式

说到戴尔的商业模式，很多人都知道是直销模式。如果再深究一下，什么是直销模式的核心竞争力，那么，与客户的直接关系、供应链管理、按单定制、基于标准等都可能是答案。

(1) 与客户的直接关系

戴尔（中国）有限公司总裁麦大伟说："戴尔真正的核心竞争力是它的客户关系……如果你不知道客户的需求，则无法做到按单生产，也没法做到零库存，也谈不上供应链管理了。"

客户关系之所以重要，是因为直销模式起始于客户的需求，客户的个性化购买需求产生生产线的制造需求，进而对供应链产生需求。而物理流则是以供应链为起点，流向生产线，最终流向客户。与客户的这种直接关系节省了渠道这一中间环节的费用，而且在元器件价格平均每周下降 0.5%的情况下，按单生产带来的"零库存"(极低库存）也能有效地避免库存风险。根据戴尔的估计，直销模式为戴尔带来了 10%~13%的成本优势。

戴尔与客户的直接关系还包括售后服务与支持。所有客户的服务和支持需求都是戴尔响应的，由戴尔来协调公司技术部门、合约技术服务伙伴、软件厂商等多种资源。这样做可以有效地缩短解决客户问题所需的时间，同时可以将典型问题反馈到公司设计团队。直接的客户关系在公司召回有缺陷的产品时能够立即锁定受影响的客户，第一时间主动上门召回有缺陷的产品，从而有效地减少客户满意度方面的损失；而采用间接销售模式的厂商却无法对所有的最终消费者做到心中有数。

为了更好地为客户服务，戴尔设有专门的客户体验部门，来评估和保障客户满意度。他们通过问卷调查获得客户对戴尔产品质量、价格、服务水准等方面的直接反馈，或是邀请大客户的负责人与公司的负责人座谈，征求意见。客户满意度不仅与服务和技术支持的员工的工资、奖金和升迁挂钩，而且也直接影响一些高层主管的工资、奖金和升迁。

以对效率不遗余力追求著称的戴尔，连续两年将提高客户体验作为工作的重中之重，2005 财年的目标是“全面综合获得客户体验，并为客户消除戴尔组织架构上的隔阂”，2006 财年的目标是“使客户体验成为客户选择戴尔的原因。”对于戴尔来说，似乎没有什么比赢得客户和改进企业流程更为重要的事情。

与客户的直接关系是戴尔的核心竞争力，但却不是直销模式的全部。直销模式还包括供应链管理和企业流程改善这两个杀手锏。

（2）神奇的供应链管理

戴尔的供应链管理平台叫交易引擎。戴尔的一级供应商（戴尔直接的供应商）和二级供应商（一级供应商的供应商）都在这个平台上，戴尔在中国的几十位全球采购员就是在这个平台上管理他对口的供应商，管理范围从订单、生产、运输直到库存。

在这个平台上，戴尔还把供应商与最终市场的需求实时地联系起来，比如说，客户中心对中转仓库下单的情况，一二级供应商当晚就能得到与自己相关的信息，可以随时调整自己的生产计划。

通常，戴尔只管理一级供应商，但像液晶面板等二级供应商，由于货源紧张，所以戴尔也要管。戴尔的最终目的是让一、二、三级供应商都在自己的交易引擎上，让整个供应链上的厂商都不要积压产品，否则这种浪费最终还是会影响到用户。

戴尔对供应商的认证也有一套做法。总体而言，供应商必须满足三项基本要求：一是供应的连续性，就是要按时按地点地供应戴尔所需要的产品；二是在生产成本上必须有一定的领先性；三是非常高的产品质量。三者缺一不可。

戴尔常说，通过降低供应链和内部运营成本，让利于最终用户。戴尔每年都会对供应商、服务提供商等进行评估和认证。第一轮是各家自行报价；第二轮是网上竞价，各家登录戴尔开设的竞价网页，只能看到自己的报价和匿名的最低报价，从而确定自己的最终报价。最终戴尔会综合平日戴尔内部相关用户的打分等多种因素，做出最终决定。通过这种办法，戴尔有效地降低了供应链的成本。

（3）VMI 创造利润

“交易引擎”只是解决了供应链管理上的信息流问题，而物流则通过

“供应商管理库存”(VMI) 模式，借助于第三方物流公司来对遍布在全球各地数百家供应商的产品进行物流和仓储管理。

承担戴尔中国客户中心大部分物流工作的波灵顿公司（BAX)，它原本是一家美国公司，2005 年 11 月被德国铁路收购。戴尔引入 BAX 形式上看是增添了一个中间环节，实则是一次专业分工。戴尔这样全球采购的跨国企业的日常运营对物流的要求，有仓储、通关、全球畅通的立体运输网络等，这些都不是戴尔和供应商擅长的，交给专业厂商去做是追求效率上的回报。

借助 BAX 的物流管理平台，供应商可以随时查看其在 BAX 的库存状况，而戴尔的采购人员则可以看到全部库存情况。戴尔要求相关数据每半个小时给戴尔生产线发送一次，每天给戴尔采购人员发送两次。这套系统还与厦门海关相连，以便海关监管，海关则在 BAX 设有终端，每次先打印出门条，相当于电子报关，再每周集中一次填表报关。此外，BAX 还不断缩短提货时间，空运从领提单、保税区打单、报关、报检、机场提货，直到点货入库，最快可在半个工作日内完成。这种高品质的专业化服务确保了戴尔生产线能够按单连续生产，发挥最大产能。

在很多人看来，VMI 是成本中心，因为无论供应商也好、戴尔也好都要向第三方物流付费，而且供应商的费用最终也是戴尔埋单。而实际上 VMI 也是利润中心。戴尔购买零配件的时间是从 BAX 仓储出门算起的，在此之前，货物所有权属于供应商。也就是说从出门的那天开始计算付款周期，通常付款周期从 30 天到 60 天不等，取决于与不同类型的供应商的合约。由于戴尔是按单生产，当戴尔向 BAX 下单时，用户的钱已经到账。

财务管理上有一项指标叫做现金转换周期（CCC)，它等于应付账款时间减去应收账款时间减去库存时间。对于戴尔来说，库存时间为零，前两项计算结果则为负值。戴尔 2006 财年报道公布的 CCC 为-37 天。这意味着戴尔不仅不需要自筹流动资金，而且还有大量的现金可以自由支配 37 天。戴尔的金融子公司 Dell Finance 负责这项投资。戴尔对这项投资策略非常谨慎，必须投资于最高信用等级的金融机构，因为在产品尚未运到客户时，理论上说，这笔钱的所有权还属于客户。

(4) 戴尔的 DNA——持续不断地改进

说到戴尔的直销模式，人们热衷于谈论客户关系或者戴尔如何压低供应链的价格，殊不知戴尔对自己更为苛刻，这就是常被人们忽略的 BPI（企业流程改善)。

迈克尔·戴尔说过：“我们并不完美，但可以无限接近。”这种无限接近，靠的就是持续不断的改进。20 多年来，持续不断的改进不仅成就了戴尔今天的市场地位，也早已成为公司DNA的一部分。

作为一种提高业务质量的模式，BPI按照六个西格玛标准建立，其含义是，从一切客户的角度审视戴尔的业务，同时询问“我们应该怎样改进我们的业务流程?”这个模式倡导企业中所有员工都有责任发挥作用。所谓，“三个臭皮匠，顶一个诸葛亮”，戴尔公司的流程卓越取决于多年来一直不断将个人智慧转化为公司的流程。

为了帮助BPI活动推进，戴尔公司设立一个专门的BPI部门，人员不多，看起来很神秘。在戴尔内部每个部门提出BPI建议后，这个部门的人都会协助他们组成BPI小组，推动他们的合理化建议得到实施。

“在戴尔中国，每天都有BPI项目启动，同时又有BPI项目结束。”戴尔中国区总裁麦大伟说。显然，BPI并非大范围、全方位的重组，而是一种类似小型外科手术式的改善。它们既涉及高层管理，也可能跟低层次的具体日常运营的一个环节有关，优化的结果是使戴尔运营中的不足得到改善，浪费现象得到杜绝。

在戴尔中国客户中心，每年就有上百个大大小小的BPI项目开展，其结果就是使戴尔生产部门每年节省数十万元人民币的费用。戴尔中国工厂2005年的运营成本就降低到2001年的1/4。

2003年，戴尔中国进行了一个海运改进的BPI项目，目的是将中国到日本的产品运输中的海运比率从4%提高到36%，通过多个职能部门的相互配合，这个项目最后通过优化订货程序、生产计划和后勤程序，在保证生产提前时间和客户满意度不变的情况下，节省了1 260万美元的成本。2004年，中国到日本的海运比率进一步提升到了76%，在原来的基础上又节省了1 210万美元成本。这个项目后来被送到每年在戴尔总部举行的“全球质量日”活动作为成功案例被分享。一个值得提及的数字是，在戴尔全球，2004年，仅通过BPI，戴尔公司就一共节省了18亿美元，比2003年提高了51%。

综观戴尔的直销模式，它较好地说明了三个问题：第一，改变产品的制造方式同样能够削减巨额的经营成本，并使产品更能适合消费者的偏好。第二，通过在线订购不仅节省了大量的“目录”成本和储存成本，而且也节省了资本运行成本。第三，戴尔模式表明，不能只是简单地在现有制造过程中嫁接一个新的电子分销环节，而需要为此做许多相关的工作。这一点对于希望开展电子商务业务而对自身价值链进行再造的传统企业尤其重要。

资料来源：http：//media. ccidnet. com/MediaPages/2611/375. html［2010-12-06］

5.5 电子商务企业组织行为分析

电子商务环境给企业提供了新的竞争环境，而且赋予企业一些新的时代特征，因而企业在经营竞争的过程中需要根据环境的变化不断地调整自身的行为准则，本节主要从电子商务企业自身的价值链和组织发展方面以及企业之间的竞争合作方面来对电子商务企业组织行为进行探析。

5.5.1 价值链

1. 价值链的含义

波特教授认为，价值链是企业在设计、生产、营销、交货等过程及对产品起辅助作用的过程中所进行的许多相互分离的活动的集合。也就是指企业进行的一系列符合特点模式的活动，或者说是企业生产的产品或服务增值的环节和链条，价值链中的每项活动都增加了产品或服务的价值。在识别竞争优势资源方面，价值链对企业起基础性作用。图 5-3 是波特教授的价值链思想，价值链上的价值活动包括基本活动和辅助活动。基本活动包含：内部物流、生产作业、外部物流、市场与销售、服务；辅助活动包含：采购、技术开发、人力资源管理、企业基础设施。价值链上的哲学形态各异的活动分别对竞争优势起不同的作用，体现了企业间既竞争又合作的关系。

电子商务在企业价值链领域会形成两方面的经济结果，一是“排挤中介”的作用，即清除或取消那些在现有价值链中负责某些中介环节的厂商或商业流程中的某些环节；二是促使企业商业流程再造。

2. 价值链外包

价值链外包是企业将价值链中的某一段或某几段脱离出来交给其他专业的企业来进行运营。企业的内部价值链包含有众多的环节和过程，但企业的资源有限而且不可能事事精通，因此需要把企业所不擅长的业务外包出去给可以以低成本高质量完成业务操作的企业来做。在电子商务环境下，信息技术的飞速发展使得企业之间可以以更低的成本进行交流，因而企业信息化和电子商务的不断发展支持企业将部分业务外包。目前企业不仅将服务类业务外包（如物流），还将研究开发类和生产类业务外包（如波音的零部件在世界范围内都有生产）。

3. 价值链整合

价值链整合是企业针对现有价值链的结构和业务流程各环节进行重新规划和调整，通过删除、合并、集成或新增业务环节实现价值增长的过程。

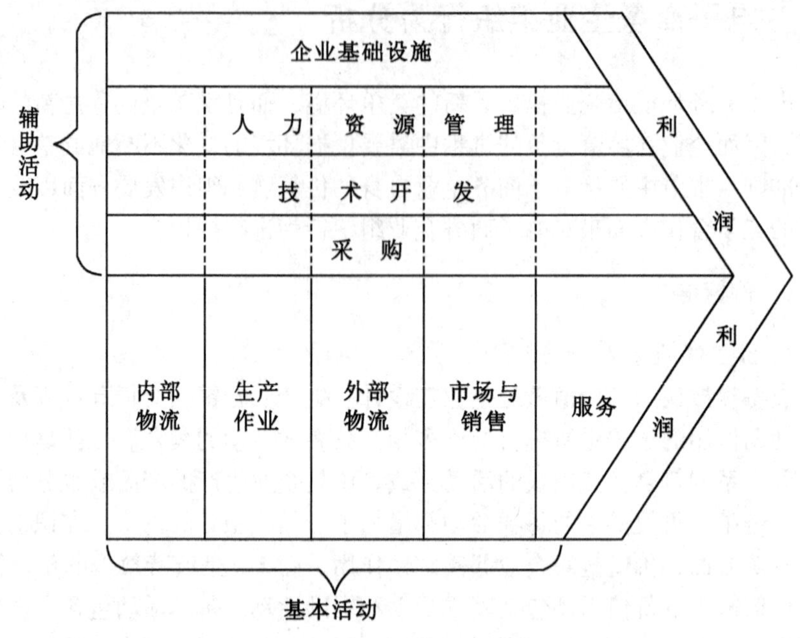

图 5-3 波特的价值链思想

价值链整合和外包的区别在于：首先价值链整合是对现有价值链的重新规划和调整，有可能删除合并业务环节，但整个价值链的参与者没有改变，主要是形成业务权利与流程的重新分配与组合，而外包则是把一部分业务环节划拨给其他企业来经营，划拨出去的环节依然是价值链的组成部分，同样使企业自身价值链获得增值；其次，价值链整合本质上是一种降低单位成本的组织和技术创新活动，而外包则是一种专业化的组织和技术重组活动，以外部市场的交易成本来替代厂商内部的组织成本，从而实现降低总成本的目的。

5.5.2 电子商务企业组织发展模式

企业组织最早用来形容企业之间形成的长期稳定的关系，在电子商务环境中，企业间的竞争交流方式发生了很大的改变，无论是技术手段上还是交流意识策略上都发生了翻天覆地的变化，使得企业的组织形式也随之发生了很大的改变。基于电子商务环境下的企业组织形式一般包含以下几种形式。

1. 电子商务中介

所谓中介，从词面上来看，就是指“在中间起媒介作用”。中介既可以指一种组织，也可以指一种行为。电子商务中介也称电子经纪人或中间商，是指以网络为基础，在电子商务市场发挥中介作用的新型中介组织。与传统中介相比，电子商务中介不仅进一步发挥“集成、定价、搜寻和信用”的作用，而且还具有传统中介所不具备的新职能。

无论是传统中介还是电子商务中介，都有其存在的必要性。下面首先借助交易成本理论和专业分工理论进行解释。

交易成本理论认为，市场的交易是有“摩擦”的，企业在市场中的交易是有成本的，企业内部通过契约形成科层组织的管理一体化是对市场分工和市场机制的替代，但在组织和管理实现一体化中也存在内部交易费用，企业规模恰好处在利用市场机制进行交易的成本等于利用内部科层组织管理的交易成本这一均衡点上。因此，企业所需要的某些功能是通过利用内部一体化的垂直机构来实现，还是利用外部分工的市场机构来实现，则取决于两者之间交易成本的比较，如果前者的交易成本大于后者，企业一般会选择中介；反之则不需要中介。

客观上讲，决定交易成本大小的因素很多，除了交易的次数以外，还有每次交易量（规模）的大小、交易的产品特点以及交易的距离远近等，并且这些要素的影响并非单方面的，而是综合性的。

中间商是否有必要存在的另一经济学理论是专业分工理论。专业分工理论解释了分销作为一种独立职能从生产商分离出来并由专业中间商（批发商和代理商）承担后，对于生产商来说，可以使分销效率更高（中间商比生产商拥有更好的分销技术和分销经验），从而更好地实现了生产商的经济目的——销售产品以获取利润。

下面借助图 5-4 对中间商存在的必要性进行简单的解释。

图 5-4 中，P 为生产商；C 为零售商；D 为中间商（或批发商）。该图的左部分显示了 3 个生产商，每个生产商分别需要交易 3 次才能接触到 3 个零售商，这个系统总共要交易 9 次。右部分显示了 3 个生产商通过一个中间商（或批发商）和 3 个零售商发生交易。这个系统只要求 6 次交易。每个生产商只通过批发商交易 1 次，就能与 3 个零售商联系，同样每个零售商通过批发商交易 1 次，就能接触到 3 个生产商，这样批发商就减少了生产商和零售商必须进行的工作量，从而提高了交易的效率。

其次，中介存在的必要性还与市场信息的非对称密切相关。对于中介来说，信息就是他们“生产”和“销售”的商品，是他们赖以生存的基础。中介比一般市场参加者都拥有更多的市场信息，由于中介或经纪人都是职业搜寻者，因此它们进行信息搜寻的成本比一般市场参与者的搜寻成本要小

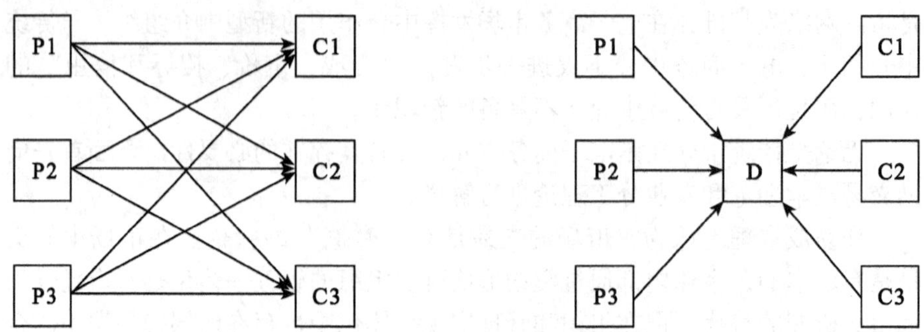

图 5-4 撇开中间商与选择中间商的交易次数比较

得多。

当市场信息不完备时，消费者和生产者为了得到信息保障，都愿意从中介那里购买信息，从自身效用中让渡一部分给中介或经纪人，从而避免更多的效用损失。让渡这部分的效用是依托信息产生的，而这个信息一般在生产者和消费者信息不对称的情况下才会有价值，信息越是不对称，中介或经纪人的作用就越重要。

2. 虚拟企业

虚拟企业是由多个企业或企业群体基于市场需求和发展机遇而结成的一种动态性联盟，它不拥有共同资产，允许企业之间的合作是短期的或者是地理上相隔很远的。从某种意义上来说它是由信息技术维系的由众多独立公司组成的一个临时的虚拟网络或数字网络，各个公司共享技术、成本、市场进入、供应商和顾客，甚至是竞争对手。电子商务致使企业外部交易成本的下降使更多的内部业务可以外包给其他企业，从而大大提高了虚拟公司产生的可能性。虚拟企业具有以下三个特点：

（1）虚拟企业没有组织实体，只是一种动态联盟。例如全球最大的运动鞋制造商耐克公司，在全球有无数家虚拟的生产工厂，但没有一家是真正属于自己的，耐克公司只负责产品的设计和营销。

（2）虚拟企业内部人员通过先进的电子通信手段和载体来进行联系和沟通，不需要面对面进行实际的接触。即使在空间上距离很远也可以借助信息技术，如声音、在线视频会议、互联网等，实现所有工作人员看一份计划方案，同时有效地进行协同工作。

（3）虚拟企业能够有效地为实体企业提供增值服务，增强实体企业的盈利能力和创新能力。如思科公司，通过有效地利用虚拟企业使其库存整体下降了45%，返工率从15%降到2%，而毛利率则比最大的竞争对手高出15%。

3. 战略联盟

战略联盟是在实行“双赢”思想的基础上形成的，是指两个或两个以上的企业为了达到共同拥有市场、共同使用资源和增强彼此间的竞争优势等战略目的，通过公司协议或联合组织等方式而结成的一种优势互补、风险共担的网络式联合体。战略联盟作为一种新型的“正和博弈”的“双赢”战略组织形式，强调合作伙伴之间的相容性，重视的是彼此之间核心优势的互补和资源的共享，它是企业之间达成的既超出正常交易，又达不到合并程度的长期协议。

在电子商务环境下，由于高科技产品运行时的系统特征和单个产品的复杂程度增强，进一步促进了战略联盟的成功，因为高科技产品需要软硬件、应用软件和操作系统的相互配合，而且复杂程度的增强也要求不同部件生产商或者设计者之间进行必要的合作。例如微软和英特尔公司的合作，微软生产操作系统，而英特尔生产微处理器，它们之间相互共享信息，使得英特尔的硬件和微软的软件相互适应，它们都从共享信息的合作中获益。

5.5.3 电子商务企业之间的竞争与合作

1. 企业行为的博弈论分析

博弈论是经济和社会理论的一种基本方法，企业的行为决策不仅仅是由价格决定，还和其他市场主体有关，根据对方的决策做出自己的决策，这样来分析企业行为也就是企业行为的博弈分析。

博弈论也称对策论，是研究决策主体的行为发生相互作用时的决策以及这种决策的均衡问题的理论，它研究的是当一个主体的选择受到其他主体选择的影响，而且反过来影响到他人选择时的决策问题和均衡问题。博弈论的基本假定是人是理性的，博弈就是指参加竞争的各方为了自身利益最大化而采取的策略。

纳什均衡是博弈论中一个重要的概念。在一个博弈过程中，无论对方的策略选择如何，当事人一方都会选择某个确定的策略，则该策略被称为支配性策略。如果两个博弈的当事人的策略组合分别构成各自的支配性策略，那么这个组合就被定义为纳什均衡。也就是说，在给定别人策略的情况下，没有任何单个参与人再有积极性选择其他的策略，该策略组合即为纳什均衡，最著名的例子就是“囚徒困境”。

2. 电子商务环境下的“合作竞争”

在电子商务时代，企业直接的关系不再是单纯的合作或者竞争的关系，而是全新的合作竞争关系。合作竞争（Co-opetition）又称为“协作型竞争”、“合争”，用以表达一种既有竞争又有合作，在竞争中合作、在合作中竞争的行为，知识的共享性是合作竞争的基础。合作竞争的思想是在信息化和经济全球化的背景下产生的，在这样的环境里，企业的“单打独斗”已经很难在市场竞争中占有一席之地，因此，为了竞争必须合作。

合作竞争中的三要素是其成功必不可少的条件：①贡献，是最基本的要素，指建立合作竞争关系后，能够创造出具体有效的成果，即能够增加的实际生产力及价值；②亲密，成功的合作竞争关系必须建立在超越交易伙伴关系的亲密关系基础上，要基于互信、共享和团队；③愿景，它可以生动地描绘出合作关系所要达到的目标和如何达到的方法，是实现合作的指导机制，它依赖于合作存在的理由、战略和价值观。

3. 基于博弈论的合作竞争战略

用博弈论的思想来阐述合作竞争战略，一种结合了竞争和合作的革命性的思维博弈战略正在改变商业游戏，合作竞争博弈才是双赢的博弈。基于博弈论的合作竞争战略有以下几个基本点：

（1）价值链

价值链是合作竞争战略的核心内容，主要侧重于说明企业及它们之间的相互依存关系，其中最重要的是由竞争者和互补者组成的横向价值链。

（2）竞争者和互补者

企业与企业之间的关系有竞争关系和互补关系。竞争者，如果顾客在同时拥有你和其他参与者的产品时获得的价值，要少于单独拥有你的产品时获得的价值，那么这个参与者就是你的竞争者；互补者，如果顾客在同时拥有你和其他参与者的产品时获得的价值，要高于单独拥有你的产品时获得的价值，那么这个参与者就是你的互补者。

（3）参与者的多重角色

竞争者与互补者的身份不是完全分开的，在不同的情况下可能扮演不同的角色，有时甚至同时扮演两种角色。比如在创造市场时扮演互补者角色，在瓜分市场时扮演竞争者角色。

（4）合作博弈与附加值

附加值是指每个参与者给游戏（博弈）带来的价值，用公式表示，即：

某一参与者的附加值=其参与游戏时市场的大小-其不参与游戏时市场的大小

合作博弈的前提是参与者的收益大于其附加值，那么这样就产生了一个问题：这样是否会没有人愿意加入游戏？答案是否定的，因为如果不加入合作就没有合作收益，合作收益为零，而加入合作就一定会有正的收益。

(5) 价值认知的差异性

合作的前提是价值认知的差异性。如果没有认知的差异性则博弈只能是非合作的，而不能进行合作博弈，实现正和博弈。由于企业或者个体对价值的认知是有差异的，因而对于同一项业务操作，所需要的价值产生都不同，因而可以各取所需。在这样的情况下，可以使每个人的收益都增加，不再是利益冲突，而是互惠互利，产生了双赢的结果。

◎ 复习思考题

1. 电子商务的环境对于企业的影响在哪些方面？
2. 电子商务企业的分类具体有哪几种方法？分为哪几类？
3. 电子商务企业的特点有哪些？
4. 试分析电子商务企业的成本变化表现在哪些方面？各有什么样的变化？
5. 试分析电子商务企业获得的效益表现在哪些方面？
6. 传统企业的组织结构有哪些？各有什么特点？电子商务环境中企业的组织结构特点是什么？
7. 什么是商业模式？商业模式的分类方法有哪些？
8. 戴尔公司的直销模式为传统企业提供了什么样的启示？企业是否采取直销模式就一定能够获得成功？如果答案是否定的，那么在线直销模式获得成功的关键因素是什么？
9. 什么是价值链？价值链外包和企业价值链整合的区别在哪些方面？
10. 电子商务企业的组织发展模式有哪些？
11. 电子商务环境下，怎样理解企业之间的合作竞争战略？

6 电子商务市场中的消费者

电子商务不仅改造了企业的商业流程和组织结构，而且对消费者的消费心理和消费行为也产生了重要的影响，在电子商务环境下，消费者的消费心理和消费行为表现得更加复杂和微妙。研究电子商务市场消费者心理及其行为的变化，可以为电子商务企业的生产经营决策提供科学依据。

6.1 电子商务消费者相关理论概述

6.1.1 电子商务对消费者概念与行为的影响

在电子商务环境中，消费者概念和消费者行为都发生了很大的变化。每一个消费者首先是一个活跃在不断变化的虚拟网络环境之中的“冲浪者”，他一方面扮演着个人购买者的角色，另一方面则扮演着社会消费者的角色，起着引导社会消费的作用。所以，电子商务市场消费者的消费行为是个人消费与社会消费交织在一起的复杂行为。

1. 消费者的概念从大众中分离

在传统的商务活动中，大众（mass）和消费者（customer）是不加以区别的，任何一个人都是潜在的消费者，企业进行广告宣传是面对所有人的。所以，广告不仅花费巨大，而且有较大的盲目性。这种情况在电子商务环境下会得到根本的改变。电子商务系统为消费者提供了全方位的商品信息展示和多功能的商品信息检索机制。商品的消费者，一旦有了需求，就会立刻上网主动搜寻有关商品信息，于是，消费者开始从大众中分离出来。在这种情况下，只有上网主动搜寻商品信息的人才是真正意义上的消费者。

真正的消费者从大众中分离出来以后，对于电子商务企业有针对性地开展宣传活动极为有利。在对企业及产品进行宣传时，对于普通大众，企业只需用非常简短的语句或画面，非常强烈的感官刺激，给人留下一个非常明确的主题或品牌印象即可，此时任何冗长的宣传、详细的产品信息都会适得其反。而对于真正的消费者，由于他们有购买企业产品的需求，因此企业应该向他们提供详细的产品信息，以满足消费者在购买产品前多方挑选、货比三家的需求。

针对两类不同的消费者，企业还应该采用不同的宣传媒体。对普通大众采用传统的广告和促销方式，如电视、报纸、杂志等，因为这些媒体覆盖面大，受众群体多；而对于真正的消费者则应采用网站宣传的方式，通过网站提供丰富、详实的产品信息。

2. 消费者直接参与生产和商业流通循环

传统的商业流通循环是由生产者、商业机构和消费者三者组成的，其中商业机构在这中间起着非常重要的作用。在传统的商业模式中，消费者所选择的产品和服务是企业已经设计制造出来的，产品和服务通过各种销售渠道，最终到达顾客的手中。在这种模式下，消费者是企业生产的产品的被动接受者，他们无法表达自己的意愿和要求，而且由于技术、资金各方面条件的限制，企业也无法满足顾客个性化的需求。因此，从理论上来看，这种模式无论如何分析，总会存在一定的盲目性。而在电子商务环境下情况将会得到改变。生产者和消费者在网络的支持下直接构成商品流通循环。其结果使得商业机构的职能作用逐步淡化，消费者直接参与企业生产的过程，市场的不确定性因此减少，生产者更容易掌握市场对产品的实际需求。如戴尔的直销模式“Go Direct”，实现了戴尔的超速增长，满足了顾客的特定需求；IBM 的“Alpha Works”让消费者直接参与 IBM 的产品设计，生产顾客需求的特定产品。

3. 大范围的选择和理性化购买

大范围选择和理性化购买是电子商务环境下消费者购买行为模式变化最明显的特征。由于网络和电子商务系统巨大的信息处理能力，为消费者在挑选商品时提供了空前规模的选择余地。在这种情况下，任何宣传、欺骗和误导都不会再起作用，消费者将会变得很聪明，会理智地考虑各种购买问题。于是假冒伪劣商品没有了市场，那种“谎言说一千遍就是真理”的广告宣传战略也将失去它的作用。对于生产者来说，生产优质并适合于消费者需求的产品才是唯一的正道和出路。

4. 个性化消费的回归

在近代，由于工业化和标准化生产方式的发展，使消费者的个性被淹没于大量低成本、单一化的产品洪流之中。随着21世纪的到来，这个世界变成一个计算机网络交织的世界，消费品市场变得越来越丰富，消费者进行产品选择的范围全球化、产品的设计多样化，消费者开始制定自己的消费准则，整个市场营销又回到了个性化的基础之上。没有一个消费者的消费心理是一样的，每个消费者都是一个细小的消费市场，个性化消费成为消费的主流。

5. 消费的主动性增强

在网络时代，消费者不习惯被动接受，而习惯于主动选择。这种消费主动性的增强，一方面来源于以互联网为标志的信息技术的发展，另一方面来源于现代社会不确定性的增加和人类需求心理稳定和平衡的欲望。网络时代信息技术的发展使消费者能够更方便地进行信息的收集、分析并进行双向沟通，从而在商品选择上拥有更大的主动性。同时，在社会化分工日益细化和专业化的趋势下，消费者对消费的风险感随着选择的增多而上升，对单向填鸭式的营销沟通渐感厌倦和不信任。在许多大额或高档的消费中，消费者往往主动通过各种可能的渠道，获取与商品相关的信息并且进行分析和比较。或许这种分析、比较不是很充分和合理，但消费者能从中得到心理的平衡，以减轻风险感或减少购买后产生的后悔感，增加对产品的信任程度和心理上的满足感。

6. 对购买方便性的需求与购物乐趣的追求并存

在网上购物，除了能够完成实际的购物需求以外，消费者在购买商品的同时，还能得到许多信息，并且得到在各种传统商店没有的乐趣。今天，人们对现实消费过程出现了两种追求的趋势：一部分工作压力较大、紧张程度高的消费者以方便购买为目标，他们追求的是时间和劳动成本的尽量节省；另一部分消费者是由于劳动生产率的提高，自由支配时间增多，他们希望通过消费来寻找生活的乐趣。今后，这两种相反的消费心理将会在较长的时间内并存。

7. 价格仍是影响消费心理的重要因素

从消费的角度来说，价格不是决定消费者购买的唯一因素，但却是消费者购买商品时肯定要考虑的因素。网上购物之所以具有生命力，重要的原因之一是因为网上销售的商品价格普遍低廉。尽管经营者都倾向于以各种差别化来减弱消费者对价格的敏感度，避免恶性竞争，但价格始终对消费者的心理产生重要的影响。因为消费者可以通过网络联合起来向厂商讨价还价，产品的定价逐步由企业定价转变为消费者引导定价。

【阅读资料】

“钻石小鸟”的腾飞秘诀

钻石消费属于奢侈品消费，在传统市场中也不是非常热门的行业，而“钻石小鸟”这个品牌却是依托电子商务市场树立起来的。消费者可以在网上选择合适的裸钻、中意的款式，甚至可以自己设计草图，让“钻石小鸟”的设计师将其变成现实。作为诞生于互联网的钻石品牌，“钻石小鸟”的腾飞主要是依靠极具杀伤力的低价格征服了顾客，使钻石这种昂贵的商品在互联网销售变成可能。电子商务市场中，降低了消费者与产品之间的渠道成本，“钻石小鸟”的定制服务，满足了消费者的个性化、差异性需求，并且同质的商品比传统市场价格低得多，消费者还可以参与设计过程，获得积极的消费体验，正是因为对消费者消费钻石这种商品的需求特点把握准确，才得以迅速发展。如今，“钻石小鸟”品牌的年销售额已经达到 4 亿元，并以年均 3 倍的速度成长。

6.1.2 电子商务消费者的类型

虽然电子商务市场中的消费者有着某种共同的特征，但由于在年龄、性格、思维方式、上网时间和经历等的不同，导致其在上网时也表现出不同的行为方式和购买方式，而且随着互联网的不断普及，上网人群的逐渐扩大，电子商务市场上的消费者必将不断分化，呈现出多种不同的特征。

2000 年，著名管理咨询公司麦肯锡在对 5 万名用户网络行为进行研究后，提出 6 类不同的互联网用户。

- 贪图方便者：这些人上网是因为喜欢网上交易的简便、迅速和高效的特点。
- 网上冲浪者：这些人上网的目的是寻找信息、了解新思想及购物，他们对网络很感兴趣，比其他 5 类人在网上花的时间长得多。要想吸引网上冲浪者，网站应该提供各种内容、精心设计网页并且不断更新。
- 讨价还价者：这些人上网是寻找物美价廉的商品。这些人只占上网人数的 10%，但是占到光顾 eBay 拍卖网站的人的一半以上。他们觉得以最低价格买到商品其乐无穷，愿意在多家网站之间反复比较。
- 寻求联系者：这些人上网是为了和别人保持联系。他们是聊天室、即时通、电子贺卡和电子邮件最频繁的使用者。这些人一般是新网民，不像其他 5 类人那样愿意在网上购物，正在主动探索网络能带给他们什么。

• 循规蹈矩者：这些人不断返回访问同样的网站。他们上网是为了浏览新闻、查看股票行情和其他财经信息。循规蹈矩者喜欢已经熟悉的用户界面。

• 运动娱乐者：这些人类似循规蹈矩者，只不过把时间花在体育与娱乐网站上。他们把网络看成是娱乐工具，喜欢互动性强、设计新颖的网站。

中国互联网络信息中心 2009 年发布的中国互联网发展情况调查，通过测量用户的网络使用程度和网络应用行为，将我国网民分为 7 大群体，如图 6-1 所示。

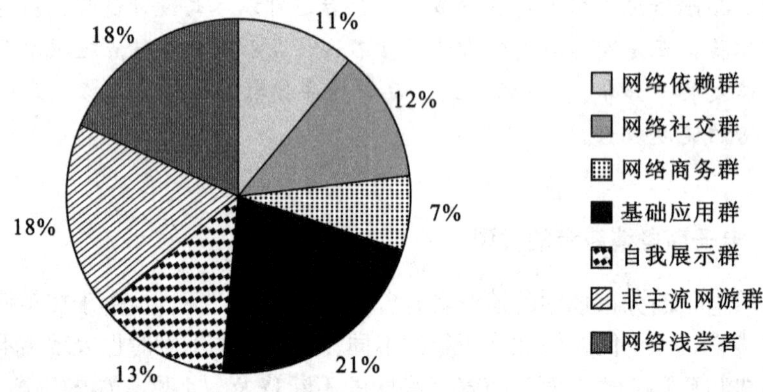

图 6-1 中国互联网络信息中心对网民群体的分类

• 网络依赖群：此群体占网民总体的近 11%，他们在各种网络应用上的群体特征值都高于总体平均水平，他们使用的网络应用最多，每周上网时间也最长。他们是互联网的最忠实的用户。

• 网络社交群：此群体占网民总体的 12.3%。他们在具有社交特征的应用上的比例明显高于其他群体，他们在即时通信、博客、论坛/BBS、交友网站等社区类网络应用上的渗透率明显偏高。

• 网络商务群：此群体占网民总体的 6.7%，是网民中最小的一个群体。此群体与网络依赖群比较接近，但是在上网时长、网络应用数量上都远低于网络依赖群，在应用上的一个重大区别在于此群体几乎不访问论坛。同时他们在电子商务、在线炒股、旅行预订等应用上的特征明显强于搜索引擎、即时通信、电子邮件等基础应用。

• 基础应用群：此群体在网民总体中所占比重达到 21.5%，是最大的一个群体。此群体在搜索引擎、电子邮件、即时通信等互联网基础应用上的比例远高于总体水平，而在其他应用上的使用率却明显偏低。

• 自我展示群：此群体占总体的 12.6%。此群体中的用户 100% 拥有博客，而在其他应用上他们的使用率明显低于总体。此群体平均使用 5.3 种应用，每周上网 12.27 个小时。

• 非主流网游群：此群体中的网民 100% 玩网络游戏，他们占总网民规模的近 18%，此群体除了游戏之外，在其他应用上的指数都低于总体。与网游用户总体相比，此群体在年龄上表现出明显的非主流特征。此群体的年龄特征指数显示，在年龄上更偏向于两端；在网络行为上，他们的网络行为较为单一，平均使用的网络应用数量只有 4.7 个；在上网时间花费上，他们平均每周上网大约 12 个小时，低于整体网民在互联网上的时间花费，更低于一般网游用户在互联网上的时间花费。但是，结合他们网络应用少的特点，可以初步判断，他们在互联网上的时间绝大部分被花在了网络游戏上面。

• 网络浅尝者：此群体占总体的 18.2%，是规模仅次于基础应用群的一个群体。此群体在各个应用上的群体特征都不突出，他们上网时间最少，使用的网络应用数量最少，同时他们也是网龄最短的群体，但是他们却是平均年龄最大的群体，平均年龄达到 32 岁。此群体显示了互联网向高年龄群体的扩张。

也许不同行业的企业对访问者的划分还会有所不同。对于网上企业而言，它们所面临的挑战是识别出不同访问者群体并制订不同的赢利策略。例如，有些客户群（如贪图方便者和讨价还价者）已经准备采购，就是对特定的商品种类感兴趣；其他客户群（如网上冲浪者、循规蹈矩者和运动娱乐者）则应该是特定广告信息的目标。随着对网上访问者行为研究的深入，我们将会了解识别访问者不同模式的方法并将其引导到网站的不同区域。

6.2 电子商务消费者购买行为的影响因素分析

作为生活在复杂社会关系中的人，消费者的动机和行为都能够被各种因素所影响，进而发生改变。影响电子商务市场消费者购买行为的因素可以分为内部因素和外部因素。

6.2.1 外部影响因素

1. 环境影响因素

(1) 政策法规环境

政策法规是影响消费者购买行为的一个重要因素，这主要是因为政策法规对消费者行为具有引导、规范和促进作用。

目前，我国政府高度重视电子商务的发展，制定了许多有关电子商务发展的政策法规（详见本书第十章），这些政策法规不仅有效地解决了电子商务企业发展中的一些问题，而且对电子商务市场消费者的行为也产生了重要的影响。例如，作为我国第一部电子商务法律——《电子签名法》，首次赋予可靠的电子签名与手写签名或盖章具有同等的法律效力，并明确了电子认证服务的市场准入制度。这在一定程度上保障了电子交易的安全，保护了电子商务消费者的权益，因而极大地增强了消费者在线购物的信心。

(2) 信用环境

任何交易活动都是建立在一定的信用基础之上，尤其是作为虚拟交易的电子商务活动更是离不开信用环境的支撑。营造一个“诚信为本、以德经商”的电子商务环境，可以有效地降低电子商务市场的交易风险，并提高消费者在线购物的积极性。

然而，目前我国电子商务市场的信用状况并不令人满意。2006 年 8 月，中国电子商务协会发布的国内首份《电子商务诚信调查报告》显示：有 23.5%的企业和 26.34%的个人认为电子商务最让人担心的是诚信问题。在被调查的 4 万余网民中，71.1%的被调查者曾对一些网站的真实性与合法性产生过怀疑；56.4%的被调查者曾遇到在线购物信息不真实的问题；还有 40.9%的被调查者遇到过在线服务的承诺不真实或不能兑现的情况，其中有 36.1%为在线投诉渠道不畅问题，如不能找到投诉处理部门或人员，不能联系到网站，投诉电话或邮件没有人理睬等。网上商家的虚假宣传甚至欺诈行为极大地挫伤了消费者的购物热情，也严重地阻碍了我国电子商务的发展。

近年来，我国互联网业界发起了共建网络诚信活动，大力倡导文明办网、文明上网，成立“网络诚信自律同盟”等行业诚信组织，开展互联网服务信用等级评价，发动公众监督举报网上失信行为。相信这些措施对解决我国电子商务市场的诚信问题定能发挥积极的作用。

(3) 技术环境

电子商务本身就是技术进步的产物，因此技术环境将会直接或间接地影响电子商务市场消费者的行为。技术对消费者行为的影响可以从两个层面加以分析：一是消费者在选购高技术含量的产品或服务时表现为不同于购买低技术含量的产品或服务的特殊消费行为；二是高新技术在各个消费环节的应用使得消费者的购买需求、消费心理等因素发生了变化。

在电子商务市场中，技术对消费者行为的影响主要表现为以下三个方面：

①消费者获取的信息越来越多。首先，消费者能够利用互联网提供的中立信息，找到满足他们需要且性价比最高的商品，同时，消费者越来越期望通过没有任何偏见的渠道获取信息。其次，在电子商务环境下，消费者通过互联网聚集在聊天室或者论坛并讨论有关内容，消费者可以相互交流经验和看法，倾向于从使用过某产品或服务的顾客那里得到意见。

②消费者的主动权越来越大。由于技术的不断进步，消费者在网络环境下可以充分享受交互式的操作手段，消费者通过计算机网络参与产品决策，选择色彩、样式、包装等，并自行下单，网上交易的主动权已掌握在消费者手中。

③消费者与商家的联系与沟通越来越方便。信息技术特别是移动技术的迅速发展和普及，消费者可以通过手机等移动终端实时跟踪其订单状态和交易流程。同时，消费者可以通过各种方式与销售商进行沟通，尽量将交易过程中产生的问题减到最少。移动技术的发展也增强了消费者反馈信息的能力，传统电子商务模式在一定程度上解决了消费者与销售商的双向沟通问题，而移动技术在这一点上更为优越，使得消费者可以随时随地向销售商反馈信息。

2. 市场营销因素

(1) 市场的变化

电子商务市场中，产品的生产者会更多地直接面对消费者，原先那种层层分批的中间商业机构的作用将逐渐淡化，这将引起市场性质的变化，主要表现在以下几个方面：

①直接性。在电子商务市场中，消费者与销售商可以直接通过网络进行交易，从而避开某些传统的流通环节，使得交易更加直接、面对面和自由化。

②市场的多样化、个性化和多边性。原有的以商业为主要运作模式的市场机制将部分地被基于网络的电子商务所取代，市场更加趋于多样化。并且由于网络上相对动态性特点，市场会更显个性化和多边性。

③市场细分的彻底化。目前，市场变化主要体现在市场的划分越来越细和越来越个性化两个方面。但是在传统的市场环境中，这两种方式无论如何发展，多数商品的提供最终还是难以一对一营销。只有在电子商务市场中，

才有可能把这两方面的趋势推向极点。

(2) 网络广告

网络广告是以互联网为载体，使用文字、图像、动画、声音等多媒体信息表示，由广告主自行或委托他人设计、制作并在网上发布，旨在推广产品及服务的有偿信息传播活动。与传统的媒体广告相比，网络广告具有覆盖面广、受众自主性强、交互性强、能够精确统计等优点。广告是以说服为目的，促使消费者购买商品或服务的，它必须与消费者的购买心理相契合，才能达到预期的目的。网络广告对消费者的影响体现在以下几个方面：

①广告信息的针对性和个性化。网络广告独特的技术特点可使广告信息的针对性更强。现有的网络技术可以使特定的网络广告根据受众所属行业、所在地、用户兴趣和消费习惯、操作系统和浏览器类型等进行选择性投放，也可以控制同一条广告暴露给同一个受众的次数。

②提高消费体验。网络传播超越时空限制和娱乐性特征使消费者的空间和心理距离缩小，改变传统媒体传播中的疏离与隔阂，消费者在亲身体验与享受乐趣中形成积极的情绪体验。

③尽量降低信息的不对称带来的影响。网络广告的优势在于海量的信息存储和信息传输，通过多重链接方式，全方位展示产品或服务的信息，如果消费者对广告信息有疑问，还可以通过网络的双向互动交流平台进行查询和解答。消费者在此基础上进行理性分析比较，会获得一种心理上的平衡，增加对广告产品或服务的信任度。

(3) 服务水平

电子商务市场中营销服务水平是影响消费者行为的重要因素之一。这里的服务包括售前服务、售中服务和售后服务。

①售前服务主要是利用互联网把产品的有关信息发送给消费者，这些信息包括产品技术指标、主要性能、使用方法与价格等。商家还可以通过建立虚拟展示厅充分展示产品形象，激发消费者购买欲望。

②售中服务主要是指产品买卖关系已确定，在等待产品送到指定地点的过程中的服务。在这一过程中，消费者比较关心的问题是销售的执行情况。售中服务主要包括在交易过程中，销售商向用户提供建档方便的商品查询、导购资讯、简捷高效的商品订购、安全快捷的货款支付、迅速高效的货物配送等服务，保证商品交易活动顺利实现。

③售后服务是销售商利用互联网直接沟通的优势，满足消费者对产品的使用帮助和技术支持，以及产品维护等方面的需求。售后服务主要有两类：一类是基本的网上产品支持和技术服务；另一类是销售商为满足顾客的附加

需求而提供的增值服务。

3. 产品影响因素

（1）产品品牌

由于网络消费风险较大，因此消费者会很谨慎地做出购买决策，尽力避免不必要的损失。为了降低风险，消费者会采取许多措施：比如选择品牌、规定包装样式等以确保决策的有效性。在电子商务市场中，品牌对购买决策产生的影响更加显著。很多消费者愿意在网上购买名气大的品牌，而不愿意购买不知名的品牌。同时，消费者在知名度较高的网络商店有较高的购物意愿。

（2）产品新颖性

追求产品的时尚和新颖是许多消费者，特别是青年消费者重要的购买特点。这类消费者特别重视商品新的款式、格调和社会流行趋势，而对商品的使用价格并不过分计较。这类消费者一般经济条件比较好，青年人居多，他们是新式高档产品、时髦服装的主要消费者。电子商务由于自已载体的特点，总是跟踪最新的消费潮流，提供给消费者最直接的购买渠道，最新产品全方位的文字、图片和功能介绍，对这类消费者的吸引力越来越大。

（3）产品价格

对一般商品来讲，价格与需求量之间经常表现为反比关系，同样的商品，价格越低，销售量越大。网上购物之所以具有生命力，重要的原因之一是网上销售的商品价格普遍低廉。此外，消费者对于网上消费有一个免费的价格心理预期，那就是即使网上商品是要付费的，价格也应该比传统渠道低。这一方面是因为互联网的起步和发展都依托了免费策略，因此互联网的免费策略深入人心，而且免费策略也得到了成功的商业运作；另一方面，互联网作为新兴市场可以减少传统营销中的中间费用和一些额外的信息费用，可以大大削减产品的成本和销售费用，这也是电子商务增长的潜力所在。例如，世界最大的网络虚拟书店亚马逊书店（www. amazon. com）一般以 7~8 折的价格出售图书。北京黄金假日旅游酒店预订网（www. goldenholiday. com）、携程网（www. ctrip. com）等酒店预订系统都链接了国内外上千家星级酒店，会员可以享受 2~7 折的特惠房价。

【阅读资料】

促成用户网上购物 5 大因素，价格非首选

最近的一些调查表明，价格已经不是消费者选择网络购物的最关键因素。美国 Chicago-based 顾问公司和 The E-Tailing 集团联合调查指出，用户

网上购物的原因主要有5大因素，而价格便宜并非首选原因。这份调查访问了1 000个在一年内有多次网上购物经历的成年人，平均每人消费金额超过每年500美元。在问及网上购物的原因时，前5个主要原因分别是：

- 网购可节约时间：88%
- 购买线下商店中很难找的产品：84%
- 网上可进行更好的选择：83%
- 避开商店里拥挤的人群：83%
- 网上购物更省钱：80%

由于经济不景气，这份调查指出消费者不愿意进行网上购物的首选原因是要负担商品运费成本。

83%网民进行网上购物是为了有更好的选择，在这个过程中，能够对产品进行研究并获得大量商品相关信息。其他有关网络用户网上购物行为的研究也表明，驱使消费者在网上购物的主要原因在于能够获得产品详细的信息，可以比较价格，以及从大量的同类商品中进行比较选择。

新竞争力网络营销管理顾问也曾收到客户困惑地咨询：难道用户网上购物就为了便宜吗？用户网络购物行为动机主要有哪些？等等。新竞争力认为，由于国内经济发展水平和消费级电子商务发展总体水平还处在初级阶段，服务支持体系还不完善，所以当前促成大部分国内用户实施网上购买的主要动机的确有很高的价格比较因素。但节约时间、特色商品、丰富的商品信息等同样是促成顾客在线购买的重要原因，对于B2C网站来说，只有综合考虑了以上优势，将网站打造成一个流程高效、信息丰富的网站，才能获得更多在线顾客的青睐。

资料来源：www. jingzhengli. cn［2010-12-22］

4. 网络安全因素

信息技术的发展一方面带来了电子商务的高效率，另一方面也引发了一系列的安全问题，这些安全问题对电子商务市场消费者行为有着重要影响。

（1）商品质量安全问题

在网络购物中，消费者看不到商家、摸不到商品。由于选择时无法事先检查商品或服务，只可眼观而不能手动，缺乏触摸感，消费者往往无法得到商品更多的内在信息，只能通过商家在网络上所提供的信息进行判断，因此可能收到商品或服务时，才发现品牌或规格跟自己原先的期望有所差别，从而造成选择的商品与实际得到的商品在品质上存在明显差别。这是网络购物最大的劣势所在。这种情况使得消费者很难对商品质量产生信赖感。

(2) 交易安全问题

传统意义上的一手交钱一手交货，在这里不再适用，代之而起的只是网络上虚拟的交易行为。并且大多数情况下，交易中付款与收货一般不是同时进行的，加上网络商家的身份良莠不齐，很容易诱发网络欺诈行为。虽然发生在网络的欺诈行为与传统交易环境并无太大的差异，但网络的普及性、匿名性及全球性等特性，使得网络上的欺诈更容易进行缉查更为困难。

(3) 隐私安全问题

大多数的网站在消费者购物时，都会要求消费者提供一些个人资料以完成交易，但这些资料却可能被用于其他目的。例如作为商家今后营销之用，与其他商家分享或出售给其他商家等，致使消费者整天面对洪水般的垃圾邮件、响不停的电话的骚扰，隐私权被严重侵害。

(4) 支付安全问题

由于网络购物常常采用信用卡（或借记卡）结算，消费者在网络交易时提供的信用卡（或储蓄卡）资料或其他财务资料极有可能在传递的过程中被不法分子截取。这些资料进入商家之后，又可能被商家不当使用，或被黑客及商家公司内部未经授权员工盗取。此外，有些企业考虑自身资金安全问题较多，往往要求款到发货，没有从消费者的角度去考虑付款方式，也是消费者不放心的原因之一。

【阅读资料】

在淘宝支付宝服务推出以前，网上交易要么采用买家先付款，卖家再发货的支付方式，要么采用卖家先发货，买家货到再付款的支付方式。这两种支付方式都存在弊端，采用第一种支付方式使得许多不诚信的卖家有机可乘，收取买方付款后拒绝或拖延递送商品的现象屡屡发生，严重损害了消费者参与在线购买的积极性。第二种支付方式使得众多卖方担心在将商品发送到买方时，买方拒绝购买或否认其先前的订购行为，从而承担商品运费等损失。

淘宝网在发现此问题后，针对网络交易的特殊性和在线用户的需求首先推出了第三方支付平台——支付宝安全付款服务。在买方通过银行账户将钱汇入支付宝进行暂时托管后，如果买方发现商品有质量问题或商品与网上的描述信息不符，可要求淘宝平台退还其先前的支付，若买方对商品满意并确认无误后，淘宝将支付宝托管的货款汇入卖方银行账户，这就很好地解决了上述支付安全隐患，为买卖双方提供了交易安全保障。使用支付宝在线支付平台，省去了网上购物者多次输入银行账号及密码的烦琐过程，也大大降低了购物者的账号、密码泄漏的概率，支付宝独有的中介信用担保服务也吸引来更多的消费者在支付宝合作伙伴网站上放心购物，使用户的网上购物和销售更安全、更简单、更具吸引力。据了解，截止到2010年9月，支付宝积累了4.7亿注册用户，成为全球电子商务领域一个核心力量。2010年11月11日，淘宝商城促销活动中，实现全天成功支付交易1 261万笔，平均每分钟1万笔成功交易。根据公开数据显示，之前全球最大的第三方支付公司eBay旗下的paypal 2010年第三季度的日均交易笔数为388万笔，按照去年paypal的增长幅度估计，paypal今年第四季度的日交易笔数会增长20%，达到460万至470万笔。但这一数据已经远远落后于支付宝目前的表现。支付宝还成功地支撑了来自淘宝及其他外部商户的放量增长，目前支付宝外部商户已经涉及了B2C行业、虚拟行业、生活助手缴费、保险、物流等多个行业，这也成为支付宝刷新交易纪录的重要支撑。

6.2.2 内部影响因素

电子商务市场中影响消费者行为的内部因素主要有消费者的个体特征、心理因素、时间价值和消费者外部性等。

1. 消费者的个体特征

消费者个体特征是指消费者所具有的影响其网上购物行为的相关特征。经过文献整理，国内外研究经常考察的消费者个体特征包括消费者人文统计特征、个性心理特征、购物知识和购物导向等。

(1) 电子商务消费者的人文统计特征

根据创新扩散理论，早期的创新使用者具有一些如收入高、年龄小、教育水平高等统计特征，许多调查与实证支持以上观点。电子商务消费者人文统计变量主要指四个变量——年龄、性别、教育程度和收入。它们能够影响消费者对网上购物有用性、便利性、享乐性的感知。中国互联网络信息中心从1997年开始每年发布《中国互联网络发展状况统计报告》，截至2010年年底已经发布了26次，对我国电子商务消费者的总体结构进行统计，通过数据对比分析，我们可以了解我国电子商务市场中消费者的结构变化。截至2010年6月，中国网民规模达到4.2亿，突破了4亿关口，较2009年年底增加3 600万人；互联网普及率攀升至31.8%，较2009年年底提高2.9个百分点。

(2) 电子商务消费者的个性心理特征

个性指一个人稳定的心理特征，在很大程度上影响着消费者的行为。电子商务市场中的消费者在选择产品和服务时，已不单纯追求产品本身的功能和质量，在某种程度上，他们更在乎的是产品和服务能否体现自己的个性，符合自己个人的特殊需求。他们要求每一件产品和服务都能够按照其个人爱好和需要定制生产，要求用最低的价格买到优质的产品和服务，要求服务的快捷，更喜欢进行品牌消费。自我概念是个体对自身一切的知觉、了解和感受的总和。一般认为，消费者将选择那些与自我概念相一致的产品或服务，避免选择与自我概念相抵触的产品和服务。

（3）电子商务消费者的网络知识

网络作为一种新型的购物方式，消费者需要具备一定的相关网络知识和技能，如检索信息、了解零售网站的信息、使用计算机与购买程序等。随着消费者网络经验的增加，掌握的网络购物技能及信息资源也随之增加，从而越有可能在网上购物。宫奇和费尔南德斯（Miyazaki，Fernandez，2001）指出，尽管风险是阻碍消费者网络购物的重要原因，但是大多数的风险感知源自于消费者对这种全新远程购物方式的不熟悉，因此，单纯的网络经验、技能可以降低对风险的感知，从而提高购物意向与实际购买。

（4）电子商务消费者的购物导向

消费者购物导向是个体对购物行为的总体倾向。消费者购物导向可以分为：便利型、体验型、娱乐型、价格型。不同的购物导向对网络购物的偏好有所不同。便利是网络购物的最大优势。消费者可以轻易地在任何时间、任何地方搜寻并购买自己需要的产品，避免了实体商店购物的一系列麻烦。因此对于便利导向的消费者而言，网络购物提供的效用比较大，消费者也越倾向于网络购物。然而网络购物也存在着无法接触商品、缺乏娱乐性等缺陷，对体验导向型消费者而言，在网络购物中，无法真正触摸到、感觉到及使用产品，从而会影响他们对网络购物的参与，其更倾向于传统的购物方式。此外，网络购物环境下，商品的展示、买卖双方的交互及交易过程都是通过计算机与网络完成的，它无法满足消费者购物时的人际互动、社会交往等方面的需求，因此网络购物对娱乐导向型消费者的吸引力比较低。最后，价格导向型消费者对网络渠道没有明显的偏好，只有网络渠道比传统渠道具备更低的价格优势，才可能引起此类消费者对网络购物的积极参与。

2. 消费者的心理因素

影响电子商务市场中消费者购买行为的心理因素主要表现在消费者需求和心理动机两方面。

（1）消费者需求

需求是人类从事一切活动的基本动力，是消费者产生购买想法、从事购买行为的直接原因。由需求产生购买动机，再由购买动机导致购买行为。美国著名的心理学家马斯洛在1943年出版的《人类动机的理论》一书中把人的需求划分为五个层次，即生理需求，安全需求，社会需求，尊重需求和自我实现的需求。层次需求理论对电子商务消费者的需求分析依然具有重要的指导意义。

然而，电子商务环境与传统现实环境毕竟有所区别，信息网络的发展构成了一个虚拟的社会，表面看来，这个社会一直在聚集信息以及其他媒体的资源，而实质上，这个社会是在聚集人，它提供了一种吸引人的环境。在电子商务环境中，人们建立联系是希望满足虚拟环境下的三种基本需求：兴趣需求，聚集需求和交流需求。

①兴趣需求。兴趣需求即人们出于好奇和能获得成功的满足感而对网络活动产生兴趣。网民之所以遨游在网络中，就是因为对网络抱有极大的兴趣。这种兴趣来自于两种驱动力：一是探索驱动，网络世界展示了各种各样的信息、资讯乃至娱乐，包罗万象，人们出于好奇的心理探究秘密，驱动自己沿着网络提供的线索不断深入查询，希望获得更多的信息。二是成功感驱动，当人们在网络上找到自己所需要的资料、软件、游戏、商品时，自然产生一种成功的满足感。随着满足感不断加强，对网络的接受程度也不断增强，进而出于内在的驱动力停留在网络上。

②聚集需求。人类是以聚集而生存的动物。在现代社会中，由于生活节奏的加快，人与人之间的聚集时间变少了，而通过网络却很容易找到志趣相投的人，这种聚集不受空间和时间的限制。比如在特定的论坛上，人们可以对感兴趣的话题进行讨论，自由地发表意见，并相互交流、传递信息，通过网络聚集起来的群体是民族性的，所有成员是平等的，使得在现实社会中处于紧张状态的人们在网络世界里得到解脱。

③交流需求。通过网络聚集起来的网民，自然产生了一种交流的需求。随着交流频率的增加，交流的范围也不断扩大，从而产生示范效应，带动对某些产品和服务有相同兴趣的人们聚集在一起，形成商品和信息交易的网络，即电子商务市场。这是一个虚拟社会而且是高一级的虚拟社会。在这个虚拟社会中，参加者所讨论的问题集中于商品或服务质量的好坏、价格的高低、库存量的多少、新产品的种类等。对于这方面的信息的需求人们永远是无止境的，这也正是电子商务出现之后迅速发展的根本原因之一。

（2）心理动机

心理动机是由于人们的认识、感情、意志等心理过程而引起的购买动机。电子商务消费者的心理动机主要体现在理智动机、感情动机和惠顾动机三个方面。

①理智动机。理智动机是建立在人们对于电子商务市场营销的商品的客观认识基础上的。网络购买者有很多是中青年，具有较高的分析判断能力。他们的购买动机是在反复比较各个在线商场的商品之后才作出的，对所要购买的商品的特点、性能和使用方法，早已心中有数。理智购买动机具有客观性、周密性和控制性的特点。在理智购买动机驱使下的网络消费购买动机，首先注意的是商品的先进性、科学性和质量高低，其次才注意商品的经济性。这种购买动机的形成，基本上受控于理智，而较少受到外界气氛的影响。据互联网络信息中心最新调查报告显示，在用户由于何种原因进行网络购物时，分别有 47.2%和 44.4%的网民选择了节省时间和操作方便。理智动机又分为求便动机和求稳动机两类。求便动机是现代快节奏都市生活中消费者的必然选择，随着工作压力的增大，他们希望在工作之余有更多的休闲时间，希望在购物时能尽量减少时间、精神和体力成本，电子商务市场的发展使这些都成为可能。求稳动机指电子商务消费者对整个购物过程的安全顺畅的要求，例如信息传输安全、个人隐私保护、付款方便可靠以及送货迅速及时等。电子商务市场消费者的求稳动机在所有理智动机中表现最为强烈，这是因为网络购物中的时空发生了分离，消费者有失去控制的感觉，因此他们需要随时处于一种主动和控制的状态，以增加网络购物的信心。

②感情动机。感情动机是由于人的情绪和感情所引起的购买动机。这种购买动机还可以分为两种形态：一种是低级形态的感情购买动机，它是由于喜欢、满意、快乐、好奇而引起的。这种购买动机一般具有冲动性、不稳定性的特点。例如，在网络上突然发现一本好书、一个好的游戏软件、一件新产品，很容易产生冲动性的感情购买动机。还有一种是高级形态的感情购买动机，它是由于人们的道德感、美感、群体感所引起的，具有较大的稳定性、深刻性的特点。而且，由于在线商场提供异地买卖送货的业务，大大促进了这类购买动机的形成。例如，为网上所交朋友而通过在线商场购买馈赠礼品，为外地父母而通过网络商场购买老人用品等，都属于这种情况。

③惠顾动机。这是基于理智经验和感情之上的，对特定的网站、图标广告、商品产生特殊的信任与偏好而重复地、习惯性地前往访问并购买的一种动机。惠顾动机的形成，经历了人的意志过程。从它的产生来说，或者是由于搜索引擎的便利、图标广告的醒目、站点内容的吸引；或者是由于某一驰名商标具有相当的地位和权威性；或者是因为产品质量在电子商务消费者心

目中树立了可靠的信誉。这样，电子商务消费者在为自己确立购买目标时，心目中首先确立了购买目标，并在各次购买活动中克服和排除其他的同类水平的吸引和干扰，按照事先确定的目标完成购买行动。具有惠顾动机的电子商务消费者，往往是某一站点的忠实浏览者。他们不仅自己经常光顾这一站点，而且对众多网民也具有较大的宣传和影响功能，甚至在企业的商品或服务时出现某种过失的时候，也能予以谅解。

【阅读资料】

寻求网上购物第一站——淘趣网

淘趣网是我国第一家“分享购物”类网站，它并不是一个完整的购物网站，不提供任何商品，网站上是分类整理后的购物心得、优惠打折等各种购物有关的信息，而这些重要的信息来源正是每一个参与网站内容建设的会员，提供信息，并享受其他人的信息，这就是分享购物的真谛。在日常生活中，人们对某一种商品一旦产生购买欲望，下一步往往做的就是询问自己身边的亲戚朋友看看有没有买过的，质量如何，哪里可以买到更便宜的。单凭商家广告说某件商品不错就去购买的消费者恐怕不多。但是消费者从身边小圈子里得到的信息毕竟是有限的，淘趣网的建立将消费者可以咨询的人群从一个小圈子扩大到了成千上万的人群，自然吸引了消费者的注意。淘趣网为电子商务消费者提供了一个聚集和交流的平台，消费者出于对电子商务购物的兴趣聚集在一起，分享经验，获得商品和促销信息，满足了消费者的心理需求。

3. 消费者的时间价值

时间在消费者行为中占据重要的位置，下面分别从消费者的闲暇和搜寻成本两方面讨论电子商务中消费者的时间价值。

(1) 时间价值：闲暇

闲暇可以给人带来效用，因此，我们可以将它引入消费者的决策行为中。假设消费者的工资是每小时 W 元，那么，他闲暇的价格就是他不工作而失去的工资，这样，我们可以说闲暇的价格是每小时 W 元。为了分析方便，假设有一经济人李军每星期可以工作 168 小时，一周最多可以赚到 $168W$ 元的工资收入。又假设此时李军只有 CD 这种消费品可供购买。这样，李军的预算约束为

$$P_{CD}Q_{CD}=B=W(168-Q_{闲暇})$$

其中，$Q_{闲暇}$表示闲暇的数量。此时，李军的最优消费决策就是使得最后一元钱用在购买与购买闲暇上的边际效用相等，即其预算约束线与一条无差异曲线的切点。

在此，我们将时间看成是一种有效用的消费品。既然如此，如果消费者很富裕，那么，他可能愿意多一些闲暇，少做一些工作。相反，如果他缺钱，他就更愿意多工作。当然，在现实世界中，人们在工作与闲暇之间的选择上并不是这样简单和灵活的，尤其在短期内消费者大多不能随意改变工作时间。在这里，我们为了分析的方便再次忽略了现实的要求。

在上述李军行为的分析中，我们忽略了时间是有价值的这一点，在购买 CD 的过程中，李军必须付出时间代价。加入我们单纯地将采购行为看成是一种家务活动，而不考虑它具有娱乐的作用，那么，李军付出的采购时间就是一种成本，因为李军原本可以用这段时间去工作或者将它当成闲暇。

将时间纳入成本来考虑可以分为两种情况来讨论。第一种情况，假设李军购买每单位 CD 要花费 t 小时，此时，他的预算约束就变成了 $P_{CD}Q_{CD}=W(168-tQ_{CD}-Q_{闲暇})$，效用最大化的点也要根据新的预算约束线作出变更；第二种情况，假设李军购买 CD 总共花掉的时间为 T，那么，他的预算线则变成 $P_{CD}Q_{CD}=W(168-T-Q_{闲暇})$，这两种情况的预算线分别对应图 6-2 和图 6-3。

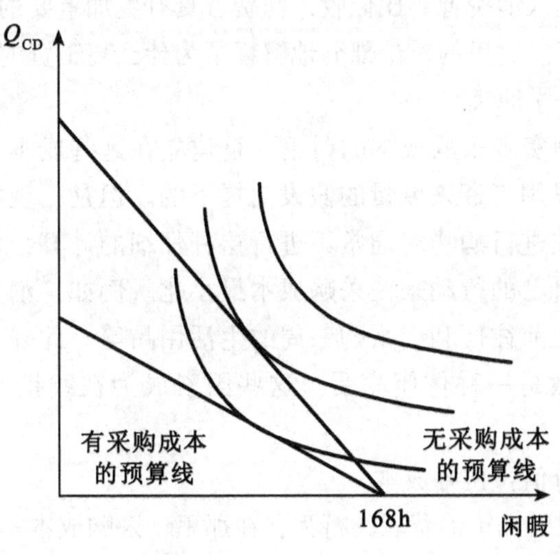

图 6-2　时间成本使效用下降

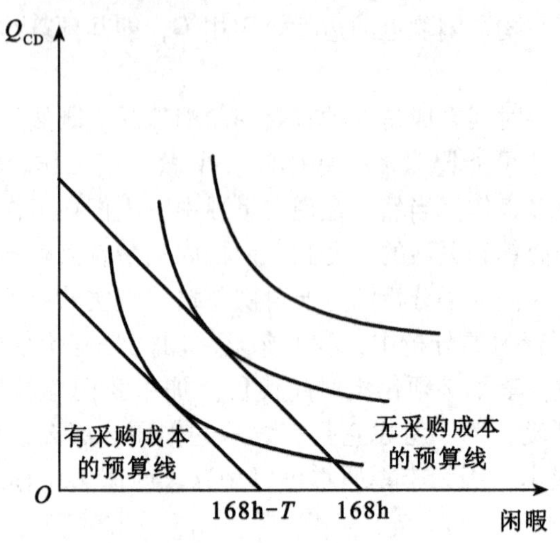

图 6-3　在线购买节省采购时间

我们之所以在此分析时间成本对预算线的影响，是因为电子商务的在线销售大大降低了人们的采购时间，消费者可以通过网上下订单，商家送货上门的方式节省时间，进而节省消费者的采购成本。这样，就使消费者的预算线向外移动，如图 6-3 中的 $168h-T$ 向外移动到 $168h$ 处。因此，电子商务对于社会中的高收入消费者要比低收入消费者具有更加重要的意义，因为他们的时间价值更高。这里的讨论部分地解释了为什么高工资的白领阶层更乐于网上购物的经济学原理。

以上关于消费者采购成本的讨论，是建立在这些成本是可以用于闲暇的价值，即可以用工资来度量的假设前提下的。但是，现实中消费者的行为表明，人们在进行购物时通常不进行这种仔细的计算，而且，消费者也可能通过调整自己的行动来使采购成本最小化。例如，消费者可能在下班的车站附近顺便前往便利店采购一周的生活用品等。此外，不少消费者将逛商店购物看做是一种休闲享受。这些因素成为在线销售发展的潜在障碍。

(2) 时间价值：搜寻成本

上面将时间引入了消费者的行为，在那里，采购成本是指消费者为了购物而花费的时间成本，例如，李军想购买 CD，他不加任何思考地乘车到一家音像店购买了几张 CD，这样，我们将李军花费在这次购买行动中的时间称为李军的采购成本。但是，在各种类型的市场中，商品的质量和价格普遍存在着离散性，这种离散性具体表现为完全相同的产品在不同市场上的价格不同，或者质量不同的同种商品在不同的市场上以同样的价格销售，前者叫做价格离散，后者称为质量离散。按照常理，李军在购买之前可能会向朋友打听，可能会到不同的市场上进行选择，因为他希望用低价格换取高质量的CD。我们将李军的这种行动称为搜寻。

李军的搜寻行动同样需要消耗时间，搜寻是有成本的。除了时间外，搜寻还有其他的成本，如路费、与朋友通话的电话费、路上买矿泉水的费用等。这些成本构成了搜寻成本。显然，我们在上述的讨论中没有考虑价格和质量的离散性，以及搜寻成本等问题。

在此，只考虑搜寻成本，且这个成本只由时间决定。假设李军的搜寻成本为 S，那么，其预算线变成 $Q_{CD}P_{CD}(S)=W(168-Q_{闲暇}-S)$。这时，虽然预算线形状的变化与上面考虑采购成本时有某些相似之处，但两者却有本质的区别。这里，价格 P 是随着搜寻成本的增加而下降的。李军的最佳消费选择同样要满足（CD 的边际效用/CD 的价格）=（闲暇的边际效用/闲暇的价格（工资））的条件。CD 的价格取决于李军进行搜寻的结果，我们用 $\Delta P_{CD}Q_{CD}$ 表示李军进行搜寻的边际收益，即他每多搜寻一小时所带来的好处。同时，李军进行搜寻的边际成本可以表示为 ΔCQ_{CD}。如果前者大于后者，即，$\Delta P_{CD}Q_{CD}>\Delta CQ_{CD}$，那么，李军有继续搜寻的动机；反之，他就不会继续搜寻。这也部分地解释了高收入消费者不愿意花费大量时间进行搜寻的经济学原理，因为在搜寻的边际收益固定的情况下，高收入消费者搜寻的边际成本要远远高于低收入消费者。

消费者是否进行搜寻取决于搜寻是否会增加其效用。图 6-4 中给出了当搜寻成本为 S（只包括时间）时李军的预算线的变化情况。如果他进行搜寻时无差异曲线与预算线的切点（B 点）所处的效用水平要低于他不搜寻时的效用水平（A 点）的话，李军会选择不搜寻。在图 6-5 中，李军的无差异曲线稍微偏向纵轴，此时，李军更偏好 CD，对 CD 进行搜寻的预算线与无差异曲线的切点（B 点）所代表的效用水平明显高于不进行搜寻的结果（A 点）。因此，在偏好为图 6-4 的情况时，李军会选择不搜寻。如果偏好是图 6-5 的情况，李军的理性选择就是搜寻。可见，偏好是消费者作出搜寻决策的一个重要因素。

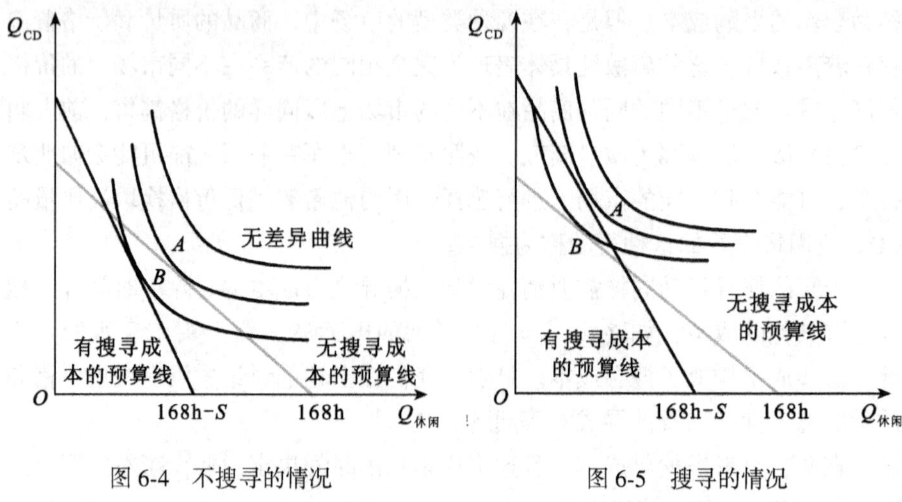

图 6-4　不搜寻的情况　　　　图 6-5　搜寻的情况

电子商务在线销售的一个重要优势，就是可以减少人们进行搜寻的时间，从而降低搜寻成本。我们再次考虑图 6-4 的情形，如果李军在这种偏好情况下进行在线购物，与离线购物相比，在线购物的搜寻成本大大地降低了，李军进行搜寻的预算线应该会有更大幅度的变化，一种可能的结果是他的最佳选择是进行搜寻。因此，在线销售通过降低搜寻成本使更多的消费者加入到搜寻的行列中来，从而促使那些销售同质商品却索要高价的卖主不得不降低价格。由此可见，电子商务的一种可能结果是不仅使商品的价格得到降低，而且可以减缓市场的价格离散水平。但是，电子商务也有可能促使在线市场的价格进一步离散。

在经济学中，厂商和消费者的目的都是使其自身利益最大化，厂商希望以尽可能高的价格售出产品，消费者希望以尽可能低的价格购买，因此，慎重的消费者会在购买之前调查尽可能多的卖方，了解产品的质量信息和价格，并做比较。信息是有代价的，获得信息需要付出时间和金钱，即会产生信息搜索成本。

消费者在离线市场是通过顺序查询的方式来搜索信息的，即逛完一家商店，获得信息，决定是否购买，如不满意则再去另一家。在电子商务环境下，消费者可以借助搜索引擎，在短时间内有效地搜索信息，并可以对比已获得不同厂商的信息，以便做出最优的购买决策。与离线市场相比，电子商务市场的信息搜索打破了时间和空间的限制，减少了消费者的时间和交通成本；并且可以获得更多的商品质量信息并加以比较，能够实现足不出户就可以购买到想要的商品，大大降低了消费者的信息搜索成本。

信息搜索不仅会产生成本，也会给消费者带来收益。一方面，消费者可以获得更多的产品质量信息，减少买卖双方的信息不对称程度。另一方面，随着搜索次数的增加及范围的扩大，消费者会发现更有利的价格，可以选择性价比最高的产品。若把多搜索一单位信息所增加的成本称为边际搜索成本，获得一单位信息带来的收益称为边际搜索收益，按照经济学的原理，当边际搜索成本等于边际搜索收益时，就实现了最大化原则，此时，消费者就应停止搜索。

【例题 6-1】

假设李军准备购买一台笔记本电脑，他的要求是这台笔记本电脑配置高、质量可靠、售后服务好、外观精美，最好价格不太高；为了讨论方便起见，我们简单地假设如果他能够买到这样一台完全符合要求的笔记本电脑时，获得的效用是100，而概率是50%；他买到一台不完全符合要求的笔记本电脑时，获得的效用是60，概率也是50%。那么，他的期望收益就是：

$$100\times50\%+60\times50\%=80$$

假设李军发现上网搜索关于笔记本电脑的信息可以增大他买到称心商品的概率，使买到一台完全符合自己要求的笔记本电脑的概率上升到80%，于是他在网上搜索信息后的期望收益为：

$$100\times80\%+60\times20\%=92$$

由于上网进行信息搜索后的收益大于搜索前的收益，因此这个搜索是有价值的。上网搜索关于笔记本电脑的信息价值为92−80=12。也就是说，如果上网进行信息搜索的成本小于12，就值得去搜索信息。

4. 消费者外部性

消费者外部性指消费者在购买产品时既受到产品本身效用的约束，也受到该产品将来可能实现信息共享的其他消费者数量的预期约束。消费者外部性主要存在于数字产品市场中，它是影响数字产品市场消费者行为的一个重要因素。

平狄克和鲁宾费尔德（1996）给出一个通俗的消费者外部性解释。在图 6-6 中，横轴表示数字产品的销售量，每月以千计算。假设消费者预期只有 2 万人购买该数字产品。在这种情况下，需求由曲线 D_{20} 来表示。假设消费者现在认为有 4 万人会购买该产品，且发现该产品内容精彩而愿意多买，这时，需求曲线为在 D_{20}右边的 D_{40}。同理，如果消费者认为有 6 万人会购买该产品，需求曲线会变为 D_{60}。如果消费者对购买该数字产品的人数的预期越高，需求曲线就越往右边移动。

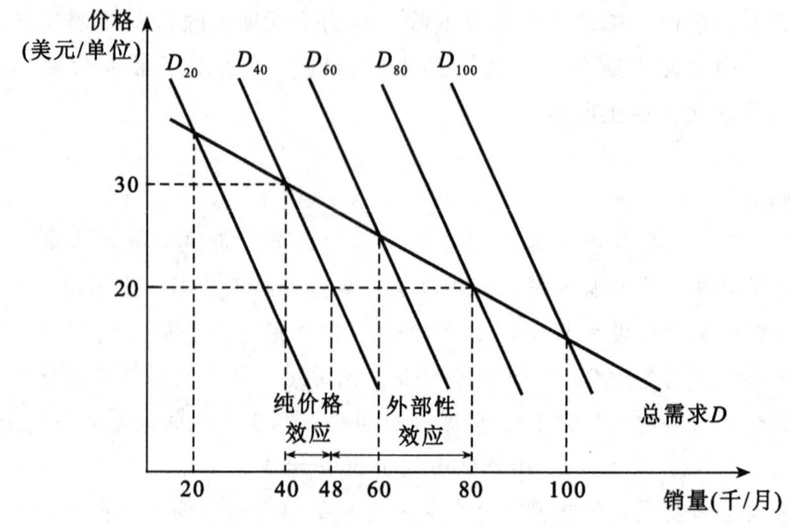

图 6-6　数字产品的消费者外部性

在图 6-6 中，如果数字产品的价格为 30 美元，将有 4 万人购买该产品，相应的需求曲线为 D_{40}。如果价格下降到 20 美元，将有 8 万人购买该产品，相应的需求曲线为 D_{80}。通过连接对应于数量 2 万、4 万、6 万、8 万和 10 万的 D_{20}、D_{40}、D_{60}、D_{80}和 D_{100}曲线上的点，就可以得到总需求线 D。由于每次降价将导致更多的消费者购买数字产品，因而总需求线 D 相对于 D_{20}等曲线更具有弹性。

例如，当价格从 30 美元下降到 20 美元时，从需求曲线 D_{40}来看，需求数量应为 4. 8 万，即纯价格效应导致的需求数量。但是，实际需求量却是 8 万，这是因为当消费者群体从 2 万上升到 4 万后，将会有更多的消费者对该数字产品产生需求，从而使该产品的消费者数量从 4. 8 万上升到 8 万。平狄克和鲁宾费尔德指出，这部分需求的增加与价格无关，是由于消费者群体数量的增加而导致有更多的消费者愿意购买该产品，即增加的 3. 2 万的需求量是消费者外部性导致的需求增量。

6.3 电子商务消费者购买行为模型与购买决策过程

6.3.1 电子商务消费者购买行为模型

消费者购买行为是指消费者为了满足自身需要而发生的购买和使用商品的行为活动。市场营销领域的研究人员花了几十年时间来了解消费者行为，他们发现消费者行为可以被总结成各种模型，这里我们选择其中的“认识—刺激—反应”模型进行介绍，以分析电子商务市场中消费者购买行为。

消费者购买决策过程是由消费者对刺激的反应引发的，也称为“认识—刺激—反应”模式，这是研究消费者购买行为最基本的方法。该过程受到购买者的特点、环境、技术、电子商务物流和其他因素的影响，如图6-7所示。

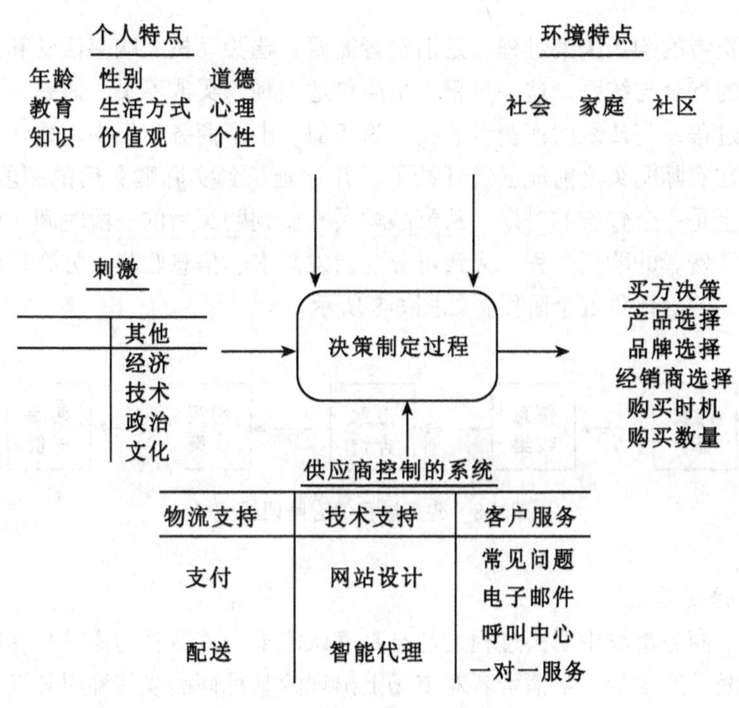

图6-7 消费者购买行为模型

从图6-7中可以看出，购买决策过程是消费者决策制定的核心。从这一模式中我们可以看到，具有一定潜在需要的消费者首先是受到电子商务市场中的营销活动刺激和各种外部环境因素的影响而产生购买倾向的；而不同特征的消费者对于外界的各种刺激和影响又会基于其特定的内在因素和决策方式作出不同的反应；从而形成不同的购买取向和购买行为，这就是消费者购买行为的一般规律。

在这一购买行为模式中，“营销刺激”和各种“外部刺激”是可以看得到的，消费者最后的决策和选择也是可以看得到的，但是消费者如何根据外部的刺激进行判断和决策的过程却是看不见的。这就是心理学中的所谓“黑箱”效应。消费者行为分析就是要对这一“黑箱”进行分析，设法了解消费者的购买决策过程以及影响这一决策过程的各种因素的影响规律。所以对消费者购买行为的研究主要包括两个部分，一是对影响购买者行为的各种因素的分析，二是对消费者购买决策过程的研究。

6.3.2 电子商务消费者购买决策过程

消费者的购买决策过程，是消费者需要、购买动机、购买活动和买后使用感受的综合与统一。这一过程不是简单地表现为买或不买，而是一个较为复杂的过程。与传统的消费者购买行为相似，电子商务市场中消费者的购买行为早在实际购买之前就已经开始了，并且延长到实际购买后的一段时间，有时甚至是一个较长的时期。从酝酿购买开始到购买后的一段时间，电子商务市场消费者的购买过程，大致可分为诱发需求、信息收集、方案评价、购买决策、购后评价五个阶段，如图6-8所示。

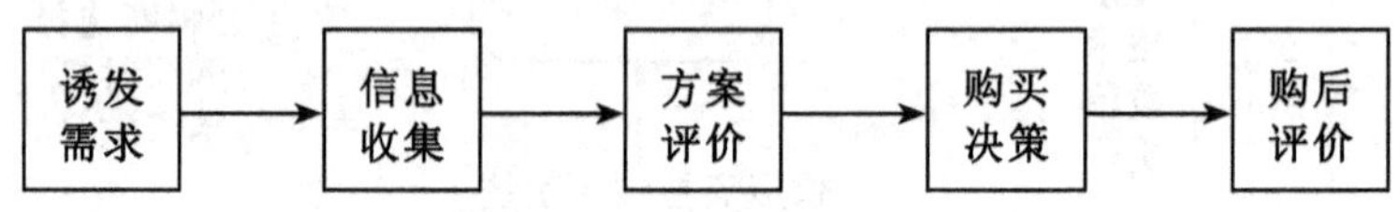

图6-8 购买过程的五阶段模式

1. 诱发需求

电子商务市场中购买过程的起点是确认需求。消费者的需求是在内外因素的刺激下产生的。当消费者对市场上出现的某种商品或某种服务发生兴趣后，才可能产生购买欲望。这是消费者作出消费决定过程中所不可缺少的基本前提。如不具备这一基本前提，消费者也就无从作出购买决定。

在传统的购物过程中，诱发需求的动因是多方面的。人体内部的刺激，如饥饿、口渴的刺激，可以引发对食物、饮料的需求。外部的刺激也可以成为“触发诱因”，如看到同事穿了一件新西装，感到非常得体、潇洒，手感也非常好，因而产生了自己也要买一件的想法。但对于电子商务市场来说，诱发需求的动因只能局限于视觉和听觉。文字的表述、图片的设计、声音的配置是电子商务市场诱发消费者购买的直接动因。从这方面讲，电子商务市场对消费者的吸引具有相当的难度。这就要求电子商务市场中的企业或中间商注意了解与自己产品有关的实际需求和潜在需求，了解这些需求在不同时间里的不同程度，了解这些需求是由哪些刺激因素诱发的，进而巧妙地设计促销手段去吸引更多的消费者浏览网页，诱导他们的需求欲望。

2. 收集信息

当需求被唤起之后，每一个消费者都希望自己的需求能得到满足。所以，收集信息，了解行情，成为消费者购买过程的第二个环节。这个环节的作用就是收集商品的有关资料，为下一步的比较选择奠定基础。在电子商务市场中，消费者只要轻点鼠标，就可以通过互联网浏览购物网站、商家店铺的网页上显示的文字、图片等说明性资料来了解自己所需商品的具体信息。在购买过程中，收集信息的渠道主要有两个：内部渠道和外部渠道。内部渠道是指消费者个人所储存、保留的市场信息，包括购买商品的实际经验、对市场的观察以及个人购买活动的记忆等；外部渠道则是指消费者可以从外界收集信息的渠道，包括个人渠道、商业渠道和公共渠道等。

个人渠道主要提供来自消费者的亲戚、朋友和同事的购买体会。这种信息和体会在某种情况下是购买者的购买决策起着决定性的作用，电子商务市场决不可忽视这一渠道的作用。在没有实物作为信息载体的情况下，人们对于网上商品的质量、服务的评价主要是通过语言和电子邮件传递的。这种传递的范围可能是小范围的，如一个家庭、一个单位；也可能是很大范围的，如一个地区、一个国家或者是全世界。所以，对意见好的商品，一次成功的销售可能带来若干新的顾客；对一件劣质产品，一次失败的销售可能使销售商几个月甚至几年不得翻身。

商业渠道，如展览推销、上门推销、中介推销、各类广告宣传等，主要是通过厂商的有意识的活动把商品信息传播给消费者。电子商务市场中营销信息传递主要依靠网络广告和检索系统中的产品介绍，包括在信息服务商网页上所做的广告、中介商检索系统上的条目以及自己主页上的广告和产品介绍。

一般来说，在传统的购买过程中，消费者的信息收集大多是被动进行的。往往是看到别人买什么，自己再去注意；或者是看到了广告才注意到某种商品。与传统购买时信息的收集不同，网络购买的信息收集带有较大的主动性。在电子商务市场中，商品信息的收集主要是通过互联网进行的。一方面，上网消费者可以根据已经了解的信息，通过互联网跟踪查询；另一方面，上网消费者又不断地在网上浏览，寻找新的购买机会。由于消费层次的不同，上网消费者大多具有敏锐的购买意识，始终领导着消费潮流。

【阅读资料】

电子商务消费者了解信息的渠道不仅仅是通过互联网，据中国互联网络信息中心2008年的调查数据表明，消费者的信息来源主要包括以下一些途径，详见图6-9。

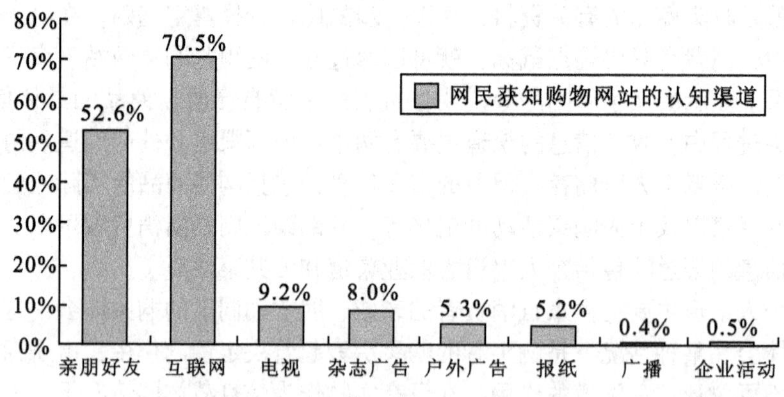

图6-9　电子商务消费者的信息来源

资料来源：中国互联网络信息中心第23次中国互联网络发展状况统计报告［2008-06］

从图6-9中可以看出，互联网是网民获知购物网站的第一渠道，已有7成的购物网民视互联网为认知渠道之一。其次是亲朋好友的口口相传，超过半数的网民从其他人口中听说过某个购物网站。

在购物网站传播途径方面，传统的网下途径，如电视广播、杂志、报纸等的重要性不高。在传统渠道中，电视仍旧是网民较为看重的认知渠道。此外，杂志广告的重要性跃居户外广告、报纸等之上，成为网民知晓购物网站的第二大传统网下渠道。

另外，需要注意的是，不同消费者对不同的网络信息渠道的认知程度也是不同的，调查表明，搜索引擎对男性消费者的影响比女性网民大，而学历较高的网民受经常访问的网站和博客/论坛的影响也较大。

不同组织对网络信息渠道的调查结果结论基本相同。2008 年艾瑞网对于中国网络消费者购买前最常用的查询方式的调查数据也显示，通过互联网进行线上搜索、网友评价是用户获取商品信息的常用方式，详见图 6-10。

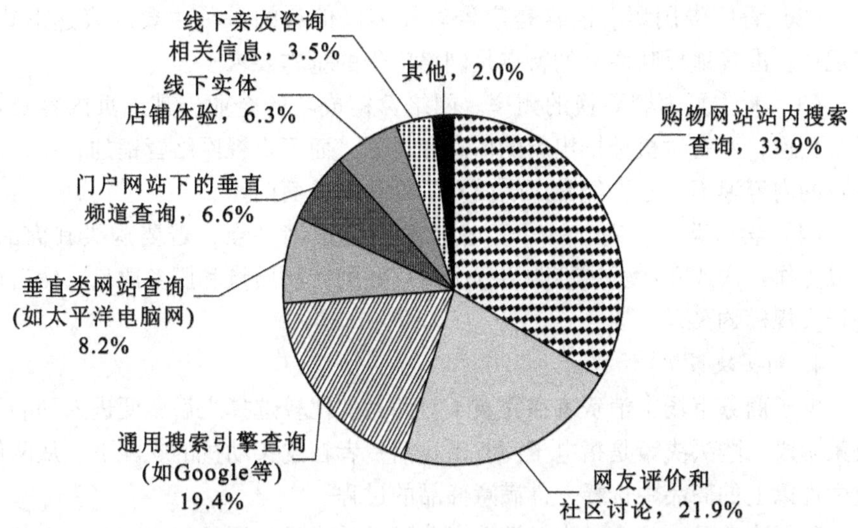

图 6-10　2008 年中国网购用户购买商品前获取信息的常用方式

资料来源：艾瑞咨询网

3. 比较选择

消费者需求的满足是有条件的，这个条件就是实际支付能力。没有实际支付能力的购买欲望只能是一种空中楼阁，不可能导致实际的购买。为了使消费需求与自己的购买能力相匹配，比较选择是购买过程中必不可少的环节。消费者对由各种渠道汇集而来的资料进行比较、分析、研究，了解各种商品的特点和性能，从中选择最为满意的一种。一般来说，消费者的综合评价主要考虑产品的功能、可靠性、性能、样式、价格和售后服务等。通常，一般消费品和低值易耗品较容易选择，而对耐用消费品的选择则比较慎重。由于电子商务市场中购物不直接接触实物，消费者对网上商品的比较依赖于厂商对商品的描述，包括文字的描述和图片的描述。网络营销厂商对自己的产品描述不充分，就不能吸引众多的顾客。而如果对产品的描述过分夸张，甚至带有虚假的成分，则可能永久地失去顾客。

对于消费者而言，存在一个测定网络广告可信度的问题。近年来在传统媒体上所出现的虚假广告现象也不可避免地出现在电子商务市场中的网络广告上。消费者一般从以下几个角度考察网络广告的可信度：

（1）看发布渠道。一般来说，在著名站点上发布广告的厂商，其经济实力较强。可信度较高，反之，其可信度较低。

（2）看广告用语。语言是广告对外传播信息的一种主要的表达形式，客观地、准确地反映商品的特点是网络广告的基本要求。

（3）看主页内容更换的频率。网络营销成功的企业，其主页内容必定经常更换，不失时机地推出新的信息和产品。而不重视网络营销的企业，对主页的内容漠不关心，经常以老面孔呈现在网民面前。

（4）尝试购买。对于一个不熟悉的网络推销站点，若要购买其商品，可以先作一次或几次尝试性购买，了解厂商的产品质量和服务质量，然后再进行大规模购买。

4. 购买决策

电子商务市场中消费者在完成了对商品的比较选择之后，便进入到购买决策阶段。购买决策是指电子商务市场消费者在购买动机的支配下，从两件或两件以上的商品中选择一件满意商品的过程。

购买决策是电子商务市场消费者购买活动中最主要的组成部分，它基本上反映了消费者的购买行为。与传统的购买方式相比，网络购买者的购买决策有许多独特的特点。

首先，电子商务市场购买者理智动机所占比重较大，而感情动机的比重较小。这是因为消费者在网上寻找商品的过程本身就是一个思考的过程。对任何一件新产品的出现，消费者都不用担心买不上，他有足够的时间仔细分析商品的性能、质量、价格和外观，从容地作出自己的选择。

其次，电子商务市场中购买行为受外界影响较小。购买者常常是独自坐在计算机前上网浏览、选择，与外界接触较少，因而决策范围有一定的局限性，大部分的购买决策是自己做出的或是与家人商量后做出的。正是因为这一点，网上购物的决策行为较传统的购买决策要快得多。要在没有实物的情况下把消费者口袋里的钱掏出来，并非易事。网络消费者在决定购买某种商品时，一般必须具备三个条件：第一，对厂商有信任感；第二，对支付有安全感；第三，对产品有好感。所以，树立企业形象，改进货款支付办法和商品邮寄办法，全面提高产品质量，是每一个参与网络营销的厂商必须重点抓好的三项工作。这三项工作抓好了，才能促使消费者毫不犹豫地作出购买决策。

【阅读资料】

根据美国网络安全公司 Scan Alert 的 Store front Backtalk 报告，美国网民在网上购物作决定所花费的平均时间从 2005 年的 19 小时上升到 2007 年的 34 小时 19 分。

Store front Backtalk 报告指出这种变化主要来自电子商务网站的大量增加，从而让消费者花更多的时间在不同的网上商店对比再作出决定。报告还指出由于平均采购成本的提高，人们花更多的时间与配偶商量或看看其他地方有没进行促销或大减价，这也使作决定的时间延长。

新竞争力网络营销管理顾问分析认为，中国互联网用户的网上购物决策时间也可能存在逐渐延长的特点，这主要是因为淘宝，易趣，拍拍等 C2C 网站和大量的 B2C 电子商务网站的兴起，网上产品大量丰富，越来越多的人在网上提供产品给消费者选择，产品和卖家的大量丰富使得消费者花费更多的时间在选择商品和商家上面，因而商家也需更久时间才能“拿”下一个客人，消费者的售前考虑时间越久，其他的任何一个潜在卖家都有机会卖出产品，因此，商家需要进一步提升网络营销策略水平以吸引消费者，对商家的综合在线服务能力要求也变得更高。

资料来源：http：//www.jingzhengli.cn［2010-12-22］

5. 购后评价

消费者购买商品后，往往通过使用，对自己的购买选择进行检验和反省，重新考虑这种购买是否正确，使用是否理想，以及服务是否周到等问题。这种购后评价往往能够决定消费者今后的购买动向。

消费者在购买和使用某种产品后，感到满意或很满意，他们就会重复购买这种产品，并且会对别人说这种产品的好话。反之，消费者在购买或试用某种产品后感到不满意或很不满意，他们以后就不会再去购买这种产品，而且会对别人说这种产品的坏话。所以在商界中流传着这样一句话：“满意的顾客就是我们最好的广告。”在这里，“满意”的标准是产品的价格、质量和服务与消费者预料的符合程度。产品的价格、质量和服务水平与预料的相匹配，消费者会感到心理上的满足；否则，就会产生厌烦心理。购后评价为消费者发泄内心的不满提供了一条非常好的渠道。

电子商务市场中，购后评价更加透明。互联网为营销者收集消费者购后评价提供了得天独厚的优势。方便、快捷、便宜的电子邮件紧紧连接着厂商和消费者。厂商可以在订单的后边附上一张意见表，消费者购买商品的同时，就可以同时填写自己对厂商、产品及整个销售过程的评价。各种实时沟通工具使得消费者能实时与经营者进行沟通，对商品或服务进行反馈。厂商从网络上收集到这些评价之后，通过计算机的分析、归纳，可以迅速找出工作中的缺陷和不足，能够及时了解到消费者的意见和建议，从而及时改进自己的产品性能和售后服务。

【阅读资料】

淘宝网的信用评价制度

淘宝网规定买卖双方在支付宝交易成功后15天内可以进行评价。评价包括“信用评价”和“店铺评分”。在信用评价中，评价人若给予好评，则被评价人信用积分增加一分；若给予差评，则信用积分减少一分；若给予中评或15天内双方均未评价，则信用积分不变。如评价人给予好评而对方未在15天内给其评价，则评价人信用积分增加一分。

相同买、卖家任意14天内就同款商品的多笔支付宝交易，多个好评只加一分、多个差评只减一分。每个自然月，相同买家与非淘宝商城卖家之间交易，双方增加的信用积分均不得超过六分；相同买家与淘宝商城卖家之间交易，买家信用积分仅计取前三次。评价人可在作出中、差评后的30天内，对信用评价进行一次修改或删除。30天后评价不得修改。因骗取他人财物、发布违禁信息而产生的非正常交易，淘宝有权删除双方评价。

店铺评分由买家对卖家作出，包括宝贝与描述相符、卖家服务态度、卖家发货速度、物流公司服务四项。每项店铺评分取连续六个月内所有买家给予评分的算术平均值。买家若完成对淘宝商城卖家店铺评分中宝贝与描述相符一项的评分，则其信用积分增加一分。每个自然月，相同买、卖家之间交易，卖家店铺评分仅计取前三次。店铺评分不得修改。

淘宝网的信用评价制度为消费者了解卖家的服务及商品提供了有力的依据，通过评价，消费者可以客观反映购买过程是否顺利、对商品是否满意，其他潜在消费者也可以根据这些评价内容做出自己的判断，这种评价制度的确立对于规范商家的行为起到了积极的促进和监督作用。

【阅读资料】

电子商务市场中消费者信息收集特点的相关研究

1. 金三角理论

在2005年1月在美国纽约召开的搜索引擎优化大会上，Enquiro公司的高德·豪奇科斯提出“金三角”理论。他说：“以往的研究声称人们是在考虑之后再决定去点击那个搜索结果的。但我们最近进行的几个，包括这个最新的研究发现，人们并不是想了想再去点击一个链接的。人们很快地做出决定，而这个决定是根据人的眼光落在哪里而进行的。这纯粹是你的网站在搜索结果中所处的位置来判断的。这就同房产销售一样，好地段的房子就不愁卖不掉。然而这一研究只是基于50名测试者的参与进行的，说服力尚不够强。

但这个“金三角”研究的重要发现是将自然排名位置所受到的关注程度量化了。

搜索结果第1位：100%

搜索结果第2位：100%

搜索结果第3位：100%

搜索结果第4位：85%

搜索结果第5位：60%

搜索结果第6位：50%

搜索结果第7位：50%

搜索结果第8位：30%

搜索结果第9位：30%

搜索结果第10位：20%

从这个百分比排列可以看出，在自然搜索结果的排列中，排名第一位到第三位都完全受到重视，而从第四位和第五位开始，关注程度急剧下跌，排列在第十位和第一位的相差高达五倍。

资料来源：http：//www.enquiro.com/enquiro-develops-googles-golden-triangle.php［2010-12-10］

2. 尼尔森F形状网页浏览模式

2006年4月，美国长期研究网站可用性的著名网站设计师杰柯柏·尼尔森（Jakob Nielsen）发表了一项《眼球轨迹的研究》报告。报告提出，大多数情况下浏览者都不由自主的以“F”形状的模式阅读网页，这种基本恒定的阅读习惯决定了网页呈现F形状的关注热度。

显然尼尔森F形状网页浏览模式只是因为页面中的空隙造成的。因此其本质仍然是金三角理论，只是不同的是这份研究报告是从232名读者阅览几千张网页的实验结果。比研究金三角理论时足足多出了182人。因此从人数来讲，仿佛尼尔森F形状网页浏览模式更具说服性。

尼尔森F形状网页浏览模式图示如下（见图6-11）：

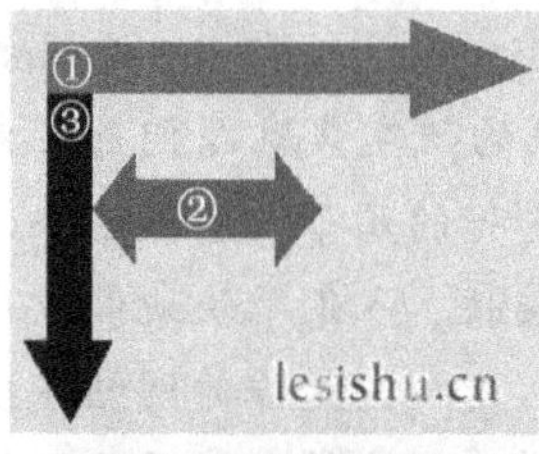
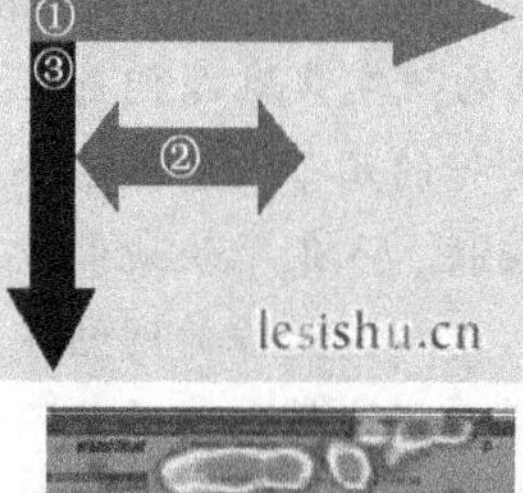

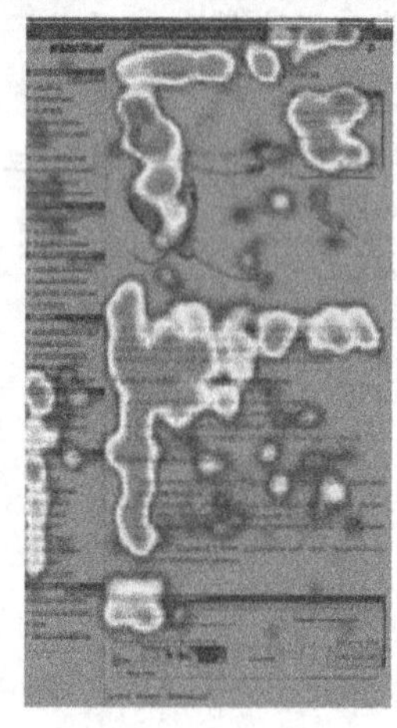

图6-11 电子商务网站的关注热度图

（试分析在不同版式网页中，F形状网页浏览模式的理论是否一定适用，及其对网页设计的影响。）

资料来源：http：//www. useit. com/alertbox/reading_ pattern. html［2010-12-10］

◎ 复习思考题

1. 电子商务市场中的消费者行为有哪些变化？
2. 电子商务市场的消费者类型有哪些？
3. 影响电子商务市场消费者购买行为的因素有哪些？
4. 消费者的时间价值理论是如何作用于信息搜索过程的？
5. 电子商务消费者购买决策过程分为哪几个阶段？

7 电子商务市场的竞争

7.1 差异化竞争

差异化竞争是经济学、管理学各学派研究的重点内容。对于产品差异化产生的原因，西方的微观经济理论从厂商竞争角度进行了解释，提出了伯川德悖论（Bertrand Paradox），即两个以上的生产同质产品的厂商，以不变的规模收益生产同类产品，以边际成本销售，会失去获利空间。避免伯川德悖论的最现实和最常见的做法是实现产品差异化。产品差异化降低了产品间的替代性，在一部分消费者眼中变成“不同”的产品，面对具有不同偏好的消费群体，可以制定不同的价格。

在电子商务市场中，数字产品很容易被差别化。例如，人们可以在某些提供新闻信息的网站定制自己感兴趣的某些方面的新闻，网站向每个定制者发送不同的新闻。这种定制化的新闻显然不同于电视、报纸向消费者提供同样的新闻组合的情况。数字产品的差别化可以最大程度地满足消费者的需求，因而它是数字产品厂商获取市场竞争优势的重要法宝。

7.1.1 差异化竞争的基本内涵

差异化竞争（Diversified Competition）是被誉为“竞争战略之父”的迈克尔·波特（Michael E. Porter）提出的。迈克尔·波特在其《竞争战略》一书中对差异化这样定义：将公司提供的产品或服务标新立异，形成一些在全产业范围中具有独特性的东西。一般来说，差异化竞争是企业在行业内目标市场的竞争中为某产品或服务创造与众不同的特色或特征，进而提高企业的竞争能力和市场占有份额的一种竞争方式或竞争策略。

差异化竞争的核心内容是为顾客提供差别化的产品或服务。所谓差别化的产品，是指基本用途和特性充分相似，但不完全相同的产品。如衣服的不同款式、面料和色彩等。也可以说 Windows NT、Windows 98、Max OSX 和 Linux 等都是同一类别产品的差别化产品。对于同一产业而言，不同企业之间产品可替代程度的大小经常取决于消费者的偏好程度，因此也可以把得到特定消费者强烈偏好的产品称为差异化产品，而把不具有这种消费者偏好的产品称为非差异化产品。

无论是传统企业还是电子商务企业，制造差异化产品的目的是引起消费者对本企业产品的特殊偏好，而这种特殊偏好实际上来源于围绕产品所展开的一系列活动，具体包括产品设计、产品质量、产品品牌、产品包装、广告宣传、销售渠道、售后服务等，这些构成了企业差异化竞争的基本内容。

7.1.2 差异化竞争的优势与风险

1. 差异化竞争的优势

差异化竞争的优势主要表现在以下几个方面：

第一，有利于建立起顾客对企业的忠诚。企业实施差异化竞争，通过提供区别于同行业一般企业的产品与服务，形成其独特的产品和服务特性，有助于顾客对企业产品或服务的认识与依赖。随着顾客对企业产品或服务认识与依赖的逐步加深，顾客对产品或服务的价格变化敏感程度将逐步降低。差异化竞争为企业在激烈的市场竞争中提供有效的优势，进而避免竞争对手的侵害。

第二，有利于形成强有力的产业进入障碍。企业在差异化的基础上，拥有了一定的消费群体。由于产品和服务的特色，赢得了消费群体的信任和忠诚，客观上使该产品和服务形成强有力的进入障碍。潜在的竞争者要与企业进行竞争，则要克服这种差异化所带来的独特性。

第三，有利于降低替代品的威胁。替代品能否替代现有的产品，主要取决于两种产品的性能——价格比。企业实施差异化竞争可以通过性能优势来提高现有产品的性能——价格比，降低替代品的威胁，在一定程度上不被替代品所替代，保持自己的竞争地位。

第四，有利于保持企业领先的地位。企业实施差异化竞争离不开创新，而创新能使企业面对日新月异的市场挑战，不断推出领先于行业内竞争者的差别化的产品和服务，从而保持企业在行业内的领先地位。

2. 差异化竞争的风险

企业实施差异化竞争也有一定的风险。首先，企业实施差异化竞争可能导致生产成本较高，因为企业要增加设计和研究费用，选用高档原材料等。较高的生产成本往往会削弱企业的竞争力。其次，企业实施差异化竞争可能丧失部分客户。因为差异化竞争追求的是产品或服务的标新立异，而非成本或价格优势。因此，当差别化的产品或服务价格较高时，顾客为了节省开支，往往会牺牲差异化产品的性能、质量、服务和形象，转而选择物美价廉的产品或服务。最后，随着时间的推移，企业推出的差别化的产品或服务可能会被竞争对手模仿，从而削弱企业的竞争优势。

7.1.3 差异化竞争的方法

营销大师科特勒认为：差异化是区分竞争对手的产品，是公司对自己的产品增加一系列有意义而有价值的差别要素过程，企业可以从产品、服务、渠道、人员和形象等方面进行差异化。

1. 产品差异化

产品差异化指某一企业生产的产品，在质量、性能上明显优于同类产品，从而形成独自的市场。对同行业的竞争对手来说，产品的核心价值是基本相同的，所不同的是在性能和质量上。例如，电子邮箱的安全性、可靠性、容量是用户最根本的需求，在满足这些需求之后，用户还需要丰富的功能。比如在邮箱中查看新闻、直接在邮箱中搜索邮件、增添邮件桌面端工具等。而这些，在邮箱服务提供商那里就表现为差异性产品。不管怎么说，在满足顾客基本需求的情况下，通过不断的创新，为顾客提供独特的产品是差异化竞争追求的目标。

在电子商务环境中，顾客依然处于主导地位，消费极具个性，且信息技术的运用让顾客和产品服务提供者间的沟通变得更加便利：一方面顾客的需求很容易被发现，另一方面特定的产品或服务提供可以较快地得到市场反馈。因此，电子商务市场上只有那些满足顾客需求并很好地传递顾客价值的产品才可能获得成功。换句话说就是，提供了符合顾客某种特定需求的产品才可能在市场竞争中生存。这不仅仅是产品形式和内容的改变，更主要的是体现在顾客定制上。基于顾客定制的产品差异化鼓励电子商务企业以有吸引力的价格向消费者提供他们所需要的个性化产品或服务。每一个网络顾客的需求都是不同的，通过便利的信息沟通和信息处理，顾客可以参与到产品的设计、制造中去，实行个性化定制生产。在顾客定制过程中，需要强调的是以顾客为中心：顾客提出需求，企业辅助顾客来设计和生产产品或服务。这种定制化，或者称为差异化，支持与每个用户建立一对一的关系，在定位于顾客价值诉求的基础上实现富有效率的大规模定制。

2. 服务差异化

服务差异化是指企业向目标市场提供与竞争者不同的优异的服务。尤其是在难以突出有形产品的差别时，竞争成功的关键常常取决于服务的数量与质量。区别服务水平的主要因素有送货、安装、用户培训、咨询、维修等。

在电子商务市场上，基于个性定制，服务的差异化主要体现在企业与客户及其他合作伙伴沟通过程中的信息反馈和信息处理上：企业可以 24 小时接受顾客或合作伙伴关于产品或服务的资料索取和问讯，并可及时响应他们的需求。企业可以通过顾客的电子商务活动收集大量客户数据，了解客户偏好和购买类型，实现差异化定制服务，提高企业的竞争力。

【阅读资料】

亚马逊：凭借差异化的服务占领市场

亚马逊获得成功的最主要原因在于服务。亚马逊为顾客提供了非常高的整体服务水平和完备的服务项目，并且在经营过程中不断翻新完善。曾有人将亚马逊的竞争优势概括为 4 个字：“新、速、实、简”，其中除了“新”指的是技术创新以外，其他 3 点都可以涵盖于服务之中。亚马逊为读者提供的服务具体表现在以下四个方面：

①周到的信息服务。亚马逊书店有着数量极为庞大的货品，通过与书商的合作能提供 310 万种以上的图书，其中包括 100 万种绝版书，庞大的书目数据库几倍于其他图书销售商。同时亚马逊通过多种服务项目吸引大量读者，包括知名的亚马逊特色书评、追踪新发行图书的 Eyes、通知读者感兴趣图书的发行情况的 Editors 等。为了吸引读者的眼球，亚马逊设置了 45 个不同题材的目录区，然后选出最有趣、最奇特或最好笑的新书，张贴在不同的目录下，以增加读者与书籍不期而遇的机会。当读者上网拜访时，电脑会随机抽取两本书的书名显现在屏幕上，并附有简短的介绍，下次再回到网页时，会另有两个书名显现。亚马逊就是不断地用这些小型的创意和革新来完善自己的服务，以吸引大量读者的光临。

②承诺高效的服务。亚马逊使用的是 64 位 500MB 内存的 Alpha 服务器，因此功能极为便利与快速。完备的数据库和多种检索入口可以提高检索效率，顾客也可以同时浏览 23 种不同的主题，从而大大节省了上网的时间，增加了搜寻的速度。另外，对发货和递送的时间亚马逊有一恒等式：找货时间+装运时间=所需的送货时间。亚马逊实行 24 小时全天候购物，美国当地的消费者如果选择标准的送货方式，那么其装运时间根据购物者距离远近为

3~7 天，加上 1 天的找货时间，购物者在网上下订单之后只要 4~8 天即可收到所购货物。

为了提高服务保障，亚马逊选择 HP 公司作为它基础设施的产品供应商。HP 公司将供应亚马逊 90% 的基础设备需求和多项支持，范围涵盖 Windows NT 到 Unix 平台的多种产品。此外，HP 还在交易高峰时间内为亚马逊“巡哨”，确保网站正常运行。

③提供个性化服务，重视客户反馈。亚马逊对顾客信息在一次购物后就都记录下来，并保留顾客的购物记录，通过自动分析顾客的购买记录，为每个用户提供个性化定制的推荐书目。亚马逊定期用电子邮件将每位顾客感兴趣题材的相关新书介绍给顾客。此外，亚马逊还非常重视客户的意见反馈，他们向网站的用户发送电子邮件，希望每位用户能针对亚马逊的网站运行机制发表自己的意见。

④完善的售后服务。亚马逊总是预先考虑产品出售以后可能出现的各种情况并提出相应的对策，如对于比较棘手的错误索价、退书或调书等要求做出了明确的规定，并把这些内容及其他服务内容在网上公开，使读者对自己的订购及对亚马逊的服务方式了如指掌。比如，客户可以在订购的半小时之内收到确认的电子邮件和订单号，之后就可以自己查询所订购商品是否已寄出。一旦收到的货品有质量问题或运输过程中有磨损，亚马逊会无偿包赔。读者在收到订货的 30 天内，可以将完好无损的书退回亚马逊，亚马逊将按原价退款。如果属于亚马逊的操作错误而造成的退货，则将运费也退给顾客。完善的售后服务既巩固了亚马逊对读者的承诺，也增加了读者对亚马逊网上消费的可信度。

3. 渠道差异化

无论是传统市场还是电子商务市场都应该重视营销渠道的建设，正所谓“得渠道者得天下”。通过适当的营销渠道，企业可以顺利完成产品或服务从生产者向消费者的转移，并实现盈利。渠道差异化是指企业根据其产品或服务的特点设计并建立独特的营销渠道，以提升企业的竞争力。

互联网本身就是一个极佳的营销渠道，它拓展了企业传统的渠道范围，突破了企业地理范围、商业时间以及产品展示的局限。通过不间断的在线信息沟通，企业可以营造与客户一对一的沟通关系。互联网的渠道差异包含：分销渠道、沟通渠道以及客户关系渠道。首先在网页上提供产品和服务信息的企业可以利用互联网作为沟通的渠道；其次，通过互联网，企业可以开通在线交易，拓展分销渠道；再次，通过互联网建立与客户直接对话平台，了解现有及潜在顾客的特征，形成新型的基于电子信息交流的客户关系渠道。

【阅读资料】

戴尔：用渠道差异化抵御产品同质化

运用渠道差异化手段获得成功并迅速成为世界著名品牌的案例很多，戴尔就是其中之一。

1984年5月，一个名叫戴尔的美国人用自己心爱的宝马轿车作抵押换取1 000美元获得商业许可证，创建了戴尔电脑公司。戴尔公司创建之初，电脑界已经形成群雄纷争之势，论技术、规模、实力，戴尔公司远不是IBM、康柏、惠普等业界“大鳄”的对手。戴尔之所以能够从一个名不见经传的小公司发展成为一个世界著名的大公司，主要靠的就是其独特的营销渠道。

戴尔先生还在上大学的时候，就发现了计算机市场上一个看似不起眼的商业机会：一方面本地的一些计算机批发商接手的PC机无法及时出售，而另一方面用户又无法得到他们所希望配置的计算机。这一发现使戴尔决定改变过去那种通过零售渠道销售个人电脑的做法，直接面向顾客销售，并按订单组织生产。按戴尔公司的解释，直销理念很简单：按照客户要求制造电脑并直接发货，使戴尔公司能够最有效和明确地了解客户需求，继而迅速做出回应。这不仅减少了中间商，更为重要的是节约了成本和时间。同时，顾客是直接面对厂家，可以在订单中详细列出所需的配置，戴尔公司按照顾客的不同需要组织“按单生产”。这样，就与非直销模式有两点明显的“差异”：一是将两次销售过程合并为一次，即将制造商销给经销商，经销商再销给“最终顾客”的过程，改为制造商直接销给“最终顾客”。程序的简化，带来了营销过程中的“必要库存”和营销成本的降低。按照惯例，分销商在销售电脑中，一般要加价7%~9%，直销就完全以出厂价销售，不需要分给中介利润，可以赢得竞争优势。这就是说，可以把本应由经销商赚的那部分钱，省下来转让给顾客。二是厂家直接接受顾客包含不同要求的订货，让顾客得到更多的“可感知价值”，厂家能及时收集到更多的对产品和服务需求的信息。客户得到了自己最想要的电脑，而戴尔公司对客户的要求也有了深入的了解，从而便于今后提供更好的售后服务。

戴尔公司的直销方式有三种：一是现场销售，由公司的技术人员直接到政府、银行、企业介绍推销产品和服务。二是电话销售，通过被叫付费电话向中小企业等有经验的用户销售。三是因特网上销售，戴尔公司在1995年开始通过电子商务在网上销售。供应链遍布全美各地以及世界上的许多国家，只要通过电话或是互联网订货，用不了几天，按要求制造的戴尔电脑就会送上门。当客户拨通戴尔公司电话时，一个电脑声讯会自动应答，并且指导打电话者进行服务内容的选择，只需简单的回答或按键，就会被接到进行电脑订购、回应请求或者解决问题的适当渠道中去。

戴尔独创的互联网商务直销模式使戴尔如虎添翼。1996 年年底，戴尔每天的在线销售额就达到了 160 万美元。自 1995 年起，戴尔公司一直名列《财富》杂志评选的“最受仰慕的公司”，2001 年排名第 10 位。2008 年度《商业周刊》全球最佳品牌 100 强排行榜第 32 位。

4. 品牌形象差异化

品牌形象差异化是指企业通过实施品牌战略和形象战略而产生的差异。企业通过强烈的品牌意识、成功的形象战略，借助媒体的宣传，使企业在消费者心目中树立起优异的形象，从而培养顾客认可品牌购买的习惯，把企业的品牌和形象根植于顾客的心目中。

网络对品牌形象影响很大。谢勒托尼和麦克唐纳德定义品牌为：一个可以确认的产品或服务，用这种方式，购买者或用户可以感知最符合他们需要的独特附加值，品牌的成功源于在面对竞争时能够保持的这些附加值。在互联网世界中，这种附加值体现在顾客参与上。顾客是品牌价值的共同创造者，顾客可以通过体验、与品牌进行沟通，进而通过信息传递为品牌添加价值。相应的，互联网中的品牌差异建立在企业有能力去创造并维持异于其他的顾客体验。

作为一个品牌，是由内容和形式组成的。品牌本来是几个文字、几个符号、几个标志，这是形式。品牌的内容是提供的实在服务、对消费者的承诺以及对消费者的忠诚反应。新浪的名称起得响亮，浪就是 Internet 的海浪，新就是全新的海浪。新浪的标志以一堆黄色的诱惑再加上几个诱人的字体，给人强烈的视觉冲击。最关键的是新浪的品牌内容：最快的滚动新闻、最全的新闻、最快的更新速度、最简洁的栏目结构、最让人放心的服务承诺。品牌不是喊出来的，是做出来的，是每一个员工脚踏实地的结晶。

在某些电子商务站点危机四伏之时，美国在线的网上业务却在飞速增长——无论是客户数量还是客户的平均消费额都在不断增加着。而这一成果正是来自于它的简单且实用的内容策略。美国在线的用户界面具有非常难得的统一性与连贯性。与那些号称高度开放实际却空洞乏味的站点不同，浏览者浏览美国在线感到心情非常舒适、非常自由，而在其他站点上你也许被迫做这做那。美国在线细心地研究用户的习惯。每天大量的内容不是被随便堆砌上去的，内容与位置的搭配经过细致的研究。与其他站点相比，美国在线用户在站点上浏览的时间更长，而且更容易不断被新的内容吸引、流连忘返。

7.1.4 案例分析：腾讯游戏的差异化竞争策略

腾讯公司成立于1998年，是目前中国最大的互联网综合服务提供商之一，也是中国服务用户最多的互联网企业之一。腾讯游戏是腾讯四大网络平台之一，是全球领先的游戏开发和运营机构，也是国内最大的网络游戏社区。无论是腾讯公司整体的在线生活模式布局，还是腾讯游戏的产品布局，都是从用户的最基本需求、最简单应用入手，注重产品的可持续发展和长久生命力，打造绿色健康的精品游戏。在开放性的发展模式下，腾讯游戏采取自主研发、代理合作、联合运营三者结合的方式，已经在网络游戏的多个细分市场领域形成专业化布局并取得良好的市场业绩。

面对竞争激烈的网络游戏市场和众多对手，腾讯的起步虽然晚了一些，但腾讯结合自己的特点和优势使其游戏产业迅速发展，在腾讯2009年第一季度业绩中显示网络游戏部分的收入呈上升状态。在与同行业的激烈竞争中，腾讯游戏能立于不败之地，与腾讯游戏的差异化竞争策略息息相关。

（1）市场细分差异化

网络游戏产业中最终价值体现都会回归到顾客，产业的一切经济活动的目标都是游戏玩家，他们是利益所在，是整个产业链的价值源泉。从这个意义上来说，创造顾客就是创造差异，只有进行市场细分，锁定用户群，拥有差异才能有市场。腾讯游戏根据其原有庞大的QQ用户群，将目标消费者定义为11~25岁年龄段的人，主要用户以学生为主。

（2）产品差异化

腾讯最初以棋牌游戏作为向游戏市场进军的切入点，随之建立了QQ游戏门户网站，仅仅用了一年时间就超越了联众，成为中国在线人数最多的游戏平台。在腾讯涉及游戏产业之初，棋牌游戏成本投入比较低，更新速度快，为其投入开发成本更大、周期更长的网络游戏打下了坚实的基础。在开发游戏的过程中，马化腾提出了构筑游戏金字塔的概念，以两年时间建立起的QQ游戏门户网站为金字塔底端的基础，建立中型网络游戏，目前腾讯运营的中小型网络游戏有音乐舞蹈类的QQ炫舞、赛车类的QQ飞车、QQ堂、音乐竞速类的QQ音速、战争类的QQ三国、自由幻想、穿越火线等。在金字塔的顶端则是大型网络游戏，例如神话类的寻仙、网络街机游戏的地下城与勇士、史诗类的 QQ 华夏等。在桌面游戏中有 QQ 宠物，QQ 空间中有好友买卖、抢车位、QQ 农场等游戏。腾讯网络游戏产品的种类几乎覆盖了所有的网络游戏种类。腾讯的口号是"一个 QQ 号码一个游戏世界"，与其他网络游戏不同的是，一般的网络游戏账号只有游戏功能，而且不能通用，玩家每玩一个新游戏就必须注册一个新的账号，账号多，复杂难记。腾讯游戏直接把 QQ 号码作为账号，一个 QQ 号码可以玩所有的游戏，无需注册，减少了玩家多次注册的麻烦，当玩家参与玩一个游戏后，达到一定级别还可以点亮 QQ 资料中的游戏图标，满足了玩家在虚拟世界的成就感。

腾讯在打造游戏多元化的同时，还开发社区型网络游戏，打造绿色健康游戏。社区网游不同于其他网络游戏，在于可以和整个腾讯社区如即时通信、QQ 秀、QQ 游戏等全部结合起来，形成一个有机的整体。在马化腾看来，社区型网游有三大特点：第一，具有丰富的社区形态，社区中所有丰富的沟通和互动手段，都可以在网游中找到；第二，社区网游和以前非常火爆的 PK 为主的网游不同，它更倡导社区文化，它鼓励用户在网游中进行沟通；第三，社区型网游的特点，是随发展中的社区需求不断发展。

(3) 运营模式差异化

腾讯游戏基于腾讯广大的即时通信用户价值，打造以 QQ 客户端为主导的推广策略，QQ 用户可以在 QQ 的页面上直接点击进入游戏。腾讯一直着力打造健康网游形象，在推出"QQ 幻想"后，腾讯与国内最大的饮料巨头娃哈哈集团，联手开展了"畅饮营养快线，玩转 QQ 幻想"的大型联合推广活动。相同的理念与相同的目标用户群，加上各自的独特资源以及市场优势，为双方的深度合作铺平了道路。娃哈哈的产品提倡的是健康、营养理念，和 QQ 幻想更多往健康、积极向上的社区网络游戏来发展的方向是一致的。而腾讯借娃哈哈在国内用户心目中的健康品牌形象，进一步为自己的网游产品打上健康的烙印。

腾讯游戏在自身发展的过程中还注重与媒体的合作，腾讯与央视"开心辞典"的合作就是一个成功的案例。陕西的网游玩家小蓝从众多"幻想开心辞典"游戏活动的闯关者中脱颖而出，走进中央电视台"开心辞典"的演播现场，近距离挑战王小丫，并获得丰厚的物质奖励。这期开心辞典节目播出以后，在众多网络游戏玩家中产生了巨大的影响，网络游戏玩家通过游戏走进央视名牌栏目，这在行业中还属腾讯首开先河。"幻想开心辞典"是腾讯自主研发的大型网络游戏"QQ 幻想"而制作的一档周末活动，腾讯一直坚持一切以用户为中心的运营理念，在相对局限的游戏中给予玩家更多的体验。央视看重的是腾讯所拥有国内最大的在线社区，以及它所影响的人群，出于这样的基础双方的合作顺理成章。在这次活动中，腾讯与央视达到了双赢的效果。腾讯“QQ 幻想”的玩家可以更加贴近电视栏目，在玩游戏的过程中获取更多的新知识，对腾讯绿色网游、健康网游起到了推广作用。央视也借此活动拓宽了与用户互动的渠道，提高了栏目的收视率。

此外，腾讯在游戏推广过程中还为旗下的网络游戏寻找合适的代言人，例如“QQ 飞车”代言人景甜、“QQ 炫舞”代言人国际中华小姐 Cécilia、“QQ 飞行岛”代言人比基尼小姐王秋君、“QQ 华夏”召唤版的代言人“恋丶鲒丨鲒”、“穿越火线”宝贝张馨予、“QQ 自由幻想”代言人李囡子。代言人在自己的 QQ 空间中介绍新游戏，为玩家介绍游戏玩法，谈自己玩游戏的真实心得体会，让玩家对游戏的了解更深，加强了玩家对游戏的亲切感。腾讯游戏还组织自己的玩家团队，在每一款腾讯游戏的运营之初，就会开始招募论坛版主，在一个或者多个专业客服的指导下，由普通玩家自己组建游戏研究院、游戏管理员、游戏写手团、游戏杂志社等玩家团队，从而在线组织游戏活动。一些游戏玩家通过玩家团队的锻炼走上网络游戏职业道路，同时丰富的玩家团队是腾讯游戏的宝贵财富。玩家团队这样的运营模式为腾讯建立了良好的群众基础，同时提高了腾讯游戏品牌知名度，增加了游戏玩家对腾讯游戏的品牌忠诚度。

资料来源：涂锐．从腾讯游戏看网络游戏差异化竞争策略．东南传播，2009（9）

7.2 价格竞争

价格是影响产品销售的一个重要因素，因此它常被企业用作与竞争者争夺市场份额的一种重要的竞争手段。消费者有求廉的心理，也有“一分价钱、一分货”的心理。企业应根据产品的市场定位、本企业的实力、产品的生命周期以及消费者对产品价格的心理，并结合竞争对手的情况来确定合适的价格策略。

在电子商务市场上，价格竞争策略很多，本节主要介绍价格歧视定价、捆绑定价和免费定价三种策略。

7.2.1 价格歧视定价

1. 价格歧视概述

价格歧视（Price Discrimination）也称差别定价，是指对同样的产品和服务，针对不同的消费者，根据其不同的支付意愿制定不同的价格。

通过价格歧视定价，厂商可以占有消费者剩余，获得最大收益。但厂商要实现价格歧视定价，需要具备以下三个条件：首先，价格歧视必须在相互分离的市场上进行，如果市场不是分离的，消费者可以获得有关价格的信息，他们就不可能在定价高的企业那里购买商品；其次，企业必须是一个垄断者或者拥有一定的市场垄断力，这样它们才能决定自己的产品价格，而不是被动接受市场价格；最后，企业能够了解不同层次的消费者购买商品的意愿或者能力，如果企业不了解消费者的需求，就不能进行价格差异的层次划分，也就无法实行价格歧视。

英国经济学家庇古将价格歧视划分为三种基本形式，即一级价格歧视、二级价格歧视和三级价格歧视。

2. 个性化定价——一级价格歧视

(1) 个性化定价的含义

一级价格歧视（First-degree Price Discrimination）也称完全价格歧视或个性化价格，是指具有垄断力的企业确切地了解买主的意愿，对每一个买主索取的价格都等于该买主愿意付出的最高价格。下面借助图 7-1 简要分析厂商如何通过个性化定价来增加利润。

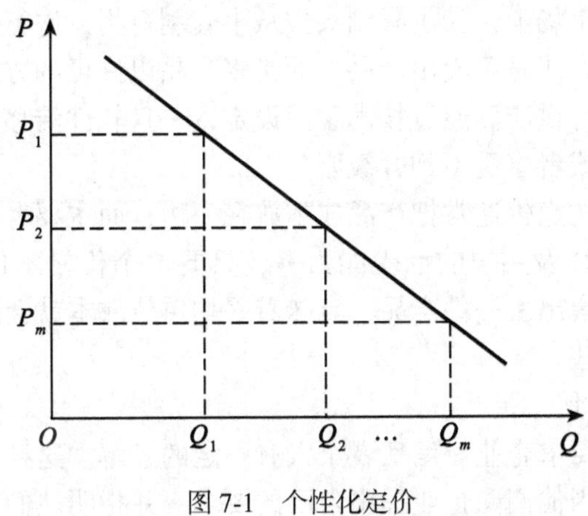

图 7-1 个性化定价

在图 7-1 中，厂商对 Q_1 单位产品索取的价格为 P_1，对 Q_2 单位产品索取的价格为 P_2。依次类推，厂商对最后一个单位产品 Q_m 索取的价格为 P_m。这样，由需求曲线 D 表示出来的代表商品边际效用的买主购买一定量产品所愿意支付的价格，正是产品供应商的边际收入曲线。结果，厂商就能够把在单一定价下的消费者剩余全部转化为由于实行个性化定价而追加的收益，从而获得更高的收益。

在传统市场上，完全了解消费者支付意愿只是一种理论上的假设，因此厂商几乎不可能实行个性化定价。而在电子商务市场中，厂商往往比较容易了解消费者的支付意愿。这主要是因为互联网为厂商提供了与消费者“点对点”的交流机会，厂商通过对消费者的观察与调查、通过分析用户注册表和账单等来识别不同消费者的不同购买和支付意愿。网上数据供应商Lexis-Nexis就是实施个性化定价的典范，它几乎可以做到对不同的顾客要价不同。这个要价可能取决于用户是什么类型的实体（公司、小企业、政府、学术组织），用户组织的大小，用户使用数据库的时间（是白天还是晚上），用户使用数据库的数量（随量打折），用户使用的数据库类型，是把它打印出来还是只在屏幕上看，等等。

显然，电子商务为厂商了解消费者的支付意愿并实行个性化定价提供了便利。但是，由于电子商务市场同样存在着大量限制厂商实行个性化定价的因素，因此厂商的个性化定价也会受到一定程度的影响。首先，在电子商务环境中消费者可以以更低的成本进行价格搜寻，致使那些支付意愿较高的买主一旦搜寻到较低的价格时就不会支付较高的价格；其次在线交易使买主从事套利行为变得更加容易。

在电子商务市场上，为了限制买主从事套利行为，进行价格歧视定价的厂商常用的一个办法是不卖出产品，而是将产品以许可的方式租赁给消费者使用。例如，软件供应商通过技术手段设定，一旦软件转移到另一台计算机就不允许使用，或者享受不到升级服务。

总之，个性化定价通常把产品成本放在一边，而主要考虑产品对用户的价值（或效用）以及用户的承受能力等，只要这个价格不低于边际成本就可以成交。每多售出去一件产品，意味着平均单位成本就会降低，企业的投资就会多收回一些。

（2）版本定价

个性化定价要求企业对消费者个人有一定的了解。这种了解最好来自消费者自己，比如当他们向企业提出自己的要求，并指明他们想要的产品或他们感兴趣的服务。但是，如果没有顾客提供的档案，没有顾客的积极参与，这时就需要进行版本的划分，即以不同的版本向不同的市场提供企业的产品或服务。版本定价就是厂商根据顾客的不同需求提供产品或服务的不同版本，并为不同版本制定不同价格。不同顾客对同一产品或服务的价值认同是不一样的，通过版本划分满足每位顾客的需求，可使企业获得最大收益。

在图7-2中，当消费者消费一个低级别的版本 X_3 时，厂商索取价格为 P_3；当消费者购买高一级的版本 X_2 时，厂商索取价格为 P_2。这样，厂商可

以获得比单一定价 P_3 更多的销售收入（如图 7-2 中的阴影部分所示）。

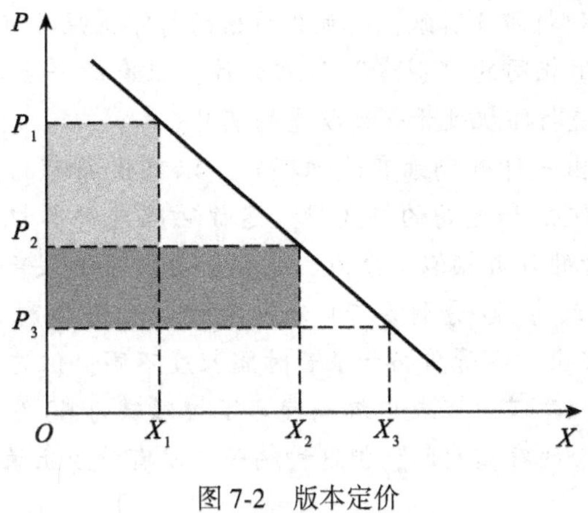

图 7-2　版本定价

在软件产品市场上，微软公司就将其产品划分为学习版、家庭版、专业版、企业版和黄金版等，以此版本划分让消费者“自我选择”而向消费者索取到更高的价值。

数字产品的版本划分主要有基于功能及性能的版本划分和基于时间的版本划分。

①基于功能及性能的版本划分定价。这种版本定价是指厂商向消费者提供不同功能及性能的产品，并制定不同的价格，以满足不同支付意愿的消费者的需求。有些厂商为了实行价格歧视而降低某些现有产品的功能及性能，即厂商提供受损产品（Damaged Goods），以在支付意愿高的消费者与支付意愿低的消费者之间进行价格歧视。例如，软件供应商针对那些需要使用软件，但是又不愿意为软件的完整功能付费的消费者，会减少软件的一些功能，以较低的价格销售。

【阅读资料】

Intel，IBM 和 Sony 的“受损产品”

Intel 公司的 486 微处理器有 DX 和 SX 两个版本。尽管这两个版本在运行上存在着明显的差异，但 SX 版本除了其内部的协处理器不能工作外，其他方面都与 DX 版本一模一样。然而，在 1991 年 SX 版本销售价格为 333 美元，而 DX 版本却为 588 美元。

1990年5月，IBM公司宣布推出E激光打印机，该型号的激光打印机比IBM原先流行的激光打印机成本低。实际上，前者与后者的唯一区别在于E型打印机每秒打印5页纸，而原先推出的打印机每秒可以打印10页纸。这两种打印机使用相同的“引擎”和零部件，仅有的一点区别在于E型打印机中多了一块使打印机处于等待状态的芯片。

Sony公司推出一种数码录音迷你磁碟，以替代原有的录音磁带，而且提供了更好的方便性和更高的持久性。迷你磁碟与计算机3.5英寸（1英寸=2.54厘米）盘的外表相似，分为已经录音的和可以录音的两种格式。可以录音型又分为录音60分钟和74分钟两种，价格分别为13.99美元和16.99美元。事实上，尽管价格和录音时间长度不同，但这两种类型的磁碟事实上完全相同，磁碟内容表中编码确定了该磁碟为60分钟。这样，即使磁碟内还剩有多余的存储空间，但这种编码可以有效阻止录音长度超过该时间。

②基于时间的版本划分定价。对于数字产品，时间也是用于差别定价的很好标准，供应商提供的产品性能完全一样，所不同的是供应商对于传送时间的控制和把握，通过实时的与延时的服务提供不同的价格安排。例如，PAWWS财经网络公司向客户提供有价证券报价的信息服务，该公司对使用实时报价信息的客户收取的费用为每月50美元，而对使用延迟20分钟报价信息的客户收取的费用为每月8.95美元。

基于时间的版本划分定价在传统市场上也有许多应用。例如，联邦快递提供了两种等级的服务，第一种是优先服务，承诺在早上10点钟之前送到；第二种为“次日”服务，只保证在第二天某些时候把邮件送到。公司希望通过顾客的自我选择来显示出他们需求的差异。为了做到这一点，即使两种服务类型的邮件同时到达某个区域，他们也不会在送优先服务的邮件的同时顺便送出“次日”服务的邮件，而宁愿向同一个地址跑两趟，而不把非优先的邮件在10点钟之前送达。因为他们很清楚，为“普通”包裹提供优先服务会减少优先服务的价值，而不利于优先服务的高价。

总之，在版本定价中，版本划分是关键。供应商可以通过准确识别产品与服务中对某些顾客极为重要，而对其他顾客却并无价值的各个方面，以便设计出对每类顾客都具有吸引力的版本。作为个性化定价的一种特殊形式，版本定价的产品价格也不是由成本决定的。在许多情况下，生产低级版本常常会引起额外费用，因为它可能是从高级版本降低下来的一种形式，但这并不影响低级版本的低价政策。如Wolfram公司出售一种专门进行符号、图形和数学运算的计算机程序 Mathematica 时，学生版的浮点运算功能被取消，减慢了数学和图形的运算。为此，公司只得花费额外的成本在软件包里加入一个浮点库，而学生版的售价却低得多。所以版本定价的高低更取决于顾客的需求，并且顾客需求的数量越多，价格越低。

3. 数量定价——二级价格歧视

(1) 数量定价的含义

二级价格歧视（Second-degree Price Discrimination）是以数量为基础的定价，也称数量定价，是指企业将商品按照买主的购买量划分为两个或两个以上的级别，针对不同的购买量索取不同的价格。

在传统市场和电子商务市场中都有许多关于数量定价的例子。厂商常常推出诸如“购买 2 件商品打 9 折，3 件打 8 折，5 件以上打 6 折”或“消费满 10 小时以后的消费打 9 折”之类的优惠，实际都是属于数量定价，目的是鼓励消费者多购买产品。图 7-3 表示了单个消费者购买价格与数量的关系。如果消费者只购买 1 个单位商品，其要支付的价格为 P_1；如果其购买 2 个单位商品，价格为 P_2，相比单独购买，其获得了一部分消费者剩余 S_1，也即通常所说的商品变“便宜了”。而如果其购买的商品超过 3 个单位，价格就为 P_3，其获得了更大的消费者剩余 S_1+S_2。

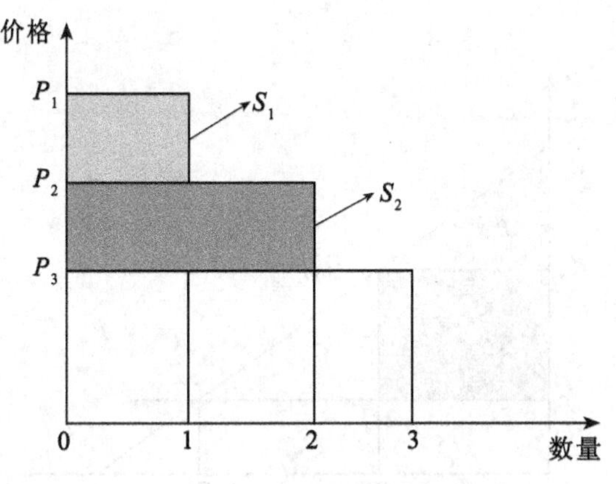

图 7-3 购买价格和数量的关系

在二级价格歧视中，由于厂商可以从多出售的商品中赚取利润弥补给消费者的优惠，因此，只要出售一单位商品的利润高于给消费者折扣损失的利润，商品出售的数量越多，厂商利润越高。与一级价格歧视中消费者剩余被厂商全部获得不同，二级价格歧视是将消费者剩余在厂商和消费者之间按一定比例分配，厂商和消费者都获得了部分剩余。这也是二级价格歧视很常见的原因。

（2）二部定价

二部定价（Two-part Tariff）是指价格分为两部分：一部分是固定的收费，消费者只要使用就必须支付，如电话收取的月租费；另一部分是随消费量收费，如打电话按次数收费。在电子商务市场上，网络出版商收取订阅费时常常采用二部定价。

二部定价被看成是数量定价的一个特例。消费者购买第一单位产品时要付出一个更高的价格，这个价格由入门费加第一单位价格构成，购买第二个单位以上产品支付低价格。

二部定价也叫块定价，它是一种非线性定价模式，因为在这种定价模式下，厂商收入上升不是其销售数量的线性函数。

假设 f 表示二部制资费定价中的固定收费，即每个消费者无论购买多少数量的产品都必须支付的价格；p 表示另外一部分随着购买数量的不同而变化的变动费用。

在图 7-4 中，$D_{(p)}$ 为需求曲线；c 为边际成本。如果厂商制定与销售量无关的统一价格，则价格的最优值为 P_m。此时，边际收益等于边际成本，利润由图 7-4 中的阴影面积 A 表示。

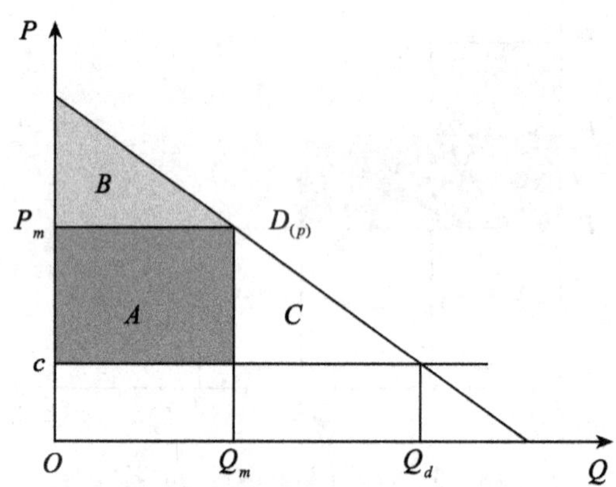

图 7-4　二部定价的购买价格和数量关系

如果 $P=P_m$，则消费者剩余由图 7-4 中阴影面积 B 表示，即 $CS(P_m)=B$。如果价格等于边际成本 c，那么，$CS_{(c)}=A+B+C$。

由于使总剩余最大化意味着价格等于边际成本，这时的最优二部制资费

定价为 $P=c$，因此，最优的固定价格是 $P=c$ 时的消费者剩余，即：

$$f=CS_{(p)}=CS_{(c)}=A+B+C$$

厂商制定二部制资费定价有以下结果：第一，厂商利润从 A 增加到 $A+B+C$。这样，厂商在价格为边际成本时原本是无利可图的，但实行两部制资费定价后就可以获得丰厚的固定收费。第二，总剩余从 $A+B$ 增加到 $A+B+C$，厂商增加了销售量。第三，消费者总剩余从 B 增加到 $A+B+C$，这时，边际价格从价格 P_m 下降为边际成本。第四，消费者净剩余（固定费用）从 B 下降为零，厂商通过固定部分收费攫取了消费者总剩余。因此，厂商采取二部定价策略提高了整体效率，但减少了消费者福利。

4. 群体定价——三级价格歧视

三级价格歧视（Third-degree Price Discrimination）是以消费者身份为基础的定价模式，也称群体定价，是指厂商按照买主的某个或多个交叉特征将价格划分为两个或两个以上的类别来索取不同的价格。这种价格歧视行为也称市场分割（Market Segmentation）。

三级价格歧视的例子包括学生乘火车享受半价优惠，军车通过收费站可以免票，老年人乘公共汽车免费，旅游景点有半价学生票和儿童票等，以及以地理位置为基础的空间价格歧视，如同样的出版物在发达国家与发展中国家有不同的价格。此外，向中间商和最终消费者、单个消费者和团体消费者提供不同价格，也是群体定价的一种形式。如网络出版商通过站点授权以高价向图书馆出售学术刊物，而以低价向个人出售学术刊物。在电子商务市场中，最常见的群体定价方式是针对会员与非会员提供不同的价格和服务组合，非会员只能免费进入部分网页内浏览，会员则可以根据不同级别享受到不同深度的组合服务。

三级价格歧视产生的最主要原因是价格敏感程度。如果不同群体的成员对于价格的敏感度不同，厂商就可以向他们提供不同的价格，即在价格敏感程度高的市场采取低价，而在价格敏感程度低的市场采取高价，以实现利润最大化。下面用需求的价格弹性来解释这一现象。

需求的价格弹性系数 ε 是用需求量变动的百分比除以价格变动的百分比，即：

$$\varepsilon=\frac{\Delta Q/Q}{\Delta P/P}=\frac{\Delta Q}{\Delta P}\times\frac{P}{Q}=\frac{P\Delta Q}{Q\Delta P}$$

当 $\varepsilon>1$ 时，$P\Delta Q>Q\Delta P$，即需求量变动增加的收益大于价格变动增加的收益，如图 7-5（a）所示。当 $\varepsilon<1$ 时，$Q\Delta P>P\Delta Q$，即价格变动增加的收益大于需求量变动增加的收益，如图 7-5（b）所示。因此，在 $\varepsilon>1$ 时，厂商降低价格会增加收益，提高价格会减少收益。而在 $\varepsilon<1$ 时，厂商提高价格会增加收益，降低价格会减少收益。

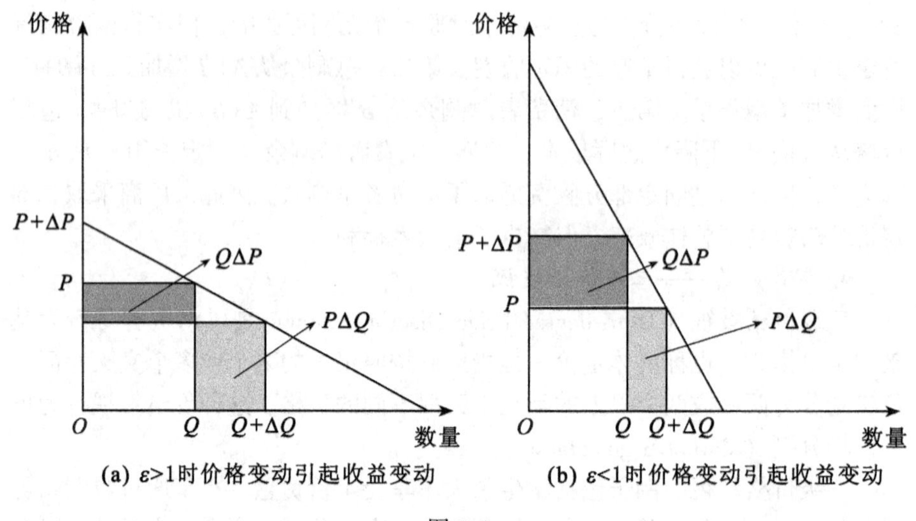

(a) $\varepsilon>1$时价格变动引起收益变动　　(b) $\varepsilon<1$时价格变动引起收益变动

图 7-5

综上所述，无论哪种形式的价格歧视都可以给企业带来好处。然而现实中企业在实施价格歧视时往往也存在着诸多困难和风险。2000 年 9 月中旬，亚马逊公司开始了著名的差别定价实验。亚马逊公司选择了 68 种 DVD 碟片进行动态定价试验，它根据潜在客户的人口统计资料、在亚马逊的购物历史、上网行为，以及上网使用的软件系统，确定对这 68 种碟片的报价水平。例如，名为《泰特斯》(*Titus*) 的碟片对新顾客的报价为 22.74 美元，而对那些对该碟片表现出兴趣的老顾客的报价则为 26.24 美元。通过这一定价策略，部分顾客付出了比其他顾客更高的价格，亚马逊公司因此提高了销售的毛利率。但这一差别定价策略实施不到一个月，就有细心的消费者发现了这一秘密，通过在名为 DVDTalk（www.svstalk.com）的音乐爱好者社区的交流，成百上千的 DVD 消费者知道了此事，那些付出高价的顾客怨声载道，纷纷在网上以激烈的言辞对亚马逊公司的做法进行口诛笔伐，有人甚至公开表示以后绝不会在亚马逊公司购买任何东西。尤其是，亚马逊公司前不久才公布了其对消费者在网站上的购物习惯和行为进行了跟踪和记录的情况，因此，这次事件曝光后，消费者和媒体开始怀疑亚马逊公司是否利用其收集的消费者资料作为其价格调整的依据，这样的猜测让亚马逊的价格事件与敏感的网络隐私问题联系在一起。此次差别定价实验最终使亚马逊公司不仅在经济上蒙受了损失，而且声誉也受到了严重的损害。

7.2.2 捆绑定价

1. 捆绑定价的含义

捆绑这一概念在很早以前就已经出现，但是真正引起人们关注是由于20世纪80年代美国快餐业的广泛应用。麦当劳通过这种销售形式促进了其食品的购买量。

捆绑定价（Bundling Pricing）是指企业将两种或两种以上的产品或服务以固定的比例组合在一起以一个价格出售。卖方拒绝将A产品出售给消费者，除非消费者同时也购买B产品或其他更多的产品，在这种情况下，A产品称为基础产品，B产品和其他产品称为捆绑产品。捆绑销售是“整体销售两种及两种以上独立产品”。所谓“独立产品”是指在独立分离的市场上已分别存在的产品。

正确理解捆绑的含义应从以下两方面着手：第一，捆绑与搭售不同。搭售是指在销售一种产品时搭配销售另一种产品，而两种产品组合的比例是不固定的。但因捆绑与搭售的目的和作用基本相同，因而在此不再进行区分。第二，捆绑是将不同的产品组合在一起。如果捆绑的是同种产品，属于数量定价，是价格歧视的一种形式。

2. 捆绑的类型

亚当斯（W. J. Adams）和耶伦（J. L. Yellen，1976）最早提出了一个包含两个产品的捆绑模型。他们将捆绑分成纯捆绑（pure bundling）、混合捆绑（mixed bundling）和部件销售三种类型。纯捆绑也称为整体捆绑，是指一揽子销售产品或服务而不单独销售其中的部分产品或服务的捆绑。例如，原美国在线（AOL）只向那些购买了会员资格的使用者提供包含网络接入服务在内的各种服务，而不向非会员提供任何部分内容的服务。混合捆绑也称为非纯捆绑或部分捆绑，是指除了一揽子销售捆绑产品外也单独销售捆绑产品内的各个部分。部件销售也称为拆零销售，是指厂商不进行组合销售，但消费者可以通过分别购买两种或多种产品而将购买的产品实现组合，如厂商分别销售显示器与主机，消费者购买后自行组装等。

现实中最普遍存在的情况是混合捆绑，纯捆绑和部件销售都是混合捆绑的特例。在混合捆绑条件下，消费者选择购买整个捆绑产品的价格要低于单独购买其中每件产品的价格之和。例如，可以将微软公司的Office软件看成是由Excel，Word，PowerPoint，Access和Microsoft Mail软件组成的捆绑产品。其中，Microsoft Mail的价格为80美元，其他软件的价格分别为495美元，合计2 060美元。然而，微软公司将整套软件的捆绑价格只定为750美元。

3. 捆绑定价的好处

(1) 捆绑定价可以使厂商获取更多的收益。

与单独定价及销售相比，捆绑定价可以通过降低支付意愿的分散程度，来吸引更多的消费者购买捆绑产品，达到增加利润的目的。

【例题7-1】

假设某在线厂商可以提供S1和S2两种服务，又假设这两种服务的用户分为A、B两种类型，他们对S1和S2的评价各不相同，表7-1显示了两类用户对不同服务的支付意愿。

表7-1　　**两类用户对不同服务的支付意愿**

	A类用户	B类用户
对S1的支付意愿	50	30
对S2的支付意愿	35	60
对捆绑服务的支付意愿	85	90

由表7-1可知，如果采取单独销售，可以将S1的价格定为30元，因为这样两类顾客都会购买S1，此时厂商能够获得最大化收益60元。同理，可以将S2的价格定为35元，此时厂商能够获得最大化收益70元。结果，厂商分别销售S1和S2的最大化收益共130元。

如果采取捆绑销售，可以将捆绑价格定为85元，这样厂商从捆绑销售中获得的总收益为170元。显然，厂商从捆绑销售中得到的收益比分别销售获得的收益高出40元。

(2) 捆绑定价可以降低销售成本。

在捆绑销售中，企业可以通过共享产品的组合广告来降低每种产品的广告费用，取得范围经济的效果；企业还可以通过减少交易次数、提高交易效率来降低交易成本。此外，捆绑销售也可以节省包装成本。

(3) 捆绑定价可以提高产品的价值。

将具有互补性的产品捆绑在一起定价和销售可以提高产品的价值和使用

者的效率。通常当捆绑产品中含有大量具有互补性的产品时，将提高消费者对每一种产品的估价。同时，某些产品在技术上的互补性增强了产品的功能。

(4) 捆绑定价可以有效地排挤竞争对手并设置进入壁垒。

由于捆绑定价将多次销售行为整合为一次性的销售，这不仅降低了消费者的搜寻成本，而且也降低了竞争对手与自身争夺客户的机会。假设一顾客目前需要文字处理软件，但不久的将来也会需要电子表格软件，现有微软和金山两家公司可供选择。若产品是单独提供的，则顾客面临两次选择，但若微软采用捆绑定价销售，竞争就会变得只有一次，从而减少了对手赢得顾客的机会，有效排挤了竞争对手。另外，由于两种以上产品的一体化生产、捆绑销售，这样迫使竞争对手难以单独进入其中任何一个市场，从而有利于巩固在位厂商的霸主地位。

4. 捆绑定价的适用条件

虽然捆绑定价策略具有上述优势，但并不是所有的产品及所有的场合都适合，也就是说如果捆绑定价策略运用不当，不仅不会给企业带来好处，反而会给企业造成损失。一般而言，只有互补性较强、边际成本较低或消费者支付意愿较高的产品才适合捆绑定价。这是因为，捆绑定价是基于消费者的支付意愿，而不是成本。通常，当价格高于或等于边际成本时，产品才会获利。如果边际成本非常高，消费者对捆绑产品中每件产品的估价高于边际成本的可能性就非常小，捆绑就难以获利。当捆绑产品的平均边际成本高于消费者对捆绑产品的平均估价时，捆绑将导致获利减少。另外，如果产品之间存在互补性，消费者购买一种产品会增加其互补品的效用。微软的 Windows 操作系统和 Windows Media Player 媒体播放器就具备互补性，微软把两者捆绑销售，使 Windows 媒体播放器的市场占有率大大超过了竞争对手 RealNetworks 公司的 RealPlayer。

数字产品极低的边际成本特点使其比传统产品似乎更适合于捆绑定价策略。现在越来越多的数字产品厂商已经采用了捆绑定价作为产品销售的主要方法。以微软的 Office 系列产品为例，这种产品是由一个文字处理程序、一个电子表格、一个数据库和一个演示工具捆绑而成。通过捆绑销售策略，Office 取得了巨大的成功，获取了办公室软件市场 90%的份额。这些产品组合在一起提高了工作的效率，材料可以比较稳定地被剪切、粘贴，或在不同的文件之间连接，各组件也可以共享文件库，这样 Office 应用程序就可以占用更少的空间，并且比单独使用不同组件更为有效。

7.2.3 免费定价

1. 免费价格策略的含义

免费定价是电子商务市场中常用的竞争手段，许多新兴电子商务公司凭借免费价格策略一举获得成功。这种竞争策略主要用于产品或服务的促销与推广，它通常是一种短期和临时性的竞争策略。所谓免费价格策略就是将企业的产品和服务以零价格形式提供给顾客使用，满足顾客的需求。

在互联网上，人们普遍使用"免费电子邮件"，获得各种"免费软件"、"免费电子报刊"等，这并不是传统市场中商家使用的那种"买一赠一"的销售手法，而是实实在在的经营行为。这种看来有悖常理的举措，却被互联网企业广泛采用。

2. 互联网企业实行免费价格的动机

互联网企业采用免费价格策略主要是基于以下两个方面考虑。

第一，希望通过产品或服务的免费吸引消费者的眼球，并迅速占领市场。

有人说，在网上最稀缺的资源是人们的注意力。因此要吸引住顾客，提供免费产品和服务可能是最直接和最有效的手段。这种方法会产生对某种产品和功能的需求，进而挖掘其潜在的市场。例如，某个网站用提供免费电子邮件吸引用户，在积累了一定用户的具体资料后，其经营者便可将这些资料有偿提供给需要这些资料的厂商，以此来获利。从 1994 年开始发展，至今已成为世界著名的信息服务企业的 Yahoo 正是沿着这样一条道路成长的。作为一个 ICP，Yahoo 提供各种免费的信息和免费电子邮件吸引浏览者，以此换取访问人数的增加，扩大自己网站的宣传效果。当它成为 Internet 上的重要网站时，Yahoo 便开始寻找广告商和资助人，并以此来促进企业的发展壮大，如今 Yahoo 网站以其日均 600 万人次的访问量，在网络市场中获得了与 IBM、DIGITAL 等商业巨头合作的筹码。同样，拥有 1 000 多万用户的 AOL 公司的发展，在很大程度上也得益于其推出的一系列免费的服务，如今其巨大的客户资源为众多的广告商所看中，由此广告费就会滚滚而来。1998 年，微软收购了 Hotmail 站点，看中的当然不是 Hotmail 的免费电子邮件系统，而是它的 1 000 万用户。

第二，希望通过产品或服务的免费来锁定消费者，以巩固企业的市场地位。

目前有许多软件厂商通过免费下载和试用来吸引用户，等后者了解和熟悉了该软件的功能或尝到一些实用后，进一步的使用就需要向软件厂商支付费用了。这就是软件产品最独特的“锁定用户”作用。有的软件厂商还以极低的注册费在网上推销客户端软件，又以相当高的价格向硬件供应商、系统集成商或网站建立者销售他们的服务端软件，从而达到获利的目的。

3. 免费价格策略的形式

（1）完全免费

完全免费是指产品或服务从购买、使用到售后服务的所有环节都实行免费。如《人民日报》、《经济日报》等电子版在网上可以完全免费使用。又如美国在线公司成立之初在商业展览会场、杂志封面、广告邮件等场合提供免费软件，通过这种方式在连续 5 年后吸收到了 100 万名用户。

（2）有限免费

有限免费是指用户在一定限度内可以免费使用产品或服务，但超出了规定限度就需要付费。限制免费主要有两种形式：一种形式是使用时间上的限制，规定用户只能在一段时间期限内免费使用这种产品，超过时间期限后就必须付费；另一种形式是使用次数上的限制，即规定用户免费使用的次数，超过规定次数后就需要付费。如金山软件公司曾经免费赠送可以使用 99 次的 WPS2000 软件，使用次数完了后需要付费申请继续使用。现在许多网络游戏都在提供试玩，服务器免费开放一定天数，当玩家超过免费试玩期想要继续玩游戏就要缴费。

（3）部分免费

部分免费是指将产品整体进行划分或将服务全过程分成若干个环节，只对其中某些部分或某些环节提供免费的策略。例如，一些杀毒软件只能免费查毒，用户必须付费才能用来杀毒；一些著名研究公司的网站上只公布部分研究成果，如果要获取全部成果必须付费作为公司客户。还有某些网络影视或音乐只免费提供部分片段播放，若要欣赏全部内容，则需付费。

（4）捆绑式免费

捆绑式免费是指在购买某种产品或服务时才可以免费享受赠送其他产品和服务的待遇。显然这种免费是与基础产品捆绑在一起的，如果没有基础产品或服务的销售就不可能有这种免费。如国内一些 ISP 为了吸引接入用户，推出了上网免费送 PC 的市场活动。又如微软在推出 IE 浏览器时，也采取了捆绑式免费，其中 Windows 操作系统为收费产品，而 IE 浏览器则为免费赠送。

4. 免费价格策略的实施

（1）免费产品或服务的选择

一般而言，并不是所有的产品或服务都适合于免费价格策略，作为免费的产品或服务应具有以下特性：

①易于数字化。易于数字化的产品都可以通过互联网实现零成本的配送。企业只需要将这些免费产品放置到企业网站上，用户可以通过互联网自由下载使用，企业通过较小成本就实现产品推广，可以节省大量的产品推广费用。

②可复制性。有些产品如软件、音乐制品、电子媒体等一旦研发出来后只需要通过简单的复制就可以有无限制的产品生产，所以其制造成本非常低廉甚至为零，这也为其免费提供了可能性。

③成长性。采用免费价格策略的企业，一般都希望通过产品或服务的成长来推动市场占有率，为未来市场发展打下坚实的基础。如：微软公司免费发放 IE 浏览器，为其销售 Windows 95、Windows 98、Windows 2000 打下坚实的基础。

④冲击性。企业采用免费策略的重要目的是推动市场成长，开辟出新的市场领地，同时对原有市场产生巨大冲击。如 3721 网站为推广其网址域名标准，以适应中国人对英文域名的不习惯，采用免费下载和免费在品牌电脑预装策略，在 1999 年短短的半年时间迅速占领市场并成为市场标准，对过去被国外控制的域名管理产生巨大冲击和影响。

⑤间接收益性。采用免费价格的产品，可以帮助企业通过其他渠道获取收益。这种收益的方式是目前大多数 ICP 的商业运作模式。

（2）免费价格策略的实施要点

第一，考虑免费策略是否符合商业模式。互联网作为成长性的市场，在市场获取成功的关键是要有一个可能获得成功的商业运作模式。如果不能通过精心策划的商业运作模式获得市场的认可，那免费策略非但不能带来效益，企业还会反遭其累，最终倒闭。

第二，分析采用免费策略的产品或服务能否获得市场认可，也就是提供的产品或服务是不是市场迫切需求的。互联网上通过免费策略已经获得成功的公司都有一个特点，就是提供的产品或服务受到市场的极大欢迎。如 Yahoo 的搜索引擎克服了在互联网上查找信息的困难，给用户带来了便利；又如我国的新浪网站提供了大量实时性的新闻报道，满足了用户对新闻的需求。

第三，分析免费策略产品推出的时机。在互联网上的游戏规则是“Win take all（赢家通吃）”，只承认第一，不承认第二，因此在互联网上推出免费产品是为抢占市场，如果市场已经被占领或者已经比较成熟，则要审视推出的产品或服务的竞争能力。

第四，策划推广免费的产品或服务。互联网是信息海洋，对于免费的产品或服务，网上用户已经习惯。因此，要吸引用户关注免费产品或服务，应当与推广其他产品一样有严密的营销策划。在推广免费产品或服务时，主要考虑通过互联网渠道进行宣传。如 3721 网站为推广其免费中文域名系统软件，首先通过新闻形式介绍中文域名概念，宣传中文域名的作用和便捷性；然后与一些著名 ISP 和 ICP 合作，建立免费软件下载链接，同时还与 PC 制造商合作，提供捆绑预装中文域名软件。

（3）免费价格策略的实施风险

自从 Netscape 把它的浏览器免费提供给用户，开创了 Internet 上免费的先河。后来微软也如法炮制，免费发放 IE 浏览器，如今对于互联网上的免费人们已经习以为常了。通过实施免费价格策略，的确使许多的互联网公司获得了成功，如微软、AOL、淘宝等。但是，同时也应该清醒地认识到，免费价格策略只是企业竞争战略的一部分，对于互联网公司来说，为用户提供免费服务只是其商业计划的开始，商业利润还在后面。免费只是一种手段，赢利才是企业的目的。此外，企业实施免费价格策略还必须承担可能失败的风险，如果免费不能达到企业预期的目标，不仅企业未来的商业利润无法实现，企业前期为产品或服务的研发所投入的成本也无法收回。因此，企业实施免费价格策略依然应该谨慎。

综上所述，互联网为企业定价的创新提供了极为有利的条件，可以预料，随着互联网的发展，互联网上的定价创新不会停止。当然要预测互联网上将有哪些定价创新涌现，以及哪些定价创新将获得成功是很困难的。但仍有一些基本的原则可以参照。互联网无法改变企业必须投入的某些固定成本，只能力争减少营销及其他与信息相关过程的成本；定价模式的改变应该对交易双方都有利，并具备促使他们改变交易方式的驱动力等。

【阅读资料】

淘宝网的免费策略

成立于 2003 年的淘宝网是中国第一家免费的 C2C 网站，从上线的那天起就做出“三年免费”的承诺，相继之后又承诺了“继续免费三年”。毫无疑问，免费是对市场的一种巨大的投入，或许未来免费未必是最好的策略选择，但至少在淘宝的发展过程中，免费为其后来居上发挥了至关重要的作用。

免费是淘宝网直接针对易趣而实施的非常强有力的竞争利器。在淘宝网成立之初，易趣已经占领了中国80%以上的C2C市场份额。易趣的经营模式是向卖家收取各种费用，包括至少50元的店租、商品登录费、交易佣金等。这种收费其实很合理，卖家要通过易趣这个平台做买卖，就要向这个交易平台缴纳费用。这就相当于卖家开实体店需要缴纳铺面租金一样。然而，淘宝的出现却为卖家带来了一种创新的经商体验，在淘宝上开店，既免开店费，也免商品登录费。另外，淘宝也免去买卖交易费。这对于在互联网上做买卖的生意人来说，不啻于天上掉下的馅饼。如同在现实世界中，对商家取消了营业税、免除了铺面租金，这是何等的诱惑。淘宝凭借免费这把利器，迅速切入了原本为易趣垄断的市场，并且在两年多时间里，夺下了超过60%的市场份额。

如今，淘宝已稳居中国C2C市场多年的霸主地位。据艾瑞咨询数据显示，从2007年起，淘宝在中国C2C市场上的份额连续三年超过了80%，而易趣的市场份额却不足10%。

7.3 标准竞争

标准竞争是企业建立核心竞争优势的一个重要途径，如果企业在标准竞争中取得胜利，就能够通过标准许可获利，或者通过标准控制在产业竞争中处于领先位置。

在网络经济时代，技术创新的速度越来越快，市场国际化和经济全球化的程度越来越高，企业面临的环境越来越复杂多变。在这复杂多变的环境中，如何迅速推出自己的新技术、占领更广阔的市场并保持持续的竞争优势成为企业亟待解决的问题。目前越来越多的企业除了采取常规的竞争手段以外，更是把目光转向了标准，标准的争夺成为当代企业之间竞争的主题。

7.3.1 标准及其竞争问题的产生

1. 标准的定义

标准尤指技术标准，国际标准化组织（ISO）所给的定义是：“一种或一系列具有强制性要求或指导性功能，内容含有细节性技术要求和有关技术方案的文件，其目的是让相关的产品或者服务达到一定的安全级别或者进入市场的要求。”

按照目前国际上通用的分类方法，标准可以分为法定标准和事实标准。前者指政府标准化组织或政府授权的标准化组织建立的标准；后者是单个企业或者具有垄断地位的极少数企业建立的标准，它的出现是新经济时代的一个重要的新特点。事实标准又可以划分为两类标准：一类是单个企业依据其市场优势形成统一或单一的产品格式，最典型的是美国微软公司的 Windows 操作系统和英特尔公司的微处理器，被称为“Wintel 事实标准”。类似的还有 20 世纪 80 年代 JVC 公司的 VHS 家用录像机和 SONY 公司的 Betamax 家用录像机标准。另一类是由若干企业联合制定的标准。事实标准的最初形态是企业标准，随着企业的发展而成为行业标准或国际标准。思科的“私有协议”实际上就是企业标准，但由于思科在互联网设备上的垄断地位，其“私有协议”事实上已逐渐演化成为行业标准和国际标准。

2. 标准问题与标准竞争问题的产生

标准问题产生的根源在于网络产品在使用过程中的非独立性，即它只能与其他产品相结合才能发挥其功用。手机必须与手机卡结合使用才能打电话；电脑也必须与软件结合起来才能发挥作用。正是这种非独立性，导致产品兼容性问题的产生。比如 GSM 网络的手机无法使用 CDMA 的手机卡，为 Intel 32 位机编写的操作系统程序不能在 Applel 6 位机上运行等。

兼容性问题解决的途径就是标准化。只有将产品的各种接口明确地进行标准化，并且企业都遵照约定的标准进行生产，才能在产品的使用时进行顺利的对接，以实现其功用。但是，这并不能成为标准竞争的充分条件和直接原因，标准竞争产生的直接原因是它对企业而言独特的吸引力。

虽然工业经济时代也存在标准之争，但标准问题在网络经济时代比任何时代都更具战略意义，其重要性源于网络产品的网络效应。标准产品的推出有效地解决了网络产品的兼容性问题，这会吸引更多的用户使用这种标准产品。随着用户人数的增多，产品对用户来说变得更有价值。因此，技术一旦成为标准将会引起正反馈效应，这种正反馈效应在网络经济中发挥着巨大的作用，它甚至可以导致赢家通吃的市场。也就是说，单个公司或技术击败所有竞争对手。赢家通吃的局面导致技术垄断，且垄断者借此获取巨额利润。20 世纪 80 年代的录像机市场 VHS 和 BETA 之争中，松下的 VHS 一旦成为标准，索尼的 BETA 便在市场上无立足之地。90 年代的 PC 操作系统市场上，Windows 与 Intel 联手对付苹果成为业界的标准，使苹果操作系统在市场上被扫地出门。种种例子表明，对于网络竞争而言，设法成为业界的标准，从而引发正反馈，不仅是企业赢利的需要，也是生存的需要。

7.3.2 标准竞争的关键要素

卡尔·夏皮罗和哈尔·瓦里安在《信息规则：网络经济的策略指导》

一书中具体阐述了在标准竞争中获得胜利的 7 种关键资产。这 7 种关键资产实际就是标准竞争中各参与方较量的关键要素。

（1）对用户安装基础的控制。控制用户安装基础，获得较大市场份额，有利于形成该领域的标准，通过后向兼容，形成产业系列标准。例如，微软公司控制了操作系统，后向兼容应用软件，就在操作系统和相关应用软件领域形成了标准。

（2）知识产权。每一个标准中都埋藏着大量的专利技术，那些拥有新技术的专利权、版权等知识产品的公司，在标准竞争中往往处于有利地位，拥有更大的选择权。如果拥有足够的用户基础，公司可以选择独占知识产权；为了开拓市场，公司也可以选择开放知识产权。选择开放知识产权，可以在该领域的标准形成中拥有更多的话语权。

（3）创新能力。标准中包含有技术，而技术来源于创新。作为拥有持续创新能力的公司，往往能够在标准竞争中最终取胜。即使在标准形成中没有获得有利的位置，也能够凭借创新能力在标准发展中领先。

（4）先发优势。在市场竞争中，先驱企业往往比竞争对手拥有成本、质量和品牌优势，在标准发展中，这些企业将比竞争对手拥有更多的控制因素。

（5）生产能力。一个成本领先的企业，可以依据规模经济获得市场份额，使产品成为标准产品。如制造 Modem 芯片的 Rockwell 公司依靠成本优势占领了 70%的市场份额，并使其产品成为行业标准。

（6）互补产品。一个公司如果生产的产品是市场的一个重要互补产品，就会在市场中得到迅速推广，并逐渐成为市场的标准产品。如微软公司为硬件制造商提供的操作系统最终发展成为行业标准。

（7）品牌和名誉。在网络经济中，拥有品牌优势的公司，就拥有了预期的市场规模，而预期的市场规模会带来真实的市场规模。品牌和名誉的市场号召力能够在标准竞争中起关键作用。

7.3.3 标准竞争的战略措施

对于不同的企业而言，在标准竞争中应采取不同的战略措施。

1. 标准主导战略

当企业是竞争性垄断市场中的在位企业时，它可以实施标准主导战略，从而利用标准实现垄断，获得可持续发展并主导本产业的发展。这种战略的实施要点如下：

①构建早期市场领导地位，扩大市场上配套产品的供应。作为在位企业通过游说互补产品供应商生产和销售与自己产品配套的产品，可以使产品体系不断完善，从而不仅可以扩大自己产品的销售，并且有可能使自己的产品成为标准。例如，作为芯片制造商的英特尔公司就是利用其早期的市场地位，借助微软等公司为其提供的配套产品，最终使自己的产品成为事实上的行业标准。

②实施产品延伸与捆绑销售策略。作为在位企业通过延伸自己的产品，可以不断完善产品的功能，并促进产品的销售。此外，基于基础产品的捆绑销售，也会进一步扩大并巩固企业的市场地位。

③进行新产品预告。通过新产品预告，新标准的发动者可以使消费者提前了解公司的产品信息，这样既可以增加消费者购买的欲望，而且还可以减缓竞争对手用户安装基数的增长。例如，为了赢得未来的市场并抵御 VisiOn 的销售，在 Windows 操作系统尚未面世时，微软就开始向用户宣传。结果，这一招数果然有效，VisiOn 一开始销售就遭遇了寒流，因为整个世界都在等待着 Windows。

2. 标准挑战战略

当企业作为一个潜在进入者，或者作为希望挑战在位者标准地位的企业时，一般可以采用挑战者战略。这种战略的实施要点如下：

①低价格承诺与渗透定价。公开的长期低价格承诺是使潜在购买者确信购买某种技术标准的产品将长期获益。在标准竞争中，以价格折扣吸引市场上有影响力的顾客是一种非常重要的手段，因为这有助于使公司的产品迅速地达到良好的市场声誉所需要的临界容量。

②基于自己产品的优势，展开各种营销手段，使自己获得一定的安装基础，从而逐渐获得整个市场。

3. 标准推广战略

在一个全新的产品市场，当还没有一种标准成为主流，或者还没有一种标准的使用者达到临界容量时，企业可以采取标准推广战略，以使企业的标准成为事实标准或行业标准。标准推广战略的重点是扩大用户使用数量，尽早达到临界容量，率先收到正反馈机制带来的利益。具体措施如下：

①采用各种营销手段积极推广自身的标准，扩大配套产品的供应，以求尽早达到临界容量。

②积极说服竞争对手加入自身的标准，向竞争对手提供种种承诺，如整合双方标准、提供全部技术支持等，来获得对方的加入。

③组建战略联盟，提供各种优惠条件，使自身标准的上下游企业均加入到这个联盟之中，最大限度地削弱对方企业上下游的实力。

④获得政府支持，取得尽可能多的国家资源，参与全球竞争，将自身标准更快地推向目标地。

7.3.4 案例分析：微软公司基于标准的全球竞争

在数字时代，标准显得格外的重要，拥有了标准，就拥有了游戏规则的主动权，就可以迫使后来者纳入该标准和技术中来。不仅如此，随着技术的进一步发展，标准也将会不断地更新，这样就能在竞争中占据制高点，从而获得巨大的网络垄断收益。

综观微软的成功，除了技术和偶然因素外，更是与微软竞争理念密切相关，那就是尽一切可能争取自己公司的技术为全球标准。正如微软创始人比尔·盖茨所说，在市场开拓初期，技术水平一时的高低有时并不重要，具有决定性意义的是抢占市场份额并借此建立市场标准。

1. 微软在激烈的标准竞争中突围

创业初期的微软受到幸运之神的光顾，当时的 IT 巨头 IBM 将操作系统外包给微软。微软把握机遇，为 IBM 个人电脑提供了磁盘操作系统(DOS)，并保留 DOS 的独占权。借助 IBM 的市场优势，微软也随着 IBM 个人电脑的销售而走进了千家万户，DOS 成为当时一枝独秀的市场标准。相对于竞争对手，微软一起跑就领先了许多。但微软的成功并不仅仅是靠技术和偶然因素，而是把握了成为市场标准的机遇，利用标准占领市场。

蕴涵巨大利润空间的软件行业始终是众商家激烈竞争的战场，其他企业也希望通过技术创新和市场运作成为全球的技术标准，从而获得 IT 霸主的地位。微软的竞争对手苹果公司在 1984 年发布了拥有绚丽图形操作界面的 Macintosh 操作系统，它不仅界面美观、操作简便并且还可以播放出美妙的音乐，达到当时操作系统的技术顶峰，对微软的 DOS 系统形成强大的威胁。然而技术更优的 Macintosh 系统未能把握绝好的机遇，因为它的不兼容，用户难以体验如 DOS 系统般的完全掌控感，便逐渐对 Macintosh 系统失去兴趣。在 Macintosh 发布的第二年苹果公司就出现了严重的亏损。试想如果苹果公司在 1984 年而不是迟至 1994 年，就将其 Macintosh 操作系统授权给其他计算机硬件销售商，它可能就已成为操作系统的主要生产商了。相比而言，微软所提供的 DOS 系统为全开放的系统，可以为第三方厂商开发的应用程序提供方便可靠的接口，因此吸引了众多开发商开发 DOS 应用程序，促使DOS系统成为操作系统的全球标准。尽管现在仍然有一些IT技术人士对微软的技术嗤之以鼻，认为Windows操作系统漏洞百出，他们甚至认为微软是技术的剽窃者，Windows系统抄袭苹果公司的图形化操作界面，就连用于发家的DOS系统也是转手倒卖得来的，但微软始终懂得如何抓住市场和利用市场，赢得全球技术标准，站在软件领域的最高处。

2. 微软的产品延伸与捆绑销售强化其技术标准市场地位

当微软的产品取得一定的市场地位之后，就不断地采用产品延伸与捆绑销售，强化其标准的市场地位。微软将DOS系统捆绑上当时的IT巨头IBM公司的个人电脑，成为当时PC机的绝对标准的操作系统。后继在主流的Windows的操作系统中不顾反垄断压力，频繁地自我捆绑上IE浏览器、Windows媒体播放器、Windows Massager，以及将来在Vista系统（微软研发的新操作系统）中极可能捆绑上自我开发的反间谍软件甚至反病毒软件等。微软将这些软件捆绑在已经成为全球标准的Windows操作系统中，试图让操作系统带动其他微软的软件产品，成功地实现微软产品的延伸。待到欧盟反垄断制裁姗姗来迟，全球大多数客户可能早已经熟悉了微软的软件操作，习惯地成为其忠实用户，这正是其他的浏览器厂商、媒体播放器软件商、即时通信商以及杀毒软件商所担心的事情。微软依靠操作系统的成功，牢牢掌握了全球90%以上的桌面市场，并借助操作系统的全球标准地位带动微软其他产品的销售。它成功地利用基础产品与延伸产品之间相互配合、相互促进的关系，强化其技术标准的市场地位，为微软赚来了巨额利润。

3. 微软全球技术标准的巩固以技术创新为基础

然而，成为全球技术标准并不是一劳永逸的。软件行业是利润丰厚的行业，其他软件制造商集聚着大量的人才研发更为先进的软件，希望有朝一日能取代微软成为全球标准。所以要想继续保持其垄断地位需要不断提升技术实现产品创新。微软深知在软件业激烈的竞争中，技术是唯一可以长期延续的财富和优势。李开复在《微软的成功之道》中谈到，在2005财政年，微软在研发领域投入大约85亿美元，超过其营业额的1/5，这个比例在“世界财富500强”的企业中居首位。互联网新时代的到来，软件行业的利润空间更大，竞争更加激烈，对技术更新的准确性、及时性要求更高了，仅仅靠Windows的成功已经不能确保微软的霸主地位，稍有疏忽就会被其他企业所取代。于是微软积极进行软件研发并寻求与其他厂商的技术合作，将自己的产品领域迅速蔓延到办公软件、数据库、媒体娱乐工具、电子邮件、杀毒软件等领域，并借助Windows的标准地位带动其他软件的发展，取得了惊人的成绩。

资料来源：毛蕴诗等．从微软看标准之间的企业全球竞争．经济理论与经济管理，2008（2）

7.4 锁定竞争

7.4.1 锁定的产生及其对企业的意义

1. 锁定的产生

锁定是存在于经济生活中的普遍现象。在电子商务市场上，锁定往往是企业的一种主动行为，企业通过锁定消费者，使消费者长期购买和使用自己的产品，以巩固并扩大市场份额，实现更多的盈利。

关于锁定的定义，夏皮罗和瓦里安（1999）认为，当从一种品牌的技术转移到另一种品牌技术的成本非常高时，用户就面临锁定。锁定的本质是消费者将来的消费选择会受到现在消费选择的约束，或者说，消费者现在的消费选择将限制未来的消费选择，这种约束或限制都是由转移成本造成的。

转换成本（switching costs）指消费者用一种商品取代原来消费的商品时所产生的成本。这些成本可能表现为产品淘汰的机会成本、技术培训成本、时间成本和心理成本等。或者说，消费者在不同商品之间进行变更的选择会增加消费成本，因为从未消费过的产品可能具有质量不确定性，与新的供应商之间可能存在交易成本、心理接受成本，了解新品牌的时间成本、磨合的合作成本，等等。许多厂商都试图通过提高转换成本来锁定消费者的选择。

【例题 7-2】

假如李军计划购买一套音响，他想在两种品牌 A 与 B 之间作出选择。又假定这两种品牌的性能对李军来讲都是一样的，且两种音响的寿命均假定为 5 年。A 与 B 之间不同的是 A 没有转换成本而 B 存在转换成本，这种转换成本可能是由操作造成的。李军在习惯了 A 的操作后可以毫不费力地熟悉 B 的操作方法，但是，如果李军先熟悉了 B 的操作后，再要操作 A 仍然要费力气学习 A 的操作。假设在购买音响前李军对两种音响的价值都不十分肯定，A 和 B 可能值 800 元或 1 200 元，因此，每种产品的平均价值是 1 000元。假定 A 的标价是 800 元，B 的标价是 750 元，转换成本为 300 元。将上述假设数据汇总整理成表 7-2。

表 7-2　　　　假设数据汇总

	品牌 A	品牌 B
转换成本	0	300 元
平均价值	1 000 元	1 000 元
标　　价	800 元	750 元

可以考虑三种情况：

（1）如果不考虑将来的转换成本，那么，李军开始时便会选择 B，因为他的预期剩余是 250 元，比选择 A 的预期剩余多 50 元。如果实践证明 B 对李军的效用是 1 200 元，那么，李军的选择是正确的，因为他获得了 1 200-750=450 元的剩余。

（2）如果李军在实践中发现 B 值 800 元，那么，他只获得了 800-750=50 元的剩余。如果李军在 5 年后继续购买 B 就会只得到 50 元剩余。此时，如果他考虑购买 A，期望剩余为 1 000-800=200 元。但是，由于 A 存在转换成本，李军的期望利润为 200-300=-100 元。显然继续购买 B 才是理智的。结果，他就被品牌 B 锁定了。

（3）假如李军一开始就购买了 A，实践中发觉它值 1 200 元，于是，他就获得了 400 元剩余，并会在 5 年后继续购买 A。如果李军发觉 A 只值 800 元，则没有什么剩余。由于 A 没有转换成本，李军可以在 5 年后转向购买 B。结果，他的期望剩余为 1 000-750=250 元。

由此可见，数字产品的转换成本直接导致了市场锁定现象。

2. 消费者锁定的意义

消费者锁定是作为经济主体的企业为了特定目的，在特定交易领域，通过提高消费者转换成本的方式，对消费者所形成的排他性稳定状态。企业进行消费者锁定主要有以下意义：

（1）维护市场规模

任何企业的经营活动都需要一定的市场规模来支撑，通过消费者锁定，能够使企业获得一个较稳定的市场规模，降低经营风险，同时能够降低营销成本。营销学研究表明，维持一个老顾客的成本是吸引一个新顾客成本的 1/5，客户忠诚是企业经营的基础。

（2）获得优势谈判地位

锁定客户可以在未来与客户的交易中获得优势谈判地位。锁定客户的过程也是买卖双方之间激烈竞争的过程：供应商希望锁定购买者获取利润，而购买者希望保持开放的选择权来加强其在讨价还价中的地位。

（3）获得长远利益

锁定客户形成一个相对封闭的市场，厂商可以通过对这个市场的不断开发，以获得长期利益。

①现有产品的升级。锁定客户后，企业可以通过对现有产品的不断升级来获得利益。就像微软公司几乎每半年就升级 Windows 一样。这时，消费者已经习惯或只能使用该产品，选择另外产品需要付出转移成本，从而厂商就有了收费的基础。

②提供相关服务。厂商锁定消费者后可以通过对相关服务收费获得利益。例如，位于美国加利福尼亚州的 Cygnus Solutions 公司为 Unix 之类的免费软件提供技术支持，年收入达 2 000 万美元。比尔·盖茨也认为，今后微软 80%的利润将来自产品销售后的各种升级换代和维修咨询等服务，只有 20%的利润来自产品销售本身。

③提供配套产品。厂商锁定消费者后可以通过提供配套产品获得利益。例如，有许多网络游戏厂商通过提供免费游戏锁定用户后，开始向用户销售道具。

7.4.2 锁定竞争的方式

夏皮罗和瓦里安（1999）对锁定和相关转移成本进行了分类研究（见表 7-3）。下面结合他们的分类来讨论电子商务市场上厂商的消费者锁定方式。

表 7-3　**锁定和相关转移成本的类型**

锁定的类型	转移成本
合同义务	补偿或毁约损失
耐用品的购买	设备更换，随着耐用品的老化而降低
针对特定品牌的培训	学习新系统，既包括直接成本，也包括生产率的损失，随着时间而上升
信息和数据库	把数据转换为新格式，随着数据的积累而上升
专门供应商	支持新供应商的资金；如果功能很难得到/维持，会随时间而上升
搜索成本	购买者和销售者共同的成本，包括对替代品质量的认知
忠诚顾客计划	在现有供应商失去的任何利益，再加上可能的重新积累使用的需要

1. 免费锁定

免费锁定是指供应商通过提供免费的产品让用户使用，待用户形成使用习惯后来锁定用户的方式。对于免费的产品，许多消费者都愿意尝试使用，如果消费者在使用后对产品评价正向，就会愿意继续使用。在使用的过程中，随着消费者逐渐熟悉和了解该产品的性能，形成使用习惯，消费者就逐渐被该产品锁定了。

在数字产品市场上，许多厂商就是通过免费活动来实施锁定消费者计划。无论是网络服务商还是软件制造商，在他们推出产品或服务前往往都会事先为消费者精心设计一份免费的“礼物”，一旦消费者接受了他们的“礼物”，也就意味着被锁定了。

2. 合同锁定

合同锁定是指供应商通过与消费者签订合同来锁定消费者的方式。在这种方式中，违背合同带来的成本构成了买主的转换成本。例如，当消费者购买某些 PC 硬件时，可能被要求签约保证从指定的网络服务提供商（ISP）那里购买相应的网络服务，这种合约在购买硬件的交易完成后提高了该消费者选择其他 ISP 的成本。

3. 技术锁定

技术锁定是指供应商通过与技术相关的措施来锁定消费者。这种锁定方式具体包括以下几个方面：

（1）通过特定的品牌培训进行锁定。作为技术含量高的数字产品，用户要保证其顺利使用往往需要一个学习和培训的过程，在此过程中所发生的学习成本便构成了用户的转移成本，这种转移成本越高，用户就越会被锁定。如 SAP 公司积极与国内外高校建立 ERP（企业资源计划）研究中心，它愿意免费向高校和培训机构赠送 ERP 系统，资助 ERP 中心开展教学活动。当学生们掌握了 SAP 公司的 ERP 系统之后，在日后的工作中他们会更倾向于选择 SAP 公司的产品。

（2）通过信息和数据库进行锁定。当厂商或个人想将数据转换成新的格式时会产生转换成本，这种成本随着数据库或信息集的扩大而不断提高。即使数据格式之间的转换实现了一定程度的自动化，但仍不可避免地要耗费时间和人力，甚至要承担丢失数据的风险，以及暂时不能使用的损失等成本。此外，信息存储产品（硬件）和数据库（软件）销售商也可以通过减少产品的兼容性来提高顾客的这种转换成本。如国内有些 ERP 软件因为不能兼容导致用户只能长期使用某一厂商的 ERP 软件而不能转向使用其他厂商的软件。

（3）通过技术的不兼容进行锁定。利用技术的不兼容进行锁定也许会被数字产品厂商作为重要的经营策略加以考虑。如在2010年腾讯与360的争斗中，腾讯就是试图通过彼此客户端软件的不兼容来锁定用户，当然最终并未得逞。

（4）通过技术应用产品的推广和普及进行锁定。在数字产品市场上，如果与某基础产品配套使用的产品种类很多，消费者就会倾向于选择该基础产品，于是就可能产生基于技术应用产品的消费者锁定。例如，虽然微软公司的Windows操作系统有漏洞，安全性也不太好，还需要时常更新，但客户难以更换新供应商的操作系统，除了学习成本等方面的原因外，主要是因为很多应用软件都是基于Windows的平台开发的，若要更换成其他操作系统，这些软件就不能使用，消费者由此就被微软的操作系统锁定了。

4. 耐用品销售的锁定

耐用品销售的锁定是指供应商通过向客户销售耐用品来锁定消费者的方式。耐用品既可能是有形的实物产品，也可能是无形的数字产品。一旦消费者购买了某个供应商的耐用品，意味着今后可能还会购买与该耐用品相配套的一系列产品或服务，因此，销售耐用品也是厂商锁定消费者的策略。例如，用户一旦购买了苹果iPod音乐播放器，就要购买相应的专用耳机、皮套等，并且要在苹果公司的网上音乐商店下载音乐。此外，由于电子商务的许多基础设施如服务器、交换器、路由器等都属于耐用品，因而这一领域锁定现象非常普遍。

5. 专业产品销售的锁定

专业产品销售的锁定是指供应商通过向客户销售专业化的产品来锁定消费者。这种锁定主要是因为产品专业性强，因而客户很难发现其他供应商提供类似产品，或者是因为全部购买某个供应商提供的系列产品会带来成本及质量方面的优势。

6. 顾客忠诚计划锁定

顾客忠诚计划锁定是指供应商通过实施顾客忠诚计划项目来锁定消费者。顾客忠诚计划项目的本质是卖方通过统计买主累积的购买记录向那些"忠诚"的买主提供回报。在这里，转换成本就是买主转向新卖主后不能获得在原卖主处可能获得回报而构成的成本。在大多数情况下，厂商往往都是通过会员制来实施这种锁定策略。一旦成为会员，消费者进行消费后就可以获得积分奖励以及服务的优惠或优先权。例如，当当网上书店根据会员用户的累计购买金额给用户分级，并对不同级别的用户给予不同的折扣。

对于顾客而言，其会员级别越高，将获得的优惠就会越大，而那些刚加入的新会员，则要凭借自己良好的信用和消费记录争取成为更高级别的会员，才能享受更高级别的待遇。也正是由于会员制的这种“升级”措施，激励会员们保持忠诚，会员们发现如果转换成为其他供应商的会员，又要从“零”开始努力，因此不会轻易转换。显然，这是一种厂商锁定消费者的强有力的策略。

◎ 复习思考题

1. 什么是差异化竞争？差异化竞争的优势有哪些？
2. 什么是价格歧视？试举例说明电子商务市场的价格歧视策略是如何实施的。
3. 试举例说明电子商务市场的捆绑定价策略。
4. 简述电子商务市场实施标准竞争战略的重要性。
5. 试举例说明电子商务市场的锁定竞争策略。

8 网络金融

信息技术与电子商务的发展给金融业带来了新的机遇，它引发了金融业的创新，而网络金融就是电子商务条件下金融创新的产物。网络金融不仅充当商品交易条件下的电子支付中介，而且其自身的交易活动是电子商务最集中、最典型的体现。如果说互联网最初的目的是解决系统化的信息传递问题，而今人们却发现互联网最有价值的应用领域是电子商务，而电子商务里最重要的领域是金融业务。可以说，网络经济、虚拟经济仿佛是为金融业量身定做的。

8.1 网络金融概述

8.1.1 网络金融的兴起与发展的必然性

1. 网络金融的兴起

20 世纪末，随着计算机和网络通信技术的迅猛发展，网络金融这一崭新的概念应运而生。1995 年 10 月，全球第一家网络银行“安全第一网络银行”(Security First Network Bank) 在美国成立，这标志着网络金融业务的真正诞生，网络金融从此在很多国家和地区兴起。2000 年 7 月 3 日，西班牙 Uno-E 公司同爱尔兰互联网银行第一集团正式签约，组建业务范围覆盖全球的第一家互联网金融服务企业 Uno First Group。两家公司跨洋重组的最终目标是建立全球最大的网络金融服务体系。20 世纪 90 年代以来，发达国家和地区的网络金融发展非常迅速，出现了从网络银行到网络保险，从网络个人理财到网络企业理财，从网络证券交易到网络金融信息服务的全方位、多元化的网络金融服务。

纵观网络金融的产生是有其客观基础的。首先，网络信息技术是网络金融的技术基础。这主要表现在：（1）网络信息技术推动着金融业务处理的自动化；（2）信息技术的高速发展使金融机构的营业网点逐渐虚拟化；（3）信息化技术发展推动着金融业务全球化和金融组织的全球集中化；（4）信息技术的发展导致了金融监管的国际化。其次，金融资本的集中为网络金融的发展提供了资本基础。金融资本的集中是指金融业资本（包括商业银行、投资银行、证券投资基金、保险业等）通过资本市场的资本运营形成大资本集团或联盟，其实质是在全球范围内寻求资本的最优配置以及超常规扩张。这些规模巨大，以混业经营、跨国经营为特征的资本集团或联盟，必须以网络金融作为业务支撑，其雄厚的资金实力又推动了网络金融的成长和壮大。最后，国际金融法规和国际金融组织的建立和完善是网络金融的制度基础。

2. 网络金融发展的必然性

网络金融的发展有其必然性，网络金融的发展是由网络经济和电子商务发展的内在规律所决定的，可以从以下三方面加以分析。

（1）在电子商务体系中网络金融是必不可少的一环。完整的电子商务活动一般包括商务信息、资金支付和商品配送三个阶段，表现为信息流、物流和资金流三个方面。银行能够在网上提供电子支付服务是电子商务中最关键要素和最高层次，起着联结买卖双方纽带的作用。可见，网络金融将是未来金融业的主要运行模式。这种转变是必然的，因为电子商务开创了一个新的经济环境，这种新的环境需要金融业的积极参与才能很好地发展，同时金融业只有适应这一环境的变化才能获得在未来电子化社会中生存和发展的机会。

（2）电子商务的发展改变了金融市场的竞争格局，从而促使金融业走向网络化。电子商务使网上交易摆脱了时间和空间的限制，信息获得的成本比传统商务运行方式大大降低，表现在金融市场上就是直接融资的活动比以前大大增加，金融的资金中介作用被削弱，出现了“脱媒”现象。电子商务的出现动摇了传统金融行为在价值链中的地位，使传统金融机构失去了在市场竞争中所具有的信息优势，从而改变了金融市场的竞争格局，促使金融业走向网络化。

（3）降低成本：网络金融的巨大吸引力。传统银行可以为多少客户提供服务取决于它有多少柜台人员和多长的营业时间，而网络金融业务则不同。建立起一个金融网站，可以做到每天应对数以万计的用户查询和交易业务而不降低服务质量，同时使交易成本大大降低。Booz Allen & Hamiltor 估计银行处理同一笔交易的费用，虚拟形态的网络银行的成本比物理形态的分行的成本低100多倍。电子商务的发展使金融机构大大降低了经营成本，提高了经营效率，这是网络金融得以出现并迅速发展的最主要原因。

8.1.2 网络金融的定义与特征

1. 网络金融的定义

网络金融又称电子金融（e-finance），就是计算机网络技术与金融的相互结合。从狭义上理解，网络金融是指以金融服务提供者的主机为基础，以因特网或者通信网络为媒介，通过内嵌金融数据和业务流程的软件平台，以用户终端为操作界面的新型金融运作模式。包括网络银行、网络证券、网络保险、网络理财、网上支付、网上结算等相关金融业内容。从广义上理解，网络金融就是以网络技术为支撑，在全球范围内的所有金融活动的总称，它不仅包括狭义的内容，还包括网络金融安全、网络金融监管等诸多方面。

网络金融不同于传统的以物理形态存在的金融活动，它是存在于电子空间中的金融活动，其存在形态是虚拟化的，运作方式是网络化的。它是信息技术特别是互联网技术发展的产物，是适应电子商务发展需要而产生的网络时代的金融运作模式。

2. 网络金融的特征

网络金融与传统金融的最显著区别在于其技术基础的不同，而计算机网络给金融业带来的不仅仅是技术的改进和发展，更重要的是运行方式和行业理念的变化。

(1) 信息化与虚拟化

从本质上说，金融市场是一个信息市场，也是一个虚拟的市场。在这个市场中，生产和流通的都是信息：货币是财富的信息；资产的价格是资产价值的信息；金融机构所提供的中介服务、金融咨询顾问服务等也是信息。网络技术的引进不但强化了金融业的信息特性，而且虚拟化了金融的实务运作。例如，经营地点虚拟化——金融机构只有虚拟化的地址即网址及其所代表的虚拟化空间；经营业务虚拟化——金融产品和金融业务，大多是电子货币、数字货币和网络服务，这些全部是理念中的产品和服务；经营过程虚拟化——网络金融业务的全过程全部采用电子数据化的运作方式，由银行账户管理系统、电子货币、信用卡系统和网上服务系统等组成的数字网络处理所有的业务。

(2) 高效性与经济性

与传统金融相比，网络技术的应用使得金融信息和业务处理的方式更加先进，系统化和自动化程度大大提高，突破了时间和空间的限制，可提供全天候、全方位的服务，而且能为客户提供更丰富多样、自主灵活、方便快捷的金融服务，具有很高的效率。网络金融的发展使得金融机构与客户的联系从柜台式接触改变为通过网上的交互式联络，这种交流方式不仅缩短了市场信息的获取和反馈时间，而且有助于金融业实现以市场和客户为导向的发展战略，也有助于金融创新的不断深入发展。

从运营成本来看，虚拟化的网络金融在为客户提供更高效服务的同时，由于无须承担经营场所、员工等费用开支，因而具有显著的经济性。据了解，在美国，网络银行的开办费只有传统银行的1/20，网络银行的业务成本只有传统银行的1/10。美国艾伦米尔顿国际顾问管理公司调查，利用网络进行付款交易的每笔成本为13美分或更低，而利用银行本身软件的个人电脑服务为26美分，电话银行服务为54美分，银行分支机构服务则高达108美分。

(3) 非中介化和一体化

随着信息的收集、加工和传播日益迅速，金融市场的信息披露趋于充分和透明，金融市场供求方之间的联系趋于紧密，可以绕过中介机构来直接进行交易，非中介化的趋势明显。同时，网络金融的出现极大地推动了金融混业经营，加速了金融一体化的发展，主要原因在于：第一，在金融网络化的过程当中，客观上存在着系统管理客户所有财务金融信息的需求，即客户的银行账户、证券账户、资金资产管理和保险管理等有融合统一管理的趋势；第二，网络技术的发展使得金融机构能够快速有效地处理和传递大规模信息，从而使得金融产品创新能力大大加强，能够向客户提供更多一体化的金融服务，这也使得金融机构同质化现象日益明显；第三，网络技术降低了金融市场的运行成本，金融市场透明度和非中介化程度提高，这都使得金融业竞争日趋激烈，百货公司式的全能银行、多元化的金融服务成为大势所趋。

8.1.3 网络金融发展的主要领域

由于互联网为金融服务业内不同行业的厂商提供了一个理想的交易平台和低成本的市场准入环境，导致银行、证券、保险、基金、外汇、理财和投资公司等都可以按照各自的特征，有选择地相互进入各自的网上金融服务市场。目前，网络金融的发展领域主要涉及网上银行、网上证券、网上保险、网上外汇以及证券衍生物交易等。

1. 网上银行

网上银行或称网络银行就是利用计算机和互联网技术，为客户提供综合、适时的全方位银行服务。与传统银行的经营方式相比，网上银行突破了时空限制，使银行的营业柜台在理论上得以无限延伸，并具有交易成本低廉、交易操作方便、交易时间缩短等突出特点，使银行服务进入了一个全新的阶段。鉴于网络银行在电子商务发展中的重要作用，本章第二节将会对其进行全面、具体的阐述。

2. 网上证券

网上证券通常指网上证券业务，即券商或证券公司利用互联网网络资源（包括公用互联网、局域网、专用网、无线互联网等各种电子方式）传送交易信息和数据资料并进行与证券交易相关的活动，包括网上证券发行、提供证券实时行情和市场资讯、进行投资咨询和网上委托交易等一系列的服务。

在网络上进行证券交易其程序和传统的交易基本相同，只不过实现手段不同，原来需在交易所办理的一切手续现在只需在计算机上操作即可。网上证券交易的操作步骤如下：

第一步：登记开户。目前国外证券商已经能支持在互联网上进行开户，投资者进入该站点后，即可直接在网上登记和开户，投资者将自己的社会保险号、信用卡号及授权用电子邮件通知公司，在家中即可加入证券交易者行列。

第二步：订单委托。Internet 通过 TCP/IP 协议将投资者的需求及买卖委托即时准确地传递给撮合系统中并及时得到确认和成交回报。

第三步：清算交割。投资者以电子邮件形式接受证券商发送的通知单，可以通过浏览器连到证券商的 Web 主机上主动查询自己的交割单和对账单。投资者也可以通过远程文件传输的方式到证券商的非匿名 FTP 服务器上下载自己的成交回报，付款则如同开户。

图 8-1 描述了网上证券业务交易过程。

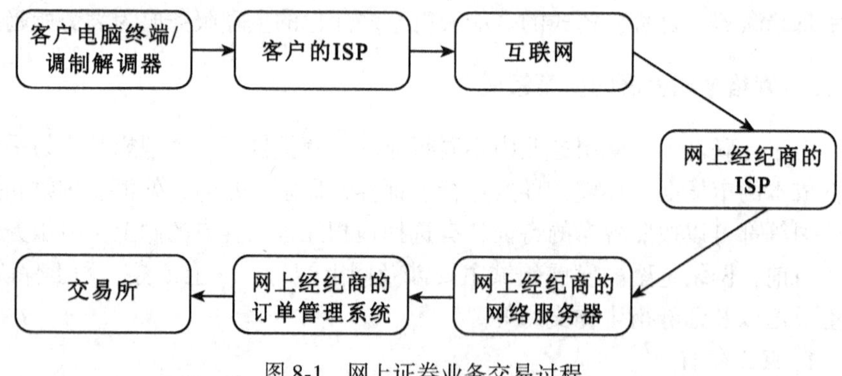

图 8-1　网上证券业务交易过程

网上证券业务的内容主要是证券经济业务，而证券经济业务一般由行情服务和管理资金服务两部分组成，其结构如图 8-2 所示。

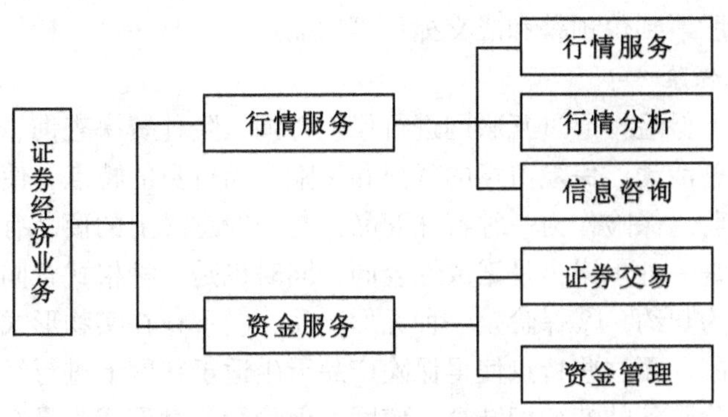

图 8-2　证券经济业务示意图

传统证券交易模式的差别及网络条件所提供的便利都直接导致网上证券模式的多样化。一般说来，网上证券有三种模式：一是传统证券商基于传统营业部提供网上交易服务；二是传统证券商设立一个独立的证券交易网站；三是纯粹的网上证券公司。网上交易在世界范围内兴起与迅猛发展虽然只有几年的时间，但从其发展来看已基本形成了两种交易模式：一种是以美国为代表的网上折扣证券商模式，另一种是以日本为代表的固定手续费制度下的网上交易模式。而我国采取的网上交易模式是只允许传统证券商经营网上交易，证券类网络只能提供技术或信息方面的维护性服务。

网上证券对于证券行业的影响极为重大。第一，无可限量的信息资源，加快证券市场信息流动速度，提高资源配置效率。由于互联网的迅猛发展使得信息传播的速度以及信息量都有很大的提高，网上证券交易能够提供给投资者更全面快捷的资讯和咨询服务。

第二，证券市场范围将大幅度扩大，并打破时空界限，由于网络打破了时间、空间的限制，使得证券商可以无限扩大自己的客户群体，甚至是中小城镇和农村的居民。

第三，证券发行方式将发生根本性的改进。传统的证券发行是由证券商负责的。证券商利用自己或别人的营业网点，等待投资者上门认购。而网上证券可以摆脱传统的承销商和代理商，而只经过有关会计事务所、律师事务所对将要上市的证券进行审核，即可上网供投资者选择购买。

由于技术的网络化，使得资金的移动可以在瞬间完成，大大增加了投资者的选择范围和投资机会，而且网上证券还有利于降低交易风险、提高交易效率、降低交易成本，因而收费标准较传统证券商的收费标准低，网上证券还有利于吸引游资，而且客户可以随时通过 Internet 查询自己的账户情况，并可以设置股票到价预警和成交提示等功能。

3. 网上保险

所谓网上保险指通过互联网进行保险咨询、险种费率查询、承保、理赔等一系列业务活动。保险市场的状况和保险产品自身的特点，使其天生始于网上进行经营。保险作为一种特殊商品，与一般意义上的商品有着显著的区别：①保险是一种承诺，是诺成性合同，同时也是一种格式合同。保险商品的表现形式为契约。②保险是一种无形产品，它不存在实物形式。③保险是一种服务产品。而这些特点使得保险产品天生适于在网上进行经营，互联网的优势与保险服务的特征相结合，使网上保险行业发展成为具有很强竞争优势的新生力量。

面对互联网技术给全球经济带来的巨大商机，保险公司和保险代理都面临着巨大的挑战和机遇，因此应主动转变经营理念，调整服务模式。而对于客户来说，网上保险则带来了不少便利和对个性化需求的响应。网上保险的销售流程比较简单：客户浏览网站提供的险种及价格，做出选择；在网上填写投保单并在线提交给保险公司；保险公司实时或延时核保后，以电子邮件或电话形式向客户进行确认，客户正式签名后，合同成立；客户通过电子银行转账或信用卡支付后，保单正式生效，网站向客户发送理赔号码。

许多保险公司面临着网络发展所带来的压力，都希望通过互联网来推销自己的产品，而在保险这个方面，网上保险的运行也存在着各种各样的运行方式。

（1）保险信息网站。保险信息网站可以提供保险公司的最新产品信息和服务，以及各专家的专业文章，但这种网站无法提供交易。而多数的传统保险公司网站和提供保险信息的财经类网站大多属于这种类型。虽然也有一些传统保险公司有部分险种的在线销售，但并不能从根本上改变其销售方式，仅仅是点缀作用。

（2）网上保险商场。在这种网站上，用户基本上能在这里找到所有公司的所有险种，因为这样大规模的网上保险商场要比保险公司本身的网站更能吸引用户特别是新用户。如保网（其主页如图 8-3），它是国内出现最早的网上保险商城，由于购买者无需支付用于销售人员的费用，因此网站可以提供低廉的价格。而网站的销售成本通常按照每份保单一个固定费用为形式收取，而这个费用一定是低于代理人的佣金。

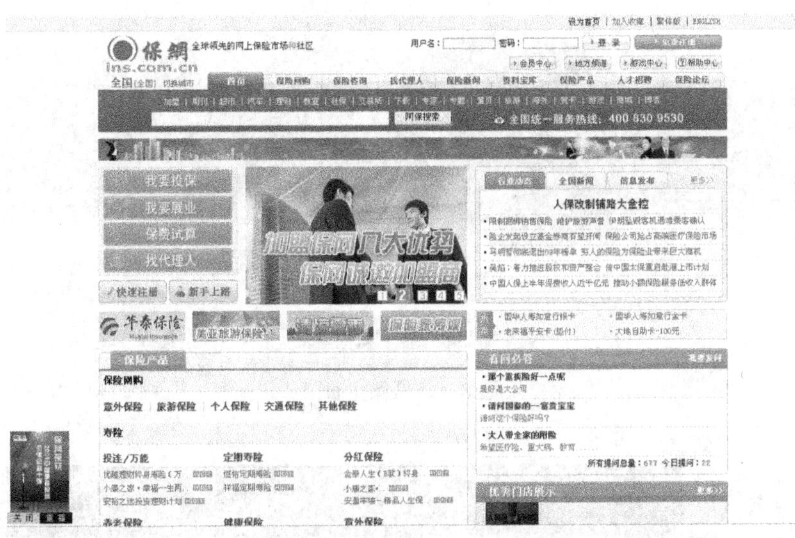

图 8-3　保网主页

一般的保险商城并不适合销售终生产品，而多数公司并没有重点突出这类产品。实际上，网上销售的保险产品依然使用现有的定期产品，并没有多大的创新。而在目前，多数网站的建立和销售都以价格为中心，认为大多数网上购物者的心态大多因价格作祟。

（3）经纪人网站。第三种方法是最有销售力的方法，主要是由于互联网可以进行多种定期产品经纪销售。经纪人传统销售及其网上销售并没有多大区别：他们吸引顾客购买能提供最划算费率的保险公司的产品。这种网上推销通常被公认为是一种更有效、更直接的经纪人销售方法。而这种网站也有类似于保险商城的有效回应性，价格、报价准确性和核保公平性等特点。易保网就是这样一个中立的经纪人网站，为保险客户和保险业各方提供一个轻松方便的交流和交易平台（如图 8-4 所示）。

（4）竞价销售网。这其实是一种特殊的网上保险商城形式，其销售方式是通过竞价进行的，由于对网上购物者来说，产品价格与产品品牌以及公司的财务保障级别相比显得非常重要，这种方式也就自然而然地出现了。EBIX. com（如图 8-5 所示）于 2000 年 9 月推出，以“前所未有的保险”为标题，消费者可以在这里了解各种保单的保障范围，选择来自保险公司、代理人和经纪人的具有竞争力的报价。EBIX 吸引人的地方在于它与大的保险公司达成协议可以在保费上提供折扣，提供更好更低价的服务。

图 8-4　易保主页

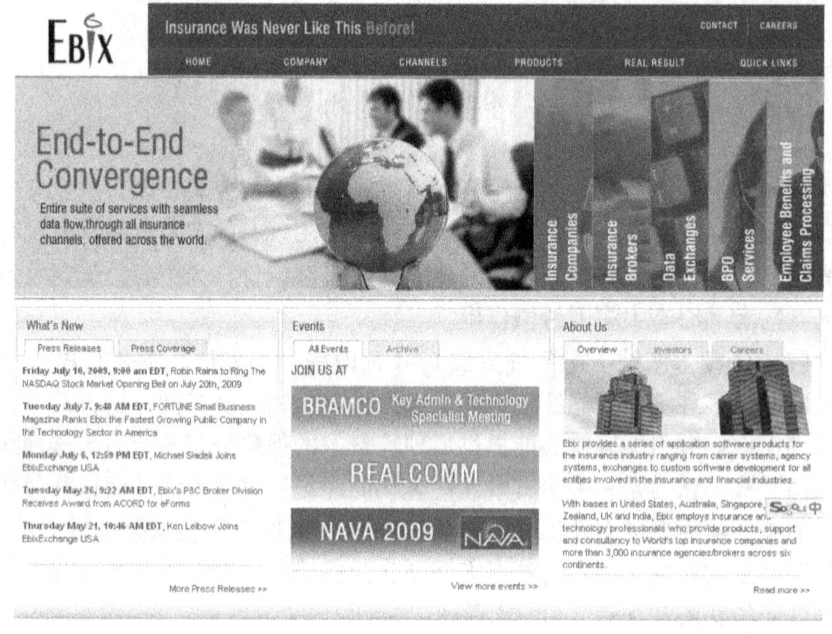

图 8-5　EBIX 主页

4. 外汇与证券衍生物的贸易

外汇市场是类似银行、外汇经纪人和交易商与中央银行的一个体系，家庭、公司和政府可以通过这一体系来买卖不同国家的货币，是世界上最活跃的金融市场之一。证券衍生物市场指一种有收益的证券，取决于另一种证券的收益情况，个人和公司交易会带来收益的证券。

(1) 网上外汇交易

在外汇市场中，大部分交易是美元，其余较高的外汇交易包括欧洲货币联盟的欧元、日元、英镑和瑞士法郎。

银行参与大量的外汇交易，并和一些外汇交易商结盟共同建立以网络为基础的货币交易网站，允许交易商在网上发布指令、买卖货币。作为这些网站分支的外汇交易商们相互之间不会通过系统交易，而这些网站事实上是银行的网点，在充满竞争的拍卖环境里，银行职员可以通过网站立即得知银行报价以加快交易进程。

而且小额的外汇贸易也逐渐增加，越来越多的中小型公司开始从事进出口货物和服务贸易，小额货币交易在电子商务全球化的今天也是一种常事。

(2) 在线证券衍生物交易

FXall 和 Currenex 处理的很多货币交易都是外汇的现货市场（指即刻交换金融资产的市场）交易。一般来说，现货市场的交易商在达成了协议后立即交换金融资产，该协议包括达成交易的价格和数量。因此在外汇的现货市场上，一个国家货币的需求与供给决定了买卖双方即时交易的货币汇率。

外汇市场交易经常发生在现货市场之外，如许多货币交易发生在外汇远期市场上。在远期市场（指在未来的日期交换金融资产的市场）上，金融资产交易商商定一定量商品、证券或货币（只发生在外汇期货市场）的价格和交货日期。交易商在货币远期市场上商议货币交换的远期合同条款。远期合同是证券衍生物的一种，表 8-1 列出了几种基本的证券衍生物。

表 8-1　**基本的证券衍生物**

远期合同	一种要求在固定日以议定价格交割金融资产的金融合同
期货合同	在未来制定的日期，向另一方交割固定数量和标准质量商品或金融资产的协议
期权	一种金融合同，持有者在规定期限内具有按一定价格买卖一定数量某种金融产品的权力
期货期权	购买和销售期货合同的期权
互换	允许交易双方互换货币流量的合同

除为货币交易商提供从事货币现货交易的真正市场外，网上外汇交易商也为买卖货币期货合同提供了便利，这些网站允许客户出售货币期权。以外国货币表示的证券衍生物交易已经开始向电子市场转换。

网上衍生物交易紧紧跟随着买卖其余种类证券衍生物的交易商的步伐。如德国证券和伦敦国际远期和期货交易所，是欧洲最主要的两个期货和期权交易所，一直在与芝加哥商人交易所和芝加哥贸易董事会竞争，如今已开始合并。这两家欧洲交易所的组织计划是，保持现有贸易中心的独立操作，并通过网络将它们连接起来。一些行业专家期望在数年之内，大多证券衍生物交易将会在网上进行。

8.1.4 网络金融的风险及防范

安全性和便利性是网络金融中难以调和的一对矛盾，二者彼此制约。一旦对计算机的访问权限增大，计算机的安全性也相应地减弱，因此，对于很多从事网络金融业务的公司来讲，怎样兼顾安全性和便利性成了发展过程中迫切需要解决的问题，而多数的金融公司只注重到了其中的一个方面而忽视了另一个方面。网络的开放性不仅给公司带来直接的经济损失，最重要的是给消费者的信心带来影响，而且黑客盛行，因而在有可能的情况下，金融公司可以将关键信息交给专门从事网络安全服务的公司，这些公司可以对网络进行 24 小时的监视，随时准备对突发事件采取应对措施。

1. 网络金融的风险

由于网络所具有的开放性，而网络金融所具有的信息化、国际化的特点，从而使得网络金融不仅面临着传统金融所面临的风险还使得这种风险在网络金融中扩散得更快、危险性更大，而且还面临着一些网络上的风险，因此网络金融的发展会受到各种不同情况的阻碍。

（1）软硬件和网络的风险。作为网络金融的基础设施，计算机和网络设备在长期的使用中难免会出现故障，而软件开发也会因开发失误而带来安全隐患。像 Windows 系统的安全性一直不能让人们满意。硬件的制造商也可能会出现问题，如 Intel 公司就曾多次收回已经销售了的 CPU，虽然有些小问题对一般的用户来说微不足道，但对于动辄上亿甚至百亿资金的金融公司而言，这些问题将是致命的。而且由于考虑到降低成本，很多金融公司会将系统建设和维护外包给专业公司，但是这样同时也给以后的运营带来了隐患。

（2）安全风险。计算机病毒和黑客也是金融公司开展网上金融时需要特别注意的问题。据国际上统计分析表明，每天都会产生出十多种计算机病毒，计算机病毒的危害有目共睹，制造病毒和反病毒的这场技术的战争一直在进行着。这些病毒不仅仅具有很强的破坏性，而且它们都隐藏得很深，很难防治。它破坏电脑内的资料和一些程序的正常运行。黑客主要是进行网络攻击，常见的攻击方式是拒绝服务攻击和木马，它们通过一些恶意软件干扰正常操作，获取密码等信息，取得电脑的控制权等。利用控制权发布一些假消息等都会给公司带来很大的损害。因此病毒和黑客对网络金融的发展有着致命的威胁。

（3）市场和信用的风险。由于网络金融对价格和供求更加敏感，面对着全球市场，虽然信息可以瞬间传递，但不是所有人都第一时间获得，因而会有更激烈的市场竞争和市场风险。另外各国的投机家会利用网络方便地采用股市、汇市、期市三位一体的立体操作方式，造成整个金融市场的大起大落。而网络金融使用的货币本身信用度就比较低，因而也就增加了网络金融的信用风险。

（4）违规和监管的风险。由于网络金融作为一种新生事物，相关的法规都还不是很完善，对网络金融业务中各方面的权利义务的界定也不是很明确，而以前的法律和监管制度只是针对传统的金融业务，对于网上金融还没有跟上脚步。然而这就给很多的投机者带来了可趁之机。因而，在网络金融中就会有很多违法的操作，会给整个金融市场带来很大的破坏性，由于网络金融违规更具有隐蔽性，那么监管也就具有一定的难度了。

2. 防范网络金融风险的措施

（1）大力加强网络银行、网站的基础设施建设。对于网上金融的发展来说，网络银行和网站是其支柱，因而要做足软硬件的维护和更新工作，增加信息产业的投资，使用一些有安全保障的硬件和购买一些有可靠信誉的软件开发商的产品，实时维护网络金融系统，使用安全有保障的技术，多些投资就多些安全保障。

（2）规范化操作，使用安全技术。由于网络安全是网络金融非常重视的问题，其实有很多的安全问题都是由于操作不规范造成的，因此应该对很多的操作程序和方法进行规范化，尽力减少甚至避免因操作产生漏洞，造成病毒入侵等网络不安全事件。而安全技术则更应该被使用到网络金融的发展中。像身份认证技术，包括密码口令、合法介质（如智能卡）、生物特征（指纹、声音、视网膜扫描等），SET 协议等；数字凭证也就是数字证书（用电子手段来证实一个用户的身份和网络资源的访问权限）；防火墙技术，即把公共数据和服务置于防火墙外，使其对防火墙内部资源的访问受到限制，从而保护防火墙内的数据和信息；加密技术，主要为了防治信息的非授权泄露，一般有对称密码算法和非对称密码算法；数字签名技术，用于解决判读发送人的身份和文件是否被截获和被篡改的问题等。有很多技术都可以减少甚至避免网络上的信息截获和对网络金融公司的安全保证。

(3) 加快金融立法、加强金融监管。虽然技术方面是很重要的，但也需要新的适用于网络金融的法规制度和监管制度。制定一些关于基本网络金融行为的法律，特别重要的是电子商务合同相关法律的制定，对于电子证据、网络侵权和数字签名问题都必须得到解决。要根据技术发展修改现行的法律规范与规则，制定有关规范电子货币和网上金融服务发展的系列法律法规。从法律上明确网上电子商务和电子资金流动安全标准和程序，强化对网上银行和网上电子支付结算中心的资格认证，为网络金融的发展和网络化金融创新提供法律保障。只有这样，才能够做到有规章制度可依，而且监管也不可以局限于传统的监管模式，分业监管不再适合监管的需要，将中国人民银行、证券监管委员会、保险监管委员会三者结合起来，这是我国金融监管的一大突破。共同监管，不仅可以节省成本，还可以提高监管效率。但仅仅是监管机构表面上的协调是不够的，应该更深层次的合作，设置与我国国情相适应的混业经营模式，在保持金融系统稳定发展的前提下逐渐进行金融体制改革。

8.2 网络银行

随着计算机信息技术与网络技术的兴起，在电子商务的推动下，网络银行应运而生。网络银行的出现，不仅使银行在发展中跟上了知识经济的步伐，而且让消费者感受到崭新的、与时代同步的服务理念。网络银行借助互联网遍及全球及其无间断运行、信息传递快捷的优势，突破了传统银行的局限性，为用户提供全方位、全天候、便捷、实时的全新现代化服务。

8.2.1 网络银行的定义与特点

1. 网络银行的定义

网络银行（Internet bank），又称网上银行或虚拟银行，就是采用Internet数字通信技术，以Internet作为基础的交易平台和服务渠道，在线为公众提供办理结算、信贷服务的商业银行或金融机构，也可以理解为Internet上的虚拟银行柜台。用户可以通过个人电脑、掌上电脑、手机或者其他数字终端设备，采用拨号连接、专线连接、无线连接等方式，登录银行网站，享受网上银行的服务。这种新式的网上银行包括：虚拟家庭银行、虚拟联机银行、虚拟银行金融业以及以银行金融业为主的虚拟金融世界等，几乎囊括了现有银行金融业的全部业务，代表了整个银行业未来的发展方向。

必须指出的是，网络银行和电子银行并不是同一个概念。电子银行是指商业银行利用计算机技术和网络通信技术，通过语音和其他自动化设备，以人工辅助或自助形式，向客户提供方便快捷的金融服务，如自动柜员机(ATM)、POS系统、无人银行等银行服务形式都是属于电子银行的范畴。而网络银行是利用因特网技术的一种电子银行形式，即银行通过在互联网上建立网站，向客户提供开户、销户、信息查询、对账、网上支付、信贷、投资理财等金融服务。客户无论是在家中，还是在办公室，只要面前有一台可以上网的电脑，就可以足不出户享受到银行的优质服务。

2. 网络银行的特点

网络银行的服务是基于互联网进行的，因而具有不同于传统银行的一些特点：

(1) 低成本优势

首先，网上银行组建成本低。一般而言，网上银行的创建费用只相当于传统银行开办一个小分支机构的费用。其次，网上银行的业务成本也很低，就银行一笔业务的成本来看，手工交易约为1美元，ATM和电话交易约为25美分，而互联网交易仅需1美分，只有手工交易成本的1%。正是因为网上银行的运营成本比较低，它就具有价格优势，可将节省的成本与客户共享，通过提供较传统银行高的存款利率、低收费、部分服务免费方法争夺客户和业务市场。

(2) 全方位的电子化运营和管理

传统商业银行使用的票证被全面的电子化，如电子支票、电子汇票等，同时使用电子钱包、电子现金等电子货币，签名也采用了电子签名。电子化的办公大大提高了操作速度、降低了成本、提高了服务质量。

(3) “3A”服务

所谓3A就是指Anytime，Anywhere，Anyhow，就是在任何时间、任何地点以任意方式获得网上银行提供的服务，突破了时间空间和形式的界限。利用网上银行拓展全球化的业务领域，提供全球化的金融服务，为银行开拓全球市场创造了条件。传统银行是设立分支机构来开拓国际市场，而网上银行只需借助互联网就可以拓展国际金融业务和市场。网上银行无疑是金融运营方式的革命，它使银行竞争突破国界变为全球性竞争。

(4) 个性化和人性化服务

网络银行比传统银行出彩的地方就是可以提供“个性化”、“人性化”的服务。个性化服务指使用界面的个性化和网上咨询和个人理财业务等面向客户个人单独涉及的服务。人性化服务指银行通过电子邮件、在线调查等方式积极和客户联系并获取反馈意见，及时增进服务内容、改进服务方式。

(5) 标准化服务

网上银行通过标准化的接口提供网上服务，这些网站一般使用 ASP、CGI、PHP 等动态网页和数据库技术，用户端的使用界面可以个性化，但所有用户都使用相同的后台程序和数据库。标准化不仅可以照顾到用户的使用习惯还可以方便数据的统计和分析，便于提供更好的服务。

8.2.2 网络银行的运行模式

到目前为止，网上银行的发展主要经历了四个阶段，即银行上网、上网银行、网上银行和网银集团。在银行上网阶段，银行通常在互联网上设立自己的站点，宣传自己的经营理念，吸引市场资源。在上网银行阶段，商业银行将已开办的传统业务移植到网上，将互联网作为自己的分销渠道。网上银行阶段，则针对互联网的特点，建立新型的金融服务体系并创新业务品种，是以客户为中心的经营管理模式。而网银集团旨在建立以银行为中心，业务经营范围涉及保险、证券、期货等金融行业以及商贸、工业等其他相关产业的企业集团，在网络经济充分发展的背景下，树立起以网上银行为中枢神经的虚拟的网络集团企业。

一般而言，网上银行有两种模式：

1. 混合性银行

混合性银行又称负担银行，即将网上银行作为传统银行的一个新的业务部门。这类银行机构密集，人员众多，一般已经具有一定的品牌知名度，在提供传统银行服务的同时推出网上银行的综合服务体系。这种由原有银行投资建立的网上业务渠道，其目的是进一步巩固原有客户基础，降低服务成本，提高经营效率，同时充分延伸银行原有的品牌优势，并利用网络渠道优化自身形象，改善客户关系，增强自身的市场拓展能力，扩大产品的市场占有率，最终实现传统业务与网上银行的协调发展。我国商业银行的网上业务多采用此种形式，但目前还只是停留在将网络作为一种新的分销渠道的初级阶段，尚未实现传统业务与网络业务的整合。

【阅读资料】

中国工商银行网上银行

中国工商银行已于 1997 年 12 月在互联网上开办了自己的网站，是最早推出网上服务的国内银行之一。经过三年内部信息化之后，工商银行于 2000 年 2 月和 8 月分别推出了具有独创性和领先地位的企业网上银行和个人网上银行，工商银行的网络银行是依托于具有国际先进水平的“新资金汇划清算系统”，利用 Internet 技术开发的面向广大客户的高科技产品。2004 年工商银行已拥有超过 1000 万的个人网上客户和 11 万余户企业网上银行客户，成为国内最大的电子商务在线支付服务提供商。

工行“金融@家”个人网上银行可为客户提供网上支付、账户管理、转账汇款、交费、网上汇市、网上证券、网上保险等 12 大类，60 余项功能。个人网上银行为客户理财，家里所有的账单都可以通过电子银行来支付，可以通过电话银行、网上银行、手机银行等任何一种方式进行转账；异地汇款业务也不用去网点，而是直接在家里或办公室就可以完成。2005 年前 5 个月，工行网上银行个人汇款业务交易额已经达到 227.4 亿元，较上年同期增长 821%。

2. 直接银行

直接银行指由发起人重新建立一家经营范围仅限于网上银行的子公司，除资本纽带外，在品牌、产品开发、企业文化和企业形象上，新的银行都有别于其发起人（公司）。直接银行机构少、人员精，采用电话、Internet 等高科技服务手段与客户建立密切的联系，提供全方位的金融服务。直接银行模式一般为市场的新成员所采用，其目的是通过全新的品牌形象和客户服务迅速进入新市场，并力争占领市场的一定份额。

虽然不同的银行有其不同的发展战略，目前处于不同的发展阶段，但有一点是肯定的，随着互联网和网络技术的发展，随着金融业的不断创新，网上银行必将包含所有的业务，成为银行的主要业务手段。

对于我国来说，基本上是以传统商业银行在互联网上提供网上银行服务的模式来发展网上银行的，尚未出现完全依赖国际互联网而设立的纯网络银行。由于我国的商业银行具有巨额资金和信息系统的有力支持，且人才较为丰富，再者我国传统的商业银行是有一定的地位的，易于引导客户，因此我国现阶段仍应坚持以传统商业银行发展网上银行服务为我国网上银行发展的主要模式。

8.2.3 网络银行的服务功能与服务品种

1. 网络银行的服务功能

网上银行一般包括以下几个方面的功能。

（1）公共信息的发布。网上银行可以通过 Internet 发布公共信息，一般包括银行的历史背景、经营范围、机构设置、网点分布、业务品种、利率和外汇牌价、金融政策与法规等。通过公共信息的发布，客户可以很方便地认识银行、了解银行的业务品种情况以及业务运行规则，为客户进一步办理各项业务提供方便。

（2）账务查询服务。网上银行可以充分利用 Internet 门对门服务的特点，向企事业单位和个人客户提供账户状态、账户余额、账户一段期间内的交易明细等事项的查询功能。

（3）银行交易服务。主要包括内部转账，支付转账、自助缴费、银证转账、外汇买卖、汇兑业务、贷款申请发放、开放式基金和国债买卖等。

（4）申请与挂失。主要包括存款账户、信用卡开户、电子现金、空白支票申领、各种贷款、信用证开证的申请、预约服务的申请与撤销、账户挂失，等等。客户通过网络银行清楚地了解有关业务的章程和条款，并在线直接填写、提交各种银行表格，简化了手续，方便了客户。

（5）个性化定制服务。主要包括界面排列、业务选择、信息选择、证券历史交易分析提示、产品推荐、理财、预约服务等。

（6）咨询与投诉服务。网上银行一般以 E-mail、BBS 为主要手段，向客户提供业务疑难咨询以及投诉服务，并以此为基础建立网上银行的市场动态分析反馈系统。通过收集、整理、归纳、分析客户的各式各样的问题和意见以及客户结构，及时地了解客户关注的焦点以及市场的需求走向，便于银行及时调整或设计创新出新的经营方式和业务品种，更加体贴周到地为客户服务。

（7）网上支付功能。网上支付功能主要向客户提供互联网上的资金实时结算功能，是保证电子商务正常开展的关键性的基础功能，也是网上银行的一个标志性功能。没有网上支付的网络银行，充其量只能算作一个金融信息网站，或称作上网银行。网上支付按交易双方客户的性质分为 B2B（Business to Business），B2C（Business to Consumer）两种交易模式。

（8）金融创新服务。利用互联网的特性，针对企业集团客户，提供查询各子公司的账户余额和交易信息，并在签订多边协议的基础上实现集团内部的资金调度与划拨，提高集团整体的资金使用效益，为客户改善内部经营管理、财务管理提供有力的支持。

2. 网络银行为客户提供的服务品种

（1）个人客户业务

网络银行个人客户业务主要包括以下几种：

①账户信息查询。客户可以通过网络银行查询存款余额、存取明细、网上购物明细等，了解自己的账务状况。所查询内容可以下载打印并保存。

②转账。客户可以通过网络银行进行卡账户转账和银证转账。卡账户转账是指通过网络银行系统实现客户自己的卡账户之间资金互转及向其他客户卡账户转账。银证转账是通过网络银行系统实现同名客户的储蓄存款账户或信用卡账户与在证券公司的资金账户的资金互转。

③证券业务。网络银行提供给个人客户的证券业务包括银证通、基金业务、外汇业务、国债业务。其中，银证通是由网络银行与证券公司共同合作开发的证券业务平台，汇集证券开户、资金存款与委托交易于一体，实现银行储蓄与股票投资的双重功能，为银行储户提供了一个便捷安全的网上理财方式。

④B2C 在线支付。这是网络银行为了满足个人客户在线购物的需要而提供的一种网上资金结算服务。其业务流程如下：个人客户在网络银行特约网站选择商品，根据提示或链接，去网上收银台付款。订单加密传递到网络银行网站且不可更改，客户按提示输入登记卡号和密码，确认后提交。

⑤异地汇款。客户通过网络银行系统实现向异地的同行注册账户支付款项。在线异地汇款比传统商业银行的异地汇款更加快捷和安全。

⑥代缴费用。客户在线向与网络银行签订协议的收款单位缴纳各种费用，如学费、税金或其他管理费用和服务费用。

⑦个人质押贷款。客户在线申请个人质押贷款一般仅限于小额贷款。客户在线填写并提交贷款申请所需的相关信息，经银行在线审核合格后，银行可以以客户在网络银行的定期一本通等存款资产作质押发放贷款。

⑧个人理财。网络银行可以为客户个人理财提供各种便利，如客户可以在线查询预约服务、签订和查询理财协议，等等。

⑨信用卡申请。客户在线填写信用卡申请所需的相关信息，提交网络银行进行审核。网络银行则利用管理信息系统对信用卡申请进行选择和处理，以平衡其中可能出现的风险。

⑩客户服务。网络银行提供的客户服务包括账户挂失与客户信息修改等。在线账户挂失能迅速有效地保护客户资金的安全。客户信息修改包括登录密码、信用卡信息及其他客户信息的修改。

（2）企业客户业务

网络银行企业客户业务主要包括以下几种：

①企业信息查询。企业可以通过网络银行查询企业账户交易明细及余额明细、子公司或分公司的财务状况、企业借款借据的清理和债务偿还情况、银行发布的相关信息和定期存款到期通知，等等。

②企业财务管理。这项业务包括集团公司与子公司或分公司之间账务往

来及统筹管理，也包括企业财务代理，如为企业代发工资及报销、办理企业内部各账户之间的资金划转及定活期存款互转。

③网上结算。网络银行企业客户通过发出电子付款指令，实现与其他客户之间的资金结算。

④B2B 在线支付。这是网络银行为了满足企业客户在线采购的需要而提供的一种网上资金结算服务。B2B 在线支付不同于一般的网上结算，它是建立在电子商务基础上的资金结算行为。其业务流程如下：网络银行客户在线提交订货单并确认，通过链接，使用客户证书通过 S-Agent 安全代理，进入网上支付程序，订单则加密传递到网站，客户确认无误后选择付款账号，进行电子签名，提交支付指令。

⑤收费。企业借助网络银行主动向缴费客户在线收取各种费用，包括水费、电费、电话费等公共收费，以及企业因提供其他服务而应收的服务费用。该项业务往往要求收费企业必须提供服务在先并且按用量准确计价，同时要求缴费客户的银行账户必须进入网络银行系统。

⑥电子回执。回执是关于交易的记录。网络银行通过向企业客户提供电子回执，便于企业日后查询相关交易。电子回执可以在线下载并打印，若要加盖银行印章，则必须到开户银行领取。

⑦证券业务。网络银行不仅可以给个人客户提供证券业务，也可以给企业客户提供证券业务。即企业可以通过网络银行系统进行基金申购、认购和信息查询、债券买卖与查询等。

⑧票据业务。这是网络银行近年来针对企业客户推出的一款创新服务产品，它将传统的商业票据业务与先进的网络银行技术相结合，为企业涉及商务链的销售票据回笼和物流采购票据支付等提供完整的电子化解决方案，尤其是强力支持集团性企业内跨地区商业票据的就地托管、集中运作、集中支付等统一的网上票据管理。

8.2.4 我国网络银行的发展

1. 我国网络银行的发展现状

自 1996 年招商银行推出网络银行品牌“一网通”，成为国内第一家推出网上银行业务的银行后，包括四大国有商业银行在内的各家银行均积极发展网络银行的业务，纷纷推出了网络支付、个人电汇、信用证等网络银行服务，网络银行在中国得到了快速的发展。

(1) 用户不断增加，业务量迅速增长。艾瑞市场咨询网在《2004 年中国网上银行用户研究报告》中表明：随着网上银行在人民生活中影响的加大，网上银行用户规模逐年上升，2001 年，我国网络银行用户为 215 万，2002 年为 419 万，2003 年为 835 万，2004 年为 1 758 万。网上银行用户在网民中的占比由 2001 年的 6.4%增长到 2004 年的 16.9%，预计到 2007 年这一比例会增长到 21.7%左右（详见图 8-6）。除了表现在客户数的增长外，在交易金额方面也是逐年攀升。艾瑞市场咨询网推出的《2009—2010 年中国网上银行行业发展报告》显示，2006 年我国网上银行交易额为 105.7 万亿元，预计 2013 年将达到 1 840 万亿元（详见图 8-7）。

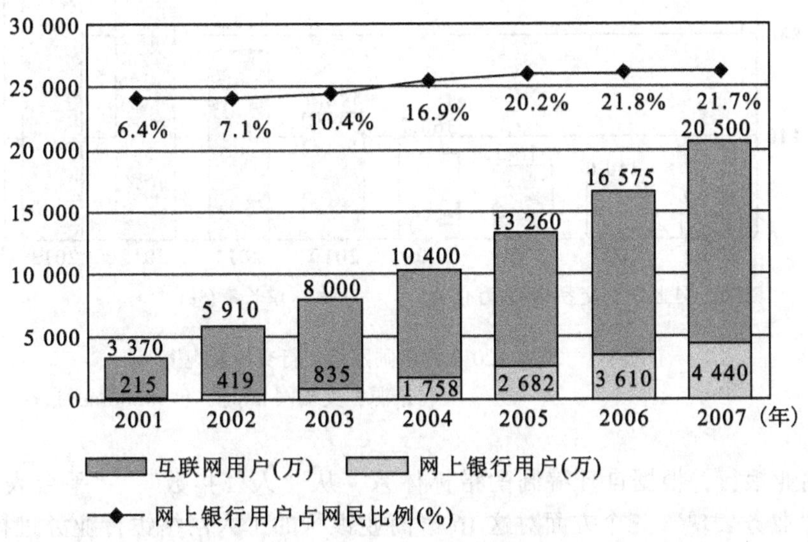

图 8-6　中国网络银行用户占互联网用户的比例

资料来源：艾瑞网 http：//www.iresearch.com.cn

（2）网络银行业务种类、服务品种迅速增多。2000 年以前，我国银行网上服务单一，一些银行仅提供信息类服务，作为银行的一个宣传窗口。但目前，交易类业务已经成为网络银行服务的主要内容，提供的服务包括存贷款利率查询、外汇牌价查询、投资理财咨询、账户查询、账户资料更新、挂失、转账、汇款、银证转账、网上支付（B2B，B2C）、外汇买卖等，部分银行已经开始试办网上小额质押贷款、住房按揭贷款等授信业务。

（3）中资银行网络银行服务开始赢得国际声誉。2002 年 9 月，中国工商银行网站被英国《银行家》杂志评为 2002 年度全球最佳银行网站，2006 年年初，和讯推出了“中国网络银行测评”，选取了国内 16 家主要

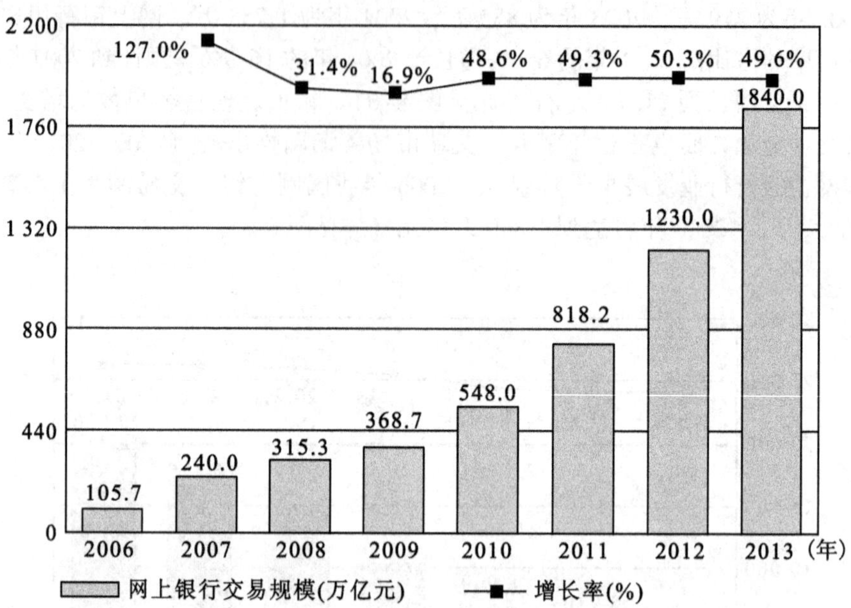

图 8-7 2006—2013 年中国网络银行交易额规模

资料来源：艾瑞网 http：//www. iresearch. com. cn

的商业银行，根据自行编制的指标体系，从“人气指数”、“平台表现”和“业务表现”三个方面对这 16 家商业银行的个人网络银行业务进行综合评测。工商银行和招商银行以绝对的综合优势，分别获得本次网络银行评测的第一、第二名。这表明中国银行业网络银行的服务水平已向国际水平靠拢和看齐。

2. 我国网络银行发展中存在的主要问题

网络银行在我国虽有了一定的发展，但仍然存在较多的问题。

(1) 安全防范问题。由于网络银行是一种网络应用，它的所有内容都是以数字的形式流转于 Internet 之上，因此，在网络银行应用中不可避免地存在着由 Internet 的自由、开放所带来的信息安全隐患。网络银行作为庞大资金流动的载体，更易成为非法入侵和恶意攻击的对象，安全风险同时关系到交易的双方。由于网络银行涉及客户个人隐私和银行金融机密，所以网络银行的安全性是系统建设首先要考虑的问题。而网络上病毒泛滥、黑客攻击入侵等，给网络银行带来了极大的威胁。除了来自网上的主动攻击外，还有关于操作问题，如果操作不当，就会极易被病毒感染会被攻击侵入等。总体说来，我国网络银行的安全防范措施还是很薄弱的。

【阅读资料】

网上银行安全堪忧

近一两年来，各大商业银行网站被黑，网上银行账户资金被盗的事件时有发生。

2004年12月，中国银行的网站被黑客假冒，内蒙古呼和浩特市一市民因为登录了该网站而被盗窃2.5万元；2006年2月，四名黑客利用“木马”程序，盗取南宁市市民陆某的网银账户及密码，并通过网上银行将陆某的21 400元存款全部转出。

尽管各大银行针对各种账户诈骗、窃取事件做出了回应，但是网银风波并没有因此而终止。2006年5月，一位用户的3 120元存款10分钟内被黑客连转三个账户，另一用户的网银账户在5月份从月初到近月末，每天转出200元，被盗金额达5 000多元。这些网银账户密码被盗、存款失窃的事件备受业界关注，社会各界视线再次聚焦到网银的安全问题上。

工商银行是国内网银用户最多的一家银行，也是因安全问题遭到网银用户投诉最多的银行。据工行电子银行部总经理王刚介绍，前段时间曝光的工行网银投诉事件，大多由工行的网站被黑客假冒引起。当时很多网银用户收到了一封貌似来自工行的邮件，一旦用户点击邮件正文中的超链接，就会打开一个仿冒工行的页面，使用户认为已经进入了工行的真正网站，如果用户在钓鱼网站上输入个人信息，不法分子便会利用电子邮件自动发送到事先设定好的邮箱，窃取用户的财务数据。据统计，在所有接触诈骗信息的用户中，有多达5%的人对这些骗局做出了回应。

在王刚看来，网络之所以不安全，是因为在实体社会中，有相对完善的法律法规，人与人能见面，彼此有荣誉感和羞耻感，有道德的约束，但在网络环境里这些因素并不完善甚至不具备。如果把黑客和网银比作攻守双方，它们之间的力量对比一直就是“道高一尺魔高一丈”的非平衡博弈状态。

“除了互联网，网银的不安全还在于中国现阶段的金融基础环境比较差。”中国建设银行电子银行部副总经理马春峰表示，中国网银进入门槛低，是导致各种网银安全事件的重要原因，“在国外，银行对网银账户申请审批特别严格，各种审查信息也很全面，进入门槛非常高，而国内银行在这一方面的规定却比较宽松，账户申请特别是个人用户账户申请非常容易”。

一些专家分析，网上银行的不安全因素主要来自网银系统本身和网银客户端两方面。据公安部门统计，个人用户计算机端有近70%是不安全的。“现在的个人客户端使用的操作系统几乎都是基于微软的Windows系统，而微软操作系统的最大问题是‘易攻难守’，因为它有很多的漏洞给黑客软件、木马软件攻击提供了便利，要防护好非常困难。”一位专家说。

网银领域分析专家、中科院教授吕本富认为，用户端安全风险主要来自以下几类。第一类是假银行网站欺诈，即钓鱼网站。这类假银行网站域名与真银行网站非常相似，网民一旦进入假网站，输入卡号和密码，钱就会被不法分子通过转账等方式划走。第二类是通过窃取密码进行欺诈。这类欺诈方式有多种，例如通过在用户电脑上置入木马程序，盗取用户的账号和密码，然后划走网银用户的资金；或者用户在公共网吧等地方上网以后，没有及时退出银行网页界面就离开自己的电脑，被黑客窃走资金。第三类来自于业务层面。问题可发生在电子购物过程中，因为电子购物有很多环节，这有可能导致网银安全漏洞的出现。

在2005年的一次安全会议上，一位业内人士在谈及网银安全问题时表示：超过70%以上的黑客攻击针对银行用户，而其中网页假冒的攻击数量更是以不到三个月就翻一番的速度在增加。

资料来源：李明富．网上银行安全堪忧．计算机世界［2006-09-25］

（2）社会环境不够成熟。首先由于网络银行还算是新兴的事物，因而很多人还是习惯于传统的银行服务方式，对于电子货币和网络银行还很难接受，在扭转陈旧的观念和消费者行为习惯上可能还需要长期的努力。尽管他们对柜台服务有诸多不满，但仍对网上银行抱有怀疑态度。然后还有一个重要的因素是整个社会的信用环境的影响，由于人们的信用意识相对落后，不按要求履约的行为和现象普遍存在，而防范信用风险的社会信用机制尚未建立，我国的信用系统发育程度还很低，双方交易时交易的真实性不容易考察和验证，而且很多信息资源是不能共享的，导致人们的更加不信任，因此更加加剧了人们对网络银行不信任、不接受的情况。

（3）信誉风险。网络银行的信誉风险包括两个方面的含义：一方面，网络银行的客户在通过开放性的因特网同银行做交易时缺乏信心和信任。这是因为网络银行不同于一般的网上服务公司，其工作方式要求银行在互不见面的情况下取得储户的信任，这是相当困难的事。另一方面，一旦网络银行提供的金融服务产品不能满足公众预期的水平，且在社会上产生了广泛的不良反应时，就会影响网络银行的信誉，形成网络银行的信誉风险。

(4) 网络银行的产品单一。目前我国网络银行的业务范围还比较窄，只局限在一般的支付业务上，许多常规性的金融业务都没有开展，没有发挥网络银行便于金融产品创新的优势。网络银行在发展上的探索还是十分小心翼翼的，大多是基于传统业务，仅仅把传统业务搬到网上，进行电子化的处理，而个性化的服务和产品还是较少的，网络银行的产品还没有做到突破。

(5) 人才的问题。网络银行是高度专业化的产业，对职员的要求非常之高，不仅仅需要有金融专业知识而且还要有对网络技术的掌握。但由于它还是一个新事物，综合性的人才还是比较少的，我国网络银行的建设和发展，迫切需要一批既具有计算机应用专业技术知识，又熟悉银行业务的复合型高级科技人才，在银行信息系统规划、设计、开发和运营维护中，发挥重要的主导作用，进而成为我国银行电子化事业的中坚力量。

(6) 网络银行营销力度不够。现有网络银行尚不成熟，目前还存在着战略特征不明显、对客户的市场细化不深入，业务方式与传统银行无法对接等弊端。营销不可能一蹴而就，也不是短时激情迸发，它是以市场为导向、循环往复的过程。因而网络银行营销比传统营销更加困难，而我国目前网络银行在营销方面缺乏创新，致使网络银行市场面狭窄，客户群体保持在潜在的状态，极大限制了网络银行的发展。

(7) 立法和监管相对滞后。网络银行还是一个新事物，它的发展需要国家的新商业法律法规的保护。但是我国的金融立法工作相对滞后，主要的立法框架还是以传统的银行业务为基础，网络金融立法还处于酝酿和发展中，许多以前未曾出现的问题在新的网络银行经营模式中需要加以重新规范。我国急需建立一套完善的法律、法规来进行规范管理保障个人与银行之间的权利和义务。对于监管来说是相同的道理，对于网上银行的监管应当适时地调整策略，由于网上银行有了新的特点，传统的监管手段将不再有效，因而应该制定新的监管策略，以规范网上银行的活动。

3. 发展我国网络银行的对策

(1) 增强我国网络银行的安全性。可以从以下几个方面做起：首先，选用可靠性高的安全产品，实现网络银行系统的基本安全防护。例如，采用128位强加密，和一些国家密码安全委员会认可的硬件加密卡和加密机。其次，选用高性能的防火墙，利用防火墙的访问控制、审计功能、地址翻译、AT（网络地址转移）技术、AAA（身份认证、授权、审计）等功能，对进出网络的数据进行检查和控制，隔离来自外部的威胁，保护内部资源信息的安全。最后，加强身份控制，如密码控制等来进行身份识别；加强入侵检测系统，在不影响网络性能的情况下对网络银行进行入侵检测，从而提供对内部攻击、外部攻击和误操作的实时保护等，也可以从技术上来保障安全。当然用户的安全观念的增强和操作的规范也可以在一定程度上避免不安全事件的发生。

（2）加强对网络银行的宣传，从政府的角度，应引导社会公众提高对网络银行的认识，培育网络银行发展的良好社会环境。金融部门应采取多种形式，以现有客户中的特定客户群为主，积极引导其使用电子货币，使其成为网络银行的忠实客户，进而带动整个客户群的发展。为了建设良好的信用环境，我国网络银行应协调工商、税务、公安、保险等各部门建立一个统一、高效、客观、公正的社会信用体系，并实现联网查询。降低金融信用危机，以提高人们对网络银行支付的信任程度，为网络银行的发展奠定良好的信用基础。

（3）全面建立以客户服务为经营理念的经营模式，以客户需求为中心，以客户满意为目的，提高自己产品和服务的质量，从客户的角度去考虑产品的功能和服务的态度，从而获得客户的认可，赢得良好的口碑，从而就有很好的信誉，也会有更多潜在的市场。

（4）加大业务创新力度。随着网络经济的发展，银行深层次服务将出现两极化趋势：标准化和个性化，即一是以更低的价格大批量提供标准化的传统金融服务，一是在深入分析客户信息的基础上为客户提供个性化的金融服务，重点是在理财和咨询业务、由客户参与业务设计等方面。要从客户需求出发，充分体现“以质胜出”和“客户中心主义”。传统银行要充分利用不断发展的大量信息技术深入分析客户，加大产品创新的力度，更好地满足客户个性化的需求。

（5）培养复合型网络银行人才。积极引进复合式人才，加大对现有员工的后续教育才是立足之本。现在市场的竞争就是人才的竞争，网络银行建设需要一批既掌握计算机技术、网络技术、通信技术，又掌握金融业务实务和金融业务管理知识的复合型高级技术人才和管理人才，因此应采用内部培养和国外引进相结合，以内部培养为主的方式来培养人才。一方面要重视对现有员工的培训，另一方面又要从国内国外大力引进，从政策和待遇上予以倾斜，建立一支既精通银行业务又懂 IT 技术的复合型人才队伍。

（6）充分利用营销手段拓展网络银行市场。网络营销是在顾客满意的过程中获取利润，因此，各大银行应加大宣传力度，实施有效的市场营销战略，向客户推荐一些适合的、个性化的产品。积极引进网上金融超市，根据客户的不同需求提供优质、安全、高效的服务，同时强化产品营销，以服务推动产品的市场效应。举行一些网络银行代理业务等新产品的推介会，让客户增强对银行产品的认知度。如花旗银行的营销策略，凡申请设立花旗银行 Citibank Regular Checking 账户的用户，存入一定数量的资金并在 60 天内通过网络银行发生两笔网上支付业务的客户，便有机会获得一台 SONYDVD 播放机。我国银行业可以此为鉴，开展形式多样的营销推广，从而扩大网络银行的影响度。

(7) 加快法律法规建设、加强金融监管。根据网上金融业的实际情况，借鉴国外同行修改或制定适用于网络银行操作运行的法律规范。同时，我国应加强同世界各国金融司法部门和业务主管部门的联系，制定共同打击网络金融犯罪和调控网络金融业风险与责任承担的国际条约，以避免金融秩序遭到破坏。

我国在制定法律法规建设方面应做到以下几点：首先，要根据技术发展不断完善网络银行管理办法和其他规则；其次，要尽快制定有关规范电子货币和网上金融服务发展的一系列法律法规，包括网络金融交易税务立法、网络安全立法、消费者权益保护法、保密法等；再次，还应对网络银行系统提出相应的安全技术标准、安全产品的生产与选择、网络银行系统管理机构和安全机构的权利、义务与责任，安全管理制度的建立与执行等做出规定，将安全技术与安全管理的原则规范化，对违反安全法的行为进行法律制裁，创造网络银行正常运行环境。

而在银行的监管上也应该联合中国人民银行、银监会和证监会三方，进行综合深入的监管，而且应该制定出适合网上应用的监管方法和相应的处理规则，从而使得网上交易可以规范有序地进行。

法律法规和监管制度的制订，会使网上交易有法可依、纠纷处理有据可依，使我国的网络银行能健康快速地发展。

8.3 电子货币

电子货币是电子商务活动的基础，它是一种新型的货币形态。只有正确认识和了解电子货币，建立和完善电子货币系统，才能真正开展电子商务。

8.3.1 电子货币的含义及其在电子商务中的应用

1. 电子货币的概念与特点

作为当代最新货币形式的电子货币，它的发展对货币的含义带来了冲击。电子货币是货币史上的一次重大变革，是适应人类进入数字时代的需要，以及计算机介入货币流通领域后产生的一种新型货币，它比传统的信用货币更方便、准确、安全和节约，是货币作为交易媒介不断进化的表现。

关于电子货币的定义，目前尚无统一的看法，理论界比较普遍接受的是巴塞尔银行监督委员会对电子货币给出的定义，即：电子货币是指在零售支付机制中，通过销售终端，不同的电子设备之间以及在公开网络（如Internet）上执行支付的“储值”和预付支付机制。所谓“储值”指保存在物理介质中可用来支付的价值，如信用卡。而“预付支付机制”则是指存在于特定软件或网络中的一组可以传输并可用于支付的电子数据，通常又被称为“数字现金”，由多组二进制数据和数字签名组成，可以直接在网上使用。

电子货币是在传统货币基础上发展起来的，与传统货币在本质、职能及作用等方面存在着许多共同之处。但它还具有一些独特的属性，如发行者不唯一，电子货币的发行者既有中央银行又有一般的金融机构；由于发行者不是中央银行，电子货币的担保主要依赖于各个发行者自身的信誉和资产，风险各不相同；电子货币的交易双方是匿名的而且个人信息完全不为人知；电子货币打破了境域的限制；电子货币的防伪只能采取技术上的加密算法和认证系统来实现。总的来讲，电子货币具有以下特点：

(1) 电子货币是虚拟货币。有史以来，人们习惯使用的货币，无论是用何种材料作其载体，即无论是实物货币、金属货币、还是纸制货币，均是可用手触摸得到，可用肉眼确认其形态的实体。但是，电子货币是在银行电子化技术高度发达的基础上出现的一种无形货币，它是用数字脉冲代替金属、纸张等媒体进行传输和显示资金的，通过芯片进行处理和存储，因而没有传统货币的物理形状、大小、重量和印记，持有者得不到持有的实际感觉。

(2) 电子货币是一种在线货币。电子货币与实体货币不同，实体货币，无论何人何时均可持有，可以保存在自己的钱包中，无须其他附属设备即可当面交换，进入流通。而电子货币的流通必须有一定的基础设施。电子货币通常在专用网络上传输，通过 POS、ATM 进行处理，也就是说，电子货币是在现有的银行、支票和纸币之外，通过网络在线大量流通的钱。电子货币保管需要有存储设备；交换需要有通信手段；保持其安全需要加密和解密用的计算机。如果以上基础设施不完备，电子货币将无法保管、无法流通，以至无法使用。

(3) 电子货币是信息货币。电子货币说到底只不过是观念化的货币信息，它实际上是由一组含有用户的身份、密码、金额、使用范围等内容的数字构成的特殊信息。人们使用电子货币交易时，实际上交换的是相关信息，这些信息传输到开设这种业务的银行后，银行就可以为双方交易结算，从而使消费者和企业能够通过比现实银行系统更省钱、更方便和更快捷的方式相互收付资金。正因为电子货币是以电子信息的形态出现的，所以通过使用相应的技术，即可以执行货币的某些职能。

(4) 电子货币目前还只是准通货。电子货币能否称为通货，关键在于电子货币能否独立地执行通货职能。就目前而言，电子货币只是蕴涵着可能执行货币职能的准货币。首先，电子货币缺少货币价格标准，因而无法单独衡量和表现商品的价值和价格，也无法具有价值保存手段而只有依附于现实货币价值尺度职能和价值储藏职能；其次，尽管目前电子货币最基本的职能是执行支付手段，但是现有的各种电子货币中的大多数，并不能用于个人之间的直接支付，而且向特约商户支付时，商户一方还要从发行电子货币的银行或信用卡公司收取实体货币后，才算完成了对款项的回收，电子货币不能完全独立执行支付手段的职能。可见现阶段的电子货币是以既有通货为基础的新的货币形态或是支付方式。

2. 电子货币在电子商务中的应用

电子货币与电子商务之间有着十分密切的关系。在电子商务中，电子货币扮演了传递交易金额与交易信息的重要角色。电子商务不仅包括商品流、信息流、物流，同时也涵盖了资金流的范畴。在支付过程中，不可避免地需要通过网络进行货币支付或资金流转，利用电子货币可以安全、灵活地把货币采用匿名的形式存储在自己的硬盘上，并在支付过程中使用。它将消费者和商家（买卖双方）与银行联系在一起，消费者可以在有关银行开立账户，在需要使用电子货币的时候，可以安装相应的软件或预存现金，在消费者与商家洽谈好以后，签订订货合同，就可以使用相应的电子货币支付所购买商品的费用。其中认证机构保证了交易过程的安全。

在电子商务中，使用电子货币进行支付与传统的货币支付方式相比有许多的优势。第一，在同样的空间内，电子货币可以存储的面值是无限的；而传统货币面值是有限的。第二，电子货币受时空的限制比较小，能够通过通信系统在短时间内进行远距离传递。第三，电子货币可以采用计算机进行管理，弥补了传统货币管理成本高的缺憾。第四，电子货币的匿名性比传统货币要强，避免了面对面的交易。另外，电子货币与传统的货币相比具有信息承载量大的优点。通过在交易过程中使用电子货币，商家、厂家以及消费者都能够从中得到比传统交易方式更多的信息。例如，商家可以在网络上迅速、及时地统计热销产品的销售量，可以通过用户注册信息准确地看出参加浏览或购买的用户资料，甚至可以通过电话、电子邮件的形式进行后续的市场调查，以便提供更加便利的服务。同时消费者也可以获得快捷的反馈信息以及完善的售后服务。

但是，就目前而言，作为支付工具的电子货币应用于电子商务仍然存在一些缺陷。比如，安全问题、网络基础设施建设不完善、电子商务的发展还不很成熟、系统可靠性以及数字认证技术等，这些问题的出现都将会对电子货币的发展产生极大的影响。因此，必须正确认识并有效解决这些问题，只有这样，才能保证在线支付及电子商务活动的顺利进行。

8.3.2 电子货币的类型

电子货币的分类有很多种，根据不同的标准可以进行不同的分类，下面主要依据电子货币交易金额和内容不同将其分为电子支票、信用卡和电子现金（数字现金）。

1. 电子支票系统

电子支票的出现和开发是较晚的，电子支票使买方不必使用写在纸上的支票，而是用写在屏幕上的支票进行支付活动，但其所具有的功能几乎和纸质支票相同。电子支票包含三个实体，即购买方、卖方以及金融机构，其应用过程如图 8-8 所示。电子支票主要是通过互联网或金融专线网络，用发生 E-mail 的方式传输，并用数字签名加密，进行资金的划拨和结算；电子支票既可满足 B2B 交易的支付需要，同时也可用于 B2C 交易的结算，且成本低、支付速度快、安全性高、不易伪造。电子支票主要用于大额资金的支付，由金融机构发行使用。

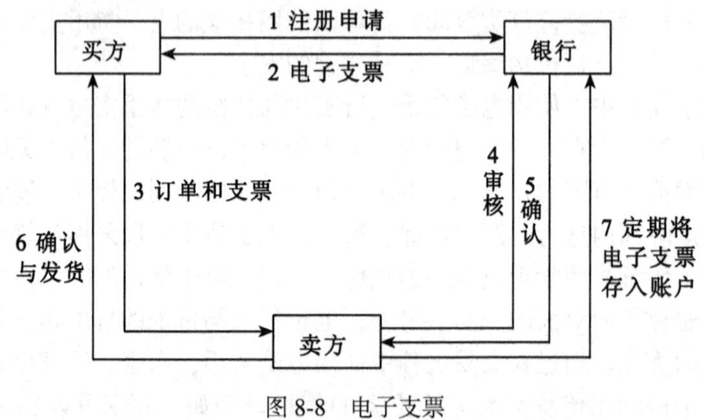

图 8-8 电子支票

资料来源：叶蔚．网络金融概论，2009

（1）购买电子支票。买方首先必须在提供电子支票服务的银行注册，开具电子支票。注册时可能需要输入信用卡和银行账户信息以支持开设支票。电子支票应具有银行的数字签名。

（2）电子支票付款。一旦注册，买方就可以和产品/服务出售者取得联系。买方用自己的私钥在电子支票上进行数字签名，用卖方的公钥加密电子支票，使用E-mail或其他传递手段向卖方进行支付；只有卖方可以收到用卖方公钥加密的电子支票，用买方的公钥确认买方的数字签名后，可以向银行进一步认证电子支票，之后即可发货给买方。

（3）清算。卖方定期将电子支票存到银行，支票允许转账。

图8-9显示了TROY金融集团的电子支票解决方案。

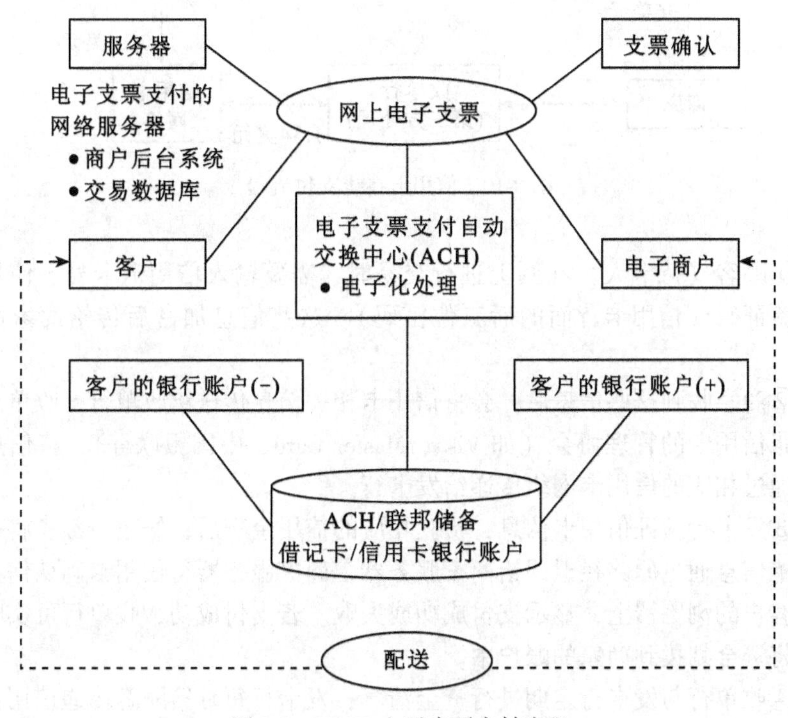

图8-9 TROY电子支票支付流程

2. 信用卡型的电子货币

使用信用卡进行支付的主要参与者包括收单银行、信用卡管理协会、消费者、发卡银行、商家和支付服务提供者。其中支付服务提供者通常是第三方中介，用于连接卖家电子商务系统和各个相关发卡行和发卡机构以完成相应的交易。网上信用卡型电子货币主要有两种，一是基于 HTTPS 协议的信用卡型电子货币，二是遵循安全电子交易（SET）协议的信用卡型电子货币。信用卡类型的电子货币在网上应用较为成熟，主要有 CyberCash 和 FV 系统。VISA 和 Master Card 联合制定的安全电子交易规范 SET，可更好保障信用卡类型电子货币的安全使用。

（1）基于 HTTPS 协议的信用卡型电子货币支付流程

基于 HTTPS 协议信用卡型电子货币的支付流程如图 8-10 所示。

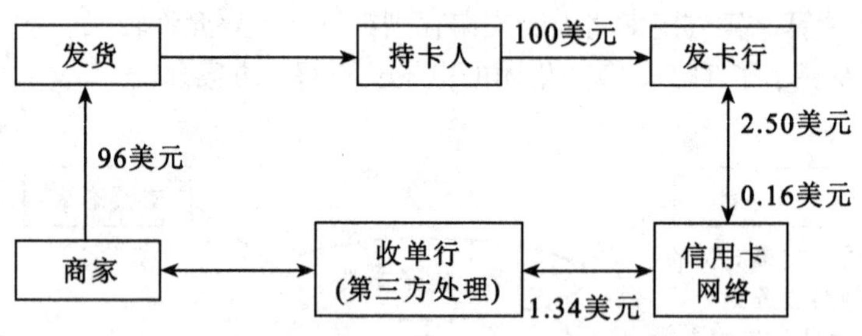

图 8-10　信用卡在线支付流程

①顾客（持卡人）在网上进行交易时，需要输入信用卡卡号、使用期限、验证码（信用卡背面的后三位密码），这些信息加密后传给商家服务器。

②商家收到这些信息后，会将信用卡相关信息传送给收单行，收单行根据这张信用卡的管理协会（如 Visa、Master Card、中国银联等），将信用卡信息通过相应的信用卡网络传递给发卡行。

③发卡行验证信用卡信息，检验相应的信用余额后，修改余额，将确认或拒绝信息通过原路径返回给商家服务器，商家服务器将信用卡确认信息显示在客户的浏览器上，显示支付成功或失败。若支付成功，收单行可实时或定期将资金划拨到商家的账户中。

④收单行与发卡行定期进行资金清算，发卡行每月给顾客传递信用消费账单，顾客按期缴款。

发卡行的业务收益来源主要有持卡人年费、利息收入、佣金（信用卡支付的手续费，约 2.5%）；收单行信用卡业务收益来自于商家交给收单行的手续费，约占交易额的 1.34%；信用卡管理组织将收取占交易额约 0.16%的服务费，每年发卡行和收单行要向信用卡管理协会缴纳年费。上述所有的服务费都由商家支付。可以借助图 8-10 分析顾客进行信用卡支付流程中各种服务费用的扣除比例。若顾客购买100美元的商品，发卡行、收单行、信用卡组织将分别收取2.5美元、1.34美元、0.16美元的服务费，而商家只能得到96美元的销售额。

（2）基于SET协议的信用卡型电子货币支付流程

遵循SET协议的信用卡支付流程如图8-11所示。

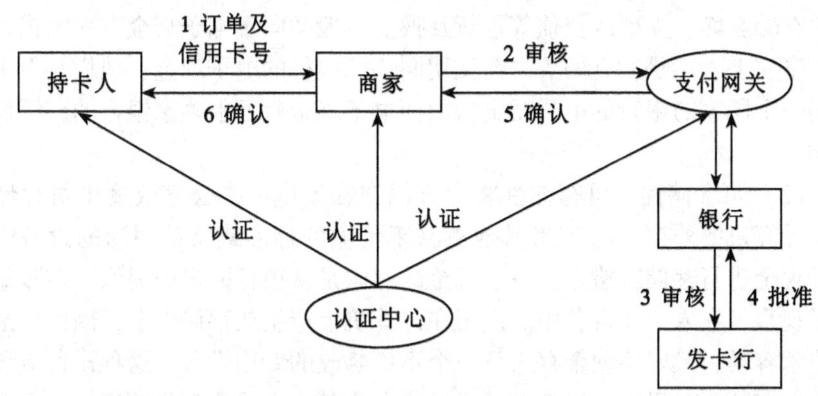

图8-11　遵循SET协议的信用卡支付流程

①持卡人发送给商家一个完整的订单以及要求付款的指令，在SET协议中，订单和付款指令由持卡人进行数字签名，同时利用双重签名技术保证商家看不到持卡人的账户信息。

②商家接收订单后，向持卡人的金融机构请求支付认可，通过网关到银行，再到发卡机构确认，批准交易，然后返回确认信息给商家。

③商家发送订单确认信息给顾客，顾客端软件可记录交易日志，以备将来查询。

④商家给顾客装运货物，或完成订购的服务，到此为止，一个购买过程已经结束，商家可以立即请求银行将钱从购物者的账号转入到商家的账号，也可以等到某一时间，请求成批划账处理。

⑤商家从持卡人的金融机构请求支付。在认证操作和支付操作中间一般会有一个时间间隔，例如，在每天下班前，请求银行结一天的账。

3. 电子现金

电子现金是以数字化形式存在的现金货币，其发行方式包括存储性质的预付卡（电子钱包）和纯电子系统形成的用户号码数据文件等形式。它同现金一样主要用于小额交易的支付。

电子现金具有以下四个属性：

(1) 货币价值。电子现金必须有一定的现金、银行授权的信用或银行证明的现金支票进行支持。当电子现金被一家银行产生并被另一家所接受时不能存在任何不兼容性问题。如果失去了银行的支持，电子现金会有一定风险，可能存在支持资金不足的问题。

(2) 可交换性。电子现金可以与纸币、商品/服务、网上信用卡、银行账户存储金额、支票或负债等进行互换。一般倾向于电子现金在一家银行使用。事实上，不是所有的买方会使用同一家银行的电子现金，他们甚至不使用同一个国家的银行的电子现金。因而电子现金就面临多家银行的广泛使用问题。

(3) 可存储性。可存储性将允许用户在家庭、办公室或途中对存储在一个计算机的外存、IC 或者其他更易于传输的标准或特殊用途的设备中的电子现金进行存储或检索。电子现金的存储是从银行账户中提取一定数量的电子现金，存入上述设备中。由于在计算机上产生或存储现金，因此伪造现金非常容易，最好将现金存入下一个不可修改的专用设备。这种设备应该有一个友好的用户界面，以有助于通过口令或其他方式的身份验证，以及对于卡内信息的浏览显示。

(4) 重复性。必须防止电子现金的复制和重复使用。因为买方可能用同一个电子现金在不同国家、地区的网上商店同时购物，这就造成电子现金的重复使用，一般的电子现金系统会建立事后检测和惩罚。

电子现金的应用流程分为以下五个部分：

(1) 购买电子现金。买方在电子现金发布银行开通电子现金账号后购买电子现金。要从网上的货币服务器（或银行）购买电子现金，首先要在该银行建立一个账户，将足够资金存入该账户以支持今后的支付。目前，多数电子现金系统要求买方在一家网上银行拥有一个账户，这种要求全球性和多种现金交易非常严格，买方应该能够在国内获得服务并进行国外支付，但需要建立网上银行组织，作为一个票据交换所。

(2) 存储电子现金。使用 PC 电子现金终端软件从电子现金银行取出一定数量的电子现金存储在硬盘上，一旦账户被建立起来，买方就可以使用电子现金软件产生一个随机数，它是银行使用私钥进行了数字签名的随机数，通常少于 100 美元作为货币，再把货币发回给买方。这样，它就有效了。

(3) 用电子货币购买服务或产品。买方同意接收电子现金的卖方订货，用卖方的公钥加密后传送给卖方。

(4) 资金结算。接收电子现金的卖方与电子现金发放银行之间进行结算，电子现金银行将买方购买商品的钱支付给卖方。这时，一般为三方交易，即在交易中，电子现金被发给卖方，卖方迅速把它直接发给发行电子现金的银行，银行检验货币的有效性，并确认它没有被重复使用的问题。为了检验是否重复使用，银行将从卖方获得的电子现金与已经使用电子现金数据库进行比较，像纸币一样，电子现金通过一个序列号进行标识。为了检验重复使用，电子现金将以某种全球统一的形式注册。但是，这种检验方式十分费时费力，尤其是对于小额支付。

（5）确认订单。卖方获得付款后，向买方发送订单确认信息。

银行、买卖双方的三方电子现金支付流程如图 8-12 所示。

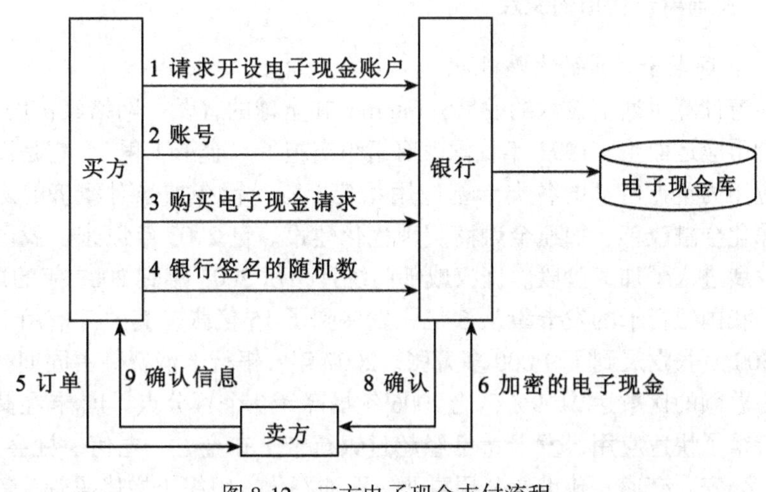

图 8-12　三方电子现金支付流程

【阅读资料】

电子现金的其他方式

（1）Digicash 公司于 1995 年 10 月开始在美国圣路易 Mark Twain 银行试验一种名为 CyberrBucks 的电子现金系统，它把现金数值转换为一系列的加密序列数，通过这些序列数来表示现实中各种金额的币值。使用该系统发布电子现金的银行有 10 多家，包括 Mark Twain、Eunet Deutsche、Advance 等世界著名银行。

（2）DigiCash 现在是以电子钱包的形式存在，它能够以非常方便的途径提供独家的电子优惠券，并以数字信息的形式存储在个人电子钱包中；同时商家提供个性化服务，大大节省了花在搜索和整理商品信息上的时间。

(3) 目前网络游戏中流行的点卡支付也是电子现金的变化形式之一，所谓"点卡"是指虚拟消费积分充值卡，是按服务公司的规定以现金兑换虚拟点（积分）的形式，通过消耗虚拟点（积分）来享受该公司服务的一种货币支付形式。如：盛大公司是国内知名的网游网站，旗下有"传奇世界"、"苍天"等网游，其发行的盛大点卡是各种面值的充值卡，卡号密码均印制在卡片上（或通过 E-mail 等形式发送），可以使用盛大点卡享受盛大旗下的网络服务。

8.3.3 我国电子货币的发展

1. 我国电子货币的发展现状

随着计算机通信技术的发展，Internet 在全球的普及，网络经济的兴起，电子货币应运而生。1993 年我国政府组织实施了"金卡工程"，它是以电子货币应用为重点启动的各类卡基应用系统工程，旨在加强对经济的宏观调控、深化金融改革、加速金融商贸现代化建设。自 2003 年以来，我国银行卡的发展进入了加速阶段。据权威部门统计，从 2003 年到 2007 年的短短 5 年间，我国银行卡的发卡量从 6 亿张发展到了 15 亿张，其中，信用卡发卡量从 300 万张发展到了 9 000 多万张。2007 年，银行卡消费额占同期社会商品零售总额的比重达 21.9%，比 2006 年提高 4.9 个百分点。IC 卡在其他领域也获得了快速应用，发卡量已经超过银行卡，在金融、电信、社会保障、税务、公安、交通、建设及公用事业、石油石化、组织机构代码管理等许多领域得到广泛应用，并取得了较好的社会效益和经济效益。此外，IC 卡的产业支持能力不断增强，截至 2005 年，我国 IC 卡发卡总量已达 20 亿张，有 IC 卡相关企业约 2 800 家，从业人员约 10 万人，形成了完整的产业链。显而易见，电子货币正在我国蓬勃发展。但我国电子货币发展还在初级阶段，与欧美发达国家比，电子货币使用率很低。例如，美国通过银行卡进行的个人日常支出比例已占 25%，而我国不到 1%。

2. 我国电子货币发展中存在的主要问题

(1) 电子货币的法律框架尚未建立，电子货币的监督管理尚处于空白

电子货币目前在我国还处于起步阶段，许多法律法规尚未明确，如在电子货币的市场准入、交易者的身份确认、电子合同的有效性确认等方面尚无完备的法律规范。这使得电子货币业务缺乏相应的监督管理机构，因此容易出现没有监督或监督不到位的情形，违法行为时有发生，这与电子货币业务

的蓬勃发展极不相称。

（2）电子货币发行主体潜藏着较大的信用风险

目前我国电子货币的发行主体潜藏着较大的信用风险。一旦信用风险爆发，消费者的货币请求权将无法实现，预付资金和办卡押金可能全部或部分不能得到追偿，从而引发消费者“挤兑”，甚至会引起社会问题。这种风险隐患形成的原因有二，一是由于发行主体的非银行特性，电子货币业务尚处于监督管理真空，其业务没有实行准入管理，部分多用途储值卡业务的开办，虽然由政府审批，但其业务开展缺乏统一的资本金要求和审慎的后续管理，容易产生经营不善的问题。二是当前我国的社会信用整体状况还不是十分理想，信用约束力也不是很强。在这种情况下，发行主体吸存了社会公众大量的预付资金，这种“先接收付款，后提供商品”的经营模式，容易形成违约收益大于违约成本的情形，激发发行主体的道德风险，引发信用风险。

（3）电子货币的负面作用日益凸现

近年来我国网基电子货币大量涌现，而且部分网基电子货币已经开始走出虚拟的网络世界，进入现实的应用，给不法分子带来可乘之机：一是网上“倒卖”虚拟货币冲击正常的金融体系。二是利用虚拟货币经营网上赌场，逃避监管。

（4）电子货币给反洗钱工作带来新的挑战

电子货币的应用给社会经济生活带来便利的同时，也给洗钱犯罪提供了便利，因为利用电子货币可以将钱送到世界上任何地方而不留下一点痕迹，如果调查机关想要获取证据，则需要监视网上所有的数据包并且破译所有的密码，这几乎是不可能的。电子货币使藏匿和转移赃款变得更加容易，识别和发现洗钱活动变得更加困难，因此反洗钱工作面临新的挑战。

【阅读资料】

电子货币反洗钱工作亟待加强

随着打击反洗钱犯罪的深入开展，利用人民币、外币等有形货币洗钱活动得到有效遏制。但电子货币匿名、快速、安全、无地域限制等特性为洗钱犯罪提供了另一便利通道。而目前防范、控制和侦察电子货币洗钱犯罪存在诸多障碍，传统的反洗钱方式正在面临新的挑战。

目前电子货币主体形式主要有卡基电子货币和网基电子货币两种。前者主要集中于公交、公用电话、停车计费和自动售货机领域，发行主体均为电信企业、大型商场、公交公司等非银行机构，产品形式则为电话卡、商场购物卡、公交卡等。后者则主要集中于互联网领域，产品包括第三方支付平台中的电子货币以及各大网络服务提供商发行的电子货币。据估计，国内互联网已具备每年几十亿元的虚拟货币市场规模，并以年均15%~20%的速度增长。

虽然1999年颁发的《银行卡业务管理办法》规定了储值卡属于银行卡，但对于非银行机构是否可发行储值卡却没有明确规定。于2004年颁布的《电子签名法》主要规定了电子签名及其认证，没有涉及电子货币概念、电子货币发行主体等相关问题。2005年的《电子支付指引（第一号）》旨在规范从银行结算账户发起的电子支付业务，不包括非银行机构发行电子货币或不经由银行账户的电子货币支付的规定。

调查显示，电子货币业务没有实行准入管理，部分多用途储值卡业务的开办，虽然由政府审批，但其业务开展缺乏统一的资本金要求和审慎的后续管理。同时，《人民币管理条例》、《银行法》对发行、使用“代币卡”行为，均未明确处置条款。

由于传统的反洗钱犯罪主要依靠金融机构。但目前电子货币发行人的范围不仅包括金融机构，还包括通信公司、软件公司等，而且利用电子货币洗钱可以不需要金融机构的介入。这样一来，反洗钱犯罪的调查和监控就难以找到可进行追踪的切入点。

电子货币的匿名性、即时性使得监管部门对于电子货币交易的追踪更加困难。在电子货币环境下，消费者与企业、金融机构之间不再是面对面的交易，加密技术和远距离传输的便利大大增强了电子货币的隐蔽性，造成了对电子货币的洗钱活动进行监控和追踪的难度大大增加。

电子货币交易环境的虚拟性和电子货币交易的跨国性增大了搜集洗钱犯罪证据的难度。国际反洗钱金融行动特别工作组（FATF）和许多国家制定的反洗钱措施中要求：金融机构保留交易记录、记录客户身份，在开设账户和进行交易前都必须采取相应措施获得交易者的有关真实信息并加以记录，还要求能辨认有嫌疑的交易并加以记录。但在使用电子货币进行支付的虚拟环境中，要搜寻有效的电子证据无疑非常困难。

资料来源：李国庆．电子货币反洗钱工作亟待加强．金融时报［2008-12-10］

3. 发展我国电子货币的对策

（1）建立健全电子货币法律法规体系

政府要加快电子货币的立法进程，通过立法适当限制电子货币的发行主体，明确电子货币相关方的权利和义务。在相关法律未施行以前，可先制定配套的政策和措施，同时金融机构要与司法、公安、工商等部门密切配合，联合行动，严厉打击电子货币的制假、盗用、冒用和敲诈勒索等违法犯罪活动，以净化电子货币市场环境。

（2）加强电子货币的安全控制

我国目前的加密技术、密钥管理技术及数字签名技术都落后于电子货币发展的要求，因此应从电子货币信息安全、数字加密、数据安全及认证等几个重大环节入手，大力开发网络加密技术，开发具有自主知识产权的信息技术。作为电子货币的开发者，发行主体应建立内部风险控制和管理秩序，能够识别、衡量、监管和控制各种潜在的风险，既要防范计算机犯罪、防病毒、防黑客，还应防止自然灾害恶意侵入、人为破坏、金融诈骗等，确保信息的完整性和对消费者隐私权的保护，提供安全、可靠、可用的电子货币产品，保护电子货币交易各方的合法利益。

（3）防范电子货币的信用风险

电子货币的信用风险既有来自于发行机构的，也有来源于消费者的。首先，要加强对电子货币市场的监管，严格实行电子货币发行主体的资格准入制度，根据电子货币发行机构电子货币余额向其征缴准备金，防止人为地放大社会信用规模而放大信用风险。其次，电子货币的发行主体要对客户的信誉状况、财产状况做很好的分析和预测，设法了解客户以往进行电子交易时的信用状况、信贷记录等。同时对客户的数字证书进行核实和备份，用来在以后的交易中对客户的数字签名进行验证，以降低客户信誉风险发生的可能。

（4）加强对电子货币洗钱的防范

具体包括：①建立严格的身份认证制度和交易记录制度。②扩大反洗钱责任人的覆盖面。除了银行类金融机构外，承担反洗钱义务的责任人还应该包括非银行的电子货币发行主体和互联网服务提供商，督促其履行反洗钱义务，打击运用电子货币的洗钱活动。③加强打击电子货币洗钱的国际合作。

◎ 复习思考题

1. 试述网络金融的概念及其所研究的主要内容。
2. 网络金融给传统金融市场带来的改变有哪些？
3. 网上证券的概念、模式及其交易的操作步骤？
4. 网上证券对于证券行业的影响有哪几个方面？
5. 什么是网上保险？其与一般意义上商品的区别有哪些？

6. 网上保险存在着哪些运行方式，各有什么特点？
7. 网络金融存在哪些风险及如何保障网络金融安全？
8. 试述网络银行的概念、提供的主要服务及其优势。
9. 网络银行的运行模式有哪几种，各有什么特点？
10. 试述网络银行发展的局限性和发展对策？
11. 试述电子货币的概念及分类。
12. 试述电子货币对金融活动的影响。

9 电子商务市场融资

电子商务市场与传统市场的差异不仅表现在企业行为与消费者行为等方面，而且也表现在融资模式上。本章将从我国电子商务市场融资现状出发，逐步探讨电子商务市场中企业融资的特点和主要方式，以及电子商务市场中企业融资的策略。

9.1 电子商务市场融资概述

电子商务作为一种新经济下的商务模式，它的特点决定了其发展必须得到金融市场的大力支持，电子商务的发展壮大过程就是不断融资的过程。

9.1.1 电子商务市场融资现状

国内外电子商务企业在发展过程中都非常重视融资问题。无论是美国的雅虎公司、亚马逊公司，还是日本的 Rakuten 公司，以及韩国的 Gmarket 公司等，在它们的成长中都伴随着大量的融资活动，包括吸收创始人投资和风险投资、发行股票和债券等。

在国内，电子商务市场的融资活动从未间断。2000 年 4 月 13 日，新浪率先登上了纳斯达克，掀起了中国门户网站上市的热潮。同年 7 月 5 日，网易也实现了自己的纳斯达克梦想。2003 年 12 月 9 日，携程成功在美国纳斯达克上市融资 7 500 万美元。2004 年 5 月 13 日，盛大网络正式在美国纳斯达克股票交易市场挂牌交易，融资额为 1.5 亿美元。2005 年 8 月 5 日，百度公司登陆美国纳斯达克，市值随即从发行时的 8 亿美元，冲至 40 亿美元，登上了“纳斯达克中国第一股”的位置（排在第二名的是市值 26.36 亿的“盛大网络”），刷新了目前中国互联网企业海外 IPO 融资的纪录。2007 年

11月，阿里巴巴在香港联交所正式挂牌上市，开盘价30港元，较发行价13.5港元提高122%，成为中国互联网首个市值超过200亿美元的公司。在吸收风险投资方面，2003年9月e龙获得老虎基金和蓝山科技基金1 500万美元的融资。10月16日，卓越网也获得了老虎科技基金5 200万美元的融资。2004年2月17日，阿里巴巴宣布从软银亚洲、富达（Fidelity）创业投资部、Granite Global Ventures和TDF风险投资有限公司私募8 200万美元的战略投资资金。据中国电子商务研究中心发布的《2010年度中国电子商务市场数据监测报告》显示，2010年共监测到42起公开披露的投融资案例，其中风险投资35起，总额逾5.5亿美元，详见表9-1。

表9-1　**2010年电子商务企业融资并购案例监测表**

时间	融资方	投资方	融资方式	所属行业	融资金融
2010-1	玛萨玛索	红衫资本	风险投资	服装B2C	1 000万美元
2010-1	京东商城	老虎基金	风险投资	综合B2C	7 500万美元
2010-1	21cake	联想投资	风险投资	食品B2C	不详
2010-2	红孩子	北极光 凯旋资本	风险投资	母婴B2C	2 000万美元
2010-3	也买网	DCM	风险投资	食品B2C	300万美元
2010-3	千寻网	京东商城	并购	服装B2C	不详
2010-3	敦煌网	华平投资	风险投资	外贸B2B	2亿元
2010-4	乐淘网	联创策源等	风险投资	鞋类B2C	1 100万美元
2010-4	结婚钻戒网	天图创投	风险投资	奢侈品B2C	459万美元
2010-4	凡客诚品	老虎基金	风险投资	服装B2C	4 880万美金
2010-5	悦购网	德同资本	风险投资	母婴B2C	1 000万美元
2010-6	芭莎网	启迪创投	风险投资	服装B2C	58万美元
2010-6	枫丹白露	未披露	风险投资	服装B2C	117万美元
2010-6	大龙网	北极光	风险投资	外贸B2C	58万美元
2010-6	也买网	曼图资本、上海创投、清科创投、DCM	风险投资	食品B2C	1 000万美元
2010-6	梦芭莎	金沙江领投	风险投资	服装B2C	2 000万美元

续表

时间	融资方	投资方	融资方式	所属行业	融资金融
2010-7	好乐买	红杉资本、英特尔投资、德丰杰投资	风险投资	鞋类 B2C	1 700 万美元
2010-9	趣玩网	挚信资本 经纬创投	风险投资	创意家居 B2C	795 万美元
2010-9	麦包包	联想投资、DCM	风险投资	包类 B2C	3 000 万美元
2010-10	尚品网	思伟投资 晨兴创投	风险投资	奢侈品 B2C	不详
2010-10	兰亭集势	挚信资本 联创策源	风险投资	外贸 B2C	3 500 万美元
2010-10	麦考林	N/A	IPO	服装 B2C	1.17 亿美元
2010-11	库巴网	国美电器	并购	电器 B2C	4 800 万元
2010-11	维品会	DCM、红杉资本	风险投资	奢侈品 B2C	2 000 万元
2010-11	一达通	阿里巴巴	并购	外贸 B2B	不详
2010-12	当当网	N/A	IPO	综合 B2C	2.72 亿美元
2010-12	梦芭莎	老虎基金	风险投资	服装 B2C	6 000 万美元
2010-12	京东商城	老虎基金	风险投资	综合 B2C	7 500 万美元

注：上述监测表只计算 B2B 与 B2C，不含网络团购；其中 B2B 领域 2 起，B2C 领域 26 起。

资料来源：中国电子商务研究中心

从表 9-1 中可以看出，无论在融资金额及数量方面，B2C 继续占据我国电子商务行业的主流。

总的来看，目前电子商务市场融资呈现出一片繁荣景象。然而，融资市场繁荣的背后究竟是电子商务企业赢利能力的表现还是又一轮烧钱游戏的开始？电子商务企业融资的真正目的是什么？这些问题的确值得深思。

9.1.2 电子商务市场融资存在的问题

融资在给电子商务企业注入活力的同时，也带来了一些新的问题，主要表现在以下两个方面：

（1）盲目的“烧钱”行为

所谓“烧钱”一般是指资金的不适当和不理智的运用，或者资金的投入与产出不成比例，即投入过多、产出过少。目前有许多互联网企业为了抬高自己在网络用户和传媒中的“知名度”和“注意力”，不惜血本地疯狂烧钱。有统计资料表明，电子商务企业宣传费用在总支出中所占的比重曾经达到70%~80%。这种盲目的烧钱行为往往会断送企业的未来，因为企业成功的最关键因素归根到底是技术、产品和服务，而靠盲目的烧钱行为营造的繁荣注定不会维持太久。

（2）盲目追求“企业成长率”

为了追求“企业成长率”，电子商务企业经营者普遍认为“我们要迅速收购其他公司并且获得市场份额。这就像抢占土地，你必须尽可能快地把木桩楔入最有价值的土地上，因为等到明天就没有机会了”。于是这些电子商务企业依靠着雄厚的风险投资展开了一场又一场声势浩大的“Internet圈地运动”：迅速收购、兼并同行和其他行业的公司；迅速建立分公司；迅速招聘各路人才，等等。这种盲目的“圈地”往往会带来许多弊端。

总之，融资不是企业经营的最终目的，企业的最终目的是赢利和发展。对于电子商务企业而言，应通过融资不断地进行技术研发，为网络用户和广大消费者提供更优秀的产品和服务。

9.2 电子商务对企业融资理论与实践的冲击

电子商务不仅冲击着传统的企业融资理论，而且对企业融资实践也有较大的影响。在电子商务环境下，企业的融资逐渐呈现出了一些新的特点。

9.2.1 电子商务对企业融资理论的冲击

1. 企业融资相关理论概述

（1）MM理论

美国学者莫迪利亚尼和米勒（Modigliani & Miller，1958）被认为是现代企业融资理论的开创者。1958年，他们在《美国经济评论》上发表的著名论文《资本成本，公司财务与投资理论》中提出MM理论。该理论认为，在资本市场充分有效运行、没有企业和个人所得税及没有企业破产风险的情况下，企业资本结构与企业的市场价值无关。换言之，企业选择怎样的融资方式（如发行债券、发行股票）均不会影响企业的市场价值。这一论断提出后在理论界引起很大反响，因为这一论断与当时流行的观点相悖，同时其严格的、不现实的假设前提受到来自实践的挑战。从某种意义上来讲，这种假设与微观经济学中研究厂商在完全竞争市场中均衡分析时的假设前提颇为相似。这是一种理想的、近乎完美的状态，现实中这样严格的假设是不存在的，与现实之间存在着矛盾。

MM 理论在受到实践的挑战后做了修正，修正后的 MM 理论认为在存在企业所得税的情况下，由于企业债务利息的抵税作用，增加债务融资会增加企业的市场价值，因而最佳的企业资本结构应是 100%的债务融资。然而，这一结论仍与现实不符。MM 修正理论虽然考虑了负债带来的纳税利益，但忽略了负债导致的风险和额外费用。MM 理论从一个极端走向了另一个极端。

（2）权衡理论

20 世纪 70 年代产生了一种新的资本结构理论，既考虑了负债带来的避税优势，又考虑了其导致的风险和各种费用，通过对他们进行适当的平衡来确定企业的资本结构，这就是权衡理论。

权衡理论的代表人物包括罗比切克（Robiche，1967）、考斯（Kraus，1973）、鲁宾斯坦（Rubinmstein，1973）、斯科特（Scotte，1976）、梅耶斯（Mayers，1977）等人。早期的权衡理论是基于债务避税利益和破产成本。他们认为 MM 理论中所描述的完美市场是不存在的，而税收制度和破产惩罚制度正是市场不完全与不完美的重要体现。企业最佳融资结论应当是在负债价值最大化和债务上升带来的财务危机成本之间选择最适点。而后期的权衡理论扩大了成本和利益所包含的内容，将负债的成本从破产进一步扩展到代理成本、财务困境成本和非负债税收利益损失等方面，同时又将税收收益从原来单纯讨论的负债税收收益引申到非负债税收收益方面，而企业最佳融资结构是税收收益与各类负债相关成本之间的平衡点。

（3）信号传递理论

进入 20 世纪 70 年代以后，随着企业理论和信息经济学的发展，信息不对称现象在经济领域受到广泛关注，众多学者开始从信息不对称角度研究企业融资结构问题，试图从企业“内部”来展开对企业融资问题的研究。

罗斯（Ross，1977）在他的《财务结构的确定：激励和信号方法》一文中提出了著名的“罗斯模型”。他认为，企业经营者和投资者所掌握的信息是不对等的，经营者对企业的内部经营活动、企业的未来收益和投资风险拥有充分的信息，而投资者却没有，投资者只能通过经营者传递出来的信息间接评价企业市场价值。同时他还认为，如果企业市场价值提高，经营者会因此受益；如果企业破产，经营者就会受到惩罚。由于破产概率同企业质量负相关，同负债水平正相关，所以相同的负债水平对于不同质量的企业来说，其破产概率不同：高质量企业破产概率低，而低质量企业破产概率高。因此，低质量企业无法选择和高质量企业相同的债务水平。因此投资者可以凭借企业债务融资比率来判断企业预期市场价值的高低，从而确定自己的投资组合。Ross 模型的核心结论是企业价值与债务比例正相关。

（4）优序融资理论

1984 年，梅耶斯和麦基里夫（Mayers & Mujluf）进一步考察了不对称信息对融资成本的影响，提出了优序融资理论。其基本点为：在信息不对称下，企业将以各种借口避免通过发行普通股或其他风险证券来取得对投资项目的融资；为使内部融资能满足达到正常权益投资收益率的投资需要，企业必然要确定一个目标投资比率；在确保安全的前提下，企业才会计划通过向外融资以解决其部分资金需要，而且会从发行风险较低的证券开始。因此，优序融资理论的中心思想为：偏好内源融资，如果需要外源融资，则偏好债务融资。这一理论后来在美国 1965—1982 年企业融资结构中得到证实，这段时期美国企业内部积累资金占资金来源总额的 61%，发行债券占 23%，发行股票仅占 2.7%。

（5）代理成本理论

詹森和麦克林（Jensen & Mechling，1976）认为股权融资和债务融资都存在代理成本。代理问题产生的根源在于代理人（企业家）与委托人（投资者）之间目标利益的不一致。在企业最优融资结构的选择中，需要对（外部）股权的代理成本和债务的代理成本进行权衡考虑。

股权融资中，经理人不是企业的完全所有者，剩余索取权不足。经理人在工作中，承担全部成本却只获得部分收益；而他在消费时得到全部好处却只承担部分成本。因此，经理人工作的积极性不高，经理人的这种无效率随着经理人持股比例的增加而减少，反之，随着经理人持股比例的减少而增加。因此，相对于经理人持有部分股权的企业来说，经理人具有全部股权的企业市场价值较高，二者的差额构成股权融资代理成本。

债务融资则有较强的激励作用，因为债务被视为一种担保机制，这种机制能够促使经理人努力工作，从而降低由于两权分离而产生的代理成本。但是债务的上升可能导致另一种代理成本，债务融资代理成本。即经理人作为剩余索取者有更大的积极性去从事较大风险的项目，因为他能够获得成功的收益，并借助有限责任制度把失败的部分损失推给债权人。然而，债权人也有其理性预期，因此在其债权合约中加以限制，经理人就要承担由于借债造成投资价值递减项目所发生的成本。这就是债务融资的代理成本。

因此最佳的资本结构必须通过股权代理成本与债权代理成本的权衡得到，此时股权融资的边际成本等于债权融资的边际成本，总代理成本最小。

2. 企业融资理论在电子商务实践中的局限性

虽然现有的融资理论对于企业融资实践具有普通的指导意义，然而针对电子商务环境中企业所发生的变化及其特殊性，其局限性显而易见。

首先，MM 理论起初在没有考虑税收因素的前提下，得出了企业融资结构无关论。后来，考虑到债权融资的避税效应，得出企业应该进行 100%的债权融资。按照 MM 定理的逻辑，电子商务企业融资结构的最优选择也应该是 100%的债权融资。这一理论受到普遍质疑。一方面，电子商务企业没有盈余或者说盈余甚少，则债权融资可带来的避税好处大打折扣。另一方面没有一家金融机构乐意获取固定收益而被要求承担全部风险。

其次，权衡理论综合考虑了实践中企业价值与负债水平之间的关系，得出企业应适当举债。问题的关键在于，确定传统产业中企业的最佳负债水平目前尚且存在困难，确定电子商务企业的最佳负债水平难度更大。目前，有关网络产业的运行规律还有待进一步研究，还缺乏客观评估网络产业的方法；此外，经济运行具有很强的波动性，动态平衡更加符合现实，电子商务企业发展过程中受到更多因素的影响，如何从众多看似可能具有影响的因素中发现决定性因素，对该理论是一大挑战。

最后，电子商务企业的信息不对称问题相对传统企业更加突出，因此其代理成本将更高，在不确定性非常大的前提下，准确度量代理成本非常困难。按照传统企业融资结构信号传递理论，增大负债比重是向外界传递企业资产优良的信号，但是电子商务企业的价值主要在于其成长性，新兴产业的负债比重一般都不高，这与信号传递理论相悖。这是因为，一方面电子商务企业成长具有很大的不确定性，营业收入和现金流都不太稳定；另一方面债权融资一般要求获得固定的利息回报，对资本的安全性要求较高。如果企业为了向外部传递优良信号而举债，只能是以增加企业财务风险为代价。优序融资理论认为企业融资时首选内部融资，其次考虑债权融资，最后考虑增资扩股，但是电子商务企业留存收益少，高度的信息不对称使其吸引债权资金非常困难，债权融资的成本也非常高。控制理论认为债权融资的比重应该是在企业破产时将控制权从股东转移给债权人，这个比重应该是多少很难确定，电子商务企业的信息不对称性更是加大了确定的难度。

9.2.2 电子商务市场融资的新特点

融资一词由来已久，广义的融资是指资金在供给者与需求者之间的流动，这种流动是双向互动的过程，既包括资金的融入，也包括资金的融出。融入指资金的来源，即常说的企业通过各种渠道筹集资金；融出指资金运用，即用筹措来的资金投资于长期资产与短期资产。狭义的融资仅指资金的融入，即企业为了重置设备、引进新技术、进行技术和产品开发，为了对外投资、兼并其他企业，为了资金周转和临时需要，为了偿付债务和调整资本结构等目的，通过筹资渠道和资金市场，运用各种筹资方式，经济有效地筹措和集中资金。

电子商务是一块充满希望、尚待开垦的沃土，对于企业来说，它拥有很大的魔力。基于互联网的依托，电子商务企业可以在短时间内完成大额度的融资，这在传统领域往往是很难实现的，随着电子商务的进一步发展，它所展现出的融资特点也就越来越不同于传统领域的融资了。

(1) 电子商务企业吸收风险投资相对容易，而向银行机构贷款比较困难。

电子商务本身的特点决定了按常规向银行贷款是非常困难的，因为银行关心的是利润增长，而电子商务关心的是长期发展。电子商务企业的成长可以依靠增长速度而不仅仅是利润，大多数风险投资者因为相信互联网和电子商务的未来而投资，它们关注企业的长期利润胜过短期利润。而对商业银行来说，它们更愿意投资在快速赢利、在短期内就能收回资金、风险比较小的企业。

(2) 电子商务企业前期赢利与大量成本开销相脱钩使其融资任务更加紧迫。

电子商务是一种新经济下的商务模式，在市场推广方面需要投入大量的资金，而由于消费者对新技术及其应用的认识和传统的消费习惯的限制，以及消费者网络知识水平的不足，都使得电子商务在最初的几年没有足够的收入来支持其相对巨大的支出，致使电子商务的收入和支出无法平衡，并存在很大的收支缺口。这个缺口如果不及时补上，电子商务企业就可能过早夭折。所以相对于传统企业而言，电子商务企业前期的资金压力要大一些，这也使其前期的融资任务更加紧迫。

(3) 网络融资——电子商务市场融资的新选择

随着信息时代的高速发展，网络在现实生活中扮演着越来越重要的角色，网上购物、信息查询、广告发布、企业网站等一系列的网上项目便出现了百家争鸣的新景象，各行各业都进入了一个全新的网络时代。由于信息技术的不断发展和网络便捷性、时效性等种种优点的体现，融资这种传统的项目也被赋予了新的特点和意义，于是便产生了一种新的东西——网络融资。

所谓网络融资是指建立在网络中介服务基础上的企业与银行等金融机构之间的借贷活动。贷款人通过在网上填写贷款需求申请与企业信息等资料，借助第三方平台或直接向银行等金融机构提出贷款申请，再经金融机构审核批准后发放贷款，它是一种数字化的新型融资方式。

近年来，伴随着中国电子商务市场的快速发展，针对网上中小企业，打通互联网和现实世界的“网络融资”概念，从国外快速引入中国，一时间成为银行界与电子商务圈内的热点。目前，以数银在线、阿里巴巴等为首的国内知名第三方电子商务企业相继推出了网络融资服务平台，为国内的中小企业提供在线融资服务。

9.3 电子商务企业主要的融资方式

无论是传统企业还是电子商务企业都有许多的融资方式，如内源融资和外源融资；直接融资和间接融资；股权融资和债权融资等。其中股权融资是企业筹集权益资金的融资方式，它又分为吸收创始人投资、天使投资和风险投资以及上市融资等；债权融资是企业筹集债务资金的融资方式，它又分为向银行等金融机构借款和发行债券融资等。本节重点介绍电子商务市场中企业所采取的两种主要融资方式——吸收风险投资和上市融资。

9.3.1 吸收风险投资

长期以来，风险投资（Venture Capital，VC）都是促进新兴企业创业发展的重要力量。同时，也是20世纪90年代末刺激网络经济发展的主要动力。迄今为止，美国那些傲视全球的互联网企业，几乎都是在风险资本的支持下发展起来的。在这方面，风险投资功不可没。

1. 风险投资的定义

风险投资是英文Venture Capital的直译。也有译为“创业投资”、“创业资本”、“风险资本”等。关于风险投资的定义有很多不同的表述，例如：

（1）美国全美风险投资协会（NVCA）将风险投资定义为：风险投资是职业金融家投入到新兴的、迅速发展的、有巨大竞争潜力的企业中的一种权益资本。

（2）欧洲投资银行认为：风险投资是为了形成和建立专门从事某种新思想或新技术生产的小型公司而持有一定的股份形成承诺的资本。

（3）经济合作与发展组织（OECD）先后有过三种表述：风险投资是以高科技和知识为基础，生产与经营技术密集型的创新产品或服务的投资；风险投资是专门购买在新思想和新技术方面独具特色的中小企业股份，并促进这些中小企业的形成和创新的投资；风险投资是一种向极具发展潜力的新建企业或中小企业提供股权资本的投资行为。

（4）美国《企业管理百科全书》将风险投资定义为：风险投资是对那些不能从诸如股票市场、银行或与银行相似的单位获得资本的工商企业的投资行为。

（5）美国著名经济学家 Douglas Greenwoody 认为，风险投资是准备冒险的投资，它是准备为一个具有迅速发展潜力的新公司或新发展的产品经受最初风险的投资。

综合上述各种观点，本书认为：风险投资是由风险投资者对新兴的、迅速发展的、有巨大竞争潜力的企业进行的权益投资，其目的是为了在投资退出时获取高额回报的一种投资行为。

2. 风险投资的特征

风险投资是一种高新技术与金融相结合的投资机制，是以冒高风险的代价来追求高收益为特征的资本投资形式，具有“三高一低”的特征。

（1）高风险性

这主要是由风险投资对象的性质所决定。首先，风险投资的对象一般为刚刚起步或还没有起步的高技术企业或高技术产品，企业规模较小，没有固定资产或资金作为贷款的抵押和担保；其次，由于投资目标常常是高新技术中的“种子”技术或创新思想，处于起步设计阶段，不够成熟，尚未经历市场检验，能否转化为现实生产力，尚有很多不确定的因素，风险较大。一般来说，发达国家高技术企业成功的比率仅为20%~30%。

（2）高收益性

风险投资项目一般都须经过专家咨询委员会严格评选、充分论证后才加以确定，目标项目属于潜在市场规模巨大、高成长的新创事业。一般来说，投资于“种子”或创立期的公司，所要求的年投资回报率在40%左右；对于成长中的公司，年回报率要求在30%左右；对于即将上市的公司，要求20%以上的回报率。这样才可能补偿风险，否则不会进行投资。虽然风险投资的成功率不足30%，但一旦成功，一般足以弥补因投资失败所招致的损失。美国是世界上风险投资较为成熟的国家，有10%左右的风险投资获取了10倍以上的投资收益，综合年收益率一般在10%以上，1996年美国风险投资基金的回报率达17.3%，远远高于同期银行存款利率水平。

（3）高专业化和程序化

由于风险投资主要投向高新技术产业。加上投资风险较大，要求风险资本管理者具有很高的专业水准，在项目选择上要求高度专业化和程序化，精心组织、安排和挑选，尽可能地锁定投资风险。通常一家公司为获取创业资本投资，必须首先向风险投资公司提交业务计划书、本公司基本情况和发展规划，以此进行初步接触。如果风险投资家对业务计划感兴趣，双方则进一步协商；一旦达成协议，风险投资企业则向风险投资公司出售部分股权，同时获得发展资金。

但风险资本通常并非一次性投入，而是根据风险投资企业不同发展阶段的资金需求进行分段提供。在此过程中，风险投资家将直接参与公司的经营管理，提供咨询，参与重大问题的决策，甚至在必要的情况下解雇公司经理，亲自接管公司，直至找到新的经理。风险投资只有退出风险投资企业，才算真正完成风险投资，从而接着进行新一轮风险投资程序。

(4) 低流动性

风险投资作为一种特殊的投资工具，主要是支持创新技术与产品，在技术、经济及市场等方面的风险都相当大。其投资的项目运作一般要经过3~7年才能完成投资循环，中间通过不同的退资渠道取得投资收益。而且，在此期间通常还要不断地对有发展潜力的项目进行不断增资。对美国157家由风险资本支持的企业的调查资料表明，风险投资企业平均用30个月实现收支平衡，用75个月时间恢复原始股本价值。正因为此，人们将风险资本称为“有耐心和勇敢”的资金。另外，在创业资本最后退出时，若退出不畅，撤资将非常困难，这也使得创业投资的流动性较低。

3. 电子商务企业获得风险投资的措施

电子商务企业的风险特性决定了它与风险资本之间的不解之缘。几乎所有的电子商务企业都希望在成长的过程中能够得到风险资本的支持，然而真正得到的却只有少数。据统计，风险投资公司每年收到的投资申请中只有1%~2%最后获得通过。那么，电子商务企业究竟怎样才能获得风险投资呢？下面结合风险投资的具体步骤介绍一些可行的做法。

(1) 从风险投资者的角度客观地分析企业和企业价值

有些电子商务企业家出身于技术人员，很看重自己的技术，对自己一手创立的企业有很深的感情。然而投资者看重的往往不完全是技术，而是由技术、市场、管理团队等资源配置起来而产生的赢利模式，他们要的是回报，不是技术或企业。所以要想引起风险投资者的兴趣，企业家必须投其所好，从风险投资者的角度分析企业，挖掘企业的价值所在。通过对企业技术资料的收集，详细的市场调查和管理团队的组合，认真分析从产品到市场、从人员到管理、从现金流到财务状况、从无形资产到有形资产等方面的优势、劣势。把优势的部分充分地体现出来，对劣势的部分看怎样创造条件加以弥补。同时要注意增加企业的无形资产，全方位地、实事求是地展现企业的价值。

（2）认真编写商业计划书

商业计划书（Business Proposal）是有关企业经营发展整体业务运营的构思与策划，是基于企业的实际而对企业运营涉及的人力资源、产品开发、生产加工、市场开拓与销售、财务管理、资本运营以及企业发展战略等方面所做的计划和规划，在用于企业融资时，商业计划书又称为企业融资计划书。商业计划书是企业获得风险投资的敲门砖，它能使风险投资者快速了解项目的概要，评估项目的投资价值，并作为调查与谈判的基础性文件。

编制商业计划书的理念是：第一是为客户创造价值，没有客户也就没有利润；第二是为投资者提供回报；第三是作为指导企业运行的发展策略。站在投资者的立场上，一份好的商业计划书应该包括详细的产品分析和市场分析；清晰明了的商业模式介绍，集技术、管理、市场等方面人才的团队构建；真实可靠的现金流预测和实事求是的财务计划。

（3）积极与风险投资者接触

可以通过打电话或者通过参加会议、直接上门等方式寻找风险资本。当然，最有效的方式还是要通过有影响的人士推荐。如果能得到某位令风险投资公司信任的律师、会计师或某位行业内的“权威”的推荐，成功的可能性就会提高许多。

尽管如此，多数的风险投资公司都要比人们想象的更容易接近。有些企业家常抱怨自己不能找到风险投资者，不能做这也不能做那。试想，如果一个企业家甚至找不到方法去和风险投资者进行接触，那么，又怎能期望他会成功地向顾客推销产品呢？因此，在接触过程中，企业家还要有一种坚韧、顽强的精神。

（4）与风险投资者交易谈判并签订协议

风险投资谈判通常需要通过若干次会议才能完成。在大部分会议上，双方将就企业家先前递交的《商业计划书》进行探讨、征询和分析。这里有两点需要注意：一是要尽可能让风险投资者认识、了解本企业的产品或服务。二是始终把注意力放在《商业计划书》上。一些有经验的风险投资专家还指出，在应对风险投资基金经理的问询和查验时，为了做到对答如流，并给基金经理留下深刻的印象，企业家最好事先对基金经理们可能问到的问题有所准备，同时，为了慎重起见，也可以聘请专业的投资顾问公司为企业设计有关谈判要点，并帮助起草有关计划书等文件，使企业顺利地获得风险投资。

最后还需要强调的是，风险投资公司在审核风险投资申请时，对企业家本身的素质以及管理团队的组成极其重视。如果要想获取海外风险投资，管理团队必须是国际化的，这也必须在计划书中重点介绍。另外，企业家还必须明白，风险投资家在评估它们的融资计划时非常看重它们的增长潜力，尤其是技术和产品本身带来的增长潜力。

【阅读资料】

JAMDAT 公司获得风险投资的关键因素

风险投资公司评估企业家所提交的融资计划是否可行的一个重要环节是要求融资者讲述自己的项目构想，以便评价商机的大小。在这个环节，投资者最终选择的是具有较高增长潜力的业务。但有些融资者在向投资者论证自己的增长潜力时，往往把重点放在地域扩张上。不幸的是，在投资者眼里，这种增长途径并不总是有效。

JAMDAT 是美国一家专注于移动游戏的公司，在许多竞争对手都忙着海外扩张的同时，JAMDAT 却坚持在本土成长，把增长重点放在自身的内容开发能力上。随着游戏开发队伍的成长，公司最终建立了可持续的竞争优势。截至 2003 年年底，JAMDAT 获得的融资约占同期全球移动游戏公司总融资额的一半。

JAMDAT 的例子告诉我们，投资者真正青睐的东西是建立在竞争优势或竞争壁垒基础上的增长前景。

9.3.2 上市融资

与吸收风险投资一样，上市融资也是许多电子商务企业获得权益资金的一种重要方式。

1. 上市融资的定义与作用

上市融资是指企业通过向专门机构（证监会）申请、登记，获得许可后，在特定的交易场所（证券交易所），有特定的交易代理机构（券商、投资银行）向公众投资人或投资机构公开发行股票而获得资金的融资方式。

从上述定义中可以看出，上市融资与吸收风险投资最大的区别在于前者属于公开发行，而后者属于私募融资。除此之外，上市融资还具有投资者众多、融资规模大、融资途径多、可滚动融资等特点。上市融资一般适用于赢利情况较好或具有较好成长性的企业。

上市融资的作用主要表现在两个方面：首先，上市融资能广泛吸收社会资金，迅速扩大企业规模，提高企业的知名度和市场信誉度。其次，通过上市可以形成多元化的股本结构，完善法人治理结构，建立现代企业产权制度、决策制度和良好的激励机制，以获取企业持续增长的内在动力。

2. 上市融资的方式

上市融资的方式主要有两种：直接上市融资和间接上市融资。

首次公开发行股票（Initial Public Offerings，IPO）是一种直接上市融资的方式。它是指企业通过证券交易所首次公开向投资者增发股票，以期募集用于企业发展资金的过程。一般来说，一旦首次公开上市完成后，这家公司就可以申请到证券交易所或报价系统挂牌交易。国内采用该方式上市的电子商务企业主要有新浪网、搜狐网、网易、携程网、盛大网络、百度、阿里巴巴等。

借壳上市是一种间接上市融资的方式。它是指非上市公司通过把资产注入一家市值较低的已上市公司（壳，Shell），得到该公司一定程度的控股权，利用其上市公司地位，使母公司的资产得以间接上市。这是一种对上市公司“壳”资源进行重新配置的活动。

1999年11月15日，一家刚成立半年多的互联网公司——世纪永联，在美国OTCBB市场借壳上市成功，几天内股价即从9美分跃升为2.88美元。这家创立不到一年、员工仅16人、注册资本仅100万元的公司，是国内网站在海外借壳上市并取得成功的第一例。

上述两种上市方式比较而言，IPO上市风险较大，要求较高，手续较复杂；借壳上市成本较低，花费的时间较短，可以避开复杂的审批程序。

3. 国内电子商务企业上市融资的主要途径

从目前的实际情况来看，似乎国内的资本市场环境并不利于电子商务企业上市。首先，目前国内的主板市场对于上市公司的要求相对于电子商务企业而言过高。其次，国内的二板市场目前尚不健全，板块容量小。这些原因导致我国电子商务企业在国内上市困难，于是纷纷通过境外资本市场上市，其中主要有美国的纳斯达克市场（NASDAQ）和香港的联交所。

（1）纳斯达克市场

纳斯达克始建于1971年，是一个完全采用电子交易、为新兴产业提供竞争舞台、自我监管、面向全球的股票市场。纳斯达克是全美也是世界最大的股票电子交易市场。它和创办于1792年的纽约证券交易所相比实在太年轻，但得益于高新技术的成长，纳斯达克后来居上，迅速崛起，成为许多高科技公司融资的天堂。当年微软、英特尔在此上市时，都是名不见经传的公司，但纳斯达克却让它们成了气候。靠着竞争性的做市商制度和先进的电子通信交易系统，在短短30余年里，在纳斯达克上市的公司数量居世界证券市场之首，除了美国国内的公司外，还包括400多家外国公司，超过纽约证券交易所和美国证券交易所上市公司总和；而从成交量看，从1994年起就开始超过纽约证券交易所。

纳斯达克市场分为全国市场和小型资本市场，通常全国市场上市要求高，而小型资本市场的上市条件相对较为宽松，因此，规模较小的新兴公司常常选择在小型资本市场上市。尽管在纳斯达克上市也需要闯过重重难关：证监会的审批、美国证券交易委员会的审批、纳斯达克的上市门槛等，但是，在我国二板市场尚未成熟之前，纳斯达克市场对于国内的中小企业，特别是电子商务网络企业仍具有特殊的意义。1999年7月13日中华网在纳斯达克首发上市，成为在美国纳斯达克上市的第一家中国互联网概念股。2004年5月13日，盛大网络正式在美国纳斯达克股票交易市场挂牌交易，融资额为1.5亿美元。2005年8月5日百度公司正式登陆美国纳斯达克，股票当天大涨354%，成为美国最近五年多来，上市首日表现最强劲的一支新股，市值从发行时的8亿美元，冲至40亿美元，登上了“纳斯达克中国第一股”的位置。表9-2为纳斯达克小额资本市场的上市条件。

表9-2　**纳斯达克小额资本市场的上市条件**

项目	首次上市条件	持续上市条件
净资产（或利润）	净资产500万美元 （或利润75万美元）	净资产250万美元 （或利润50万美元）
市场流通股	100万股	50万股
流通股市值	500万美元	100万美元
最低股价	4美元	1美元
做市商数目	3个	2个
股东数（交易单位股东）	300个	300个

（2）香港联交所

香港联合交易所是由香港证券交易所、远东交易所、金银证券交易所及九龙证券交易所于1980年合并而成，并于1986年4月正式开业。今天的联交所已从一家本地证券交易所晋身成为一家主要的国际证券交易所。以市值计算，眼下香港交易所在全球排名第 7 位，亚洲排名第 2 位；以融资金额计算，香港交易所在全球排名第 3 位，亚洲排名第 1 位。联交所的宗旨在于致力为香港和中国内地的证券发行人及投资者提供一个公平、透明及有效率的集资和证券交易市场。截至 2008 年 12 月 31 日，内地企业在香港上市共 465 家，占上市企业总数的 37%，市值约 61 610 亿港元，占总市值约 60%。自 1993 年至 2008 年年底，内地企业在香港筹集资金逾 12 万亿港元。

中国内地企业到香港联交所上市要求如下：

①必须是在中国正式注册或以其他方式成立的股份有限公司，且必须受中国法律、法规的制约；

②上市后最少在三年之内必须聘用保荐人（或联交所接受的其他财务顾问），保荐人除了要确定该公司是否适合上市之外，还要向该公司提供有关持续遵守联交所上市规则和其他上市协议的专业意见；

③必须委托 2 名授权代表，作为上市公司与联交所之间的主要沟通渠道；

④可依循中国会计准则及规定，但在联交所上市期间必须在会计师报告及年度报表中采用香港或国际会计标准。上市公司的申报会计师必须是联交所承认的会计师；

⑤必须委任 1 人与其股票在联交所上市期间代表公司在香港接受传票及通告；

⑥必须为香港股东设置股东名册，只有在香港股东名册上登记的股票才可在联交所交易；

⑦在联交所上市前要与联交所签署上市协议。另外，每个董事和监事需向联交所作规定的承诺，招股书披露的资料必须是香港法例规定披露资料。主要股东的售股限制：上市半年内不能出售该部分股票，半年以后仍要维持控股权。

9.4 电子商务企业的融资策略

不同的融资方式有不同的特点，并且对企业有不同的影响。总的来看，股权融资风险较小，但资金成本较高；债权融资风险较大，但资金成本较低。因此，企业在选择融资方式时应考虑企业所处的具体环境，只有这样，才能做出正确的融资决策。下面结合企业生命周期理论分析电子商务企业的融资策略。

企业生命周期理论将企业按生命周期划分为初创期、成长期、成熟期和衰退期四个阶段。初创期是指企业销售额较少尚未达到盈亏平衡点，且企业经营活动现金流量净额通常是负数，投资活动现金流量净额也是负数，融资现金流量净额通常是正数的阶段；成长期是指企业销售额达到盈亏平衡点但尚未达到顶峰，经营活动现金流量净额通常是正数，投资活动现金流量净额是负数，融资活动现金流量净额仍可能是正数的阶段；成熟期是指企业销售额达到顶峰并保持相对稳定，企业经营活动现金流量净额是正数，投资活动现金流量净额多数情况下为正数，融资现金流量净额多数情况下为负数的阶段；衰退期是指企业销售额从顶峰显著减少，企业经营活动现金流量净额通常是负数，投资现金流量净额通常是正数，融资现金流量净额通常是负数的阶段。

电子商务企业在其生命周期的不同阶段会呈现出不同的特点和风险特征，同时不同时期会有着不同的资金需求，不同的融资方式又有着不同的优劣势，而电子商务企业又有一些不同于传统企业的特点。因此，电子商务企业应在其生命周期的各个阶段，结合阶段特征、自身特殊性，寻求适合的融资方式，并在电子商务企业阶段转变时及时调整融资策略。

9.4.1 电子商务企业初创期的融资策略

初创期电子商务企业的主要任务是对新产品或是新业务进行开发，并着手市场推广。这一阶段电子商务企业资金需求主要用于满足购买设备、产品开发、租用场地及市场推广等。由于电子商务企业的特殊性，从这一点来讲电子商务企业资金需求规模并不大。但事实上电子商务企业初创期产品或业务较新，为了迅速占领市场常常采取免费策略，因此这一阶段通常是一个“烧钱”的阶段，资金需求非常迫切。而由于采用的技术还不够成熟、产品质量不稳定、行业竞争的市场风险和初入市场的管理风险和财务风险等，这一阶段的风险很高。

因此，初创期电子商务企业的融资策略应该是重点关注经营风险，解决电子商务企业生存问题，同时尽量降低财务风险，因此初创期适宜采用股权融资方式，可采取吸收直接投资。首先，吸收创始人或天使投资者的投资。创始人或天使投资者投入的资本都是私人资本，如个人积蓄、个人投资商、富有家庭的集团投资等。然而，通常情况下通过创始人和天使投资者融资数量较少，只够企业维持几个月或一年，不能够满足企业的长期发展。同时由于电子商务企业的机构看重的是电子商务企业的成长，初创期的企业也很受风险投资机构的青睐，吸收风险投资是电子商务企业初创期的一个重要融资方式。初创期的股票融资一般来说是很困难的，但创业板市场为电子商务企业发行股票融资提供了便利，虽然我国现在也有创业板，但是标准仍然很严格，因此初创期电子商务企业要结合自身实际情况，选择合适的融资市场。

总之，这一阶段电子商务企业应采取股权融资，包括吸收创始人投资、天使投资和风险投资者投资，以及发行股票融资。其中尤以吸收天使投资和风险投资为主，不仅能够融得企业发展所需资金，还能获得很多非资金支持。

9.4.2 电子商务企业成长期的融资策略

经过生存阶段，电子商务企业进入了成长期。这时电子商务企业的技术优势和产品优势已经显现，已形成了自己的主导产品，市场潜力也开始体现出来。电子商务企业开始有了一些经营业绩，赢利数额逐渐增加，企业信誉提高，融资能力也得到提高，电子商务企业风险逐渐降低。这一阶段虽然电子商务企业呈现出良好的成长态势，但也存在很多不确定性。一方面要进一步解决技术问题，另一方面产品推广也存在着不确定性。因此，虽然电子商务企业极具成长性，但是成长阶段电子商务企业也是很不稳定的。为了解决这些问题电子商务企业需要远远超过前一阶段的资金，来对产品研发、业务拓展、市场推广、管理改善等项目进行投入。

成长期电子商务企业的财务风险仍然是企业融资的一个重要考虑因素。这一阶段，采用债权融资无疑会加大电子商务企业的财务风险，不利于企业成长；同时电子商务企业没有固定资产作为担保抵押，从银行获得借款难度较大，发行债券融资门槛又较高。因此，债权融资并不是这一阶段的首选。成长期电子商务企业的首选融资方式应是吸收风险投资和发行股票融资。

由于这个阶段电子商务企业的成长潜力，以及由此而带来的未来巨额收益，风险投资机构愿意投资于企业的这一阶段，而且从内部来说，风险投资机构的投资额较大能够满足电子商务企业对资金的需求，而且风险投资是股权融资，不会提高企业的财务风险。成长期，电子商务企业的竞争力初现，赢利能力提高，因此发行股票融资一方面可以给企业融得大笔资金，保证电子商务企业的进一步发展；另一方面股票融资不会增大企业的财务风险；此外，电子商务企业上市还可以回报个人和风险投资者，减小企业压力。

股权融资固然可以避免加大电子商务企业的财务风险，但也可能分散股东的控制权，同时也不能充分利用债权融资的财务杠杆作用。债权融资虽然会加大电子商务企业融资风险，但并不是不能采用。随着电子商务企业成功上市，可以考虑发行债券，尤其是可转债来融资。债券融资不但成本较低保证股东控制权，还可以利用债权融资的优势，发挥财务杠杆作用提高股东权益。发行可转债融资还可以在债权和股权之间相对灵活地进行调整，优化电子商务企业的资本结构。对于短期资金需求，可以考虑银行借款，其融资成本低、速度快、弹性大，能够满足电子商务企业突发需求。

9.4.3 电子商务企业成熟期的融资策略

进入成熟期，电子商务企业已经形成一定规模，技术风险、经营风险、市场风险等也已经降低，其销售额达到峰值并保持相对稳定，赢利水平稳定，现金流转顺畅，资产规模较大，资产收益率较高，财务风险较小，形成了企业的主导产品和核心竞争力。随着市场的进一步开拓，市场占有率迅速提高，经营业绩稳步上升。电子商务企业的良好形象得以树立，组织体系趋于完备，管理相当完善，高层管理人员能制定和运用适当的竞争策略。

由于电子商务企业的经营风险和财务风险较低，电子商务企业的融资困难大大降低，融资能力大大提高，可选择的融资方式较多。电子商务企业此时融资不再仅仅是满足企业资金需求，更多的是战略上的需要。

成熟期电子商务企业经营业绩稳定、资产收益率较高、偿债能力较强、良好形象得以树立、风险较低，各种融资渠道顺畅。可采用多种融资方式相结合的融资策略，从资金需求量、融资速度、融资成本、融资风险，资本结构优化等方面进行考虑。

9.4.4 电子商务企业衰退期的融资策略

电子商务企业的生命周期到了衰退期，业务萎缩、客户减少、市场份额大幅减少、企业竞争力降低，给企业现金流造成较大的压力。企业可以采取诸如放宽信用政策、精简机构、处置资产等措施，使企业现金流正常运转。这一阶段，企业股票价格开始下跌，发行股票、债券融资十分困难，银行信用贷款收紧，企业筹资能力下降。在企业现金流转不畅、融资困难的条件下，企业的财务状况开始恶化。管理层迫切需要扭转企业财务恶化的局面，需要实施有效的重组计划和企业兼并计划。

9.5 阿里巴巴融资案例分析

9.5.1 阿里巴巴背景简介

阿里巴巴（Alibaba. com）是全球企业间（B2B）电子商务最好的品牌

之一，是目前全球最大网上交易市场和商务交流社区之一。良好的定位、稳固的构成、优秀的服务使阿里巴巴成为全球首家拥有220万商人的电子商务网站，成为全球商人网络推广的第一网站，被商人们评为“最受欢迎的企业间网站”。截至2008年12月31日，阿里巴巴公司国际和国内两个交易市场共有3 810万名注册用户，同比增加了1 050万名。2008年的总营业收入为人民币30.01亿元，较2007年增长39%。全年净利润为人民币12.05亿元，较2007年增长25%。

1999年3月阿里巴巴在杭州马云的公寓中成立，主要从事B2B电子商务。成立之初人手少（只有18人）、分工简单，阿里巴巴从零信息、零会员起步。1999年5月1日，阿里巴巴中英文网站注册会员分别突破1万名，会员总数超过2万人。1999年5月20日，经过2个多月的技术开发和测试，阿里巴巴网站第二版正式推出。1999年7月9日，在香港注册成立阿里巴巴中国控股有限公司，届时会员达到3.8万名，页面浏览率每天12.5万人次。1999年9月9日，阿里巴巴（杭州）研究发展中心正式注册成立。届时会员突破8万名，库存买卖信息20万条，每天新增信息800条。仅仅用了6个月，阿里巴巴完成了它的崛起，一出现就是世界上最出色的B2B网站之一。它不是美国模式的翻版，是一种独创的中国式B2B，被业内人士和海外媒体称为继Yahoo、Amazon、eBay之后的第四种模式。

2003年5月10日，阿里巴巴投资1亿元人民币推出个人网上交易平台淘宝网（taobao.com），致力打造全球最大的个人交易网站，2004年7月，又追加投资3.5亿元人民币，2005年10月，再次追加投资10亿元人民币。截至2008年一季度，淘宝网注册会员超6 200万人，覆盖了中国绝大部分网购人群；2008年一季度，淘宝网交易额突跃188亿元；2007年全年成交额突破433亿元。根据2007年第三方权威机构调研，淘宝网占有中国C2C市场70%以上的市场份额，消费者间市场占据了80%以上的市场份额。

2004年阿里巴巴推出第三方支付平台——支付宝，进军电子支付领域，致力于为中国电子商务提供“简单、安全、快速”的在线支付解决方案。目前国内工商银行、农业银行、建设银行、招商银行、上海浦发银行等各大商业银行以及中国邮政、VISA国际组织等各大机构均和支付宝建立了深入的战略合作，成为国内领先的独立第三方支付平台。用户覆盖了整个C2C、B2C以及B2B领域。截至2008年11月，支付宝注册用户数达到1.1亿户，日交易额突破5.5亿元，日交易笔数250万笔。

2005年8月，阿里巴巴和全球最大门户网站雅虎达成战略合作，阿里巴巴收购雅虎中国全部资产，同时得到雅虎10亿美元投资，阿里巴巴还获得雅虎品牌在中国无限期使用权，阿里巴巴因此成为中国最大的互联网公司。

2006年阿里巴巴集团战略投资口碑网，提供本地搜索和信息分类的生活服务平台。2007年1月以互联网为平台的商务管理软件公司阿里软件成立，11月阿里巴巴B2B公司在香港联交所挂牌上市。11月阿里巴巴集团成立网络广告平台阿里妈妈。2008年6月口碑网与中国雅虎合并，成立雅虎口碑。2008年9月阿里妈妈与淘宝合并。

阿里巴巴连续五次被美国权威财经杂志《福布斯》选为全球最佳B2B站点之一；多次被相关机构评为全球最受欢迎的B2B网站、中国商务类优秀网站、中国百家优秀网站、中国最佳贸易网；被国内外媒体、硅谷和国外风险投资家誉为与Yahoo、Amazon、eBay、AOL比肩的五大互联网商务流派代表之一。

9.5.2 阿里巴巴的融资历程

1999年10月26日，拒绝了38家风险投资后，马云接受了以高盛为首，包括富达（Fidelity Capital）和新加坡的政府科技发展基金，以及Invest AB，向阿里巴巴注入的首期500万美元的风险投资。而在此之前，高盛公司从不投第一轮，更不在第一轮中占大股。高盛公司认为，“阿里巴巴是高盛在亚洲开展投资以来的第一家一流的投资对象。”他们曾经帮助IBM、微软成为了世界上最伟大的公司。这第一次对亚洲公司投资，高盛3分钟之内就决定了。戏剧化的阿里巴巴第一轮融资，终于在1999年10月以大团圆结局画上圆满句号。当时互联网很热，很多人都想要给阿里巴巴注入资金，但许多投资者都被马云婉拒。马云对他们说对不起，因为他的资金够了。

就在接受以高盛为首的投资集团500万美元的投资到位的第二天，马云飞赴北京前去富华大厦赴约“见一位神秘人物”。这个人就是IT财团大亨、雅虎最大股东、“全球互联网投资皇帝”、Softbank的主席兼行政总裁孙正义。此次会面孙正义只用了6分钟就做出决定，然而面对孙正义伸出的橄榄枝马云不知如何应对。马云与孙正义的第二次见面是二十多天后的日本，孙正义开门见山，单刀直入：“怎么成交?”马云当时回应了三个条件：第一，希望孙正义本人能够亲自做这个项目。孙正义说：“我从来不做任何公司的董事，我就做你的顾问吧”。在软银投资的120多家互联网公司中，孙正义亲自参与个中事务的只有很少几家，阿里巴巴是其中之一。第二，马云希望用“软银”自己的基金，孙正义答应用自己的“闲钱”——软银有很多基金，并且很多基金都是贴上软银的名字，但不是软银的钱。第三，就是金额的多少问题，马云要了孙正义 3 000 万美元的投资。6 分钟内，双方就达成协议。可是一回国，马云又反悔了，他又“犯傻”啦。对于风险投资，马云有自己的独特看法。他认为互联网公司需要足够的钱，但不需要太多的钱。许多公司倒闭就是因为钱太多了。这次，他竟然觉得 3 000 万美元太多了，他不需要这么多钱，只需要 2 000 万美元。他说：“2 000 万美元我是管得了的，钱再多就失去了价值，对公司的发展是不利的，所以我不得不反悔。”因此，马云只愿意接受 2 000 万美元。2000 年 1 月，软银集团与阿里巴巴集团正式签约，向其投资 2 000 万美元。此次合作将软银的资金、管理资源及市场推广支持与阿里巴巴现有的技术实力及互联网行业专长整合在一起，进一步提升了后者在 B2B 电子贸易市场的地位。

2002 年 2 月，阿里巴巴进行第三轮融资，日本亚洲投资公司注资 500 万美元；2004 年 2 月 17 日，阿里巴巴宣布又获得 8 200 万美元的战略投资，投资者包括软银、富达投资、Granite Global Ventures 和 TDF 风险投资有限公司四家公司。其中软银投资 6 000 万美元，被公认为是阿里巴巴最大的机构投资者。

2005 年 8 月，雅虎和阿里巴巴共同宣布，雅虎以 10 亿美元和雅虎中国全部业务作价，换购了阿里巴巴集团 40%股权，双方结成战略联盟。阿里巴巴实际收入 2.5 亿美元现金。其中包括雅虎的 7 000 万美元（购买普通股），以及软银的 1.8 亿美元（购买可转换债券），淘宝成为其 100%控股公司。雅虎成为第一大股东，拥有 40%股份；马云及其团队为第二大股东，拥有 28.2%股份；软银为第三大股东，拥有股份 16%。

2007 年 11 月，阿里巴巴在香港联交所正式挂牌上市，股票代码为“1688 HK”。开盘价 30 港元，较发行价 13.5 港元提高 122%，一跃成为中国互联网首个市值超过 200 亿美元的公司。融资 15 亿美元，这一融资额度可与 Google 四年前的融资规模（Google 2003 年 8 月上市融资 16.7 亿美元）相媲美，远远超过腾讯 1.98 亿美元、百度 1.09 亿美元的融资额度，创下中国互联网公司融资规模之最。阿里巴巴的融资历程参见表 9-3。

表 9-3　**阿里巴巴融资历程**

时　间	金　额	投资人
1999 年 10 月	500 万美元	富达投资（Fidelity Capital）、高盛（Goldman）、新加坡政府科技发展基金、Invest AB 等
2000 年 1 月	2 000 万美元	软银（Soft Bank）、高盛（Goldman）等

续表

时间	金额	投资人
2002年2月	500万美元	日本亚洲投资公司
2004年2月	8 200万美元	软银（Soft Bank）、富达投资（Fidelity Capital）、德丰杰（TDF）、Granite
2005年8月	10亿美元	阿里巴巴全资收购雅虎中国，雅虎全球投资阿里巴巴10亿美元
2007年11月	15亿美元	香港联交所上市

9.5.3 阿里巴巴融资的综合分析

不包括启动时的50万元人民币，阿里巴巴后续经历了六次融资。先后在1999年、2000年、2002年和2004年获得不同风险投资机构的投资，2005年和雅虎达成战略合作，2007年在香港联交所上市。有人称阿里巴巴是资本市场的“宠儿”，融资的“能手”。那么阿里巴巴在各个阶段成功融资获得巨大发展，给予我们什么样的启示呢。

1. 风险投资护航

阿里巴巴成立初期，公司小到不能再小，18个创业者身兼数职。通过《商业周刊》和《南华早报》的报道，公司有了一定的名气。经过短短6个月，会员数突破8万，公司在技术、产品、市场等方面开始取得了一些突破，需要较大数额的资金以便扩大投资。但是这时阿里巴巴遇到了资金瓶颈：公司账上没钱了。一方面阿里巴巴没有经营业绩、赢利记录、抵押资产，另一方面当时人们对互联网并不是很了解，认为马云的所谓互联网前景不过是狂言诳语。加之互联网的高风险、不确定性特征，阿里巴巴很难获得传统融资渠道的青睐。当时马云去见了一些风险投资者，经过比较选择了以高盛为主的一批投资银行，获得500万美元。这一笔资金让阿里巴巴喘了口气。紧接着，阿里巴巴又从孙正义那里融得2 000万美元。这2 500万美元使得阿里巴巴在纳斯达克长达两年的低迷状态，很多互联网公司陷入困境的状况下，生存了下来，并且有资本专注于把产品做好。

2. 融资数量合理

阿里巴巴在获得第二轮风险投资时，初步商定是3 000万美金。事后马云就后悔了，觉得3 000万美元太多了，他不需要这么多钱，钱多了就会失去价值，不利于公司的发展。他在信中解释“按照我们自己的思路，我们确实只需要2 000万美元”。

3. 融资不只看重资金

在阿里巴巴最最需要钱的时候，马云并不是有钱就要，而是精挑细选。即使囊中羞涩，他还是拒绝了38家投资商，最终选择了以高盛为主的一批投资银行。马云希望阿里巴巴的第一笔风险投资除了带来钱之外，还能带来更多的非资金要素，例如进一步的风险投资和其他的海外资源。而被他拒绝的这些投资者，并不能给他带来这些。阿里巴巴后来的发展，也证明了他的这一做法是正确的。紧接着，融到以软银为首的2 000万美元，并将软银的资金、管理资源及市场推广支持与阿里巴巴现有的技术实力及互联网行业专长整合在一起，进一步提升了阿里巴巴在B2B电子贸易市场的地位。更得到后续8 200万美元的私募和雅虎的战略合作。

4. 不盲目跟风上市

2004年，迎来了网络企业海外IPO的第二次浪潮。掌上灵通、空中网、携程网等细分市场的公司均成功在纳斯达克实施IPO；财经网站金融界和51Job招聘网站先后在美国纳斯达克挂牌交易；10月，获得6 000万美元投资的e龙网站在纳斯达克上市交易，融资6 210万美元。但作为B2B龙头的阿里巴巴，却迟迟没有启动上市程序。理由很简单，这一阶段阿里巴巴刚刚拿到8 200万美元的私募资金，并不缺钱，而且当时公司没有在其他领域拓展业务的打算。此外如果上市，公司不得不应付每个季度的报表，它可能会影响企业放弃长远的策略，不利于企业发展。

5. 股权收购应对风险投资套现

2005年8月，雅虎用6.4亿美元现金、雅虎中国业务以及从软银购得的淘宝股份，交换阿里巴巴40%的普通股。其中雅虎首次支付2.5亿美元，另外3.9亿美元将在交易完成末期有条件支付。

首先雅虎斥资3.6亿美元从软银手中收购其所持有的淘宝网股份，然后把这部分股份转让给阿里巴巴。这一举措解决了淘宝投资者急于套现的压力。经过短短两年时间，淘宝取得了里程碑式的进步，在中国市场上成为与eBay同一数量级的竞争对手。巨大的投资成功后，风险投资者却无法享受上市套现的喜悦，因为马云坚持要等淘宝战胜eBay、阿里巴巴和淘宝垄断B2B和C2C市场后再上市；而为了与eBay继续胜负难料的激烈竞争，淘宝还需要进一步加大投资。投资者是继续投资还是套现退出，不同类型和不同风格的风险投资者对此有不同的判断。同时，这一举措也避免了在C2C激烈的市场竞争中，竞争对手通过股权收购的手段将淘宝“吞并”。

根据双方协议，后期雅虎将以每股6.4974美元的价格从阿里巴巴的特定投资者手中购买 60 023 604 股阿里巴巴的普通股。也就是说，雅虎付出 3.9 亿美元，使阿里巴巴的部分风险投资商和阿里巴巴管理层套现。

6. 审慎选择上市

纳斯达克一直是中国网络企业上市的首选之地，2005 年马云也曾表示过，三五年内阿里巴巴一定赴纳斯达克上市。不过，最终还是选择了香港。其一，美国的《萨班斯·奥克斯利法案》对上市企业的要求严格，监管苛刻，并从法律上对企业高管进行了更多约束，阿里巴巴面临的风险会更大。其二，阿里巴巴的 B2B 概念很可能得不到华尔街投资者的认可。新浪、百度等网络企业之所以选中纳斯达克，是因为美国投资人对其业务模式更为熟悉。阿里巴巴虽是网络企业，但它是一个贸易型的 B2B 公司，在美国市场 B2B 概念只有环球资源一家，业绩并不出色，所以没有相关参照的成功企业，很可能得不到美国投资者的青睐。其三，纳斯达克上市要收 7%的承销费用，而在香港上市承销费用只有 3%，门槛相对会比较低，成本比较小。其四，在全球资本市场的流动性普遍偏高背景下，香港股市和美国的估值差异正在消失，香港成为内地资本流出境外第一站。加之香港有良好的金融管理体系及制度，很多国际机构投资者将亚洲的总部设在香港，全世界前十大投行，加上 50 个最大的基金经理，都驻扎在香港。这些香港投行分析师和美国分析师相比对进出口等国际贸易更为熟悉。这种香港得天独厚的环境，正是阿里巴巴上市需要的。

◎ 复习思考题

1. 当前，电子商务企业融资存在哪些问题？
2. 企业融资理论在电子商务企业中的局限性有哪些？
3. 什么是风险投资？其特征有哪些？
4. 电子商务企业应如何吸收风险投资？
5. 什么是上市融资？其特点与作用有哪些？
6. 电子商务企业上市融资的主要途径有哪些？
7. 试分析电子商务企业在不同阶段的融资策略。
8. 通过了解阿里巴巴的融资历程，你有哪些启示？

10 电子商务政策

“青海证券事件”被《计算机世界》评为2000年的“十大尴尬事件”之一，而这一事件就是由于中国电子商务缺乏宏观政策环境支撑出现的。青海证券的“数码证券网站”曾开创网上交易佣金打折的先河。原意是想借助电子商务节省成本的功效吸引客户，然而却被中国证券业协会以一句“不得擅改原有佣金标准”勒令停止。从理论上讲，证券行业本来是最适合开展电子商务应用的行业之一，但由于缺乏“游戏规则”，证券电子商务迟迟无法得到实质性进展，仍停留在股票信息的分析和发布上。

这种情况不仅仅出现在证券行业，在电子商务的其他领域也有相关问题的出现，而这一切都是和国家的政策环境支持紧密联系的。自从20世纪90年代末电子商务进入国内市场后飞速发展，冲击着传统的经济结构和贸易方式，在这种情况下，作为各级政策部门制定适合电子商务发展的相关政策迫在眉睫。

目前，我国虽然已经颁布了部分网络法律法规，但有关电子商务的市场准入、认证体系、支付结算、电子发票、交易主体的行为规则以及电子支付安全、隐私权保护、商业合同认证、纠纷调解等问题的解决还缺乏相应的游戏规则和制度参照坐标，这将极大地影响我国电子商务有序而健康地发展。

10.1 电子商务市场准入政策

电子商务市场准入问题是电子商务发展中极为重要的问题，它也是各国政府制定电子商务发展政策时必须考虑的首要问题。

10.1.1 电子商务市场准入概述

市场准入（Market Access）也叫市场进入管制，是指政府为了促进市场的健康稳定发展，对欲进入市场的企业进行的限制。从经济学上来讲，是指进入者被政府准许进入市场的程度和范围。从政策法规意义上来讲，是“市场准入制度”的简称，即国家制定的，用来调控、规制欲进入市场的主体或客体的有关政策法律规范的总称。

市场准入制度是政府制定的关于市场主体和交易对象进入市场的有关准则和法规，是政府对市场管理和经济发展的一种制度安排。它是国家对市场基本的、初始的干预，是政府管理市场、干预经济的制度安排，是国家意志干预市场的表现，是国家管理经济职能的组成部分。自然人的民事权利能力和行为能力是天赋的，法律给以普遍的、一般的确认，而自然人、法人和其他组织从事经济活动的权利能力和行为能力是由法律特别确认的，必须通过一定的程序获得，如登记、许可。

对于市场主体而言，市场准入制度构成其商事资格取得、资格存续、有效行为和资格丧失的法律尺度。如果违反了市场准入制度而实施商事行为，则有可能导致受到行政处罚，承担刑事责任（比如非法经营罪），民事行为有可能被认定无效（比如超国家特许经营、限制经营范围而实施的行为）。为此作为一个商事活动者，进入市场从事商事活动，应当考虑的第一个问题就是该领域的市场准入制度是什么。

采用市场准入机制来强制保证交易活动的安全性将成为电子商务管理的基本措施。市场准入可以将大量不具备承担电子商务基本义务条件的商家排除在市场之外，对于提高电子市场运作的规范性和安全性、保持市场的相对稳定性具有积极的意义。电子商务的市场准入主要是针对商务活动的法人参与方而言的，主要包括各类商家（含交易活动中的卖售方与买受方）、中介方（NSP、ICP）、服务机构（密钥管理中心、数字证书认证中心、结算金融机构、物流机构）等。市场准入的基本前提是各方的权利义务分配，然后根据该分配方案决定有关各方应具备的最低保障能力要求并通过市场准入机制实施。由于对交易活动的安全保障能力是一个持续性的要求，因此市场准入也是一个过程性的机制，应通过年检年审方式予以确认。

10.1.2 电子商务主体市场准入的现状与存在的问题

电子商务主体与传统商务主体比较既有共性，也有个性。就共性而言，电子商务主体与传统商务主体均在于追求赢利，其商务行为都具有营利性，都要恪守法律和伦理规范。电子商务与传统商务的区别与其说是本质层面的，不如说是现象和手段层面的。具体说来，电子商务是以“电子”为手段，以“赢利”为目的的商务活动，电子商务行为的效力最终要落实到法律行为制度（尤其是合同法律制度）和侵权制度上，电子商务行为最终要设定各方当事人之间的债权债务关系。

近年来，我国电子商务主体涉足电子商务市场的数量不断增多，从事经营的领域不断拓宽，电子技术、信息技术和网络技术在推动投资贸易活动方面起到了举足轻重的推动作用。从法律调整的范围而言，传统商法的适用范围在向电子商务市场延伸，传统商务主体法律规范仍然对电子商务主体有着基础的规范作用。如《公司法》、《合伙企业法》、《个人独资企业法》、《消费者权益保护法》、《反不正当竞争法》、《广告法》、《产品质量法》、《合同法》等现行立法中的多数法律规范适用于电子商务主体，因为电子商务主体的设立条件和市场准入条件依然要合乎法律保护的消费者利益与社会公共利益。例如，投资者要发起设立经营网站信息服务的有限责任公司，必须遵守《公司法》规定的条件与程序；投资者要设立以电子网络为唯一或者主要营销手段的商业流通公司，也要遵守《公司法》规定的条件与程序。

除此之外，我国政府最近几年还专门针对电子商务主体及其市场准入制定了相关的政策法规，如2000年颁布的《互联网信息服务管理办法》规定，经营性网站必须办理中华人民共和国增值电信业务经营许可证，否则就属于非法经营。2005年颁布的《电子签名法》首次赋予可靠电子签名与手写签名或盖章具有同等的法律效力，并明确了电子认证服务的市场准入制度。2007年颁布的《关于网上交易的指导意见（暂行）》明确了网上交易参与方的主体资格要求并对网上交易服务者进行了解释说明。总体看来，我国电子商务主体市场准入的政策法律环境并非完全空白，而是有些游戏规则可资遵循。但同时也应看到，目前我国电子商务主体市场准入方面的政策法规依然不太完善，这在一定程度上阻碍了电子商务的发展。概括起来，大致上表现为以下几个方面：

（1）电子商务主体在进入市场方面，既面临着现行政策法规不适应电子商务市场新形势所导致的阻挠与限制，也面临着现行政策法规的真空问题。就前者而言，现行的有些关于进入电子商务市场的政策法规由于规定的要求太高或条件太苛刻，因而把不该排除在电子商务市场外的企业排除在外；就后者而言，由于缺乏市场准入条件与程序方面的相关规定，一些不合格的主体纷纷混入了电子商务市场。因此，如何弥补现行政策法规的漏洞，使其更好地适应电子商务的发展，是政策部门应当认真考虑的问题。

(2) 由于相关政策法规的缺失导致电子商务市场存在着严重的低水平进入与恶意进入现象，其结果是产生了大量劣质产品和各种假冒行为、不正当竞争行为，严重扰乱了电子商务市场的经济秩序。电子商务企业的违约行为，侵权行为，不正当竞争行为，侵害债权人、消费者与诚实竞争者的不法和不道德行为愈演愈烈。据央视《每周质量报告》"2008 年度消费维权报告"中披露，淘宝网客服日受理 25 000 个电话投诉。交易当事人的信用问题成为广大市场主体和市场监管者深切关注的法律问题，也是制约我国电子商务发展的瓶颈。

(3) 工商行政管理机关的市场监管职责面临严峻挑战。由于网上交易行为已打破了传统的行政区域分界线，甚至突破了国界，这就使工商行政管理部门的监管出现了种种困难。可以说，电子商务问世以后，工商行政管理机关的监管行为已经从区域性演变为全国性，乃至国际性了。不仅消费者，就是工商行政管理机关也难以确切知道某些在网上订立合同的企业究竟是谁，身居何国何处，受何种法律管辖。可见，工商行政管理机关的监管职权扩大了，执法领域扩大了，但执法难度尤其是取证难度也相应加大了。在当前情况下，如何加强对电子商务市场的监管，已成为目前工商行政管理部门迫切需要解决的问题。

【阅读资料】

电子商务环境下传统市场准入制度受阻

2008 年 7 月，北京市工商局在全国率先推出新规，要求网店必须办理营业执照，但最后在社会舆论和实际难以执行的双重压力下不了了之。随后，全国各地工商局纷纷谨慎推行准入制度，2009 年 3 月，上海出台规定表示"将重点监管 B2B 和 B2C 形式的网站经营者，而对 C2C 形式的一般销售者则采取自愿办照的原则，对 C2C 形式的规模较大的销售者则采取逐步引导，规范其经营行为"。2008 年 12 月浙江省工商局出台的意见中明确提出"对尚不具备注册登记条件的特殊人员，以及临时从事网上商品交易和服务的人员，由网上市场举办者对其进行实名认证和管理。"虽然上海、浙江的暂缓办照政策主要针对 C2C 交易类型而言，但实质上绝大多数网店已经成功坐上了这趟顺风车。

传统市场准入制度严重受阻的原因在于众多网店经营者和专家学者普遍认为，要求网店办理营业执照势必增加经营成本，提高网店进入门槛，会进一步加剧当前特殊时期的就业问题，也不利于网上交易市场的成长壮大。这里的经营成本主要指三方面：一是税收成本，大家认为只要办了营业执照，税收肯定会紧跟而来；二是办照成本，最突出是营业执照中“经营场所”的确认需要相关部门或个人的证明、意见等，对于不少经营者来说困难的确非常大；三是办照后的运转成本，例如经营场所“住改商”后，会带来相关费用相应上涨，且支出较高，这也是经营者所注重的原因之一。

【阅读资料】

团购网站的火爆促使人们更加关注电子商务市场准入问题

据 CNNIC 报告，截至 2010 年 6 月，我国网络购物用户规模达到 1.42 亿户，半年用户净增 3 396 万户，增长率为 31.4%。目前使用网络购物的网民占整体网民的 33.8%，渗透率半年也上浮了 5.7 个百分点。网络购物用户数急剧增长，互联网的商业价值突出显现。但是用户急剧增长的背后，也暴露出诸多网络安全、商务信任方面的问题。在团购模式火热的同时，由于简单的模式复制和较低的行业门槛，团购服务品质和消费者权益保护方面的弊端也开始显现，网络欺诈问题继续升温。调查显示，目前有 89.2%的电子商务网站访问者担心访问假冒网站；而他们如果无法获得该网站进一步的确认信息，86.9%的人会选择退出交易。

网络购物市场的火爆，需要安全可信的网络环境，也需要相应提高行业准入门槛，加强市场服务商的优胜劣汰。伴随着《网络商品交易及有关服务行为管理暂行办法》和《非金融机构支付服务管理办法》的实行，电子商务市场的管理强度将显著加大。在政策规范化下，预计 2010 年下半年将出现一系列市场波动和调整。网店资格审查的常规化探索和相关行业的准入机制的抬升，也有利于优化网络购物市场内部结构和用户环境，保障行业的长期健康持续发展。

10.1.3 电子商务主体市场准入的政策建议

（1）建立严格的网上产品销售商准入制度和网络服务营运商认证制度。对消费者来讲，网络销售市场陷阱多、风险大，权益极易受到侵害，因此对从事网络销售的企业（或公司）理应设置相应的标准，有时甚至是比传统销售商更高的标准，并加强审查和严格控制。国家管理部门应从企业（或公司）注册资金、货源组织、产品质量和价格、公司信誉、网络信息内容等方面进行严审，否则不得进入网络市场；对未经准入登记的个人在网络上发布销售信息，可由相应的网络服务运营商进行设限，设置自动退出系统，及时予以删除。对网络服务营运商要对其资质进行严格的认证，只有符合条件的运营商方可申请领取相关证照。

(2) 区分电子商务企业的不同性质，采取不同的市场主体准入政策，确定不同的准入门槛。一般而言，电子商务企业有两种类型：一类是采取电子商务交易手段的传统企业，包括法人企业和非法人企业；另一类是纯粹的网上企业，它没有实体店铺，是从事网上经营与服务活动的虚拟环境下的企业，这类企业又分为纯网上商店、第三方交易服务平台企业以及其他互联网服务提供商。

对于采取电子商务交易手段的传统企业而言，传统企业虽然采取了电子商务的交易平台，但仍然是在其核定的经营范围之内开展经营活动，无论是经营的商品或者服务的内容、种类，还是经营的方式（批发或者零售），都未发生变化。因此，不必前往工商行政管理机关办理变更经营范围的登记程序，只需履行域名登记等有关程序。

对于纯网上商店，应根据其经营规模、赢利状况、经营范围等有区别地制定出各类市场准入标准。例如，对经营规模、赢利状况达到相关标准或经营特殊性商品及服务行为的经营者，必须依法办理相关证照；对经营规模、赢利状况达不到相关标准的可允许其在开业后的一定时期内办理相关证照等方式，对其实施准入登记。这样既能保障各类市场主体间的相对公平，也给了发展初期的经营者一定的发展空间；既维护了网络经济的良好秩序，又保证了市场的活力和多样性。

对于互联网服务商而言，现行立法和政策要求互联网服务商在办理设立登记程序之前，必先前往有关部门（如信息产业部门、文化部门等）履行前置审批程序，然后才能前往工商行政管理机关办理企业设立登记程序或者企业变更登记程序。

在准入门槛的问题上，如果是从事一般经营的电子商务企业，进入门槛可以适当降低，甚至是零门槛；如果是从事特殊经营的电子商务企业，进入门槛则应提高，如互联网认证服务提供商、第三方支付服务提供商等。进入门槛主要包括资金数额、技术水平及其他相关条件。

(3) 建立电子营业执照制度，方便权利人对真正的义务和责任人行使权利。现实中，有些经营性网站通常只发布经营者的电子邮件地址、手机号码、银行账号、邮政信箱号码等信息；至于公司的真正住所何在，法定代表人姓字名谁，公司股东是谁等信息则一概回避，债权人和消费者在汇出定金或者预付款项之后，一旦债务人违约或者实施了侵权行为，即使想找债务人追究责任，比登天还难；而真正的债务人则很容易在与债权人或者消费者捉迷藏的游戏中消失得无影无踪。

因此，有必要推广电子营业执照制度，以方便权利人行使其合法权利。具体说来，工商行政管理机关在办理企业设立登记、颁发书面企业营业执照之时，还应当为每个企业颁发电子营业执照。企业由于住所、经营范围、公司股东等信息的变更，应在一定期限内到工商行政管理机关申请变更电子营业执照。企业信息变更后没有在规定期限内到工商行政管理机关申请变更登记，或者在交易过程中有欺诈行为、不正当竞争行为或者其他应吊销营业执照法定事由的，工商行政管理机关应及时吊销电子营业执照。

总之，由于电子商务活动的特殊性，政府部门制定电子商务主体市场准入政策一定要有创新意识，既要严格规定，又要特事特办，同时还要宽严并举，要充分体现电子商务活动的特色，要将国家、电子商务企业及消费者的利益综合起来考虑，使电子商务市场准入政策能够真正发挥其应有的作用。

【阅读资料】

深圳市积极探索适应电子商务市场特点的市场准入制度

为大力促进深圳市电子商务市场健康快速发展，深圳市政府积极探索适应电子商务市场特点的市场准入制度，在深圳市市场监督管理局发布的《关于服务深圳市电子商务市场健康快速发展的若干措施》中，分别从住所、名称、经营范围和注册资本等方面进行了改革，在合法的前提下，尽量降低准入门槛，培育电子商务市场主体，具体包括：

(1) 改革传统登记制度中一个住所只能登记一家企业的做法，对有办公实体的电子商务经营者，允许在符合条件的集中办公区域内一个住所登记多家企业。鼓励兴办商务秘书企业，对没有办公实体的电子商务经营者，允许通过商务秘书企业进行日常办公托管，可以使用商务秘书企业的住所或办公区域作为企业住所注册。

(2) 允许登记个性化的企业名称。在不违反企业名称登记管理相关规定的前提下，电子商务经营者可以使用包括自有网站中文域名在内的个性化的词语作为企业名称的字号（商号），可以用更能体现电子商务经营特点的表述作为企业名称。

(3) 放宽经营范围核准政策。从事电子商务网络平台服务的经营者，可以使用“从事××网站经营”作为经营范围申请注册；从事网上电子商务交易的经营者，除前置审批项目外，既可以采用无固定经营范围方式申请注册，也可以选择符合营业项目的经营范围申请注册。

（4）鼓励电子商务企业集团发展。将电子商务企业集团注册条件放宽为：母公司注册资本在1 500万元以上；有3个以上控股子公司，母子公司注册资本总和达到3 000万元以上。而一般的企业成立集团最低资本要求分别是3 000万元、6 000万元。

10.2 电子商务税收政策

当今世界，电子商务已呈全球迅猛发展之势，电子商务中的诸多涉税问题，也越来越引起了世界各国税务当局以及众多消费者、企业界的广泛关注。

10.2.1 电子商务对传统税收的挑战

电子商务的出现不仅给传统贸易和社会经济生活带来了重大影响，同时也给税收提出了许多新的课题。

1. 纳税主体难以确认

按照现行税制，判断一种商业行为是否应课税以及课税的数量与纳税主体身份密切相关。比如我国目前实行的出口退税和对进口商品征收关税的政策这些活动都必须查明纳税主体的身份。如果将现有的税收原则不加修改的应用于电子商务税收，本来有纳税义务的企业很可能伪造自己向国外供货并以此骗取出口退税，或是通过隐瞒商品的真实消费而逃避进口关税。网络交易有其虚拟性，在虚拟的交易中是通过交易主体的网址进行交易，却无法通过网址来判断其纳税主体是谁。纳税主体可以通过虚假名称来进行交易，也可以经常性改变其网址，这样网址并不能成为确定纳税主体的依据，也就是说，纳税主体与其从事交易的网址之间并不存在直接的关联，难以确定纳税主体。

2. 征税对象模糊

多数国家的税法都对有形商品的销售、劳务的提供和无形资产的使用作了区分，且存在不同的课税规定。如销售商品的课税取决于商品所有权在何地转移或销售合同在何地商议并签订；劳务课税取决于劳务的实际提供地；特许权使用费则适用预提所得税的规定。但是，商品、劳务、特许权在电子网络上传递时都是以数字化的信息存在的，税务部门很难在其传递中确定它是销售所得、劳务所得还是特许权使用费所得。同时数字化信息易于传递、复制、修改和变更等特征又使得电子商务所得性质的划分困难重重。如一个软件公司在一个月内卖出100套软件，税务机关可以根据100套软件的销售额对该公司进行征税，但该公司搬到网上，读者可通过上网下载其需要的软件，这时，我们可以将其视为有形的商品销售征收增值税，也可以将其视为无形的特许权使用转让征收营业税，但是这个网上软件公司1个月销售了多少套或多少字节电子信息，我们还是不能确定。

3. 税收管辖权冲突

税收管辖权是指国家在主权范围内对一定的人和一定的对象行使的征税权力。税收管辖权有来源地税收管辖权和居民税收管辖权之分。所谓来源地税收管辖权，是指征税国基于有关的收益来源于境内的法律事实，针对非居民行使的征税权力，它是一种属地管辖权。而居民税收管辖权，是指国家根据纳税人在本国境内存在着税收居所这一连结因素而行使的征税权力，它是一种属人管辖权。

目前世界上大多数国家和地区都同时行使两种税收管辖权，即就本国居民的全球所得和他国居民来源于本国的收入课税，当存在国际双重或多重征税时，一般情况下以来源地税收管辖权优先。由于发达国家有大量的对外跨国经营公司，能够取得巨额投资收益和经营所得，因此，以美国为首的发达国家侧重于维护自己的居民税收管辖权，而发展中国家为了维护本国利益，侧重强调来源地税收管辖权。而对于电子商务税收中，无论是哪种管辖权都受到重大冲击，都难以执行。电子商务的虚拟化、匿名化、无国界和支付方式的电子化等特点，其交易情况大多被转换为“数据流”在网络中传送，使税务机关难以根据传统的税收原则来判断交易对象、交易场所、交货地点、服务提供地、使用地等。公司可以在全球任何地点、任何时间进行交易。一项交易可能涉及多个国家，到底哪个国家能行使税收管辖权已经很难界定，同时由于税收管辖权不明确，必然会引起各国对税收管辖权的争议，由此也可能引发国与国之间不必要的矛盾。

4. 常设机构概念难以界定

传统的税收以常设机构来确认经营所得来源地。所谓常设机构是指一个企业进行全部活动或者部分经营活动的固定场所，包括管理场所、分支机构、办事处、工厂、作业场所等，它是各国税务机关对企业经营活动征税的依托。常设机构可分为固定营业场所构成的常设机构和以营业代理人构成的常设机构。在传统商务中，无论哪种常设机构都是一个有形的实体，税务机关可以根据企业的常设机构来认定纳税主体。而在电子商务中，交易进行的环境是虚拟的数字空间，没有实体的机构，交易的主体既可以在客户所在国租赁或拥有服务器进行交易，也可以在客户所在国以外的国家租赁或拥有服务器进行交易。交易双方中的外国主体在客户所在国没有固定的常设机构，从而客户所在国的税务机关根据目前税收原则无法认定交易在什么地方进行，失去了税收依据，更谈不上征税了。此外，当外国销售商与网络服务提供商达成协议，使用或者租用网络服务提供商的服务器维持网址而开展其销售活动时，很难就此认定后者为前者的营业代理人，因此不能构成销售商的常设机构。由此可见，在电子商务中确认常设机构有较大的难度。

5. 税收征管和稽查难度加大

现行的税收征管基础是建立在有形的凭证、账簿、合同、发票的基础上，通过对其真实性、合法性、完整性的审核，达到管理和稽查的目的。而在电子商务中，纳税人交易的各种账簿和凭证等是以电子形式存在的，而这些电子信息可以轻易修改且不留痕迹，这样，就使得传统的税收征管和稽查失去了直接的依据。企业如不主动申报，税务机关一般不易察觉其贸易运作情况，从而助长了偷逃骗税活动。另外，随着计算机加密技术的发展，纳税人可以用超级密码和用户名双重保护来隐藏有关信息，使税务机关收集资料十分困难。

总之，电子商务的出现不仅对税收理论产生了冲击，而且对税收征管实践也带来了挑战。如果政府相关部门不及时跟进电子商务的发展速度制定相应的税收政策，势必造成网上贸易的“征税盲区域”，从而导致税收的大量流失，这不仅会使国家利益受到损害，也不利于电子商务企业本身的健康发展。因此，加紧制定并完善电子商务税收政策是目前摆在各国政府面前的头等大事。

10.2.2 国际上应对电子商务冲击的税收政策

1. 发达国家的电子商务税收政策

(1) 美国的电子商务税收政策

美国作为电子商务应用最早、应用面最广、普及率最高的国家，已对电子商务制定了明确的税收政策。

1996 年 11 月，美国政府公布了第一次讨论互联网贸易的税收问题的白皮书——《全球电子商务选择性的税收政策》，提出了关于电子商务征税的几项原则：税收中性原则，按居民税收管辖权征税，避免双重征税以及改进税收征收管理技术。该文件认为，根据税收中性原则，在制定电子商务相关的税收政策时，不开征新的税种或附加税。1997 年 7 月 1 日，克林顿发表了《全球电子商务框架》。这份被誉为美国全面进入信息化时代的“独立宣言”提议将互联网变成关税免税区，即对互联网上的进出口贸易征收零关税。并建议各国政府不但要避免对电子商务做出过分的限制，更应尽量帮助鼓励企业利用互联网促进商业发展。亦要求各国政府不要对电子商务开征新税，要通过各国的合作，在现有的税收体制下采取统一税收措施。1998 年 2 月，为了保护美国在网络科技和贸易上的优势不被别国的税收政策破坏，克林顿发表了《网络新政》演说，并宣布了 3 个互联网贸易关税政策草案。

1998 年 10 月，美国国会通过了《互联网免税法案》(Internet Tax Freedom Act)。ITFA 最简单、最基本的原则就是：“虚拟商品”不应该被课税。该法律是美国第一个正式的有关电子商务的税收方面的法律规定，其主要内容包括：①从 1998 年 10 月 1 日起三年内避免对互联网课征新税；②三年内避免对电子商务多重课税或加以税收歧视；③对远程销售的税收问题规定，访问远程销售商站点（该站点的服务器在境外）只被作为确定其具有税收征收的一个因素时，国家、州不能对销售商征税。2001 年，美国国会再次通过立法，把《互联网免税法案》的有效期延长到 2003 年 11 月。2003 年，美国国会通过《互联网税收不歧视法案》，规定把原来的《互联网免税法案》的有效期延长到 2007 年 11 月 1 日，同时，把“互联网接入”服务的定义从原来的“拨号上网”扩展到“宽带接入”，不论是通过拨号上网还是通过宽带上网，都免缴“互联网接入服务税”。

(2) 欧盟的电子商务税收政策

作为电子商务发展规模上稍次于美国的欧盟，对电子商务是否应征税所持的观点与美国不同。他们认为，至少不可以不征税。欧盟认为，税收应该具备法律的确定性，电子商务不应该负担额外的税收，但也不可以免除现有的税收。

1997 年 4 月，欧洲贸易委员会发布了《欧洲电子商务动议》，阐明了在该领域创建“清晰与中性的税收环境”的基本政策：既要反对偷逃税，又要保护该产业健康发展；在税收管辖权分配问题上，各国应采取合作、协商方针。1997 年 7 月 8 日，有 29 个国家参加的欧洲电信部长级会议通过了支持电子商务的《波恩部长级会议宣言》，主张官方应尽量减少不必要的限制，帮助民间企业自主发展，来促进互联网商务竞争。欧盟一体化的发展为电子商务的运用提供了良好环境，但是，欧盟一体化强化了税收的居民概念，损伤了税收的属地原则，欧盟成员国对直接投资所给予的最优惠税收待遇的竞争将更加激烈。

1998 年 6 月 8 日，欧盟发表了《关于保护增值税收入和促进电子商务发展》的报告，认为不应把征收增值税和发展电子商务对立起来，而且为了控制此项税基流失，决定对成员国居民通过网络购进商品或劳务时，不论其供应者是欧盟网站或外国网站，一律征收20%的增值税，并由购买者负责扣缴。2000年6月，欧盟委员会公布了电子商务增值税征收方案，对电子传送制定了征税原则。在同一个欧盟国家内提供电子传送服务的供应商，必须在该国征税。如电子传送横跨两个欧盟国家，则要在供应商所在的欧盟国家内征税。非欧盟成员国的供应商，对欧盟成员国提供电子传送服务，便要起征增值税。同时，该供应商必须在欧盟内其中一国办理税务登记。2003年7月1日开始，欧盟关于对非成员国家电子商务征税的法规正式生效。新法规规定，凡是通过国际互联网向欧盟15国的个人消费者出售书籍、软件以及音像制品的非欧盟成员国的企业，将和其他行业一样，向欧盟缴纳增值税。具体规定是：年销售额10万欧元以上的非欧盟公司必须缴税（年销售额10万欧元以下的免税）；非欧盟公司只需在一个欧盟国家登记即可，并按该国的增值税税率缴税，而不必在15个欧盟国家全部登记；登记后，该国税务机关将征收的税款移交给购买者（购买者须留下自己的真实地址）所在国家。这一法规的出台，意味着对因特网电子商务的征税，已进入实施阶段。

2. 发展中国家的电子商务税收对策

目前，发展中国家的电子商务交易在飞速发展，这些国家的现行税制也面临着严重挑战。值得注意的是，印度和新加坡政府在重新审视电子税务的涉税问题时，表明了本国对电子商务征税的立场和政策。

（1）印度的电子商务税收政策

印度虽然和我国一样同属于发展中国家，在自然经济条件和国情方面存在很多相似之处，但印度的网络经济发展明显快于我国，所以较早出台了有关电子商务的税收政策。

1999年4月28日，印度税务当局作出规定：对在印度境外使用计算机系统，而由印度公司向美国公司付款的，均视为来源于印度的特许权使用费，并在印度征收预提税。在税种的选择上基本采取拓展现行税制的做法，将电子商务纳入现行税制的征税范围，并未开征新税，符合国际税收的中性原则。在税收管辖权上，印度不同意发达国家强调的居民税收管辖权，希望通过坚持以“属地原则”为主来维护本国对国际税收的管辖权。印度对电子商务征收预提税显然是对美国免税区主张的一个坚决否定。

（2）新加坡的电子商务税收政策

新加坡于2000年8月31日发布了电子商务的税收原则，确认了有关电子商务所得税和货物劳务税的立场。①在所得税方面，主要以是否在新加坡境内营运作为判定所得来源的依据。例如，公司在新加坡营运，所有营业利润包括电子商务交易所产生的营业利润，均属于来源于新加坡的所得，应征收新加坡所得税；公司在新加坡境外营运所得不征收新加坡所得税，在境内设立网站及分支机构的所得为新加坡所得，应征收所得税。②在货物销售方面，如果销售者是货物登记的营业人员，在新加坡境内通过网络销售货物和传统货物一样要征税。③在劳务及数字化商品方面，在新加坡登记的营业人提供的劳务，劳务收买人应缴纳3%的货物与劳务税，除非提供的劳务属于零税率劳务。

3. 国际上电子商务税收政策的比较分析

(1) 国际上电子商务税收政策的主要分歧

由于世界各国在经济技术发展和税收制度等方面存在着较大的差异，使得它们对于电子商务所采取的税收政策也有较大的分歧。

首先，在发达国家内部，以美国为首的免税派极力主张对电子商务不征税。美国从1996年开始，就有步骤地力推网络贸易的国内交易零税收和国际交易零关税方案。在1999年12月召开的WTO西雅图会议上，东道主美国竭力要求WTO能够颁布一项禁止对电子商务征税的永久性议案——《全球电子商务免税案》。而以欧盟为代表的征税派认为税收系统应具备法律确定性，电子商务不应承担额外税收，但也不希望为电子商务免除现有的税收，电子商务必须履行纳税义务，否则将导致不公平竞争。欧盟坚持在欧盟成员国内对电子商务交易征收增值税，以保护其成员国的利益。

其次，对于广大的发展中国家来说，普遍对美国的电子商务免税主张存有戒心，因为这项主张对发展中国家来说意味着大幅缩小税基，增加税收流失，削弱其财政实力。发展中国家担心，网上交易完全免税（特别是零关税政策），会使发达国家的产品和网络服务畅通无阻地进出各国，占领发展中国家的市场，挤垮发展中国家的同类产业。所有发展中国家无一表示对电子商务交易免征销售税及关税。

最后，对于包括电子商务在内的税收管辖权问题，发展中国家也不同意发达国家强调的居民税收管辖权的做法，因为发达国家的公民拥有大量的对外投资和跨国经营，能够从国外获取大量的投资收益和经营所得，而发展中国家正好相反，所以发展中国家更侧重于维护地域税收管辖权。

(2) 国际上电子商务税收政策的基本共识

尽管对电子商务的税收政策引起了国际上的争议，但是还是存在一定的共识。

首先，大多数国家认为税收中性是指导电子商务征税的基本原则，不通过开设新的税种或附加来征税，而是修改现有税种，使它适用于电子商务，确保电子商务的发展不会扭曲税收的公平。

其次，大多数国家特别是西方发达国家积极主张避免对电子商务多重课税或加以税收歧视。

最后，普遍强调加强国际的合作，制定有利于电子商务发展的政策以促进网络交易。

10.2.3 我国目前针对电子商务的几项主要税收政策

面对电子商务的冲击，我国政府也制定了一些相关的税收政策，具体如下：

（1）以电子形式签订的应税凭证的印花税交纳问题

根据2006年11月27日发布的《财政部、国家税务总局关于印花税若干政策的通知》，对纳税人以电子形式签订的各类应税凭证按规定征收印花税。但具体征收的方法，目前尚未有统一的规定。北京市的规定如下：对于以电子形式签订的各类印花税应税凭证，纳税人应自行编制明细汇总表，明细汇总表的内容应包括：合同编号、合同名称、签订日期、适用税目、合同所载计税金额、应纳税额等。纳税人依据汇总明细表的汇总应纳税额，按月以税收缴款书的方式缴纳印花税，不再贴花完税。缴纳期限为次月的10日内，税收缴款书的复印件应与明细汇总表一同保存，以备税务机关检查。

（2）网络游戏的营业税问题

2008年1月28日，北京市地方税务局下发了《关于网络游戏业务有关营业税问题的通知》。规定如下：

① 单位和个人将网络游戏软件著作权转让他人的，无论与对方如何结算，均应按照《北京市地方税务局关于计算机软件转让收入认定为技术转让收入暂免征收营业税问题的通知》免征营业税。

② 对通过搭建支持网络游戏运行的服务器，完成游戏运行的单位和个人取得的游戏消费卡（目前暂分“时限卡”和“游戏点卡”）销售收入，应按“娱乐业——其他游艺”税目征收营业税。

③对单位和个人代售游戏消费卡所取得的代售卡收入，可就其全部收入额减除实际支付给消费卡标的经营业户的消费标的对应结算金额，仅就其余额部分照章征收营业税。同类销售单位，凡在消费卡销售收入之外向相关业务合作方另行收取手续费的，对其手续费收入应照章征收营业税。

（3）互联网广告代理业务的营业税问题

2008年7月6日，国家税务总局发布了《关于互联网广告代理业务营业税问题的批复的通知》。根据该规范性文件，纳税人从事广告代理业务时，委托广告发布单位制作并发布其承接的广告，无论该广告是通过何种媒体或载体（包括互联网）发布，无论委托广告发布单位是否具有工商行政管理部门颁发的《广告经营许可证》，纳税人都应该按照《财政部、国家税务总局关于营业税若干政策问题的通知》第三条第十八款的规定，以其从事广告代理业务实际取得的收入为计税营业额计算缴纳营业税，其向广告发布单位支付的全部广告发布费可以从其从事广告代理业务取得的全部收入中减除。

（4）关于个人通过网络买卖虚拟货币取得收入的个人所得税问题

2008 年 10 月 28 日，国家税务总局针对北京市地方税务局《关于个人通过网络销售虚拟货币取得收入计征个人所得税问题的请示》下发了《关于个人通过网络买卖虚拟货币取得收入征收个人所得税问题的批复》，对个人通过网络买卖虚拟货币的征税问题给出三点意见：

第一，个人通过网络收购玩家的虚拟货币，加价后向他人出售取得的收入，属于个人所得税应税所得，应按照“财产转让所得”项目计算缴纳个人所得税；

第二，个人销售虚拟货币的财产原值为其收购网络虚拟货币所支付的价款和相关税费；

第三，对于个人不能提供有关财产原值凭证的，由主管税务机关核定其财产原值。

10.2.4 制定并完善我国电子商务税收政策的建议

如上所述，目前我国政府针对电子商务的税收问题已制定了一些相关的政策，但这些政策并不能从根本上全面解决我国电子商务发展中的税收问题。因此，国家和有关部门必须抓紧时间进一步研究和制定适应我国电子商务发展的、完整的、具有前瞻性和可操作性的电子商务税收政策。

（1）确立我国电子商务税收的基本原则

我国制定电子商务税收政策主要应遵循税收中立性原则、税收公平原则、便于征管原则、简单透明原则和维护国家权益原则。税收中立性原则是指对通过电子商务达成的交易与其他形式的交易在征税方面要一视同仁，反对开征任何形式的新税或附加税，以免妨碍电子商务的发展。税收公平原则是指纳税人无论采用传统贸易方式还是电子商务方式都应享有同等的税负，不应该对电子商务实行税收歧视。当然，在电子商务市场体系没有完善之前，可以给予适当的税收优惠，以避免因电子商务税收政策的出台及其不完善所带来的负面影响。便于征管原则是指在制定电子商务税收政策时应考虑Internet的技术特征和征税成本，便于税务机关征收管理，否则，就无法达到预期目的，从而难以成为一种可靠的税源。简单透明原则是指制定的电子商务税收政策应容易被纳税人掌握，并简单易行，便于纳税人履行纳税义务，最大限度地降低纳税人的纳税成本。维护国家税收权益原则是指在制定电子商务税收政策时要最大限度地保障国家的税收权益。我国目前还处于发展中国家行列，经济、技术相对落后的状况还将持续一段时间。在电子商务领域，这就意味着我国将长期处于净进口国的地位。所以，在制定电子商务的税收方案时，既要考虑与国际接轨，又要考虑到维护国家主权和保护国家利益。比如，对于在中国从事网上销售的外国公司，均应要求其在中国注册，中国消费者购买其产品或服务的付款将汇入其在中国财务代理的账户，并以此为依据征收其销售增值税。再如，为了加强对征税的监督，可以考虑对每一个进行网上销售的国内外公司的服务器进行强制性的税务链接、海关链接和银行链接，以保证对网上销售的实时、有效监控，确保国家税收的征稽。

(2) 进一步修订税收实体法

我国税收实体法包括流转税法、所得税法和其他税法，其中受电子商务冲击最大的是流转税法。流转税法的修订主要包括两个部分。一是对增值税法的修订，主要是在增值税法中增加离线交易的征税规定，明确货物销售包括一切有形动产，而不论这种有形动产是通过什么交易方式实现的。同时，为了促进与电子商务密切相关的信息产业的发展，应使“生产型”增值税逐步向“消费型”增值税转型，允许购进固定资产的进项税抵扣销项税，以降低产品成本，加速设备更新和技术进步。二是对营业税法的修订，主要是在营业税法中增加网上服务和在线交易的征税规定，将在线交易明确为“特许权转让”，按“转让无形资产”税目征税，将网上服务等同于一般服务，按“服务业”征税。另外，在所得税法和其他税法中也要增加有关电子商务的征税规定。

(3) 进一步完善税收征管法

首先，建立专门的电子商务税务登记制度。纳税人从事电子商务交易业务，必须到主管税务机关办理专门的电子商务税务登记，按照税务机关要求填报有关电子商务税务登记表，提交企业网址、电子邮箱地址以及计算机密钥的备份等有关网络资料，税务机关审核批准后，赋予纳税人电子商务税务登记专用号码，并要求纳税人将电子商务税务登记号永久地展示在网站上，不得删除。其次，启用电子发票。纳税人可以在线领购、在线开具、在线传递发票，并可以实现在线申报。税务机关可以对企业的经营情况进行在线实时地监控，一改常规税收征管的滞后性、被动性。最后，明确征纳双方的权利义务和法律责任。应在税收条文中明确税务机关在得到授权和履行必要的手续后，有权查阅、复制纳税人的电子数据信息，纳税人不得以涉及商业秘密等理由拒绝，同时税务机关有义务为纳税人保密，否则应承担相应的法律责任。而纳税人则有义务如实向税务机关提供有关涉税网络信息和密码备份，并有权利要求税务机关对有关信息予以保密。纳税人未按照规定向税务机关提供有关网络信息而造成偷税的，要承担相应的法律责任。

(4) 加强税收征管的电子信息化建设

对电子商务征税离不开税收征管的电子信息化建设。税收征管电子信息化是税收征管的基础，是强化税收征管的手段。因此，各级政府应高度重视税收征管的电子信息化建设。

①加快税务系统“电子征税”的进程。“电子征税”包括电子申报和电子支付两个环节。电子申报是指纳税人利用各自的计算机或电话机，通过电话网、国际互联网等通信网络系统，直接将申报资料发送给税务局，从而实现纳税人不必身在税务机关即可完成申报的一种方式；电子支付是指税务机关根据纳税人的税票信息，直接从其开户银行或专门的“税务账号”划拨税款或帮助纳税人办理“电子储税券”以扣缴应纳税款的过程。电子申报和电子支付可以解决纳税人与税务机关以及开户银行之间的电子信息交换，从而实现了税款征收的无纸化，并有利于提高税收征管的效率。

②加快税收征管信息化建设和国民经济信息化建设，建立与海关、金融机构、企业、工商甚至外国政府间的信息共享网络，对企业的生产和交易活动进行有效监控。

③针对电子商务的技术特征，进一步开发、设计、制定监控电子商务的税收征管软件、标准，为电子商务税收征管做好技术准备。

【阅读资料】

北京市海淀国税局积极推进税收征管电子信息化建设

北京市海淀国税局高度重视税收征管电子信息化建设，采取一系列行之有效的措施，积极推进税收征管电子信息化进程，取得可喜成果。

(1) 增值税专用发票网上认证应用情况

截至2010年7月31日，海淀国税局已在19 300户增值税一般纳税人中推行使用了专用发票网上认证系统，占全局一般纳税人总数的92.65%。

(2) 财税库银联网推行情况

截至2010年7月31日，海淀国税局已累计推行77 061户，占应推行户数的76.71%。其中7月份，全局共推行1 336户，使用通用缴款书8 160份，征收税款322 030.37万元，电子完税证41 563份，征收税款241 554.38万元。电子完税证应用比例为83.59%，电子完税证征收税款比例为42.86%。

(3) 税控收款机推行工作

截至2010年7月31日，海淀国税局共有2 345户企业纳税人登记注册为税控收款机用户。目前，海淀国税局正结合普通发票减并工作，对所辖电子市场内从事商业零售的增值税小规模纳税人推行使用税控收款机。

(5) 加强国际税收协调与合作

电子商务是一种无国界的交易活动，与传统的交易方式相比有着完全不同的特点。它的开放性、无国界性使得一个国家的税务当局很难全面掌握交易的情况。因此，必须加强国际的合作与协商。我国已加入WTO，国际贸易量将迅速增加，企业也将逐步走向网络化和开放化。要防止网上跨国贸易所造成的税收流失，一方面要关注世界各国电子商务的发展和税收对策，另一方面要加强与世界各国税务机关的密切合作，在税收的立法、征管、稽查等方面与国际接轨，协调一致，加强国际信息、情报交流，以深入、全面、详细地掌握每个纳税人在国际互联网上的跨国经营活动，使税收征管、稽查获取充足的证据，以防范偷、避税行为，维护国家的正当权益。正如微软公司的罗杰·纽曼所强调的那样："税法若想生效，需要全球的和谐。如果一个国家单方面出击，就会出现双重征税的情况。"

总之，只要我们确立了正确的思路和原则，关注世界和我国电子商务的发展情况，掌握电子商务的技术特征，同时加强相关部门和国际的协作，就能够制定出适应电子商务内在规律又满足电子商务发展要求的税收政策。

10.3 电子商务综合发展政策

10.3.1 电子商务引起的一系列政策问题

相对于传统的商务活动而言，建立在新介质基础上的电子商务引出了一系列新的政策问题，除了本章前面两节所讨论的市场准入和税收问题以外，还有知识产权、安全、隐私权、电子支付、消费者权益的保护以及信用等方面的问题。

（1）知识产权问题

电子商务的快速发展对传统的知识产权保护观念提出了新的挑战，如：如何认定电子商务中的侵权行为，如何保护电子商务中出现的新的知识产权等，为解决这些问题，一方面要加强知识产权方面的立法工作，另一方面，要通过不断研制网络技术加强知识产权保护。

（2）安全问题

电子商务引发的安全问题十分突出，主要包括：①信息安全，是指由于各种原因引起的信息泄露、信息丢失、信息篡改、信息虚假、信息滞后、信息不完善等，以及由此带来的风险。具体的表现有：窃取商业机密；泄漏商业机密；篡改交易信息，破坏信息的真实性和完整性；接收或发送虚假信息，破坏交易、盗取交易成果；伪造交易信息；非法删除交易信息；交易信息丢失；病毒破坏；黑客入侵等。②交易安全，是指电子商务交易过程中存在的各种不安全因素，包括交易的确认、产品和服务的提供、产品和服务的质量、价款的支付等方面的安全问题。③财产安全，是指由于各种原因造成电子商务参与者面临的财产等经济利益风险。财产安全问题主要表现为财产损失和其他经济损失。前者如客户的银行资金被盗；交易者被冒名，其财产被窃取等。后者如信息的泄露、丢失，使企业的信誉受损，经济遭受损失；遭受网络攻击或故障，企业电子商务系统效率下降甚至瘫痪等。

（3）消费者权益以及个人隐私权的保护问题

就个人隐私权而言，现代信息技术的发展使得未经许可采集、分析、使用个人信息变得十分容易，从而存在个人隐私被侵犯的较高的潜在风险，为此必须制定相关的法律法规，这是现代科技进步对国家管理者提出的新的挑战。

（4）电子支付问题

在电子商务活动中不可避免地要发生支付、结算和税务等财务往来业务，势必要求企业与企业之间、企业与银行之间能够通过网络进行直接的转账、对账、代收费等业务往来，而支付结算业务绝大多数是由金融专用网络完成的。因此，离开了银行，便无法完成网上交易的支付，从而也谈不上真正的电子商务。电子商务的应用普及必须有金融电子化作保证，即通过良好的网上支付与结算手段提供高质高效的电子化金融服务。信息技术和网络为金融电子化创造了条件，电子银行、电子钱包、电子付款以及智能信用卡等已开始应用。但是，要真正发挥金融电子化对电子商务的保证作用，还需要建立完整的网络电子支付系统，提供验证、银行转账对账、电子证券、账务管理、交易处理、代缴代付、报表服务等全方位的金融服务和金融管理信息系统。

(5) 信用问题

由于网络信息本身具有虚拟性和流动性，其格式和媒体可以分离，参与电子商务的主体的诚信问题使得电子商务信息的真实性与安全性难以保障。电子商务与传统的交易相比对信用的要求更高，要发展电子商务必须先加强信用建设。社会信用体系的建设问题，最终将会成为电子商务发展的关键所在。

(6) 其他相关法律问题

电子商务发展中的其他相关法律问题主要有：电子合同的法律效用；传统交易方式中具有法律效用的原始合同、签名等如何在电子介质中应用；纠纷出现后电子形态的证据如何被法庭所接受，等等。

综上所述，电子商务带来的最大挑战不是技术问题，而是政策的一致性和制度框架的设计问题。应该说电子商务的出现，对交易过程的全链条中过去适用于传统交易方式的法律、制度均提出了挑战。政府在促进电子商务发展中的作用就是建立和完善基础设施和软环境：一是建设快捷、价廉的物理通信通道——互联网；二是构建适宜电子商务成长和发展的政策和法律软环境，以及相关配套体系的建设，如电子货币、银行电子支付系统的建设。

10.3.2 国际上应对电子商务的综合发展政策

1. 美国

20 世纪 90 年代以来，伴随着互联网的急剧扩张，电子商务迅速成为美国经济发展的一大热点。特别是 2000 年以来，美国电子商务营业收入保持着平均每季度增长 28% 的高速度。美国电子商务的迅猛发展，主要是由于大批企业在激烈的竞争中逐渐认识到这种新型交易方式的独特优势，纷纷投入巨资对原有的经营模式进行改造而形成的。其中，美国政府的支持政策也起到了很大的促进作用。

早在 1993 年，美国就率先提出了“国家信息基础设施”(National Information Infrastructure，NII) 计划，并取消利用互联网进行商业交易活动的限制。1995 年美国又提出“全球信息基础设施”(Global Information Infrastructure，GII) 计划，以及 1996 年制订的《国家信息基础结构：行动纲领》，鼓励私人投资，推动竞争，实现开放性进入，实行灵活的管理规范，保障普遍性服务。特别强调政府应发挥的作用，以政府电子化拉动电子商务的发展。

1997年7月，克林顿总统颁布了联邦政府促进、支持电子商务发展的《全球电子商务框架》。该框架确立了联邦政府政策的基本框架，对于美国乃至世界各国电子商务的发展产生了积极影响。在《全球电子商务框架》中，联邦政府提出了发展电子商务的五项原则和九项政策建议。1997年12月11日美国政府发表了《全球电子商务框架白皮书》，指出政府有必要修改和制定法律，尽快建立规范的电子商务法律体系。2000年3月美国与欧盟就网上隐私和保护问题达成协议，促进美欧电子商务协调发展。2000年6月美国众议院通过法案，确认电子签名的法律地位。

美国应对电子商务的不断发展推出了不同的政策，具体表现在以下几个方面：

（1）涉及金融方面的政策内容

关税与税收政策。详见本章第二节。

电子支付政策。为了有效促进电子支付系统的建设，政府通过法案，决定从1998年开始，联邦政府机构的全部经费开支实行电子化付款，通过EDI技术实施电子化付款完成政府年度采购任务，并于1999年最终取消纸面单证。此外，美国政府反对各国采取强制措施对电子支付进行管制。在目前现存的多种电子支付手段，包括数字现金（DigiCash）、互联网信用卡（First Virtual Holding）、网络现金（NetCash）、电子现金（CyberCash）、电子钱包（Electronic Wallet）、电子支票（E-Check）等，在没有一种支付手段显示出其独特的优越性之前，美国鼓励它们同时发展。从长远来看，考虑到资金安全性的问题，应由政府和企业共同制定适应市场需求的政策，而不是单纯依靠市场机制和企业自律。

（2）涉及法律法规方面的政策内容

知识产权保护政策。美国认为在因特网上的知识产权保护，除了对版权、专利、商标的保护之外，还应包括对数据库的特殊保护和互联网域名的保护。对于知识产权的保护，美国政府主要采取了以下四项措施：一是研究并征求公众对保护数据库方法的建议；二是促进全球共同努力，为相关专利提供有效的充分保护，建立能够决定专利要求效力的标准；三是在全球开展工作，以解决那些由于不同国家对互联网相关商标的不同处理方式而引起的争端；四是建立审议域名的分配制度，以创造更加竞争的、以市场为基础的体系，并力争造就互联网的这种自下而上的管理模式。

互联网上隐私权保护政策。美国政府除了执行现有的隐私权保护政策外，还要求产业界采取保护隐私权的自律规范，合理使用用户的相关资料，并鼓励产业界开发易于使用的技术以保护用户个人资料的完整性。此外，为了保证世界各国的不同保密政策不成为因特网上数据流动的障碍，美国将与相关国际组织、地区组织及主要贸易伙伴展开对话，以采取相同的隐私权保护政策。

互联网数据安全政策。美国的政策主要从两方面着手：一是积极推广保障数据安全的技术，主要是加密技术和数字签名技术；二是加强政策引导，采取并积极倡导世界各国接受“经济合作与发展组织”(OECD) 于1997年3月27日公布的电子资料加密政策。

(3) 涉及市场接入方面的政策内容

电信基础设施与信息技术政策。美国认为各国在电信领域应实行私有化，打破垄断，开放市场，并且呼吁各国对信息技术保持中立。同时要求各国遵守世界贸易组织基础电信协定、信息技术协定，以消除关税和非关税障碍。

因特网上内容管理政策。美国支持信息尽可能最大范围地在国际自由流动。

技术标准政策。美国认为，涉及电子商务的技术标准应由市场调节运作，而不应由政府来制定。

2. 欧盟

欧盟将电子商务视为推行全球经济一体化和主导世界经济的重要战略措施之一，并把电子商务的发展看作是欧洲地区在未来全球经济中赢得竞争优势的关键因素。自1997年欧盟便从战略的角度来制定和规划电子商务发展的政策和框架，以指导欧洲地区15个成员国电子商务的发展。欧盟的电子商务政策无论在立法思想、立法内容还是在立法技术上都是很先进的。

(1) 欧盟电子商务政策的基本框架

1997年4月欧洲委员会提出《欧盟电子商务行动方案》(A European Initiative in Electronic Commerce)，从宏观的角度规定了信息基础设施、管理框架和商务环境等方面的行动原则。这个方案是从全球的角度来看电子商务的发展的，认为关于电子商务的任何规章制度必须与其在WTO框架下相关的承诺或义务相协调一致。同时，该方案还指出了电子商务发展必须满足的条件。虽然《欧盟电子商务行动方案》是从欧洲共同体的地区联盟的角度来制定的，但在一定程度上它也为全球电子商务的发展提供一个可以效仿的政策制定的模式。

1997年7月欧洲各国在波恩召开了有关全球信息网络的部长级会议，通过了支持电子商务的部长宣言，主张官方应尽量减少不必要的限制，帮助民间企业自主发展以促进Internet的商业竞争，扩大Internet的商业应用。

2000年3月欧盟委员会发起了一项名为“电子欧洲”(e-Europe)的行动方案，主张消除各种障碍发展因特网，加速欧洲网络建设，使欧洲能够充分利用因特网和数字技术的优势，加快发展“新经济”。电子欧洲行动计划是一个政治协议，其目的是确保欧盟所有成员国能够从信息社会所带来的变化中受益。

2000年5月欧洲议会通过《电子商务指令》(Directive on Electronic Commerce)。该指令的主要目的是保证成员国之间信息社会服务的自由流动，促进因特网市场合理运行。《电子商务指令》覆盖了所有通过网络进行的电子商务行为，涉及区域内部市场规划、硬件设施提供者、商业信息传播、网上电子缔约、媒介的责任、行为规则、纠纷解决机制等问题，这一指令是欧盟电子商务发展的核心法案，大大推进欧盟电子商务的发展。

《欧盟电子商务行动方案》、《电子欧洲》和《电子商务指令》三个文件为欧盟发展电子商务构建了一个基本框架。此外，电子商务发展中出现的诸如金融服务、数据安全、个人隐私权、网络犯罪和消费者权益保护等问题也是发展电子商务的瓶颈，应对这些问题制定一系列政策法规。

(2) 欧盟电子商务政策的基本内容

①电子支付方面的政策。1998年7月，欧盟委员会发布“欧盟电子货币指令”草案。草案引入了新型“电子货币机构”(Electronic Money Institution, ELMIs)的概念，并期望对电子货币机构的业务进行跟踪与审慎监管，以促进电子商务发展、鼓励竞争与电子货币产品的创新。2000年10月，欧盟委员会正式发布“电子货币机构指令”(EMI Directive)。该指令覆盖已出现的大多数电子支付工具，包括卡基/软件电子钱包方案、充值卡/账户、互联网支付机制等，这意味着提供这类电子支付服务需要普通的银行执照或申请ELMIs执照。

②电子合同和数字签名方面的政策。在电子合同中，欧盟要求采用数字签名的方式应该与传统的签名一样具有效力。当然这种签名应该首先经过相关的认证部门的鉴定。欧盟委员会于1997年10月以通信的方式发布了一份《数字签名框架指南》的文件，期望解决以下问题：支持认证过程的法律基础，包括出现的九字鉴别和认证技术；认证程序的可应用性；在应用认证技术的情况下，用户、供应商和第三方所担风险与责任的分配；以及使用注册认证所产生的特殊问题等。

③知识产权方面的政策。2001年5月欧盟发布了《关于协调信息社会版权与相关权指令》(以下简称版权指令)。在这个版权指令中，欧盟对各成员国存在分歧的复制权的定义进行了协调，并将互动式的“按需提供”传

播行为涵盖在传统的传播权中。此外，欧盟对权利人的技术措施的义务、权利的例外与限制也作了具体的规定。但欧盟的版权保护指令明显地对著作权人的精神权利有意或无意地给忽视弱化了，这被有关的专家和学者认为是对公共利益的一种挤压。

④关税和税收政策。欧盟认为，各成员国尽管原则上同意不向希望通过网络空间做生意的公司实行新的贸易壁垒或者征收新的税种，但并不认为"Internet"应当成为全球的免税商店。对于在 Internet 上的电子商务活动是否只适用现在的税务制度，而不征新的税种，欧盟认为要根据电子商务的方式不同而区别对待：现在的税务制度对于采取间接电子商务是完全适用的，这种贸易方式与传统的邮政、电信服务相类似，对于直接电子商务而言，虽然不需要制定新的税务制度，但是必须做一些调整和修改。

⑤网络犯罪方面的政策。1999 年欧盟就反对网络犯罪提出过若干建议，并向欧洲联盟部长会议和欧洲议会同时提交有关网络犯罪的报告。该报告概要介绍了反击网络犯罪的协调配套政策，并阐述了政策实施过程中的具体措施。2000 年 4 月，欧洲议会起草了一份名为《网络犯罪公约》的草案，阐述了各种针对计算机系统、网络、数据滥用的犯罪行为的适用法律及程序，这个文件的目的是协调各国之间关于网络犯罪的规定，以便欧洲议会的各成员国之间的合作、调查、取证等工作。这个草案于 2000 年 11 月经专家组定夺，2001 年 8 月欧洲委员会部长会议签署公布实施。

⑥保护消费者方面的政策。1997 年 5 月，欧盟理事会和欧盟议会颁布了《远程合同中消费者保护指令》，明确规定了消费者在远程服务中应该享有的权利，如知情权、退回货物的权利等。该指令大大增强了电子商务消费者的信心，促进了欧盟电子商务的迅猛发展。

3. 日本

发展电子商务是日本政府在新经济时代的一项重要国策，日本政府力图借助电子商务搞活日本经济。从实际情况看，在日本电子商务的发展过程中，日本政府扮演了相当重要的角色。为了保证电子商务的顺利发展，日本政府推出了一系列政策措施，有力推动了日本电子商务的几何式发展。

(1) 建立电子签名及认证制度。为了使电子商务在一个安全、完备的环境下开展，日本政府于 2000 年制定了《电子签名与认证服务法》，从认证服务的许可、境外指定认证服务的许可、指定调查机构的调查和调查机构的成立批准等方面，对认证服务作出了全面而细致的规定，并确定电子签名与印鉴具有同等法律效力。为了保证相关制度的贯彻和实施，《电子签名与认证服务法》还明确制定了调查机构的权利和义务，对相关的处罚规则也作出了详细的规定，这是很多国家电子署名法所不具备的，有力地保证了认证服务和认证管理机构的运作。

（2）制定《e-Japan 战略》。为改变日本信息化落后的面貌，日本政府于 1995 年 2 月制定了《推动高度信息通信社会的基本方针》，其主要内容是加快互联网建设，普及移动电话等移动信息的末端设备，充分发挥电子信箱和个人网页的作用。2000 年 6 月，日本政府又进一步制定了《日本数字化起步的行动纲领》，从国家战略的高度提出了方向性的指导意见，为规范电子商务的运作和管理提供了政策法规依据。《行动纲领》对电子商务的发展趋势、构筑电子认证系统、明确网络服务提供者的责任、推进跨国界电子商务以及网络域名等问题进行了详尽的分析和论述，并对比美国和欧盟的做法，提出了适合日本国情的建议。在此基础上，日本政府于 2001 年 1 月制定了《高度信息通信网络社会形成基本法》即《IT 基本法》，正式提出了“IT 立国”的国家战略。根据《IT 基本法》，设立了以内阁总理大臣为首的“高度信息通信网络社会战略推进本部”即“IT 战略本部”，随后又制定了旨在推动日本成为世界最先进的 IT 国家的《e-Japan 战略》即《日本 IT 战略》。

（3）加强网络基础设施建设。为了进一步促进信息化的发展，适应全球宽带发展浪潮，日本政府于 2001 年 10 月 16 日发表了旨在使日本成为世界最先进 IT 国家的《全国宽带构想计划》。根据该计划，日本将于 2005 年前在全国范围内建成可覆盖 3 000 万用户的高速互联网（包括 DSL、CATV 无线网络）和可覆盖 1 000 万用户的超高速因特网（以光纤网络为主）。2002 年 4 月，日本政策又提出了一个旨在“建立亚洲地区超高速因特网，进而在亚洲建立起共同的电子交易市场”的计划，即《亚洲宽带网计划》，并希望通过该计划使日本在亚洲地区的下一代电子商务网络开发中取得主导权。根据《亚洲宽带网计划》，日本将积极参与亚洲地区电子商务网络建设，筹建超高速因特网，用能够传送动态图像等大容量数据的卫星通信网将亚洲国家和地区连接起来。

（4）制定税收优惠政策。为了从税收方面支持企业的信息化投资，降低企业信息化的投入成本，日本政府于 1999 年实施了《特定信息通信设备即时折旧制度》，2000 年又进一步修改了早已不合时宜的折旧制度，大大缩短了信息通信设备的法定折旧年限。其中，电子计算机的法定折旧年限缩短为 6 年，微型计算机（包括打印机等附属设备）的法定折旧年限缩短为 4 年。这样一来，日本计算机的折旧年限就和美国的 5 年、英国和德国的 4 年基本上一样了。由此，1 年的减税效果就达到了 500 亿日元。

（5）保护电子商务消费者。为了保护网上交易的消费者，日本电子商务推动促进协议会和日本通信贩卖协会制订和公布了详细的电子商务指导标准。从 2000 年 6 月起，日本商工会议所和日本通信贩卖协会又实施了联网信用标识制度，以确保网上销售商的可靠性。另外，为了处理网上交易的纠纷，针对网上小笔交易多、裁判时间长、所需费用高的实际情况，日本政府还制订了消费者的非诉讼纠纷处理制度。除此之外，日本政府还积极完善保护电子商务消费者的相关法律。经济产业省在 2000 年 10 月修改《访问销售法》时，增加了保护网上交易消费者的条款，具体包括：在网上交易中，销售商必须提供简单易懂的画面说明；禁止不发行信用卡、只向消费者交付 ID 号码和口令、让消费者按号码和口令进行网上结算的分期付款销售；加强传销广告的规制。

4. 韩国

近年来，韩国电子商务呈现迅猛发展的势头。据韩国电子商务振兴院的数据，2005 年韩国电子商务的规模达到了 351 万亿韩元（1000 韩元约合 1 美元），约占韩国总商业规模的 21%，而在 2004 年这一数字仅为 4.5%，一年间增长了近 4 倍。

韩国电子商务的飞速发展在很大程度上归功于韩国政府的积极扶持政策。20 世纪末，韩国政府提出了将电子商务打造成为提高韩国产业竞争力新典范的产业政策。2001 年，韩国政府正式提出了“韩国电子贸易协议”，以促进电子商务的普及；2002 年，韩国政府进一步对“韩国电子贸易协议”进行了修改，使之系统化，作为长期促进电子商务的战略。此后，韩国政府相继制定了多项电子商务促进政策。韩国政府对电子商务的扶持政策主要可分为四个方面。

（1）完善法制，推动电子商务发展。韩国政府 1999 年制定了《电子商务框架法》，并于 2002 年进行了第一次修订，目前正在进行第二次修订。修订的主要目的是扩大该法案的应用范围，使该法律不仅包括电子传输，也包括使用电子文档的意图说明、事实通知等。加强电子文档公共存储空间的管理，并赋予电子文档以法律效力。同时，韩国政府为了支持电子金融交易，正在起草《电子金融交易法》，为健全电子金融交易建立基础，并便利电子金融交易。法案规定电子支付的有效时间，电子货币的可转移性，电子金融交易的安全保证，用户保护，非金融机构提供电子金融服务的条件等。为避免电子商务的透明交易给中小企业带来过重的税金负担，激励中小企业参与电子商务，韩国政府还采取了一些临时性的补偿措施，即在 5 年之内，免除中小企业 0.2% 的电子交易增值税。

（2）扩大电子商务的推动要素。韩国政府认为，技术、人力资源和行业标准是推动电子商务发展的三大要素。在技术方面，韩国政府于2003年确定了电子商务技术蓝图和电子商务技术中、长期发展计划，内容包括重点支持面向未来的技术和核心战略领域，确保在世界市场中的竞争力；构筑完备的技术开发系统；使技术发展顺应国内和国际标准。在人力资源方面，韩国政府于2000年制定了“电子商务人力资源发展计划”，并实施了多个项目，其中包括建立和运作电子商务人力资源发展中心，制定金卡计划以吸引海外电子商务人才，引进电子商务管理人员认证项目，对私营培训机构的电子商务培训课程进行认证，建立电子商务成功案例库等。在行业标准方面，韩国政府建立了多家电子商务标准研究机构，以通过支持电子商务标准研究机构推动电子商务标准的实施。

（3）推动电子商务应用和产业数字化。为扩大电子商务的应用，韩国政府先后制定了B2B网络支持计划、亚洲网络市场计划、中小企业信息化计划。韩国拥有较强的制造业和世界级的IT基础设施，为了促进制造业者间的合作，进而实现制造产业的价值链，韩国政府制定了国家制造业电子化计划，建立了制造业电子化中心，发展制造业数字化的核心技术和数字化协作标准。

（4）电子商务全球化。为应对全球范围的电子商务并与此保持同步，韩国政府积极参与多边组织（如OECD、APEC）关于电子商务的讨论，并加强与电子商务较发达国家（如芬兰、日本、英国）的双边合作。

10.3.3 我国目前电子商务的综合发展政策

如第一章所述，我国的电子商务经过十几年的发展取得了可喜的成绩，这与国家政策的支持是分不开的。从2004年开始，我国各级政府制定了一系列关于电子商务的政策法规，为我国电子商务的长期、健康、有序的发展提供了强有力的制度保证与标准规范。

（1）2004年8月28日，十届全国人大常委会第十一次会议表决通过了《中华人民共和国电子签名法》，于2005年4月1日起施行。《电子签名法》首次赋予可靠电子签名与手写签名或盖章具有同等的法律效力，并明确了电子认证服务的市场准入制度。

（2）2004年年底，在国务院办公厅信息化领导小组第四次会议上通过了《关于加快电子商务发展的若干意见》。该意见阐明了发展电子商务对我国国民经济和社会发展的重要作用，提出了加快电子商务发展的指导思想和基本原则，还提出了一系列促进电子商务发展的具体措施。

（3）2005 年 3 月 31 日，国家密码管理局颁布了《电子认证服务密码管理办法》，主要规定了面向社会公众提供电子认证服务应使用商用密码，明确了电子认证服务提供者申请“国家密码管理机构同意使用密码的证明文件”的条件和程序，同时也对电子认证服务系统的运行和技术改造等做出了相应规定。

（4）2005 年 4 月 18 日，中国电子商务协会政策法律委员会组织有关企业起草《网上交易平台服务自律规范》正式对外发布。它以行业规范的形式确立了网络交易平台提供商的责任和权限，对网络交易服务进行了全面的规范。规范规制的重点在于网络交易平台自治与监管。

（5）2005 年 6 月，央行发布了《支付清算组织管理办法》(征求意见稿)。这份文件是政府管理电子支付企业的最关键条款，也是保障每一位网上消费者利益的最基本的规定，它将对每一笔通过互联网的支付行为做出明确的法律保障。

（6）2005 年 10 月 26 日，中国人民银行发布了《电子支付指引（第一号）》，意在规范电子支付业务，规范支付风险，保证资金安全，维护银行及其客户在电子支付活动中的合法权益，促进电子支付业务健康发展。

（7）2006 年颁布的《中华人民共和国第十一个五年规划》将“积极发展电子商务”作为一项重要的任务提出来。强调“建立健全电子商务基础设施、法律环境、信用和安全认证体系，建设安全、便捷的在线支付服务平台”。

（8）2006 年 5 月，中共中央办公厅、国务院办公厅发布了《2006—2020 年国家信息化发展战略》，把电子商务行动计划作为我国信息化发展的重要战略行动之一。强调“营造环境、完善政策，发挥企业主体作用，大力推进电子商务。以企业信息化为基础，以大型重点企业为龙头，通过供应链、客户关系管理等，引导中小企业积极参与，形成完整的电子商务价值链。加快信用、认证、标准、支付和现代物流建设，完善结算清算信息系统，注重与国际接轨，探索多层次、多元化的电子商务发展方式”。

（9）2007 年 3 月 6 日，商务部发布了《关于网上交易的指导意见（暂行）》。其目的是为了贯彻国务院办公厅《关于加快电子商务发展的若干意见》文件精神，推动网上交易健康发展，逐步规范网上交易行为，帮助和鼓励网上交易各参与方开展网上交易，警惕和防范交易风险。

（10）2007 年 6 月，国家发展和改革委员会、国务院信息化工作办公室联合发布我国首部《电子商务发展“十一五”规划》。它确立了国家发展电子商务的战略意图，明确了“十一五”期间我国电子商务的发展原则、主要目标和任务、重大引导工程，以及配套的保障措施。

(11) 2007 年 12 月 17 日，国家商务信息化的主管部门商务部公布了《商务部关于促进电子商务规范发展的意见》。该意见出台的目的在于，希望能够促进电子商务规范发展，引导交易参与方规范各类市场行为，防范市场风险、化解交易矛盾、促进电子商务健康发展。

(12) 2008 年 4 月，中共中央办公厅、国务院办公厅日前印发的《国民经济和社会发展信息化“十一五”规划》提出，要放宽市场准入，加强政策引导，鼓励社会资金参与信息化建设。营造良好的财税政策环境，鼓励社会资金投向信息资源公益性开发以及公共信息服务平台建设。进一步完善对信息服务领域的各项扶持政策。

(13) 2008 年 4 月 24 日，国家商务部起草了《电子商务模式规范》和《网络购物服务规范》。这两份管理办法的内容主要涵盖对商家法人资格、备案执照、经营行为、支付方式、服务体系等各个环节的考核要求，适用于 B2B、B2C、C2C 和 G2B（政府和企业之间）四种形式的网上交易，对网上交易规范提出了较为详细的要求。

(14) 2009 年 11 月，商务部发布了《关于加快流通领域电子商务发展的意见》，明确了政府部门对电子商务的引导和扶持政策。提出要扶持传统流通企业应用电子商务开拓网上市场，培育一批管理运营规范、市场前景广阔的专业网络购物企业，扶持一批影响力和凝聚力较强的网上批发交易企业。

(15) 2010 年 6 月 1 日，国家工商总局出台了《网络商品交易及有关服务行为管理暂行办法》，其中明确规定，通过网络从事商品交易及有关服务行为的自然人，应提交其姓名和地址等真实身份信息。该《办法》的出台将促进网络商品交易及有关服务行为的发展，促进网络商品交易及有关服务行为的健康发展。

(16) 2010 年 6 月 21 日，中国人民银行出台了《非金融机构支付服务管理办法》，要求第三方支付公司必须在 2011 年 9 月 1 日前申请取得《支付业务许可证》，且全国性公司注册资本最低为 1 亿元。该《办法》的出台意在规范当前发展迅猛的第三方支付行业，对于行业规范发展将起到引导作用。

10.3.4 促进我国电子商务全面发展的政策建议

目前，我国电子商务总的发展势头良好，但正如《商务部关于促进电子商务规范发展的意见》中指出的那样，“我国电子商务发展还处于起步阶段，整体应用水平比较低，交易环境有待改善，社会公众对电子商务的认知度和认可度有待提高，电子商务信息披露、资金支付和商品交付等行为还有待规范”。因此，进一步完善我国电子商务的发展政策依然是摆在各级政府面前的重要任务。

(1) 加强对电子商务发展的宏观规划和指导

电子商务的发展离不开政府的宏观规划与指导。由于电子商务仍然是一项新生事物，其技术发展速度很快，业务方式没有最终定型。因此，要求政策制定者对电子商务市场的发展始终保持高度的敏感，加强研究，并根据新的形势，适时做好发展我国电子商务的规划和宏观指导。只有这样，才能充分发挥政府在电子商务发展过程中的指导作用。

(2) 加快网络基础设施的建设

网络基础设施建设是关系我国电子商务能否顺利实施的关键。虽然我国政府在国家信息化建设方面已投入了大量的人力、物力和财力，形成了一定的网络基础，但与电子商务快速发展的要求相比仍有一定的差距，网民普遍反映的上网速度慢、收费标准高等问题依然存在。为了尽快扭转这种局面，在当前情况下，政府相关部门应该着眼于经济社会发展全局，充分运用高新技术特别是数字技术、网络技术发展的最新成果，统筹推进信息通信网络建设，加快构建宽带、泛在、融合的国家信息基础设施。

(3) 加强电子商务安全技术的研究和标准的制订

电子商务的发展需要解决安全性和可靠性问题，只有这样，才能增强人们对电子商务的信任度。目前，政府有关部门应组织一支精干的安全技术研究队伍，集中力量尽快解决电子商务的安全技术问题，包括密码技术、防火墙技术、认证技术、留痕技术等，并能够随着计算机和电子商务技术的发展而不断改进这些技术。为了保证网上电子商务活动物理方面的顺利完成的，要建好电子商品交易平台，需要统一信息存储、通信、处理的标准和协议，创建一个具有协调一致的平台。

(4) 构造适合电子商务发展的法制环境

电子商务的发展需要建立必要的法律法规，以此来规范电子商务交易各方在虚拟网络下进行交易的规则，保证整个交易活动的有序进行。目前，我国专门针对电子商务的法律法规还较少，这使得一些交易者往往利用法律空白和漏洞从事网上欺诈活动，严重制约了电子商务的持续快速发展。目前我国急需制订的有关电子商务的法律法规主要有：买卖双方身份认证办法、电子合同的合法性程序、电子支付系统安全措施、信息保密规定、知识产权侵权处理规定、税收征收办法以及广告的管制、网络信息内容过滤等。

(5) 加强人才培养

电子商务实现的关键最终仍然是人，一个国家、一个地区能否培养出大批电子商务所需的人才，就成为该国、该地区发展电子商务的最关键因素。国外许多国家在发展电子商务时都将人才培养提到一个战略性位置。美国、英国、德国、日本等都纷纷放宽信息技术人才移民政策，同时，鼓励跨国公司在发展中国家如中国、印度成立研究院，吸引发展中国家人才，为其服务。我国发展电子商务也需要重视人才培养，应加强高等学校电子商务专业的学科建设，通过人才的管理和培训，提高电子商务从业人员的技术水平和信息意识。同时改革分配政策，留住国内信息技术人才，吸引国外留学人才回国发展，为我国电子商务的快速发展提供人才保障。

(6) 加强国际交流与合作

目前电子商务国际谈判主要集中在少数国家之间，这样的国际磋商机制与互联网的基本原则是不符的，不利于国际框架的形成。因此，我们要积极参与电子商务相关的国际规则和标准的研究制订，努力建立一个国际社会普遍接受的电子商务国际框架，以便建立协调一致的全球电子商务环境。在这一过程中，必须坚持国家主权原则，努力创建一个既适合我国国情，体现我国发展特色，又与国际接轨的市场环境与制度框架。

◎ 复习思考题

1. 电子商务环境中市场准入的特点有哪些？我国政府应如何制定电子商务市场准入政策？

2. 电子商务给税收带来了哪些冲击？我国政府应如何制定电子商务税收政策？

3. 简述目前我国电子商务政策的基本现状及存在的主要问题。

参考文献

[1] 卡尔·夏皮罗，哈尔·瓦里安著．信息规则：网络经济的策略指导［M］．张帆，译．北京：中国人民大学出版社，2000.

[2] Soon-Yong Choi，Dale O. Stahl，Andrew B. Whinston 著．电子商务经济学［M］．张大力，等译．北京：电子工业出版社，2000.

[3] 塞夫林·波伦斯坦恩等著．经济学与电子商务［J］．陈三毛，译．国际贸易译丛，2002（4）．

[4] 谢康，肖静华，赵刚．电子商务经济学［M］．北京：电子工业出版社，2004.

[5] 陈蓉，郭晓武．网络经济学发展概述［J］．经济学家，2001（5）．

[6] Paul A. Samuelson，William D. Nordhaus 著．经济学［M］．萧琛，等译．北京：人民邮电出版社，2007.

[7] 刘建铭等编．经济学基础［M］．北京：清华大学出版社，2007.

[8] 葛莉．经济学原理［M］．北京：清华大学出版社，2010.

[9] 李莉，杨文胜．电子商务经济学［M］．北京：机械工业出版社，2007.

[10] 汪勇主编．电子商务概论［M］．北京：清华大学出版社，2009.

[11] 张铭洪．网络外部性及其相关概念辨析［J］．广东工业大学学报：社会科学版，2002（4）．

[12] 王家聚．新经济下的网络外部性［J］．河南科技大学学报：社会科学版，2007（1）．

[13] 俞明南，鲍琳琳．数字产品经济特征分析［J］．情报杂志，2008（7）．

[14] 刘丹．试论网络经济与信息经济、电子商务的关系［J］．现代情报，

2005 (9).
[15] 孟伟. 在线音乐市场的现状分析 [J]. 企业经济, 2005 (8).
[16] 胡春. 网络经济学 [M]. 北京: 清华大学出版社, 2010.
[17] 张嫚. 数字产业对传统反垄断理论与实践的启示 [J]. 经济评论, 2002 (4).
[18] 尚新颖. 网络经济条件下的垄断的形成机理及特征分析 [M]. 中央财经大学学报, 2009 (1).
[19] 曾梅. 从微软垄断案例分析信息产业中垄断的特点 [J]. 情报杂志, 2002 (5).
[20] 马飞雄, 张建华. 基于网络正外部性的信息产品定价策略研究 [J]. 生产力研究, 2007 (8).
[21] 盛晓白等. 网络经济学 [M]. 北京: 电子工业出版社, 2009.
[22] 爱德华·J. 迪克著. 电子商务与网络经济学 [M]. 杨青, 郑宪强, 译. 大连: 东北财经大学出版社, 2006.
[23] 濮小金, 司志刚. 网络经济学 [M]. 北京: 机械工业出版社, 2006.
[24] 黄京华, 闻中. 电子商务教程 [M]. 北京: 清华大学出版社, 2010.
[25] 汪波. 网上书店与传统书店图书价格比较 [J]. 大学出版, 2006 (3).
[26] Raphael Amit, Christoph Zott. Value Greation in E-Business [J]. *Strategic Management Journal*, 2001 (22).
[27] 任利成. P2P 电子商务价值创造研究 [J]. 太原科技大学学报, 2006 (2).
[28] 黄璐. 网络经济时代价格体系的新发展 [J]. 价格理论与实践, 2002 (3).
[29] 陶威, 朱丽姗, 廖战海. 谈电子商务市场中的"柠檬"问题 [J]. 大众科技, 2004 (9).
[30] 李莉, 杨文胜, 蔡淑琴. 经验商品电子商务逆向选择问题研究 [J]. 商业研究, 2004 (22).
[31] 樊帆, 李静, 徐飞. 网络市场中数字产品交易的逆向选择问题分析 [J]. 经济研究导刊, 2009 (21).
[32] 陈雪. 数字产品交易中信息不对称问题研究 [D]. 武汉: 华中师范大学硕士学位论文, 2006.
[33] Sonia San Martín, Carmen Camarero. How Perceived Risk Affects Online Buying [J]. *Online Information Review*, 2009 (4).

[34] 韩耀等. 网络经济学：基于新古典经济学框架的分析 [M]. 南京：南京大学出版社，2006.
[35] 刘培刚，郑亚琴. 网络经济学 [M]. 上海：华东理工大学出版社，2007.
[36] 李琪，张小蒂，倪云虎. 网络经济概论 [M]. 重庆：重庆大学出版社，2005.
[37] 周朝民. 网络经济与管理 [M]. 上海：格致出版社，2008.
[38] 大卫·范胡斯著. 电子商务经济学 [M]. 刘悦欣，孙洪墨，译. 北京：机械工业出版社，2003.
[39] 薛伟贤，冯宗宪，颜莉. 电子商务企业的成本优势分析 [J]. 工业工程与管理，2004 (5).
[40] 白银，王长彬. 电子商务企业竞争的博弈分析 [J]. 管理观察，2008 (7).
[41] 陈轶，隋丹. 电子商务商业模式的分类与比较 [J]. 上海管理科学，2004 (3).
[42] 董薇. 企业电子商务的商业模式浅析 [J]. 现代情报，2003 (1).
[43] Afuah Allan, Christopher L. Tucci. Internet Business Models and Strategies: Text and Cases [J]. Mcgraw-Hill/Irwin, 2001.
[44] 孙艳. 电子商务的发展与企业组织结构的变化 [J]. 经济问题，2002 (1).
[45] 战勇，杨路明，何树称. 电子商务对企业组织结构变革的影响 [J]. 现代管理科学，2003 (11).
[46] 林英晖，屠梅曾. 电子商务与企业组织结构的变革 [J]. 科学·经济·社会，2003 (2).
[47] 周静怡. 电子商务时代企业组织结构模式探析 [J]. 情报杂志，2003 (3).
[48] 曹鹏，明均仁. 电子商务环境下企业组织结构再造探析 [J]. 情报探索，2007 (6).
[49] 黄宇. 试论电信企业组织结构在电子商务环境下的变革 [D]. 北京：北京邮电大学学位论文，2009.
[50] 韩小红. 网络消费者行为 [M]. 西安：西安交通大学出版社，2008.
[51] 黄敏学等. 网络营销 (第2版) [M]. 武汉：武汉大学出版社，2007.
[52] 赵礼强，荆浩. 电子商务理论与实务 [M]. 北京：清华大学出版社，2010.

[53] 涂锐. 从腾讯游戏看网络游戏差异化竞争策略 [J]. 东南传播, 2009 (9).
[54] 王庆龄, 赵璐. 企业实施差异化竞争战略探析 [J]. 企业研究, 2008 (8).
[55] 陈祥兵. 谈网络营销中的企业差异化竞争策略 [J]. 商业时代, 2007 (14).
[56] 邵国疆. 电子商务市场中的价格歧视及福利分析 [J]. 科技经济市场, 2008 (8).
[57] 潘勇. 网络市场中的价格歧视 [J]. 平原大学学报, 2006 (2).
[58] 刘伟江, 王广惠, 张朝辉. 电子商务中的价格歧视现象 [J]. 经济与管理研究, 2004 (2).
[59] 毛彦妮, 王刊良, 王龙伟. 信息产品的捆绑定价问题研究 [J]. 情报理论与实践, 2003 (3).
[60] 王玉霞. 价格歧视理论中的若干问题 [J]. 财经问题研究, 2000 (11).
[61] 张泳, 郭炜. 标准竞争与企业的标准竞争战略研究 [J]. 科技进步与对策, 2006 (6).
[62] 丁涛, 刘霞. 网络经济下的锁定成因及其反锁定策略 [J]. 现代情报, 2006 (1).
[63] 曹莲娜, 刘亚军. 论标准竞争优势及其不可持续性 [J]. 求索, 2006 (8).
[64] 尚新颖. 网络银行的客户锁定策略 [J]. 生产力研究, 2009 (6).
[65] 毛蕴诗, 舒兆平, 吴瑶. 从微软看标准之间的企业全球竞争 [J]. 经济理论与经济管理, 2008 (2).
[66] 于成龙. 比尔·盖茨全传 [M]. 北京: 新世界出版社, 2008.
[67] 解丽娜. 浅析锁定策略在我国在线游戏销售中的应用——以腾讯公司为例 [J]. 福建电脑, 2008 (10).
[68] 张斌盛. 信息产业中的标准竞争战略分析 [J]. 科技管理研究, 2007 (3).
[69] 余世英. 出版物网络营销研究 [D]. 武汉: 武汉大学博士学位论文, 2004.
[70] 叶蔚, 袁清文. 网络金融概论 [M]. 北京: 北京大学出版社, 2009.
[71] 陈晓慧, 吴应宇. 我国网络银行发展的制约因素及完善对策 [J]. 现代管理科学, 2008 (6).

[72] 张树．关于我国网络银行发展中的问题和监管措施的探讨［J］．大众商务，2009（10）．

[73] 陆宇莺．网上银行在电子商务应用中存在的问题及对策研究［J］．中国市场，2008（28）．

[74] 王丽娅．企业融资理论与实务［M］．北京：中国经济出版社，2004．

[75] 刘红梅，王克强．中国企业融资市场研究［M］．北京：中国物价出版社，2002．

[76] 叶晶．电子商务网站如何融资［J］．中国新通信，2007（6）．

[77] 覃忠文．对中国开展融资融券业务的思考［J］．市场研究，2009（3）．

[78] 马成坤．加大金融创新力度　改善中小企业融资环境［J］．吉林金融研究，2009（4）．

[79] 黄辉．企业特征、融资方式与企业融资效率［J］．预测，2009（2）．

[80] 周超，邓斌．电子商务企业的融资策略［J］．商场现代化，2007（8）．

[81] 李艳．电子商务企业的融资选择分析［J］．经济师，2006（11）．

[82] 陈琳．网络企业融资障碍与对策分析［J］．商场现代化，2005（11）．

[83] 胡昌平等．网络化企业管理［M］．武汉：武汉大学出版社，2007．

[84] 李博．中国网络企业与股权融资［D］．北京：对外经济贸易大学学位论文，2001．

[85] 姚伟．论中国互联网企业融资模式存在问题及改善［D］．北京：对外经济贸易大学学位论文，2006．

[86] 王敬华．现代企业融资结构优化研究［D］．石家庄：河北工业大学学位论文，2006．

[87] 王丽萍．电子商务法律法规［M］．北京：电子工业出版社，2010．

[88] 苏春艳．电子商务企业融资策略研究．武汉：武汉大学硕士学位论文，2009．

[89] 蔡雷．国外发展电子商务的政策及对我国的启示［J］．西南科技大学学报：哲学社会科学版，2008（2）．

[90] 李凤荣．电子商务带来的税收问题及应对措施［J］．财会月刊，2004（8）．

[91] 余世英，潘都．从“彤彤屋”案看电子商务税收［J］．电子商务，2008（6）．

[92] 李晶．电子商务税收政策的国际比较及对我国的启示［J］．辽宁经济，

2005（6）.
［93］余晖．电子商务税收征管问题的国际借鉴及启示［J］．现代企业，2005（11）.
［94］宫晓艳．电子商务的法律思考［J］．对外经贸事务，2001（4）.
［95］施放，祝玮炜．电子商务中政府的政策定位［J］．商业时代，2007（22）.
［96］李明富．网上银行　安全堪忧［N］．计算机世界，［2006-09-25］.
［97］李国庆．电子货币反洗钱工作亟待加强［N］．金融时报，［2008-12-10］.
［98］李媛．网上开店不再是避税温床［N］．中国经营报，［2007-07-23］.